1988年5月23日，邓小平同志与荣毅仁同志亲切交谈。

邓小平同志为中信公司成立五周年题词。

开拓创新勤勉
奋发办好中信

江泽民

一九九七年九月一日

江泽民同志为中信公司成立二十周年题词。

邓小平同志接见胡厥文、荣毅仁

等工商界人士的谈话记录

（一九七九年一月十七日） 1月27日印发

一九七九年一月十七日上午邓小平同志接见工商界领导人胡厥文、胡子昂、荣毅仁、周叔弢、古耕虞等五人。接见时在座的有乌兰夫、纪登奎、陈慕华、谷牧、庄铸章等同志。谈话要点如下。（本要点是根据胡厥文秘书陈训准的记录整理的，未经发言同志审阅核对。）

邓小平同志：

今天找几位谈谈。

搞建设，摊子搞大了，怕到知识不够，是怕又会犯58年的错误。又要大搞，又要不犯错误，过去时间耽误太久了，不搞快点不行，还要搞好。問路得宽一点，吸收外资，外国人到这里办工厂，用他们的资金设

(1209)

1979年1月17日，邓小平同志在人民大会堂接见胡厥文、胡子昂、荣毅仁、周叔弢、古耕虞等人。邓小平同志在此次谈话中希望荣毅仁"出山"从事祖国建设，围绕开放，或主持某一方面的工作，或搞点特别的，希望能闯出一条新路来。

1979年10月4日，荣毅仁同志主持中信公司第一届董事会。

荣毅仁　董事长（1979年—1993年任职）

魏鸣一　董事长（1993年—1995年任职）

王　军　董事长（1995年—2006年任职）

孔　丹　董事长（2006年—2010年任职）

常振明　董事长（2010年—2020年任职）

2006年7月，中信集团领导合影。

艰难的辉煌
中信30年之路

王伟群 著

中信出版集团 | 北京

图书在版编目（CIP）数据

艰难的辉煌：中信 30 年之路 / 王伟群著 . —北京：中信出版社，2010.9（2022.12重印）

ISBN 978 - 7 - 5086 - 2148 - 7

Ⅰ . 艰… Ⅱ . 王… Ⅲ . 投资信托公司 - 企业管理 - 中国 Ⅳ . F832. 39

中国版本图书馆 CIP 数据核字（2010）第 103882 号

艰难的辉煌：中信 30 年之路

JIANNAN DE HUIHUANG

著　　者：王伟群

策划推广：中信出版社（China CITIC Press）

出版发行：中信出版集团股份有限公司（北京市朝阳区惠新东街甲 4 号富盛大厦 2 座　邮编　100029）

　　　　　（CITIC Publishing Group）

经 销 者：中信联合发行有限责任公司

承 印 者：河北鹏润印刷有限公司

开　　本：787mm×1092mm　1/16　　　插　页：6

印　　张：27.75　　　　　　　　　　　字　数：424 千字

版　　次：2010 年 9 月第 1 版　　　　　印　次：2022 年 12 月第 20 次印刷

书　　号：ISBN 978 - 7 - 5086 - 2148 - 7

定　　价：60.00 元

目 录

　　2009 年 10 月 4 日，这本该是中信集团成立 30 周年的大日子。因为和 60 年国庆大典相重合，中信将自己的生日庆典推迟了 12 天。

　　但是，当这一天终于到来的时候，每一位有幸出席庆典的人却惊讶地发现，这只是一个无比简朴、无比低调的庆祝仪式。仪式的举行地点甚至都没有离开中信人每天办公的大楼。组织者选择了京城大厦地下一层的国际会议厅，这里全部挤满了也只能容纳 200 多人。因此，参加者必须符合相当的标准，比如在中信工作若干年（20 年、30 年）以上，比如必须是子公司的第一把手，等等，其余的人只能在自己的办公室通过视频信号观看同步直播。

　　没有中央领导题词，没有大腕明星助阵，没有音乐没有焰火没有香槟没有鲜花没有记者⋯⋯

　　在略显逼仄的主席台上就座的，只有历任中信董事长魏鸣一、王军，以及现任董事长孔丹、总经理常振明。会议由常振明主持，孔丹做了主旨发言，他的发言稿全部字数不超过 2 000 字。魏鸣一和王军都没有讲话。整个仪式包括播放一部电视片的时间在内，也不过 1 个小时左右。搜索第二天的各家报纸，没有发现任何一家大报对此做相关报道。人们甚至只能从后来国安足球队夺冠的新闻中侧面了解到这一信息——"国安队拼搏 16 年终于夺冠，向母公司 30 年生日献上大礼"。

与其他央企周年庆典的场所——人民大会堂、"鸟巢"、水立方、中国大饭店等等金碧辉煌的殿堂相比，中信集团的安排不免太简陋，太不相称了，甚至可以说是……太寒酸了，不是吗？

与这种寒酸形成鲜明反差的，是中信集团董事长孔丹的一段讲话：

> 经过 30 年的发展，中信集团已经成为国家授权投资机构和在国内外具有重要影响力与优良信誉的国有大型综合性跨国企业集团。
>
> 截至 2008 年，中信集团总资产 16 316 亿元，比成立初期增长 6 274 倍；
>
> 净资产 1 094 亿元，比成立初期增长 728 倍；
>
> 2008 年实现收入 1 545 亿元，比成立初期增长 11 035 倍；
>
> 利润总额 258 亿元，比成立初期增长 8 599 倍；
>
> 净利润 142 亿元，比成立初期增长 4 732 倍。
>
> 中信集团成立以来总资产和净资产的年复合增长率均大大高于我国同期国内生产总值的年复合增长率。中信集团入选美国《财富》杂志 2008 年度"世界 500 强"公司排行榜。

同样，与"寒酸"的仪式并不相称的是那天上午 11 点过后一阵长时间的热烈掌声。掌声中，现任董事长孔丹为前任董事长王军颁发了"中信公司成立 30 周年纪念铜章"、"服务中信特制金质纪念章"和"服务中信 30 年金质纪念章"。在那一刻，掌声骤然响起，而且持续良久。

在中信 30 年的历史中，这样的掌声有两次，哦，不，应该说有三次。

1993 年 4 月，当荣毅仁在第八届全国人民代表大会上当选为国家副主席、不得不告别中信时，在这座会议厅，中信员工为他们德高望重的老董事长送上了依依不舍的泪水和雷鸣般的掌声。

2006 年 7 月，当王军功德圆满、离开他执掌 13 年的中信大船之舵时，在这座会议厅，中信人怀着极其难舍难分的心情，向他们崇敬而钦佩的董事长致以长时间的热烈掌声。

三年后，掌声再次响起。这"表达了广大职工对这位呕心沥血奉献中信长达

30 年的老领导的敬意和感谢"。

回首 30 年，中信的历史绝对称得上可圈可点可歌可颂可赞可佩，但为什么在今天如此设计这样一个隆重的大日子呢？

中信人答曰，中信一向如此，这与我们领导的性格有关。

哲学家说，性格即命运。中信四代领导人务实而低调的性格，为中信 30 年的历史烙下了极为特殊、极富个性的印记。

2008 年 3 月，中信集团总经理常振明以 "30 年中国的改革开放与中信集团发展" 为题，在中国银监会纪念改革开放 30 周年座谈会上发表长篇演讲。在演讲报告中，他用数十个 "第一" 简要概括了中信 30 年走过的路，并说 "这只是其中的一部分而已"。

这 "其中的一部分" 如下：

• 1979 年成立时设立房地产部，是中国第一家发展商业房地产业务的企业；

• 1980 年 2 月，成立中国第一家开展国际经济咨询业务的子公司——中国国际经济咨询公司；

• 1980 年 11 月，成立中国第一家开展租赁业务的子公司——中国东方租赁公司；

• 1982 年 1 月，在日本发行企业债券，成为中国第一家在海外发行债券的企业；

• 1985 年 12 月，与美铝签约投资澳大利亚波特兰铝厂，是第一家进行海外直接投资的中国企业；

• 1986 年，组建中信嘉华银行，成为中国第一家在海外收购商业银行的企业；

• 1986 年，中信泰富在香港联交所上市，是内地第一家在香港上市的红筹股公司；

• 1987 年 2 月，成立中信实业银行，成为中国第一家拥有商业银行业务的企业；

• 1990 年 4 月，亚洲卫星公司发射亚洲第一颗商用通信卫星，成为亚洲地区第一家涉足国际商用卫星通信和商用卫星运营的公司；

• 1993 年 8 月，中信在美国发行扬基债券，这是中华人民共和国成立后在美国市场发行的第一笔债券；

• 2003 年 1 月，中信证券在上海证券交易所成功上市，成为国内第一家公开上市的证券公司；

......

　　拥有如此众多的"第一"，并不代表中信30年成长之全貌。它是一家国有企业，却并非国有垄断企业，也不是行政单位所属的国有企业，而只是循市场经济原则在国际国内市场的激烈竞争中胜出的一员；它是最高当局钦点的改革开放窗口，却历经艰难曲折，频频遭遇行政干预和传统计划思维的打压；它常常担当体制创新的旗手，对一些行业的创建和发展、对制度改革和创新起到了重要的开路先锋作用，却并不为同时期的人们所理解，甚至屡遭误解，被视为旁门左道。

　　但是，2009年的中信，已经处于中国企业前12名的位置，2009年更首次入选美国《财富》杂志2008年度"世界500强"企业排行榜。中信公司已经走过30年艰难而辉煌的历程。

　　中信集团总经理常振明总结说："中信30年与中国改革开放30年的脉络是紧紧相连的，中国的改革开放走过了什么样的路，中信就走过了什么样的路。"

*   *   *

　　回溯中信的历史，首先回到中国改革开放的原点——1978年。

第一章 呼唤荣毅仁

1978 年，中国对外开放国策确立。

中央制定了新中国成立以来第三次大规模引进成套设备的方针。但是，国力所限，这一方针的执行急速刹车。

22 个重点引进项目中，一大批重化工项目停止引进，仪征化纤等项目暂缓引进。

中国领导人试图急速拥抱现代化的热情遭遇寒流的撞击。邓小平很快意识到，这股寒流显然不仅仅来自我们国家财政的窘迫，更来自体制的缺陷和弊端。而上述两块短板的改造，在当时严密和封闭的计划经济体制内部是无法破题的。

邓小平急于找到破题之策和破解之人，他急需一个急先锋，开出一片新战场，得以用资本主义的方式与资本主义打交道。而所有资本主义的方式，是革命了半个多世纪的中国共产党人所不熟悉的。他深知，这个急先锋一定不在体制内部。他必须在体制边缘，倚仗最活跃的边缘力量和边缘资源，培植一股全新的力量，并最终撬动体制变革。

  1978 年 2 月 17 日，62 岁的荣毅仁当选为第五届全国政协副主席。是夜，他感慨万端，心情颇为复杂。一个曾经的大资本家、上海市人民政府副市长、中国纺织工业部副部长，一个机关大院的看门打杂人、清洁工，今天成了国家领导人，如此人生曲线，世所罕见。

  当晚，荣毅仁赋诗一首：

    鹊报春回残雪融，百花齐放趁东风。

    高山难阻愚公志，激浪全凭舵手功。

    往日风云过眼底，今朝人物数英雄。

    不甘伏枥添砖瓦，万里江山代代红。

  这首诗发表在第二天的《光明日报》上。

  从诗中不难窥见荣毅仁此时的心态，他不甘于只做一匹"伏枥"之老马，渴望着"趁东风",破"激浪",发扬"愚公志",争做时代"英雄"。

荣毅仁的"东风"之说,正是当时中国的真实写照。

20 世纪 70 年代的最后几年,是中国历史上极为特殊的时期。10 年如噩梦般的"文化大革命"终于结束,梦醒之后,中国人最强烈的感觉就是:我们落后了,中国已经被世界现代化的车轮远远抛在了后面。

1948 年,中国人均 GDP 排世界第 40 位,到了 1978 年,中国人均 GDP 排倒数第 2 位,仅是印度人均 GDP 的 2/3,人均 GDP 水平按当时官方高估的汇率计算,也只有 224.9 美元。

1977 年,全国有 1.4 亿人平均口粮在 300 斤以下,处于半饥饿状态;1978 年,全国有 2.5 亿绝对贫困人口。

1978 年,全国失业的城镇青年约 2 000 万人,实际城镇失业率高达 19% 左右。

整个国家发展和人民生活水平的大多数指标排在世界 170 位以外,处于联合国和世界银行划定的贫困线之下。

新中国成立后的 30 年,除了军事工业技术某些方面有些进展外,其他各方面的自主科技进步明显滞缓,与世界发达国家,包括一些新兴发展中国家科技水平的差距越来越大,落后于发达国家 40 年左右,落后于韩国、巴西等发展中国家 20 年左右。

中国新民主主义革命半个多世纪,新中国社会主义建设近 30 年,得到的竟是这样一个结果,这极大地刺激了刚刚从"文革"中解放的老一辈中国共产党人。在国务院会议上,邓小平说:"什么叫社会主义,社会主义总是要表现它的优越性嘛。它比资本主义好在哪里?每个人平均六百几十斤粮食,好多人饭都不够吃,二十八年只搞了二千三百万吨钢,能叫社会主义优越性吗?"

1977 年国庆节前夕,邓小平在人民大会堂会见了英籍作家韩素音。甫一坐定,没有寒暄客套,邓小平直截了当地说:"一九七五年我曾讲过,同日本相比我国落后了五十年……中国人是聪明的,再加上不搞关门主义,不搞闭关自守,把世界上最先进的科研成果作为我们的起点……那末,我们就是有希望的。"

邓小平是在这一年 7 月正式复出的。7 月 17 日,中共十届三中全会通过《关于恢复邓小平同志职务的决议》,决定恢复他的中央委员、政治局委员及常委、中央副主席、中央军委副主席、国务院副总理及中国人民解放军总参谋长的职务。几天后,他出现在北京工人体育场国际足球邀请赛的观众席上,观看香港足球队同中国青年足球队的比赛。当小平出现在众人面前时，全场群情激昂，几乎所有人都起身，向着他的那个方向欢呼鼓掌。

《人民日报》第二天发布了这条消息。

这一幕被许多人印入脑海，因为这几乎成了一个新时代的序幕。此时，居住在北京北太平庄的荣毅仁也注意到了这条消息，和当时工人体育场看台上的观众一样，他感到了一丝惊喜和兴奋。此前，中国颇具声望的政治家叶剑英数次找到荣毅仁，对他说，"四人帮"被粉碎了，你要做好准备，出来做一些事情。

中国终于开始了一个可以"做一些事情"的时代。已经有十几年不做什么事情的荣毅仁百感交集，尽管此时他还并不太清楚究竟可以做一些什么样的事情。

＊ ＊ ＊

"大干快上"，"把失去的时间夺回来"，这几乎成了当时中国各个领域、各个阶层共同的口号和目标。这般努力的结果也非常明显，1977年，中国国民经济形势大为好转，各项主要经济指标都在回升，国民生产总值增长了7.6%，80种主要工业产品中，完成和超额完成产量计划的有65种，超过历史最高水平的就有52种。财政收入大幅增长，收支相抵，结余31亿元，彻底扭转了连续三年收入完不成计划、支大于收的状况。

1977年7月，国务院向各地方转发了《关于今年上半年工业生产情况的报告》。报告写道：上半年经济的恢复，标志着"国民经济新的跃进局面正在出现"。

一切都看似圆满。

在这种思想指导下，当年9月，国务院提出了高速发展国民经济的要求。由李先念、余秋里负责重新修订《十年规划》，制定《八年引进新技术和进口设备的规划》及《二十三年设想》。

12月，时任国务院总理的华国锋批准并下达了《国家计委关于1976～1985年国民经济发展十年规划纲要（修订草案）》。

1978年2月9日，中央政治局讨论即将召开的五届人大一次会议报告，邓小平发言："引进先进技术，我们要注重提高，这是一项大的建设。关键是钢铁，钢铁上不去，要搞大工业是不行的。引进技术的谈判，要抢时间，要加快速度。对共同市场，也要迅速派人去进行技术考察……对于日本、美国，要专门成立一个班子，不干别的事，集中力量，专门研究。要注意国际动态，现在是对我们最有利的时机。总之，要抓紧时间，多争取一年时间都合算。"

叶剑英说："进口问题，中央要抓，抓紧一点，抓快一点，否则三年八年很快过去了。"

所有与会的中共领导人都意识到了一种强烈的紧迫感。

1978年2月，五届人大一次会议召开，华国锋在会上做了《团结起来，为建设社会主义的现代化强国而奋斗》的报告，他说："要高速度发展国民经济，必须打破常规，尽量采用先进技术……"

在同时召开的五届政协一次会议上，邓小平当选为全国政协主席，荣毅仁等当选为全国政协副主席。这使邓小平能够近距离了解这位昔日的红色资本家。

中国改革开放的大戏即将拉开帷幕，但新当选的政协副主席荣毅仁还未正式登场。在共产党内部，还有大量模糊的或被视为雷区的禁区。冰冻三尺，非一日之寒，各种积重难返的禁区绝非一朝一夕可以冲破。对此，党外人士荣毅仁还只能远远观望。

在这一年的"两会"上，邓小平说：我们刚刚批准了一个庄严的计划。

全国人大讨论并原则批准了由国家计委汇总并向国务院提交的《十年规划》，该规划提出：今后8年要引进68~69个大型成套设备项目，其中第一批1978年成交45个项目，用汇60亿美元；第二批1979年、1980年成交23~24个项目，用汇80亿美元。两批大型成套设备项目，连同材料、单机和技术专利，共需用汇180亿美元，再加上国内配套资金，总投资需要1 300亿元人民币。

具体负责引进工作的是中国技术进出口总公司。事实上，在1978年当年，该公司完成引进成套设备45个，使用外汇85.59亿美元，比国家计委原定用汇60亿美元的计划高出了25.59亿美元。其中，当年签约的22个大型成套设备项目占用了80%的外汇，后来这些项目统称"22项"。

在新中国最初的30年历史中，曾经有过两次大的技术设备引进高潮，分别是第一个"五年计划"时期引进苏联援助的"156项"重点工程和20世纪70年代初期向西方国家引进成套技术设备的"四三方案"。这些项目的引进，初步建立了新中国工业化的基础，并极大地提高了中国基础工业的水平。

"156项"时，中国主要依靠向苏联借贷，年息1%，低于当时苏联给东欧国家的贷款年息2%和中国国内银行给工业的贷款年息3.24%。作为贷款的附加条件，苏联要求中国用钨、锑、铅、锡、橡胶等物资作为偿还。这几乎属于社会主义阵营之间的易货支援，不符合国际贸易的规范。

执行"四三方案"时，中国囿于"既无内债，又无外债"的原则，用技术换市场几乎是一种奢侈品，在意识形态上是绝对站不住脚的。所以，大量技术设备必须直接引进，现汇交易。支付外汇完全依靠挖掘国内出口创汇潜力，主要采取延期、分期付款和补偿贸易手段，不敢借贷，因而极大地限制了引进规模。

与以往两次技术设备引进不同，"22项"执行时中国面对的国际环境，已经发生了很大变化。

纵观当时的全球市场，1973年，长达28年的以美元为中心的布雷顿森林体系崩溃，而两次石油危机更是给西方经济带来了致命重创。石油价格从1973年的3美元/桶骤升至1978年的34美元/桶。石油危机造成20世纪70年代末西方经济全面衰退，有效需求严重萎缩，西欧各国的经济处于停滞和萧条状态。生产过剩的矛盾逼着它们的资本、产品、设备、技术都急于寻找出路，急需扩大海外市场。

而与此同时，1971年中国重返联合国，1972年美国总统尼克松访华打开了中美交往的大门，中国陆续与多个西方国家建立外交关系，使中国外交逐渐走出了"文革"以来极端孤立的局面。一个有着8亿多人口的东方大国，刚刚摆脱了"以阶级斗争为纲"的桎梏，正艰难地开启国门，迎接现代化的第一缕阳光，如此巨大的诱惑怎能不引起西方世界的格外关注？ 1978年2月，中国五届人大一次会议公布了《十年规划》和《二十三年设想》，这在西方各国引起强烈反响。

但此时的中国显然还没有做好准备。

1978年5月30日，邓小平在同胡乔木谈话时说："现在的国际条件对我们很有利。西方资本主义国家从它们自身的利益出发，很希望我们强大一些。这些发达国家有很多困难，它们的资金没有出路，愿意把钱借给我们，我们却不干，非常蠢。现在东方有四个'小老虎'：一个是南朝鲜、一个是台湾、一个是香港、一个是新加坡。它们的经济发展很快，对外贸易增长很快。它们都能把经济发展得那么快，我们难道就不能吗？我们的脑子里还都是些老东西，不会研究现在的问题，不从现在的实际出发来提出问题、解决问题。这样天天讲四个现代化，讲来讲去都会是空的。"

邓小平说的"我们却不干"，确有其出处。按照当时的逻辑，中国是社会主义国家，社会主义从制度上来说是对资本主义的否定或消灭，消灭了资本主义，却还要引进资本主义的资金，这从理论上说不通。

1978年5月某研究所编写的《"四人帮"对马克思主义政治经济学的篡改》一书中写道："我们既不允许外国资本家同我们办合资企业，更不允许把领土领海主权租让给外国。"

1978年4月，国务院的一位部长提出：以下几种做法在"四人帮"干扰时我们不能做，现在可以做：补偿贸易；来料加工，来样加工；用外商商标牌号定牌；协作生产；寄售；分期付款，延期付款。但是以下两种做法，我们是坚决不干的：一是借款，二是合资。

可见，政府之间的贷款和中外合资在当时依然是禁区。

邓小平虽然对这些条条框框颇为不满，但他并没有急于下达任何行政命令。他首先积极推进并身体力行地参与党中央、国务院领导人的"走出去"行动。这一年10月，他在会见来访的联邦德国新闻代表团时说："中国在历史上对世界有过贡献，但是长期停滞，发展很慢。现在是我们向世界各国学习的时候了……我们派了不少人出去看看，使更多的人知道世界是什么面貌。关起门来，固步自封，夜郎自大，是发达不起来的。"

1978年，有12位副总理和副委员长以上的领导人，先后20次访问了51个国家，亲身感受了世界经济发展的脉动。这为后来一系列禁区的突破，酝酿了直接动力。

在此，不能不特别提及的是1978年5月由国务院副总理谷牧率领的赴西欧五国考察团。这是新中国成立后中央向西方国家派出的第一个政府经济代表团。团员有钱正英（时任水电部部长）、彭敏（时任国家建委副主任）、张根生（时任农林部副部长）、杨波（时任山东省革委会副主任）等。代表团从5月2日踏上欧洲大陆到6月6日返回北京，先后访问了法国、联邦德国、瑞士、丹麦、比利时的25个城市，参观了80多个企业和政府项目。

代表团临行前，邓小平曾专门约谷牧谈话。邓小平说："访问中，要广泛接触，详细调查，深入研究一些问题。好的也看，坏的也看，看看人家的现代工业发展到什么水平了，也看看他们的经济工作是怎么管的，资本主义国家的先进的经验、好的经验，我们应当把它学回来。"

谷牧一行刚到联邦德国，中国使馆为考察团播放了一部介绍联邦德国战后重建的纪录片。杨波回忆说，战后的联邦德国一片废墟，到处是饥寒交迫的平民百姓，给他们留下了深刻的印象。但战后联邦德国大力发展新兴工业，积极开展国际贸易，短短十几年，就实现了快速恢复和现代化。在考察中，代表团看到30年后的联邦德国，是如此先进和繁荣，普遍实现了电气化和自动化，成员们都震惊了。

一路高规格的接待和向中国示好的迫切心情，给谷牧留下了极为深刻的印象。

2009年1月中央文献出版社出版的《谷牧回忆录》一书中写道：

> 我本来以为，按照国际交往对等原则，我遇到的会谈对象可能也是副总理一级的人物。可是所到国家，同我会谈的都是总统或总理级的人物。法国总统德斯坦、联邦德国总统谢尔、瑞士联邦主席里恰德、比利时国王、丹麦女王也都接见了中国代表团。这不是我谷某人如何，而是他们重视与中华人民共和国发展关系。我同法国巴尔总理会谈时，按事先做的准备先谈政治。他说，这些问题您同总统会见时再讨论，我们今天主要谈经济……我同德斯坦总统会见时，他开始就说我对经济有兴趣，法国的东西哪些是中国需要的，法中两国可以在哪些方面进一步发展合作？结果根本没谈政治。

在联邦德国巴伐利亚州，州长一开口就向谷牧提出了50亿美元的贷款支持，并且特别说："用不着谈判，现在握握手就算定了！"

在丹麦机场，丹麦代首相为谷牧一行送行，告别时他握着谷牧的手说："你要到大国去了，别忘了也照顾照顾我们小国，多给我们一些机会。"

一个多月后，1978年6月6日，谷牧一行回到北京。他向党中央、国务院呈交了关于此次欧洲之行的报告——《关于访问欧洲五国的情况报告》。整整30年后，《谷牧回忆录》出版，由于作者极其特殊的人生经历，这本书甫一问世，竟一时间洛阳纸贵，迅速脱销。谷牧在回忆录中全文披露了这一访欧报告的主体部分，并在报告的前面附上了一段特殊说明：

> 报告真实地反映了中国在结束了"文化大革命"以后，一批计划经济时代成长起来的专家型干部在初次访问欧洲发达国家时的真实观感，以及出于强烈的责任心，而给中央提出的一系列（虽然尚不成熟的）重要建议，这些想法后来大多不断被完善、逐渐被采纳，并体现在以后党中央、

国务院的文件中，体现在我国不断改革开放的丰富实践中。

谷牧的报告主要有四个要点：（1）第二次世界大战后欧洲经济快速发展，国民经济高速现代化，关键是科技高度发展，资本更加集中，生产更加社会化。（2）中国已经落后很多。西欧一些资本主义国家，经济上处于萧条时期，产品、技术、资本都过剩，急于找出路，迫切希望和中国做生意；我们可以研究采用国际经济运作中的通行办法，加快中国的现代化建设。（3）欧洲的现代化是一次工业革命，我们也必须进行这样的工业革命，采用贸易补偿的办法，延长延期付款时间，更多使用"买方信贷"的方式，引进大量的先进技术设备。（4）改进经济管理体制，这个问题的核心，是如何在中央的统一计划下，让地方办更多的事。此外还有农业、能源、交通的问题，等等。

6月22日，谷牧在向党中央、国务院呈送报告的时候，还郑重向中央"建议在近日安排听一次汇报"。

在中央的汇报讨论会之前数日，邓小平约见谷牧谈话，详细询问了出访情况，他指出："引进这件事要做，下决心向外国借点钱搞建设，要抓紧时间。"

6月底，这一汇报会在京召开，中央政治局、国务院的许多高级领导听取了谷牧的汇报，包括叶剑英、李先念、乌兰夫、王震、聂荣臻等。会议由华国锋主持。从下午3点半直至深夜11点多，谷牧的汇报持续了近8个小时。

在那个晚上，听着谷牧的长篇汇报，党中央和国务院的领导不时地插话和发言，感慨颇多。谷牧后来在《谷牧回忆录》中记录了这样的插话和发言：

> 当年所谓"二月逆流"的几个"干将"谈得非常率直。叶帅从战略上强调，我们同西欧几十年没有打过仗，他们希望中国成为世界稳定的力量，我们需要他们的先进技术，他们资金过剩，技术需要找市场，引进技术的重点应放在西欧。聂帅态度坚决地说：过去我们对西方的宣传有片面和虚伪之处，这反过来又束缚了我们自己。谷牧这次调查比较全面，应当拍板了！不要光议论了！

> 在这次会上，多位中央领导同志都提出，要警惕我们的部门片面强调集中统一，什么事都想抓在自己手里，都想自己管理。李先念同志说……现在应在中央统一计划下，发挥两个积极性，当然要注意对外要统

一，但光集中在外贸部不行。

到会的党中央、国务院领导高度肯定了汇报的内容和建议，要求谷牧进一步研究归纳出几条，正式提请国务院讨论。

在1978年夏季，对中央领导人来说，这样激动人心的不眠之夜还有很多，胡耀邦后来跟很多人说，备受鼓舞啊，心情振奋啊！

如此频繁的出国考察，极大地拓宽了中国领导人的视野，强化了他们的紧迫意识和历史责任感。同时他们也看到，在如此有利的外部环境下，顺应历史，就必须开放国门。在许多领导人心里，这渐渐成为一种共识。当年夏天召开的国务院务虚会，则鲜明地提出了改革经济体制、实行对外开放政策的主张。国务院有关部委的负责人都参加了这一长达两个多月的会议。

这次会议从7月7日开始直至9月9日才结束。会议认真总结了新中国近30年的经验教训，认真研究国外先进的东西。发展速度成为反复讨论的重点，与会代表纷纷就此问题发言。

"大家说，日本、联邦德国这两个战败国为什么能够迅速复兴？'上帝只给了太阳和水'的瑞士，为什么也能跻身发达国家行列？我们条件并不比他们差多少，许多方面还比他们强得多。一定要下决心，千方百计把经济搞上去。"

……

对外开放的国策就这样逐渐确立。

1978年，国务院有关部门签署了22个成套设备项目的进口协定。

这22个重点引进先进技术和成套设备的项目，共需外汇130亿美元（1978年已签约部分为78亿美元），约合人民币390亿元，加上国内工程投资200多亿元，共需600多亿元人民币。1978年当年，引进已经签约金额相当于前五年（1973—1977年）成交总额的两倍，相当于1950—1977年中国引进累计完成总额的89.2%。这一年是新中国成立以来技术引进规模最大、进展最快的一年，涉及十几个国家数百家厂商。

1977年末，我国外汇储备为9.52亿美元，到了1978年末，仅为1.67亿美元（见表1）。

表 1　1950—2000 年中国外汇储备余额　　　　　　　　　　　　　　（单位：亿美元）

年份	储备	年份	储备	年份	储备
1950	1.57	1967	2.15	1984	82.20
1951	0.45	1968	2.46	1985	26.44
1952	1.08	1969	4.83	1986	20.72
1953	0.90	1970	0.88	1987	29.23
1954	0.88	1971	0.37	1988	33.72
1955	1.80	1972	2.36	1989	55.50
1956	1.17	1973	−0.81	1990	110.93
1957	1.23	1974	0.00	1991	217.12
1958	0.70	1975	1.83	1992	194.43
1959	1.05	1976	5.81	1993	211.99
1960	0.46	1977	9.52	1994	516.20
1961	0.89	1978	1.67	1995	735.97
1962	0.81	1979	8.40	1996	1 050.49
1963	1.19	1980	−12.96	1997	1 398.90
1964	1.66	1981	27.08	1998	1 449.59
1965	1.05	1982	69.86	1999	1 546.75
1966	2.11	1983	89.01	2000	1 655.74

资料来源：国家外汇管理局网站。

　　显然，外汇支付能力存在明显缺口。

　　同是这一年，问题随即出现。

　　由于严重的自然灾害，粮食比上年减产 71 亿斤；煤炭电力供应紧张；基本建设战线过长，投资效果没有明显提高，列入计划的 38 种产品的新增生产能力，有 22 种没有完成计划。

　　在"22 项"执行中，更是出现了急于求成的倾向。1978 年全年 78 亿美元协议金额中，有一半左右金额是 12 月 20 日到年底的短短 10 天里抢签的合同。后来国家计委在检查这一段工作时承认："这些项目没有进行经济技术可行性研究，没有进行综合平衡，没有按基本建设程序办事……"

　　1978 年国家预算节余 10.1 亿元，1979 年赤字猛增至 206 亿元，达到国民生产总值的 5.2%，对货币供给造成很大压力。于是，货币信贷政策方面也采取了扩张性政策。现金供给增长从 1978 年的 9.7% 急剧上升到 1979 年的 24.4% 和 1980 年的 25.5%，物价亦开始攀升。如此情况，对"22 项"的履约显然形成了巨大的掣肘。

日益明显的经济过热趋势导致宏观政策开始转向调整。

面对一系列新出现的情况，邓小平迅速形成了新的想法。1979 年 1 月 6 日，邓小平与余秋里、方毅、谷牧、康世恩等人谈话，指出："现在国内外都担心我们借外债的偿还能力问题，这个问题不能不考虑。因此，我们对经济建设的方针、规划要进行一些调整，先搞那些容易搞、见效快、能赚钱、创外汇多的，宁肯减少一些钢铁厂和一些大项目……有些指标要压缩一下，不然不踏实，不可靠。"

邓小平暂时搁置了几年内引进 800 亿美元的想法。

还有一个细节。数月后，已经开始筹备中信公司的荣毅仁带团访问联邦德国，那里的商人向他抱怨，与中国的政府部门谈生意，十谈九不成，很难对话。

宏观的、微观的种种现象都在影响邓小平的判断。

邓小平说："中心任务是三年调整……首先要有决心……过去搞以粮为纲、以钢为纲，现在到该总结的时候了。"

1979 年 6 月，国家正式通过了实行"调整、改革、整顿、提高"的方针，决定用三年时间完成国民经济调整，严格控制引进规模，重点引进投资少、见效快、换汇率高的单项。

红灯亮了。

22 个重点引进项目中，一大批重化工项目停止引进，仪征化纤等项目暂缓引进；其中用汇额最大的宝山钢铁厂向日本借贷 200 余亿日元，引起的争议也最多，但中央最后仍决定继续引进全套技术设备进行建设。

而仪征化纤项目的下马，为后来以荣毅仁为代表的中信公司找到了一片长袖善舞的广阔天地。

中国领导人试图急速拥抱现代化的热情遭遇寒流的撞击。邓小平很快意识到，这股寒流显然不仅仅来自我们国家财政的窘迫，更来自体制的缺陷和弊端。而上述两块短板的改造，在当时严密和封闭的计划经济体制内部是无法破题的。

邓小平急于找到破题之策和破解之人，他急需一个急先锋，开出一片新战场，得以用资本主义的方式与资本主义打交道。而所有资本主义的方式，是革命了半个多世纪的中国共产党人所不熟悉的。他深知,这个急先锋一定不在体制内部。他必须在体制边缘,倚仗最活跃的边缘力量和边缘资源,培植一股全新的力量,并最终撬动体制变革。

1978年,邓小平、叶剑英、王震三人曾数次在一起议论到一个人,这就是当年的红色资本家荣毅仁。

叶选基后来回忆说,1978年秋天,荣毅仁去广东,叶剑英特邀他在南湖宾馆会面,谷牧也在那里。三人相聚,两位中共领导人提出,让荣毅仁出来办实业。

很多年后,原美国国务卿基辛格在谈到苏联改革时,曾经说过一句含义颇深的话:"苏联面临的最大困难之一就是,他们找不到一位像荣毅仁这样的企业家。"

以叶剑英、王震与荣毅仁多年深挚的交往,相信荣毅仁这一人选早就在他们的国家开放版图之中。1976年秋天刚刚粉碎"四人帮"时,叶剑英就找荣毅仁谈话,让他做好准备,出来为国效力。到了1978年岁末,当中共十一届三中全会终于把改革开放作为基本国策之后,一个全新的时代即将开始。

30年前,面对新中国的诞生,诗人胡风激情澎湃,高唱"时间开始了",以表达自己的心声,而这一句高度凝练的诗句也以其特殊的艺术手法被誉为"开国之绝唱"。时隔30年,饱经忧患的中国再一次开始了改变命运的征程,对8亿中国人来说,十一届三中全会同样意味着"时间开始了"!

荣毅仁的新"时间"也即将开始。

在随后的30年中,荣毅仁及其亲手建立的庞大商业帝国——中信集团,将在中国改革开放30年的历史中,留下浓墨重彩的一页。它不仅是中国改革开放的窗口,更是邓小平作为改革开放设计师的"试验田"。它先于4个经济特区呱呱坠地,向世人表达了中国开放的决心和理念。它从无到有,从小到大,从褴褓中的婴儿到商业巨人的发展历程,亦是中国经济发展的见证,更是中国现代化变迁历程的缩影。

……

这部鸿篇巨制,它的原点是1979年1月17日。

第二章 邓小平点将 [①]

"1978 年底，我们党召开了十一届三中全会，做出了把党的工作重点转移到社会主义现代化建设上来的重大战略决策，决定实行对内搞活、对外开放的方针。此后不久，邓小平同志、叶剑英元帅和我在一次谈话中认为，为了顺利进行社会主义现代化建设，实行对外开放，必须充分调动各方面的积极性，人尽其才。我们一致赞成，请出荣毅仁同志这样富有企业经营实际管理经验的原工商界人士出来工作，为对外开放事业发挥作用。"

——王震《中信十年·序言》

1979 年 1 月 17 日早晨，这是北京最冷的时候。北京东城区史家胡同一个不大的院落里，荣毅仁早早地起了床，他穿上银灰色的华达呢中山装，在镜前将头发梳理得一丝不乱，套上大衣走出了院门。今天，荣毅仁应邀前往北京人民大会堂。约好上午 10 点，邓小平将在那里与他谈话。昨天晚上，荣毅仁想了一夜，跟小平同志谈什么呢？

* * *

1989 年，王震在中信 10 周年的时候，曾经撰文纪念。他写道：

---

① 本章内容全部摘引自《邓小平文选》（第二卷），北京：人民出版社，1983 年；《邓小平年谱（1975~1997）》，北京：中央文献出版社，2004 年。

1978年底，我们党召开了十一届三中全会，做出了把党的工作重点转移到社会主义现代化建设上来的重大战略决策，决定实行对内搞活、对外开放的方针。此后不久，邓小平同志、叶剑英元帅和我在一次谈话中认为，为了顺利进行社会主义现代化建设，实行对外开放，必须充分调动各方面的积极性，人尽其才。我们一致赞成，请出荣毅仁同志这样富有企业经营实际管理经验的原工商界人士出来工作，为对外开放事业发挥作用。

叶剑英当时说："要开放，要引进外国资金，你共产党，人家不一定相信你，人家要看一看你的政策究竟怎么样。荣毅仁在国际上有知名度，家族中又有很多人在国外，利用他在国际上的影响，利用荣氏家族的优势，由他出面先吸引一部分人来投资，然后吸引更多的外资。荣毅仁这个优势，别人替代不了，共产党员替代不了，由他出面引资比较好。"

在《邓小平年谱》和《叶剑英年谱》中，虽然都没有看到关于此次三人会晤的确切记录，但是，由王震记载的这次谈话，大致发生在1979年元旦前后，因为此后不久，邓小平就向中央统战部提出要约见荣毅仁。

其时，中国与美国这个世界上最大的资本主义国家刚刚建立外交关系，急需深谙西方规则的人来开辟中西之间实质性的关系。

戴维·洛克菲勒在描述其好友荣毅仁的文章中这样说："邓小平知道中国急需外国资本投资于国家的发展，便找来了荣毅仁——他是具备必要的知识、在西方拥有关系的为数不多的中国人之一。"

戴维·洛克菲勒，美国大通银行董事长。在"文革"中，他就曾经与周恩来总理就利用外资、开放搞活的问题做过深入探讨。

1979年1月，十一届三中全会闭幕后数日，中共中央统战部在北京民族文化宫举行座谈会。乌兰夫部长在会上宣布，中共中央将着手落实对民族资产阶级的政策。

乌兰夫在讲话中用"难能可贵"四个字，高度评价了新中国成立30年来工商界和爱国友人的表现，尤其是他们在"文化大革命"期间与共产党患难与共的独特经历。并肯定工商业者中"的确还有一批有用的人"，国家以后会做到"人尽其才，才尽其用"。

胡子昂说："当前在党的领导下，出现了一片欣欣向荣的局面和光辉灿烂的未来，这是我们每个人出力效劳的千载难逢的机会。"

会后，84 岁的中国工商联主席胡厥文致信乌兰夫，希望能见见小平同志。

邓小平此时也正准备约见荣毅仁，于是决定索性一块儿见见。

时间定在了 1 月 17 日上午。头一天，胡厥文、胡子昂、荣毅仁、周叔弢和古耕虞接到了中央统战部的通知。

胡厥文，84 岁，原上海机械业龙头老大，时任全国人大常委会副委员长，民主建国会主任委员；

胡子昂，82 岁，原四川钢铁业巨擘，时任全国政协副主席，全国工商联负责人；

荣毅仁，63 岁，原上海纺织世家，时任全国政协副主席，全国工商联负责人；

周叔弢，88 岁，原天津水泥业巨头，时任天津政协副主席，天津工商联负责人；

古耕虞，74 岁，原四川"猪鬃大王"，时任全国政协常委，对外贸易部资深顾问。

* * *

人民大会堂福建厅。正中央的沙发被排成了面对面挨得很近的两排，据说这是因为接见者和被接见者中，耳聋者不少。五位老人比约定的时间稍早一点到达。上午 10 点，邓小平进入福建厅，与他一同走进来的还有乌兰夫、谷牧、纪登奎、陈慕华和卢绪章。

乌兰夫，72 岁，国务院副总理，中共中央统战部部长；

谷牧，65 岁，国务院副总理，国家基本建设委员会主任；

纪登奎，56 岁，国务院副总理；

陈慕华，58 岁，国务院副总理，对外经济联络部部长；

卢绪章，68 岁，国家旅游局局长。

从这一名单或许可以窥见邓小平的初衷。四位副总理中，除乌兰夫外，全都分管不同口的经济工作；而卢绪章在 1949 年以前，作为中国共产党地下党员，常年以广大华行作为中共秘密工作机构，被誉为"与魔鬼打交道的人"，其不同寻常的经历与五位工商界元老颇为相契。

时值年根，大厅里竟有了些年节时的喜庆感，大家握手拱拳，互致问候。

老人们面对面坐定。邓小平点燃一支烟，深深地吸了一口，笑说：今天，我先向老同志们介绍一下 20 多天前刚结束的十一届三中全会的情况。[①]

"老同志"的称谓让五位老人深感亲切。

邓小平的介绍简短而明晰。然后，他又点上另一支烟，继续对五位老人说："听说你们对如何搞好经济建设有很好的意见和建议，我们很高兴。今天就谈谈这个问题。"

陈训淦是胡厥文的秘书，那天他坐在靠墙边的椅子上，环顾四周，突然发现自己竟成了场上唯一的工作人员，也是唯一的会谈记录者，他立刻紧张起来。不容他多想，邓小平正在谈对外开放的问题，他赶紧收拢心思，奋笔疾书。

邓小平说："现在经济建设的摊子铺得大了，感到知识不够，资金也不足。党的十一届三中全会决定把工作重点转移到社会主义现代化建设上来。过去耽误的时间太久了，不搞快点不行。但是怎样做到既要搞得快点，又要不重犯一九五八年的错误，这是个必须解决的问题。现在搞建设，门路要多一点，可以利用外国的资金和技术，华侨、华裔也可以回来办工厂。吸收外资可以采取补偿贸易的方法，也可以搞合营，先选择资金周转快的行业做起。当然，利用外资一定要考虑偿还能力。"

如何解决外资的偿还能力？在那个上午，邓小平谈了很多显然已是深思熟虑的想法。

"现在国家计划想掉个头。过去工业是以钢为纲，钢的屁股太大，它一上就要挤掉别的项目，而且资金周转很慢。要先搞资金周转快的，如轻工业、手工业、补偿贸易、旅游业等，能多换取外汇，而且可以很快提高人民生活水平。"

邓小平还谈到了发展旅游事业的问题，他说："我们国家地方大，名胜古迹多。如果一年接待五百万人，每人花费一千美元，就是五十亿美元。"

（谷牧插话："可能还要多一些。"）

小平接着说："要大力发展旅游业，可以多搞几个旅游公司。名胜旅游区要整修一番，像四川的峨眉山、长江三峡、甘肃的敦煌、嘉峪关、西安的半坡村、秦始皇陵等等。云南的石林，整修好了就是世界第一。要搞好旅游景区的建设，要有电、有路、有旅馆，还要搞好城市建设，搞好服务业，千方百计赚取外汇。"

---

① 资料来源：人民网文章《邓小平请荣毅仁等商界五老吃火锅 唱引外资大戏》，2008 年 12 月 31 日。

这就大大拓展了外资的偿还能力。

邓小平对面坐着的五位老人，鹤发苍颜，经历坎坷，邓小平把他们当作"党的亲密朋友"，"……在民主革命时期同我们党共同奋斗，在社会主义时期同我们党一道前进，一道经受考验"。

今天，面见邓小平之前，五位老人做了大量的调查研究。他们刚从上海、江苏等地调研回来，在上海，他们马不停蹄地开了30次座谈会，约请了300多位工商界人士谈话。胡子昂等人一一向邓小平做了通报。

听完他们的话，邓小平真挚地说："要发挥原工商业者的作用，有真才实学的人应该使用起来，能干的人就当干部。对这方面的情况，你们比较熟悉，可以多做工作。比如说旅游业，你们可以推荐有本领的人当公司经理，有的可以先当顾问。还要请你们推荐有技术专长、有管理经验的人管理企业，特别是新行业的企业。不仅是国内的人，还有在国外的人，都可以用，条件起码是爱国的，事业心强的，有能力的。"

邓小平说完，乌兰夫接着说："本来统战部安排小平同志只找荣毅仁先生一人，后因收到胡老的信，得知工商界的朋友们对改革开放的政策有许多好的意见和建议，就决定请大家一道来开个座谈会，让大家畅所欲言。"

胡子昂进言："现在中宣部'阎王殿'的帽子摘掉了，统战部'投降主义'的帽子也应该摘掉。现在工商界还没有摘掉帽子，一些企业把工商业者同地、富、反、坏、新生资产阶级不加区别地相提并论，这些问题不解决，他们心有余悸就难以消除顾虑。"

古耕虞对此感触最深。他说："中美建交以来，我接到不少在美国的朋友的来信。那里有中国血统的人，很想来祖国投资，为国效力。现在统战系统确实存在不少问题，怕与资产阶级打交道，越到下面越厉害。我看首先要解决干部心有余悸的问题，统战干部在'文革'中被冲击得厉害，说是投降主义。统战政策是毛主席定的，工作是有成绩的，由于资本家的帽子没有摘掉，一些有用之才仍在工厂从事较重的体力劳动。"

邓小平听后干脆地说："要落实对原工商业者的政策，这也包括他们的子孙后辈。他们早已不拿定息了，只要没有继续剥削，资本家的帽子为什么不摘掉？落实政策以后，工商界还有钱，有的人可以搞一两个工厂，也可以投资到旅游业赚取外汇，手里的钱闲起来不好。你们可以有选择地搞。总之，钱要用起来，人要用起来。"

在此次会见的后半段，几乎成了邓小平与荣毅仁之间的对话。

荣毅仁说："我感到利用资本主义资金，也应该用资本主义去对付，不应像过去那样拘谨，我们引进一个项目花了16年，厂建起来已经落后了，单单付利息就不少，还加上其他费用，有的还要赔钱。为什么把外汇这么花掉。

"现在外汇很有限，引进外资要很快生效，目的性要明确，要功利性大些，生产的产品要能换取外汇，出口创汇。只要生产提高了，就不怕没有偿还能力。搞好生产我觉得有两个问题要解决。一个是工资制度，十几年不加工资怎么能有积极性？我们过去办厂，每年都要增加一些工资的。有人说增加工资是否会引起通货膨胀？我认为，只要生产搞上去，通货膨胀一点还可以刺激经济发展。另一个是管理问题，没有民主就没有主人翁感，就不动脑筋，生产就不会搞好。

"小平同志讲要利用外国资金、华侨资金，确是重要问题。现在英、法、日、联邦德国都要跟我们打交道，因为我们政局稳定。从国际上看，对我们是有利时期。美国大公司来华还有顾虑，外国朋友建议我们邀请大老板面谈，让他们回去讨论，以改变目前的态度和看法。在美国还有许多工作需要去做，可以利用华侨、华裔来做工作。我对外国朋友说，我们有人力，你们有财力，可以合作。

"对引进国外技术和资金，现在各级领导都很积极，这里需要协调一下，德国西门子公司来华，许多部门都找上门去，他们的尾巴就翘得老高，要价也就高了，为此，要对引进项目加强管理。

"现在有些机构，头头太多了。上海有家纱厂，在旧社会全厂只有30个职员，现在单政治处就有28人。人多了，画圈的人就多了，办事速度就慢了。"

听到这里，邓小平立刻接着说："荣毅仁同志，你主持的单位，要规定一条：给你的任务，你认为合理的就接受，不合理的就拒绝，由你全权负责处理，处理错了也不怪你。"

显然，在那个上午，邓小平已经明确向荣毅仁提出了由他"主持"一个"单位"的构想。

荣毅仁赶紧接过话茬儿："我愿意做工作，这一年多来，没公开说，只要国家给我工作我就做，白天、半夜，什么时候有人找我都行。我才63岁，在80岁以内都还可以工作。"

邓小平赞许地点点头，又强调说："要用经济方法管理经济，从商业角度考虑签订合同，有利润、能创汇的就签，否则就不签。应该排除行政干扰。所谓全权负责，包括用人权。只要是把社会主义建设事业搞好，就不要犹豫。"

这是邓小平向荣毅仁提出的要求：

要自己主持单位，多搞对外开放和经济工作；

用经济方法管理经济，从商业角度考虑签订合同；

全权负责，包括用人权；

完全排除行政干扰；

有权接受合理的任务，拒绝不合理的要求。

这无疑是邓小平代表党中央给荣毅仁的一柄尚方宝剑。不能不佩服邓小平的明察秋毫，在此后的岁月里，强大的习惯势力时时侵扰着荣毅仁及其中信公司。正是有了这柄尚方宝剑，荣毅仁带领的中信公司才能在荆棘丛生的泥沼中蹚出一条大路，才成就了中信的生存和发展之道。

此时的荣毅仁，心里涌动着被信任与托付的庄严和激情。骏骥伏枥已10年，10年中，他无时无刻不渴望着跃马疆场、纵横天下的人生境界。他既感慨又感动，但还有隐约的不安。

福建厅里的谈话持续到了中午12点，工作人员在大厅的一角支起了两张桌子，邓小平对大家说："肚子饿了，该吃饭了，今天我们聚聚，我请大家吃涮羊肉。"

邓小平与胡子昂、古耕虞都是四川人，川人喜欢吃辣，他们仨凑在一起共用一只火锅，红油辣椒汤咕咚咕咚冒着浓浓的热气，熏染了在场的每一个人。午餐持续了一个小时，耄耋之年的老人们精力有限，邓小平站起身来，与老先生们握手告别。

在邓小平的政治生涯中，记录他请人吃饭的笔墨极为吝啬。这次火锅宴的意义当然不同寻常。

整整20年后，已是85岁高龄的谷牧从尘封已久的日记本中找到了那天的记录，这是一摞线装宣纸的仿古本，黄底红格，用毛笔正楷写就。回忆起当天的情景，对"邓小平以这种随意座谈的方式做出如此重大的决策"，谷牧"既感敬佩又有些意外"。

那一天，谷牧被邓小平确定为具体分管荣毅仁"主持的工作"。

邓小平与工商界五位老人的谈话，后来以"搞建设要利用外资和发挥原工商业者的作用"为题，收录在《邓小平文选》第二卷中。其中两句话"钱要用起来，人要用起来"，成为最具小平特点的名言之一。

第二天，民建和工商联火速召开联席会议，传达贯彻小平的谈话精神。五位老先生相继发言，胡厥文心情激动地对大家说："各位同仁，在共产党的领导下，我们即将迎来国家发展的新时期。欣逢盛世，就是用尽吃奶的力气，我们也一定要为国家的'四化'建设贡献毕生。"

荣毅仁说："整整闲了10年啊，今后10年要当20年来干！"

这一年，有位美联社记者写道："今天，他们中有数千人正在为30年前他们拒绝离开的这个国家服务，为它的现代化贡献自己的才能。"

后来，古耕虞用四川方言戏谑地总结说：我们这顿涮羊肉，是一只火锅，一台大戏。

对于荣毅仁来说，这台大戏即将上演，序幕已经拉开，主角就要登场。

这是1979年，此前30年中，荣毅仁及其留在中国大陆的荣氏家族，紧跟中国社会主义改造和社会主义建设的潮流。他始终站在潮头，引领着他所属的那个阶级跟着共产党往前走。他从来没有动摇过，他也因此成为中国共产党领导人的座上宾和牢固的同盟者。

而荣毅仁对共产党的认识，仅仅源于1949年5月25日的那个早晨。

第三章　荣毅仁的前世今生

"荣家是中国民族资本家的首户，中国在世界上真正称得上是财团的，就只有他们一家。"毛泽东曾这样评价说。

荣氏老家在无锡荣巷，位于无锡市西郊。其祖先种稻植桑，以耕读传家。

荣毅仁的祖父荣熙泰很小的时候到广东帮人理账。1896 年荣熙泰回乡时，已有 6 000 银元的积蓄。他与人合资在上海开设广生钱庄，资本金 3 000 银元，长子宗敬、次子德生兄弟俩分任经理与会计。

广生钱庄主要经营上海、无锡、常州等地的汇兑业务。1896 年，荣熙泰病逝，荣家的生意落在了两兄弟身上。两人兢兢业业，利用钱庄的资金优势，兼办茧行，这两项生意每年都可净赚两三千银元。几年后，兄弟俩便掘得了创业的第一桶金。

就在生意渐渐走高之时，1899 年荣德生子承父业，再下广东，任广东省河补抽税局总账房，留下荣宗敬一人打理钱庄。在广东，荣德生视野大开，华洋各类资本开办的糖厂、火柴厂、自来水厂等红红火火，获利颇丰。一年后，荣德生回到上海。兄弟俩商量，靠钱庄放账，博取微利，不如自己投资经营，利益较大，加上受当时"实业救国"思潮的影响，于是萌发兴办实业的思想，他们一致看好面粉行业。

1902 年，荣氏兄弟出资 6 000 银元，资本总额为 39 000 银元，与人合伙在无锡购 17 亩地皮，四部法国石磨，三道麦筛，两道粉筛，办起了保兴面粉厂。这是荣氏家族事业决定性的一步。翌年，大股东朱仲甫退出，保兴重组，易名"茂新"，资本金扩至 5 万银元，荣氏兄弟是最大的股东。

1904 年，日俄战争爆发，俄国人在东北开办的面粉厂大都被迫停产，市场上面粉需求激增。荣氏兄弟用分期付款的方式，向怡和洋行订购英国钢磨，同时扩建厂房。面粉产量增加了一倍半，每天即可赚到 500 多两白银。茂新盈利颇巨。

1905 年，他们集资在无锡筹建振新纱厂，总资本 27 万银元，荣氏兄弟各认股 3 万银元，置纱锭 10 192 枚，第二年振新投产。

1910 年，茂新的面粉第一次打出了"兵船"牌商标，销路大好。从此荣氏开始了他们的扩张之举。1913 年，兄弟俩投资 2 万银元，与王尧臣、王禹卿兄弟以及浦文渭、浦文汀兄弟共同集资 4 万银元，在上海办起了福新面粉厂，一昼夜可出产面粉 1 200 袋。

这一年，荣德生在《乐农自订行年纪事》一书中写道："只有欠人，赚下还钱，方有发达之日。"这是荣家几代人负债经营之肇始。

时值第一次世界大战前后，欧洲列强忙于厮杀，无暇东顾，暂时放松了对中国的经济侵略，对华输出的资本和商品有所减少；出于战争需求，欧洲列强的工业生产主要转为为战争服务，减少了某些轻工业品的生产。这为中国民族工业拓展国内市场，进而打入国际市场，提供了契机。在这一背景下，荣氏家族企业迅速扩张。

从 1914 年第一次世界大战爆发至 1921 年，7 年间，荣氏的面粉产业已有茂新、福新共计 12 家面粉加工厂，从最早的 4 部粉磨机增加到 301 部，每昼夜可出产面粉 7.6 万多袋，其产量占到当时全国面粉总产量的 29%。这种高速度不仅在中国绝无仅有，在世界产业史上也非常罕见。到抗战前，荣氏的面粉厂扩张至 14 家。荣氏兄弟经营的茂新、福新集团产粉能力占全国关内面粉业产粉能力的 32%，人称"面粉大王"。

在发展面粉厂的同时，1915 年，荣氏在上海白利南路购得一家榨油厂，在其厂址上创办了申新第一纺织厂，置纱锭 12 960 枚，总资本 30 万银元，荣氏兄弟占六成，荣宗敬任总经理。为了避免股东掣肘，申新采用了无限公司的组织形式，不设董事会，总经理的选任、解任，需半数以上股东通过，从而保证荣氏独揽企业大权。

申新一厂赶上了中国纺织业乃至整个工商业的黄金时代，投产后连获厚利。1917年，荣氏兄弟又买下上海祝大椿经营的恒昌源纱厂的产权，改组为申新第二纺织厂。1915年，由于申新一厂较早地添置了新式美机，效益甚丰，1919年盈利100万银元，1920年盈利110万银元，1921年盈利达160万银元。荣氏兄弟遂决定利用荣氏集团的资金在无锡创办申新第三纺织厂，到抗战时，申新三厂拥有纱锭7万枚，是苏南地区最大的工厂之一。1921年，荣氏又在汉口新建申新四厂。这一年，茂新、福新、申新总公司在上海成立，荣宗敬任总经理。

正在荣氏企业的发展如日中天之时，荣德生的第四个儿子诞生了。这是1916年5月1日，父亲为其取名毅仁，希望他宽厚待人、坚强不自满。荣德生这一房人丁特别兴旺，共有儿子7人、女儿9人。

1925年"五卅运动"爆发，抵制日货运动高涨，这给予民族工业又一发展契机。荣氏兄弟把发展重点从面粉业转向纺织业。荣宗敬主张"人弃我取，收旧变新"。荣德生也说："对外竞争，非扩大不能立足。"

荣氏家族的"借鸡孵蛋"策略在这个时候发挥得淋漓尽致。他们除将所有剩余继续投资，同时还借助银行钱庄，负债经营。荣宗敬向银行投爷，在钱庄搭股，自诩"搭上一万股子，就可以用他们10万、20万的资金"。

1925年，荣氏购进德大纱厂成立申新五厂；租办常州纱厂改为申新六厂。1928年，申新成立同仁储蓄部，大量吸收存款，继续举债扩充。第二年，又买下英商东方纱厂改为申新七厂，并新建4万锭的申新八厂。1931年，购进三新纱厂改为申新九厂，买入厚生纱厂补充租约到期的申新六厂。至此，申新系统共拥有棉纺织厂9家，纱锭52.155万枚，织机5 357台，分别占全国民族纺织业的20%和28%。荣氏兄弟继"面粉大王"之后，又成了名副其实的"棉纱大王"。

这就是毛泽东所说的"真正称得上是财团"。

荣毅仁4岁即进无锡公益第一小学念书，这是一座新学堂，是父亲荣德生创办的第一所学校，后来荣德生接连办了8所小学和一所工商中学。荣毅仁自幼聪慧过人，深得父辈和老师们的赏识，后来在他父亲办的中学完成了高中学业。1932年，16岁的荣毅仁考入上海圣约翰大学历史系，圣约翰大学是中国第一所完全以英语授课的大学。

从中学到大学的每一个寒暑假，荣毅仁总是奉父命在荣氏的各个企业见习，从底层做起。

1936 年毕业前，荣毅仁与无锡名门杨干卿之女杨鉴清结为百年之好。

1937 年夏天，荣毅仁从大学刚刚毕业返乡。8 月 13 日，日本军队以租界和停泊在黄浦江中的日舰为基地，对上海发动了大规模进攻。中国驻军奋起抵抗，开始了历时三个月的"淞沪会战"。"八一三事变"中，荣氏企业遭遇重创，周家桥申新一厂、申新八厂遭日机轰炸，严重被毁；处在战区内杨树浦的申新五厂、申新六厂、申新七厂被炸。

据申新总公司于 1938 年 10 月委托斯班脱（Graham Spainter, Ltd.）所做的恢复旧观调查报告显示：在日军对上海的进攻中，仅申新一厂、申新八厂两厂损失的固定资产就高达 383 万元法币、1 009 英镑及 1 961 美元，间接物资损失 134 万元法币，两者合计超过 500 万元法币。

国难当头，荣毅仁不得不早早开始为家族企业分担重任，他首先担任了无锡茂新面粉公司的助理经理，1939 年兼任上海合丰企业公司董事，1943 年兼任上海三新银行董事、经理，1945 年任无锡茂新面粉公司经理。

抗战期间，上海租界内的民族工业曾经有过一段短暂而畸形的繁荣。荣氏"福新"系也在"孤岛"时期迎来短暂的高速发展期……以福新二厂、福新七厂为例，两厂在 1937 年共亏损了 32 万元法币，1938 年时已成功扭亏为盈，一年后盈利额已高达 210 万元法币（当时 1 元法币约合 0.29 美元）。

荣氏用赚来的钱先后开办了广新银公司、大新贸易股份有限公司；而申新二厂、申新九厂利用银行贷款，大量购囤进口棉花。1942 年 5 月，荣氏在汪伪政府币制改革之际，以仅相当于 7 936 两黄金的款额，还清了荣氏企业所欠在战前相当于 17 万两黄金的全部银行贷款。

但是太平洋战争爆发后，荣氏的好景不再。

日本侵略军肆无忌惮地在上海租界大肆掠夺。荣氏在上海的企业除去申新二厂、申新九厂虎口余生外，其他各厂"基本上都不在荣氏的名下"，或被日商强行侵占，或被战火摧毁。

1938 年 1 月 4 日，荣宗敬与长子溥仁离开上海，从水路启程赴港。次年 2 月 10 日，荣宗敬脑溢血症复发，医治无效去世，终年 65 岁。

此时，留在上海孤岛的荣毅仁与兄长们惨淡经营，维系着荣氏仅存的产业，他们后来又开办了小纱厂、布厂、丝厂，还办了银行。荣毅仁年轻，所以每一个企业都是哥哥们挂名，他干活，他自称为"百脚头戏子"。这对荣毅仁的一生来说都是十分难得的经历。

抗战结束，荣毅仁接掌家族在无锡的面粉厂，又先后任上海合丰企业董事长、上海三新银行董事长。这一年他29岁，已有儿女三人：智和、智平、智健。

1945年之后，荣氏的"申新"系、"福新"系工厂陆续重建。无锡的茂新面粉厂完全由荣毅仁主持掌管，他在废墟上建造了钢筋水泥结构的五层大楼，向海外订购了全套最新面粉设备。1948年福新全面复工，成为战后中国设备最先进的一家面粉厂。对此，荣德生颇感欣慰："停却十年，至今复业，四儿全力促成。"

荣家与中国四大官僚之一的宋子文交情颇深，通过宋子文，荣家曾数次从国家银行贷出巨款作为重建资金和流动资金。1946年，国民政府币制改革，导致物价飞涨。在这一关键时刻，荣毅仁在宋子文的恳求下，平价抛售面粉，帮助国民政府抑制粮价。但此举不仅为同行诟病，也使荣氏各面粉厂受损。

1946年，荣氏家族企业走到了它在旧中国最辉煌的顶点。随后便在官僚垄断资本、通货膨胀、经济掠夺等数根绳索的勒索和禁锢中，渐渐现出颓势。而国民政府官匪勾结、见财起意，对荣家实施绑票、诬陷等各种下三烂的手段，更让荣氏父子看清了国民党的真面目。

1946年4月25日，荣德生被绑架。匪徒索要赎金100万美元，后来绑匪发现偌大的荣氏流动资金紧张，其实根本凑不出来那么多钱，最终把赎金降到50万美元。荣家不得不紧急筹措现银，在市上高价收购美元。荣家如数交出了赎金，身陷囹圄34天的荣德生老人才回到家中。

案子破了之后，荣家送出的50万美元赎金，警备司令部只发还了13万美元给荣家，大部分赎金都被当局扣留。这还不算，发还赎金的第二天，警备司令部就派人到申新总公司，公然索要所谓"破案赏金"，一而再，再而三，把发还荣家的那十几万美元都要走了还嫌不够。荣家无可奈何，只得又在市面上再次收购了十几万美元，作为"酬金"给了他们。社会上大大小小的渣滓、寄生虫也趁机浑水摸鱼，向荣家伸手要钱要捐助。荣德生非常气愤地说："绑匪只要50万美元，现在'破案'了，却用去了60万美元还不够！真不如不破案的好。"

祸不单行。1948年，荣德生的六儿子荣纪仁自杀。这一年，在蒋经国发动的"打虎"运动中，荣德生的大侄子荣溥仁又遭打压，全家被逼出走香港。

1948年秋，因法币急剧贬值，蒋介石强行发行金圆券，用武力限期收兑民间的金、银、外币，对市场采取严格限价政策，试图以此控制物价。但这一政策，使商品流通瘫痪，一切交易转入黑市，整个社会陷入混乱。三个月后，政府又朝令夕改，不得不放弃限价令，致使上海物价如脱缰野马般飞涨。11月，荣宗敬的长子荣溥仁以私套外汇嫌疑之罪，被押至特种刑事法庭审理，后交了100万美元才算了结。荣溥仁惊魂难定，携家小去香港另设大元纱厂，最后远走巴西。这一年岁末，荣德生的三儿子荣伊仁因飞机失事身亡。

1949年，荣毅仁又被扯进一场"军粉霉烂案"。荣智健回忆说："那时候我父亲经营面粉厂，我们厂（出产）占到全国接近一半的面粉，那时候军队也要定军饷，就是在我们厂里边定的。那么我父亲那时候交出去的都是白面粉，但前面吃到的是什么呢？都是黑的硬馒头，就是层层扣押的。反过来再追究责任呢，就要追究到我父亲身上。这时候又要筹钱，又要去摆平这个事，又要有一笔勒索敲诈的花费。"

遭此种种磨难，荣德生万念俱灰，本想在抗战胜利后励精图治，大展宏图，没想到国民政府官匪勾结、层层盘剥、腐败透顶，比日本人有过之而无不及。

1949年，当人民解放战争的隆隆炮声跨越长江之时，沪上富商巨贾都忙于转移资产，到国外或香港避风头。荣氏企业也有一部分人向广州、香港、台湾等地陆续转移资金和设备。大房的荣鸿三、荣鸿庆和荣德生之子荣尔仁、荣研仁等先后离开上海。许多人劝荣德生去香港，老人说了一句话，共产党再坏还能坏过国民党？

因为这个极其简单而朴素的道理，荣德生决定留在大陆。

几经战火，荣氏家族产业本已损耗大半，当历史大变动来临之时更是支离破碎，再难聚合。33岁的荣毅仁第一次被推到前台，他四顾茫然。

一番痛苦艰难的内心挣扎之后，荣毅仁与哥哥荣尔仁商定，尔仁走，毅仁留，荣毅仁要与父亲共迎未来。这是荣毅仁在1949年做出的一项最重要的选择，他要守住荣氏几代人开创的家业，因为这背负了整个家族的希冀。荣毅仁专程赴香港把已经先期到那里的妻子儿女接回上海。

枪声越来越近，溃不成军的国民党逃兵成群结队地到荣家勒索，直接把重机枪架在荣府门口，不给钱就开枪。那两天，荣家就靠着一串串大洋打发这些兵痞。直到1949年5月25日凌晨，震耳欲聋的枪炮声突然停歇了，人民解放军进入了大上海。

荣毅仁想要亲眼看看共产党的军队究竟是什么样的，他壮着胆子驱车穿过市区往厂里开。路旁是和衣而卧的解放军，他们不进民宅，不扰民生，秋毫无犯。一位年轻的战士拦住了荣毅仁的车，彬彬有礼地告诉他前面战事未停，小战士说："对不起，您还是请回去吧。"

荣毅仁胸中顿时漾起一股暖意。

*   *   *

在以后的日子里，荣毅仁越来越真切地了解了共产党。

1949 年 6 月 2 日，荣毅仁第一次见到了儒雅而豪爽的陈毅市长。40 多年后，荣毅仁回想起那个下午，再一次情不自禁，他在《陈毅市长给我的第一印象》一文中写道："42 年前的一次会议至今历历在目，当时陈毅市长给了我一个终生难忘的第一印象，他是一位普通一兵式的司令员，一位深切了解群众的领导，一位富有人情味的共产党员。"

新生的红色政权在相当短的时间里，抑制了飞涨的物价，基本解决了困扰上海多日的"两白一黑"问题，这让荣毅仁十分钦佩。"两白"，一是大米，一是棉花，"一黑"就是煤炭。一年前，蒋经国亲自坐镇上海，推行金融新政，结果却是物价狂涨。

在共产党实实在在的帮助下，荣氏企业又有了棉花和小麦，有了流动资金，工厂又开工了。

1950 年春末夏初，毛泽东主席在寓所宴请出席全国政协一届二次会议的有关人士时，特别邀请了荣毅仁，这是荣毅仁第一次见到毛泽东。席间，毛泽东特别问起了荣德生老先生，并鼓励他：要为人民做好事，要一贯地做下去，人民是不会忘记的。

政治的昌明，社会的进步，使荣毅仁兴致高昂，他开始积极参加社会工作，也频频参加政治活动。这一切，让远在北京的毛泽东很是欣慰。

从 1952 年开始，中国掀起了"五反"运动，运动的目标就是资本主义工商业者。"五反"即反行贿、反偷税漏税、反盗窃国家财产、反偷工减料、反盗窃国家经济情报。荣氏企业是上海最大的民族工商户，在"五反"中也暴露了问题。应该划到哪一类、如何处置？薄一波在回忆录中写道："我和陈毅同志反复商量过。陈毅同志说，还是定为基本守法户好。我同意他的意见，并报告了周总理，周总理又转报毛主席。毛主席说，何必那么小气！再大方一点，划成完全守法户。这个标兵一树，在上海以至全国各大城市产生了很大影响。"

薄一波时任财政部部长。

1952 年，荣毅仁访问了苏联，他第一次深切感受到社会主义气象万千的景象，他发现，这样的社会并不可怕，相反还很"值得羡慕"。从那时起，他开始学习马列主义经典著作，他要搞清楚究竟什么是共产党的纲领。

后来，国家发行人民胜利折实公债，荣毅仁响应人民政府的号召，主动认购了 650 万份；抗美援朝期间，他捐献了 7 架半飞机和大量衣物。

留在大陆的荣毅仁究竟过得如何，这是荣氏海外一族以及西方人关注的一件事。一位法国实业家来沪点名要和荣毅仁谈话，并且是用英语谈。

法国人走时对陈毅市长说，谈得很好很开心。

陈毅问荣毅仁，谈了什么呀，怎么那么开心？

荣毅仁淡淡地说，都是些家常话。那位法国客人问我在共产党政权下过得怎么样。我对他说：荣家人生活仍很优裕，又不用担心敲诈绑票，工作、学习都感到有奔头，所以更想为国家为民族多做点事。钞票再多，对荣家来说，也不过是再加上几个圈圈，没啥意思，我宁愿把定息拿出来每年替国家新开一片工厂。

1955 年 10 月，荣毅仁第二次见到毛泽东。全国工商联召开执委会议，荣毅仁也赴京参加。毛泽东亲自主持了一次座谈会，谈了差不多两小时。毛泽东对与会的资本家说："大家的眼光要放远一点，不要怕社会主义，要自己掌握自己的命运，不要十五只吊桶打水七上八下。要减少吊桶，增加抽水机，如果能全部改用抽水机就更好，这样才能好睡觉。"

当时正值全行业的公私合营高潮，毛泽东的讲话很是意味深长。

毛泽东又讲到京剧《打渔杀家》中萧桂英的故事。他说："萧桂英要去'杀家'，参加'革命'了，可还没有忘记关门，怕人家偷了她的坛坛罐罐。工商界人士不要这样，要把眼光放远一点。"毛泽东再次提到了"眼光放长远"的问题。

37 年后，在毛泽东的忌辰，荣毅仁再次回忆起 1955 年当时听完毛泽东讲话后的心境：

> 毛主席的讲话勾起我对往事的回忆，我在旧社会继承父辈事业的十几年中，即便以我们当时所具有的较大的资本和较高的社会知名度，乃至与当权者的交谊，最终也未能幸免于日本侵略者造成的劫难和国民党腐败政

权的压榨，别的民族工商业者还能有什么更好的出路？事实说明，资本主义道路在中国，就只能是殖民地、半殖民地道路。而这条道路对每个真正要做独立的、正直的中国人的工商业者来说都是穷途末路。因此，按我当时的心境，虽还未能真切地展望未来的社会主义社会和资本家思想改造完成后将成为什么样的人的蓝图，但确已树立起了听毛主席的话、跟共产党走社会主义道路就是走向光明，就大有前途的信念。

1956 年，荣毅仁率先把全部荣氏企业拿出来和国家合营，成为一名"红色资本家"。1956 年 1 月 10 日，毛泽东视察了申新九厂。毛泽东先后到上海几十次，申新九厂是他唯一视察过的公私合营企业。荣毅仁回忆说："毛主席一下车，看到我，便亲切地说：你不是要我到你厂里来看看吗？我来了。"

这一年 2 月，新华社记者采访了已经改变身份的上海申新纺织印染厂总经理荣毅仁，后来这篇访谈登在《新华半月刊》1956 年第 4 期。荣毅仁说："对于我，失去的是我个人一些剥削所得，它比起国家第一个五年计划的投资总额是多么渺小，（而我们）得到的却是一个人人富裕、繁荣强盛的社会主义国家。"

但是荣毅仁不是一个头脑简单的人。他想，如果说我国进入社会主义革命时期后，工人阶级和资产阶级之间的对抗性矛盾成为主要矛盾；但是经过社会主义改造运动，阶级关系有了调整，这个对抗性矛盾是否可以转化成为非对抗性矛盾呢？1956 年，在全国人大的一次小型会议上，荣毅仁向毛泽东当面提出这个问题。毛泽东没有马上回答，只是说"你这人倒蛮会用脑子、提问题的"。

半年后的 1957 年 2 月 27 日，毛泽东在最高国务会议第十一次扩大会议上，发表了《关于正确处理人民内部矛盾的问题》的讲话，他说："工人阶级同民族资产阶级的矛盾属于人民内部的矛盾……工人阶级和民族资产阶级之间存在着剥削和被剥削的矛盾，这本来是对抗性的矛盾。但是在我国的具体条件下，这两个阶级的对抗性的矛盾如果处理得当，可以转变为非对抗性的矛盾，可以用平和的方法解决这个矛盾。"这篇文章是毛泽东对国际共产主义运动和中国社会主义建设的一大理论贡献。

第二年，在毛泽东的特别关照下，陈毅回到上海列席市人大二届一次会议，他向参加会议的党内代表做工作，请他们"投荣毅仁一票"。陈毅传达毛泽东的讲话：毛主席说，我国在国际上称得起财团的，恐怕也只有这么一家了。荣家这几年为新中国恢复和发展经济做了很大贡献，这次又把全部企业都拿出来和国家合营了，在国内外产生了很大的影响。怎样把合营企业搞好，还有大量工作要做。上海要率先创造经验，从荣家推选出代表人物参与市人民政府的领导，现在就十分必要了，也正是时候。陈毅接着说："我要以共产党员的身份为这位红色资本家竞选。因为他确实既爱国又有本领，堪当重任。"

在这次市人大会议上，荣毅仁当选为上海市副市长。

1959年，在邓小平的提议下，43岁的荣毅仁担任了国家纺织部副部长。这是邓小平对荣毅仁的第一次点将。荣毅仁在纺织部分管生产司，并从1960年开始主管纺织品出口。20世纪50年代末，中苏交恶，中国纺织品出口必须由苏联东欧国家转向欧美等西方市场。这是一个极为重要的转变。荣毅仁全面部署和推进对西方国家出口纺织品的工作。经过改进的棉细布、府绸、全毛大衣呢、纯毛毛毯、印花丝绸等，相继成为西方市场的畅销品。从1961年到1963年，中国纺织品出口创汇在全国出口商品中居于首位，占全国出口总值的30%左右。

十年"文革"，荣毅仁亦难逃厄运。红卫兵用铁棍疯狂毒打这位昔日的资本家，荣毅仁的右手食指被打断，妻子杨鉴清被打得昏死过去，还被红卫兵剃了阴阳头。妻子在绝望之时抱怨丈夫："都是你，解放时要是不留下，也不至于吃这么多苦。"此话一出，一向温和的荣毅仁大为光火，厉声呵斥道："我跟你的根本分歧就在这里！我第一是国家，第二是工作，第三才是家庭，你要记牢。"这是荣毅仁30年中第一次向妻子发火。

1966年8月20日，荣毅仁被打，当天深夜，得知消息的周恩来总理紧急召见纺织部党组书记钱之光，严令他必须尽全力保护荣毅仁。钱之光当夜找陈锦华商量对策，陈锦华当时是纺织部革委会的负责人，他找来了纺织部自己的红卫兵头头，让他带队去荣毅仁家，从师大附中红卫兵手中解救荣毅仁。这叫"红对红"，就是以机关的红卫兵对付外地、外单位的红卫兵，据说这是上海发明的办法。纺织部的红卫兵连夜来到北太平庄荣毅仁住处，以带回部里批斗、交代问题为名，解救了荣氏夫妇。他们还把杨鉴清紧急送到了积水潭医院救治。

13年后，已经是上海市委常委、副市长的陈锦华在锦江饭店宴请荣毅仁夫妇。荣毅仁当时回上海领取政府退还的定息。席间，陈锦华谈起了1966年那个不寻常的夜晚。这是荣毅仁第一次听说此事，他激动得热泪盈眶，站起身，要举杯谢恩。陈锦华忙摆手，"这我可不敢当，是周总理救了你"。

1966年，周恩来听说荣毅仁转危为安后，还专门托人给他带口信："要沉得住气，要经得起考验，你还是有希望的。"

在那样的人生低潮，荣毅仁表现出了难能可贵的品行，身体稍好一点就打电话到中央统战部，要把自己的心里话说出来。他请统战部副部长刘述周"转告毛主席、周总理，我跟共产党是跟定了的"。一席话让刘述周满眼含泪，深为感动。

荣毅仁大学时代的同学经叔平与荣毅仁在"文革"时成了难友，军代表责成他们两位打扫卫生，洗刷厕所，荣毅仁干得很认真，自己掏钱买来盐酸，把马桶洗刷得干干净净。老同学对荣毅仁十分敬佩："'文革'时荣毅仁被打得一塌糊涂，还去找统战部，还去找党，我钦佩他的不动摇。他不是风派人物，不随风倒。"

不随风倒，不趋炎附势，不骑墙，不是风派人物，从不与"文革"中不可一世的"上海帮"勾搭，逆境中的荣毅仁以自己的人品人格赢得了老帅们的敬重。这成为他人生最后辉煌30年的起点。

"文革"期间，荣毅仁多了个邻居——老朋友王震。荣毅仁与王震相识是在新中国成立初期，陈毅市长与王震专门到荣府做过客。后来荣毅仁还派出了申新厂最好的工程师到新疆协助王震办纺织厂，解决了不少问题。在后来那个动乱的年代，荣、王二人都失去了工作机会，两人常常在一起议论国是。王震一直戏称荣毅仁"老板"。

王震成了荣毅仁改变命运的"贵人"之一，另一人是叶剑英。荣叶两家私交甚好，特别是在"文革"中，两家的走动更多，叶剑英还是荣毅仁、马万祺两家联姻的"大媒"。叶剑英爱才惜才，结交了不少党外人士，对荣毅仁更是格外器重。1977年以后，叶剑英有意识地几次找荣毅仁谈话，或在北京，或在广州，征询他对国际国内一些问题的看法。叶剑英认为荣毅仁很有见地。1978年，叶剑英提名荣毅仁出任第五届政协全国委员会副主席，邓小平、王震都投了赞成票。

在经历了10年的黑暗和人生低谷之后，荣毅仁终于再次登上政治舞台，这还只是一个开始。但这不仅是荣毅仁个人的开始，中华民族的伟大复兴将进入全新里程。荣毅仁生逢其时，在未来的20多年中，作为中国民族资本家的杰出代表，荣毅仁的价值无人能取代。

第四章 中信元年

1979 年春天，在人民大会堂的火锅宴之后十几天，荣毅仁郑重地向中央提交了《建议设立国际投资信托公司的一些初步意见》。

正如邓小平希望的那样，荣毅仁没有选择去当个平稳安定的"不管部长"，而是自愿拣了个"酸果子"，他没想到的是，30 年后这枚"酸果子"将长成参天大树。

这是荣毅仁在新中国成立 30 年后又一重大人生抉择。30 年前的那次选择，他是被动的，其结果更多的是改变了自己个人的人生轨迹。而这次选择，它改变的不再仅仅是他个人或是荣氏家族的命运，而是影响了这个国家现代化的发展轨迹。

　　1979 年 4 月，长安街上白玉兰争奇斗艳，北京春意盎然。荣毅仁从上海专门请了几位客人，在北京饭店租了间会议室，天天开会议事，讨论即将成立的中国国际信托投资公司的细节问题。当时参加座谈会的有原上海滩大银行家资耀华、徐国懋和实业家王兼士，参加座谈会的还有荣毅仁北京的老友经叔平等。

　　王兼士大上荣毅仁差不多一轮，倚老卖老，他在荣毅仁面前说话就不那么客气。王兼士直截了当地问荣毅仁：办公司你有实权吗？说话算话吗？要是不算，只是挂名，那就没什么意思了，我们干脆在上海养老好了。

　　荣毅仁很认真地回答：算，算，这次真的算数。

　　无论是荣毅仁还是王兼士，其实都没有料到，"算数"这个概念在后来相当长的一段时间内是一个多么复杂的难题。但至少在 1979 年春天的时候，荣毅仁信心十足，心无旁骛，一心只想完成小平同志托付的使命。

　　此前 100 天，邓小平将尚方宝剑授予这位曾经的红色资本家。回到家中的荣毅仁连续数日沉浸在感佩和难抑的激情之中，他常常夜不能寐，甚至半夜时分还翻身起床，在园中踱步，思考破题的方向。

关于他的未来，小平同志让他选择，选什么？据说曾有人提议让他当旅游部长，此建议出自何人，出于何种目的，已无从查考。但是以 1979 年 1 月 17 日人民大会堂邓小平与荣毅仁之间的谈话来看，邓小平如此兴师动众，约请副总理、副主席级的党内大员，一起会见荣毅仁，绝非仅仅要选一位旅游部长。如前所述，当中国的引进外资工作遇到巨大障碍的时候，当现行体制内的存量资源已经难以催生新的生长机制的时候，邓小平的做法很明确，他必须在体制边缘启动新的推动力，用增量资产倒逼存量资产，以开放促改革。

历史推进得越久远，邓小平的意图就越清晰。在中国经济改革于 1978 年启动之时，计划体制之外的市场力量被寄予了突破传统堡垒的厚望。而当中国改革进入 20 世纪 90 年代中期后，体制外的力量已积累到了新的水平，改革也因此进入了一个不可逆的新阶段，中国经济体制改革自此开始了全面而艰难的攻坚战。此话后叙。

＊　＊　＊

对于 1979 年的荣毅仁来说，当部长，他显然没有太大兴趣，他已经当了很多年部长。在严密的计划经济体制框架中，一位部长又能有多大力量推动制度变革呢？荣氏家族血管中汩汩流淌的是商人的血液，携带着财富的基因。当中国大局已变，大门已开，天时地利，荣毅仁审时度势，当然要另辟蹊径，开辟自己能够施展身手的天地，为这个国家和这个民族的发展尽自己最大的力量，这也是荣氏祖先的意愿。

在反复思考和再三斟酌之后，1979 年 2 月，荣毅仁给邓小平写下了一封信，在信中表达了建立"中国国际投资信托公司"的构想：

建议设立国际投资信托公司的一些初步意见

为了加速祖国实现四个现代化，从国外吸收资金、引进先进技术、聘请各业专家来投入国家经济建设，来为四个现代化服务，是一支不小的力量，有其重要作用。

当前……似有必要建立国际投资信托公司，集中统一吸收国外资金，按照国家计划、投资人意愿投入国家建设，有步骤、有秩序地来开展这项工作，可能获得较好的效果。

这个公司可以从摸索经验着手，对其经营业务从小到大、从简到繁，逐步发展，逐步扩大，以期做到少走弯路、稳妥可靠，配合各部门各地区，在实现四个现代化进程中服务。

一、名称：中国国际投资信托公司

二、宗旨：运用国外资金、先进技术、各业专家为加速祖国四个现代化服务。

三、任务：

1. 集中统一吸收愿意为我国建设投资的外国资本，爱国侨胞、港澳同胞、华裔的资金，根据国家计划、投资人意愿进行合理分配投资国内建设。投资形式可以单独投资，国家与各种国外资金联合投资。

2. 在可能条件下采取适当办法或接受有关方面委托引进国外先进技术、聘请专家顾问，提供有关部门咨询采用。

3. 接受国外资本委托，承办与投资有关的相应业务，如工程设计建设，招募管理职工，举办生活服务事业、法律顾问、会计顾问等等相应业务。

4. 接受外国企业委托经营代理业务。

5. 在国外投资。

6. 了解世界各地经济情况。

四、利润分配方式：分红、固定利息、固定利息加部分分红。

五、服务费：一般以外币计算，按照不同项目订立合同，分别征收。

六、资金：国家拨付人民币____、外币____。（此处荣毅仁没有填写数字。——作者注）

七、财务：实行经济核算、自负盈亏。

八、组织：由国家机关聘请董事若干人，为公司业务最高决策机构，设董事长一人，副董事长二三人……设总经理一人，在董事会指导下负责公司具体业务……各部门分别设立经理、副经理、助理执行具体业务；在国内外设立分公司、办事处、代理处。

九、人员聘用、来源招募方法另定，量才录用，按照工作能力和成绩进行考核，可以越级提升，对不称职的降级任用，对外籍人员的任用另定。

十、经营方式：结合社会主义的计划经济，可采用资本主义方式中的能为社会主义建设运用的部分，扬弃资本主义方式中的腐朽部分……

十一、筹备工作，如认为本项工作可行，拟请由国家机关制定若干人组成若干小组，下设精干办事机构，进行具体筹备工作。当前急需一个外资投资的法律和合资的办法等有关法律，筹备小组应有人能参与此项工作的研究起草。在筹备过程中，应邀请一些港澳同胞、国外企业家、法律（专家）、会计专家参加座谈，听取意见。

谁都可以看出，这是一封经过深思熟虑、缜密设计的信，它涵盖的内容几乎就是今天的一部完整的项目书。

小平同志拿到的是一封手抄件，字迹清秀、端端正正。据说这是荣先生的夫人杨鉴清誊写的，那时候荣毅仁甚至还没有来得及配一名秘书。

从信中可以看出，荣毅仁建立中信公司的目的主要是为了"吸引外资"、"吸引国外先进技术"、"吸引人才"，并适时在"海外投资"。荣毅仁决计要在这一方天地中，"采用资本主义方式中的能为社会主义建设运用的部分"，"实行经济核算、自负盈亏"；"设立董事会"，"对人员量才录用"、"越级提升"或"降级任用"。为此荣毅仁特别提出"急需一个外资投资的法律和合资的办法"。

在1979年那个混沌初开的时候，如此设想犹如黎明的天边清晰闪烁的星辰，固然很稀少，但在暗蓝深邃的天空中愈发显得璀璨夺目。

＊　　＊　　＊

信托业务对绝大多数中国人来说十分陌生，它传入中国的时间比银行、保险晚了半个多世纪。1913年，中国出现第一家信托机构——日资大连取引所信托株式会社。此后30多年时间里，以信托公司、信托局、信托社、银行信托部或储信部等名义存在的信托机构多达上百家，它们大多集中在上海滩。

曾在无锡、上海经营过钱庄的荣家子弟，包括荣毅仁本人，对信托业并不陌生。当时沪上规模最大的外资信托机构也称"中国国际投资信托公司"，但实际上它并不真正经营信托业务，而是通过发行公司债券吸收上海市面游资，然后投资于证券和地产。这一"中信公司"曾分别于 1930 年和 1933 年两次发行公司债，共筹得 300 万银元，大部分用于买卖股票，以获取高额回报。这一举动的某些部分与半个世纪后中信公司的行为有形似之处。

信托与银行、证券、保险等业务构成了现代金融业不可或缺的组成部分。但是其中的所有细节、运作方式和运行规则，对于从长期战争中走过来的绝大多数中国共产党人来说，无异于一部天书。而用资本主义的信托资金来办社会主义的企业，在马列的著述中都无论述，到哪里能找到理论依据呢？

1979 年 2 月中旬，邓小平访美归来，在回程中，他顺访了日本。一回到北京，他就批阅了一堆文件，其中有一份是国务院技术引进领导小组《关于美国通用汽车公司访华代表团愿意同我国合资经营办汽车厂的报告》。邓小平在这份报告上批示："合资经营企业可以办。"这是小平同志第一次明确以文字形式指出可以在国内办中外合资企业。当时其他几位中央领导只是在报告中画了个圈。

后任中央政治局常委的李岚清，当时担任第二汽车制造厂建设指挥部副指挥长、重型汽车厂筹备处负责人，正是由他负责 1978 年底开始的与美国通用汽车公司的谈判，主要目的是关于重型汽车的技术引进。在谈判过程中，通用汽车董事长汤姆斯·墨菲问："你们为什么只谈技术引进，为什么不能谈合资？"

合资的英文表述是"joint venture"，略懂英语的李岚清听明白了，但是他觉得这近乎天方夜谭："你是资本家，我们是共产党，我们怎么能够搞合资啊？"美国人不遗余力地向李岚清解释合资的模式："大家共同经营、共担风险……对中国来讲比较有利。"李岚清大感兴趣，遂向谷牧副总理打报告，谷牧批示"拟同意"，遂又报邓小平处，于是就有了邓小平明确的批复意见。

也就在这时，邓小平收到了中办转来的荣毅仁的信。他们几乎是在同一时刻，分别提出了"合资办企业"的问题，荣毅仁甚至颇有远见地点出了制定"外资投资的法律和合资的办法"、"采用资本主义方式"经营的关键问题。30 年后，当我们回眸历史，当我们追寻"中外合资"的起点，不能不为两位先贤的远见卓识和过人胆略表示由衷的钦佩和深深的敬意。

已经无从知道小平同志读到荣毅仁来信时的情形，但是，仅仅在两天后，小平就批复了这封信函。华国锋、李先念、陈云等同志也读到了这封信。陈云批示"把中信公司办成国务院直属的国营企业为好"，他担心"一家纯民间的公司恐怕实力不够，不容易在国内外开展工作"。

30 年后，当李岚清接受凤凰卫视记者采访时，曾就"国务院直属"的问题说过一番话："也只有在当时这种体制下，这样的中信它才能够起到一个开创的作用。这个开创不是它公司本身的开创，是对我们中国企业的改革，能够探一个路子。"

常振明关于中信缘起的概述逻辑清晰："'文革'结束以后，中央认为过去按照苏联模式社会主义计划经济的路行不通了，但以后怎么走，大家谁也不知道。于是，在地方成立特区，在中央成立了一家公司，希望中信以公司的运作方法走出一条路。小平说，按照资本主义的经营方式试一试，看行不行。小平同志给中信的任务是引进外资、引进技术、引进管理，三个'引进'。但什么是资本主义的经营方式，怎么做，其实谁也没有经验。"

* * *

中信的筹备工作即刻开始。

庄寿仓还记得，当时荣毅仁邀请部分来自上海和北京的工商界人士在北京饭店座谈，那是 1979 年 4 月，庄寿仓刚刚从四机部调到正在筹备之中的中信公司，秘书出身的庄寿仓自然而然又担任起秘书、文字工作。开会的时候，这些灰白头发的老人兴致勃勃地聊着信托、到海外集资、发债，庄寿仓听得云山雾罩，完全不知其所云，甚至很是不理解，我们国家是既无内债，又无外债的，为什么要向资本主义国家借钱？庄寿仓的想法代表了当时中国主流人群的态度。

在获得了小平等中央领导的批复意见后，荣毅仁特邀这批昔日上海滩的民族资本家以及财经法律专家来京，有的被邀请来参加座谈会，更有几位是荣毅仁三顾茅庐，特邀他们加入中信的。他们都曾是荣毅仁的旧识，他们的专长和能力都是荣毅仁十分看重的。在 1979 年中信公司刚刚筹办之时，荣毅仁能够倚重的力量为数极少，他很自然而然地想到了上海滩上的这支"60、70 部队"。在过去的 20 多年中，由于政治条件所限，这些昔日的资本家、旧职员并未完全融入新生的政权中去，他们的价值也并未完全体现出来，荣毅仁的召唤让他们感到一丝讶异和一种惊喜。

王兼士，75 岁。1926 年毕业于北京交通大学铁路管理系，1935 年毕业于德国慕尼黑大学，获经济学博士学位。同年回国后，曾任中央大学、金陵大学教授，1946 年任商办闸北水电股份有限公司经理。1949 年后，历任闸北水电公司第一副经理、闸北发电厂副厂长等职。多年后，终于卸任回家的王兼士感慨地说："我觉得很幸运，到了垂暮之年，还应荣老板之邀，为中信创业做了一些事，遇到了国家开放改革的好时机。解放前，我也自己办厂，但惨淡经营，没有闹出什么名堂，可是，我到中信这八年，却做了许多过去想做而没有做成的事。这八年是我一生做成事业最多的八年，也是我以前做梦也没有想到的。"

吴志超，65 岁，上海嘉定人，著名化工专家、著名实业家吴蕴初的长子。他1936 毕业于沪江大学化学系，遂留学美国密歇根大学化学系，后一直协助父亲主持上海天厨味精厂的工作。上海解放后，任天厨味精厂总经理，后任民建中央副主席。

吴光汉，68 岁，毕业于浙江大学土木系。

徐昭隆，62 岁，1938 年毕业于上海交通大学化学系。曾任上海庆成颜料公司（原归侨实业公司）经理。1952 年后，历任中国染料工业公司总经理，上海市染料工业公司、染料油漆工业公司、有机化学工业公司副经理。

雷平一，67 岁，高级会计师、注册会计师。曾任上海光华大学和国立浙江大学副教授、中国实业银行总行业务部经理、公私合营银行会计室主任等职。1949 年后，他长期被下放农村劳动。

李文杰，73 岁，大律师，上海立信会计师事务所创始人之一。1936 年，上海发生全国各界救国联合会七君子被捕案，李文杰挺身而出，出任辩护律师。

经叔平，61 岁，全国工商联副秘书长。经叔平是荣毅仁圣约翰大学的同学。

除这几位老先生之外，真正算得上"元老"的还有另外三位年轻一点的军人，至少他们那个时候都还身着戎装。

王军，38 岁，毕业于哈尔滨军事工程学院五系（导弹工程系），毕业后先在江南造船厂后到武昌造船厂任军代表，"文化大革命"时追随当代数学家华罗庚先生一同游历中国南北企业，推广优选法。其家世背景与他独特的经历，造就了王军严谨而务实的工作特点，也造就了他超常的记忆力及学习能力。

叶选基，37 岁，毕业于解放军外国语学院，后任中国驻西班牙使馆武官。

庄寿仓，原四机部部长王诤的秘书，年长于上面二人，来中信的时候他也已经52 岁了，但在中信的筹备组里依然屈居小字辈。

"文化大革命"给予中国军人至高无上的地位，在 20 世纪 70 年代末，这三人竟然从部队转业到一个前途未卜的公司就职，如此举动在当时并不被大多数人看好。

但用闵一民的话来说，"尽搞运动了，耽误了这么多年，好容易有了做实事的机会，当然不能错过"。闵一民是在这一年夏天拿着中组部调令，从中国人民银行司长的位置上过来的。其实第一批主动请缨到中信来的人大多抱着一个想法——"终于可以做些事情了"。

差不多在30年后，叶选基说过一段颇动感情的话："我们这一代人，曾感受过老一代革命者前半生远去的硝烟，又亲近过他们后半生历经的风云。正是这一代幸存的共产党领导人，痛感党所犯的严重错误导致国家和人民仍处于贫困、落后之中，从而觉醒，从而奋起，终于带领人民开启了中华民族的强国之路！"

相信这是叶选基在后来漫长的中信生涯中逐渐体会到的，他与王军都是名帅名将之后，因为中国改革开放，因为组建中信，才与那些昔日的资本家殊途同归、荣辱与共，这是中信之幸事，又何尝不是他们个人之幸事。

* * *

1979年4月，当北京饭店的座谈会暂告一段落的时候，荣毅仁带领全国政协组织的代表团访问欧洲。此行一共45天，他们访问了联邦德国、瑞士、法国等国家的20多个城市，还参加了一年一度的汉诺威工业博览会。

汉诺威工业博览会是世界顶级的专业性贸易展览会，创办于1947年。博览会荟萃了各个工业领域最现代的技术，引领着世界工业的创新与发展。在1979年的博览会上，出现了久违的中国人的身影。这批曾对世界工业前沿水平如数家珍的民族资本家，在30年后再度走出国门，却遗憾地发现当我们不停息地搞政治运动的同时，世界工业技术已经突飞猛进，远远地把中国甩在了后面。

在战后的废墟上建立起来的欧洲工业强国所展示的富裕和繁华令代表团深感震撼，一如一年前谷牧等人感受到的冲击和更加急切的紧迫感。

这时，正在北京人民大会堂衣不解带地制定新法律的彭真约见了荣毅仁，与他一同参加会面的还有经叔平、古耕虞等人，他们讨论的话题是关于外资进入中国的法律问题。

这与荣毅仁的想法不谋而合。其实，在1978年岁末的中央工作会议上，邓小平就已经明确提出，"应该集中力量制定刑法、民法、诉讼法和其他各种必要的法律，例如……外国人投资法等等"。

那次会后，历尽劫波的彭真回到北京，被任命为全国人大常委会法制委员会主任[①]，随即开始了高强度的制定新法律的工作。他带领的团队创造了 3 个月制定 7 部法律的奇迹，其中 6 部法律都是涉及中国政治生活的重要基本法，第 7 部便是《中外合资经营企业法》。

项淳一回忆起当年："谁愿意把大笔资金放在一块没有法律保障的土地上呢？而且中国刚刚经历那么长的动乱，也只有法律的建立才能标示出中国的决心。"项淳一，时任全国人大常委会法制委员会副秘书长。

在那个几乎把外资等同于资本主义制度的年代，《中外合资经营企业法》的强行起飞，向世界宣示了中国对外开放的决心。

李岚清后来回忆说："我本人参加过七次讨论。我们请了香港企业的朋友，也请了美国一些教授帮助。"但在此之前，当时的法律专家们还是先学习了列宁关于租让制的理论，然后查阅了能够查到的世界各国引进外资的法律。

所谓租让制，就是指苏维埃国家将一些自己暂时无力恢复生产的企业，根据一定的条件同外国资本家签订合同，租让给他们经营。这是国家资本主义的典型形式。显然，列宁是赞成在一定条件下"把苏维埃政权和苏维埃管理组织同资本主义最新的进步的东西结合"的。但是，列宁只提出了租让制，并没有提出合资，更没有说明合资的具体形式。中国共产党人还得从自己的实际出发。

这时，他们遇到了一个难题——合资企业中，外资应占多大比例？于是彭真约见了荣毅仁等人。

1979 年 6 月，彭真邀请荣毅仁、经叔平、古耕虞开会讨论，并在会前将《中外合资经营企业法》草案稿送交荣毅仁处，其中第四条规定："中外合资经营企业外资投资比例不超过 49%"，此外还规定合资企业"决定重大问题要三分之二多数通过"。这一稿后还附上了草案说明。但在第二天的会上，荣毅仁向彭真提出：对外资"不应限制比例"。

之所以有"49%"和"三分之二"的说法，是因为全国人大常委会法制委员会曾委托我国驻外机构，紧急查找各国相关法律，结果发现，大多数发展中国家都规定了外资进入的上限。看来，对外资控制本国经济的担忧是具有普遍性的问题，中

---

① 1983 年，全国人大常委会法制委员会更名为全国人大常委会法制工作委员会。——编者注

国是社会主义国家，当然更不能允许此事发生。此时离五届人大二次会议讨论批准该法律的时间已经越来越近了。

在白天的会上，荣毅仁的意见没有得到大多数人的赞同，理由是：如果对外资比例不加限制，主权何以保障？即便是无产阶级导师列宁，当年也必须花费大量笔墨论证，在无产阶级国家中，国家资本主义与资本主义国家"做法相同，但是这有利于工人阶级，目的是为了和依然很强大的资产阶级抗衡和斗争"。如果社会主义的比重不能保证，如何与"资产阶级抗衡和斗争呢"？

今天，当我们回顾中国改革开放伟大实践的理论起点，时时可以感受到当时中国共产党人面对的理论羁绊之沉重，这是今天年轻的中国人难以体会的。

阻力越大，冲破阻力的力量就更显得难能可贵。

那天晚上，从人民大会堂回到家中的荣毅仁越想越不对劲，他立刻给庄寿仓打电话，让他到家里来一趟。荣毅仁对庄寿仓反复解释说："中国正是因为缺乏资金要引进技术、设备，才制定《中外合资经营企业法》，你限制外资不得超过49%，我们就得拿51%去陪同外资，这岂非与我们的本意不符吗？再说外商在中国境内投资，一切得遵循中国法律，又何碍于主权？"

庄寿仓回忆说：那天晚上，"他口授，我记录，一遍又一遍，既要说理充分，又要不刺激人，不伤和气。字斟句酌，从晚饭后直弄到深夜两点，这才完成了意见书……"

在这封意见书中，荣毅仁写道：这两条原则"并非国际惯例，同时这是当前国家经济情况所不易办到的，势必降低外资对我国投资的兴趣，我们亦同样达不到大量吸收外资从事建设的目的。建议在不丧失主权的前提下，以平等互利为原则，争取更多的外资，引进更多的技术，为四个现代化建设服务"。

第二天早上6点左右，荣毅仁早早地起床，他放心不下，再一次校正意见书，誊写清楚后亲自交给有关负责人参阅。

6月13日，邓小平看到了荣毅仁的报告，他提笔在上面批示："我看所提意见颇有道理。"然后他将此函批送华国锋、叶剑英、李先念、陈云。

6月15日下午，全国政协五届二次会议开幕，身为政协主席的邓小平在会上致开幕词。会议间隙，邓小平再次认真审读了荣毅仁的报告，并在报告的空白处又写了一句话："我看很有道理，四十九和三分之二都可不写。"

陈云也很快在报告上批示："我同意荣毅仁的意见，只要外资愿意来中国，我们总有办法对付。"

一个星期后，6 月 22 日，邓小平又一次在这份报告上批示："耀邦同志办理。"

就在四天前，全国人大五届二次会议已经开幕，代表们即将审阅《中外合资经营企业法（草案）》，但草案还在紧急修订之中。

6 月 28 日，在会见日本公明党委员长竹入义胜时，邓小平谈到这部即将由全国人大审议的《中外合资经营企业法》时说，"这个法是不完备的，因为我们还没有经验。与其说是法，不如说是我们政治意向的声明"。

三天后，1979 年 7 月 1 日，全国人大五届二次会议庄严通过了中国历史上第一部《中外合资经营企业法》，并于 7 月 8 日正式公布施行。中国对外开放的宏伟大业，自此走上了制度与秩序的轨道。

最终在全国人大通过的《中外合资经营企业法》第四条规定，在合营企业的注册资本中，外国合营者的投资比例一般不低于 25%。只有下限，没有上限，这无论是在社会主义国家还是在发展中国家的合资法中，都是一个大胆的创举。

也是在 1979 年 7 月 8 日当天，新华社发布消息："中国国务院批准中国国际信托投资公司成立。"

当天出版的《人民日报》向中外读者传达了一系列醒目的信息：

一版头条为全国人大常委会委员长叶剑英的《中华人民共和国中外合资经营企业法》签署令。

报眼提要为《中华人民共和国中外合资经营企业法》。

接着就是国务院批准成立中国国际信托投资公司的消息。

消息称：中国国际信托投资公司已经国务院批准成立，筹建工作正在积极进行，同时已开始承办信托投资业务。中国国际信托投资公司的主要任务是，接受各部门、各地方的委托，根据《中华人民共和国中外合资经营企业法》和有关法令，主要引进外国资本和先进技术、设备，共同举办合资企业。国务院决定中国国际信托投资公司由荣毅仁、雷任民、吴志超负责。

如此策划安排，昭示着中国将推进对外开放的决心和信念。邓小平说，这"明确表示我们要坚定不移地执行这个既定方针"。

荣毅仁站在他的角度理解这一安排："为了扩大公司的影响，国务院精心安排在（1979 年）7 月 8 日正式公布《中外合资经营企业法》之际，同时宣布中信公司筹备组成立。"

与《人民日报》版面体现出的象征意义一致，中信公司成了中国对外开放的第一扇窗口。在后来30年的中国改革开放中，这一窗口的作用得以迅速放大，从而具有了推动制度变革的示范作用，它表现出的时代价值早已超越了它的发起者最初的设计。

* * *

正在1979年"两会"上的邓小平和荣毅仁同时又参加了当年庆祝"七一"的大会。邓小平问起中信公司的筹备情况，随后，他十分明确地对荣毅仁说："人由你找，事由你管，由你负全责"；"要排除干扰，不用担心其他部门来管制，你们自己也不要搞官僚主义"。①

身为党外人士的政府官员，荣毅仁对中国体制的弊端深有了解，他太清楚邓小平的这柄尚方宝剑是多么及时、多么重要！

中信的筹备工作再度加速，上海的老工商业者们陆续到京，一批类似闵一民式的持中组部或各部委介绍信的干部也陆续前来报到。当时，从国家经贸委、人民银行等相关系统，陆续调入了一批工作人员。荣府肯定是再也容不下这许多人了，他们费了很大的周折，终于在和平宾馆租借了12间小客房，这让近20位筹备组的成员暂时有了办公和栖身之所。那时候的北京，想要找到稍微像样一点的办公场所，谈何容易。

炎热的夏天和拥挤而简陋的办公生活场所让荣毅仁很是不安。房间太少也太小，上海来的老人们只能两个人挤住在一间屋子，屋子里没有空调。还有吃的问题，那时候，北京每个月每人只能配给6斤大米，剩下的是面粉和粗粮。荣毅仁的银发老友们哪个不是上海滩上赫赫有名的富商巨贾，他们吃着几辈子也吃不完的定息，原本完全无须抛家舍业跑到北京吃这种苦，但是他们不但来了，而且还一分钱报酬都不要。颇感歉疚的荣毅仁坚持只占用厕所对面8平方米的小屋子作为董事长办公室。除非见尊贵的客人，他们才舍得花40元钱租用条件好一点的会议室。闵一民说，他到中信的时候被分配在业务组，办公室里已经有了三张桌子，再也放不

---

① 参见荣毅仁《勇于创新多做贡献》，选自《回忆邓小平》（上），北京：中央文献出版社，1998年，第17页。

下第四张，于是，他就与雷平一、陈其彬和谭廷栋一起挤在三张桌子上办公。到了中午，王军带头，几个家在北京的人就横七竖八躺在房间的地毯上打个盹儿。下午两点，大家起身，用凉水洗把脸，揉揉眼睛，继续工作，常常就忙到深夜。

庄寿仓充满深情地回述："此时老板是炽热地渴望展开工作，哪怕明天就开始，全情地投入中信的筹建。老板体魄雄伟，精力充沛，对他而言失去的时间太多、太可惜，所以工作起来夜以继日，奋不顾身。"

其实那时候，中信筹备组成员几乎个个夜以继日、奋不顾身。在农村改造多年的雷平一自嘲说，劳动改造生活虽清苦单调蹉跎光阴，但从劳动中锻炼了好身体，因而才得以"枯木逢春老枝拔秀"。

没有车，无论谁出门办事，都只能骑自行车或者挤公共汽车。

因为人少，分工就很不明确。闵一民回忆当时："有一次，孩子们问起我的工作情况，我无意中说起了誊抄的事，他们都很惊异，一个在央行当司长的，怎么干起书记员的事来了？"但是，当时的中信，"人人都是这样从最平凡、最具体的工作干起的，包括荣毅仁"。

虽然条件艰苦，但是直到今天，从那个时代走过来的许多中信的老人们，始终怀念着30年前创业时的那种氛围和那种精神。在那个逝去的充满激情的年代，不计回报，不计荣辱，上下一心，只是为了心中的一个既定目标而努力，这其实是一种幸福，并非每一代人都能有幸感受到这种幸福。因此他们没有一句抱怨，反而内心充满了感激。已经虚掷光阴30年，如若有机会抓住事业的尾巴，有谁能不倍加珍惜呢？

中信律师事务所第一任主任顾宪成说出了大家的心里话："新中国成立后的一段时间，说实在的，我没做什么有意义的工作，白吃了30年人民供给的饭。1979年后，眼看古老的祖国一天天复兴起来，逐步走上繁荣大道，而自己又能贡献一份力量，感到无比欣慰。回首往事，这10年是我最难忘的10年，也是最愉快的10年。"

* * *

公司批下来了，接下来最重要的工作是制定中信公司章程。

在中信的许多人眼里，王兼士无疑是他们的军师，庄寿仓说："在老板提纲挈领的布置之下，王老弓着腰背着手，来回踱着碎步，胸有成竹地一会儿进出几句，一会儿进出一段，两三天工夫，总则、业务、组织、经营管理、附则五章组成的章程初稿出来了。"

中信公司章程总则第四条规定："公司坚持社会主义原则，按照经济规律办事，实行现代化的科学经营管理。"今天的人们再看这句话，大多将其理解为一句套话而已，没有太多的信息量。但是，真正参与制定章程的人当年却为此煞费苦心，其背后包含了颇耐人寻味的玄机。

庄寿仓回忆："老板同参与筹建的同辈人王兼士、徐昭隆、吴光汉、经叔平、雷平一，年轻一辈的王军等同志反复研究、讨论。按照老板的设想，本是应承认市场经济的规律，可那时候的经济体制仍是计划经济，市场经济还被认为是异端，谁也不敢冒此大不韪，但又不甘不明确公司的经营规则，这'按照经济规律办事'便是老板的创造发明。同时加重语气，强调'实行现代化的科学经营管理'，既是补足上句的气氛，又是引进先进国家管理科学的伏笔。"

其实，除这一条外，中信公司章程中还暗埋有别的机关，比如关于股票、债券等市场经济条件下的金融业务，在30年前，这些概念完全可以与资本主义画等号。

这或许就是中国当时的真实状况，一块黑白相间的灰色地带得以让新的生长因子慢慢成长，直至形成新的结构，达成新的秩序。

国务院的批复报告将原定"中国国际投资信托公司"改为"中国国际信托投资公司"。庄寿仓理解为：或许中央认为得先有信托，然后才能有钱投资啊，所以信托在前，投资在后。看来从一开始国务院就没打算给这家公司更多的钱，而是让中信公司自筹资金，自我发展。

按照国务院批复的报告，中信公司注册资金为2亿元人民币，由于国家当时财政困难，又改为实际拨给1亿元，但是，到了真掏钱的时候又犯难了。中信公司的账面上一直没有钱，直到后来荣毅仁拿出了自己的存款1 000万元借给公司，中信公司这才有了第一笔钱。荣智健还记得，"父亲找母亲要钱，母亲虽心里嘀咕，总觉得这不应该是国家掏钱的事吗，怎么要从家里拿。但母亲还是二话没说，完全依照父亲的意思办了"。后来中信公司与国家财政部多次交涉，财政部总算拨了2 000万元。就这样，中信终于有了3 000万元资金，可以开张吆喝了。

有了公司，有了钱，要在银行立基本账户。按照当时的利率计算，2 000万元一年可得30万元利息收入。但是开户行按照惯例要将财政部拨付的2 000万元按照无息账户处理。本来嘛，这是国家财政的钱，中国人民银行其实就等于财政部的出纳，既然是财政部的钱就不可能再从出纳处获取利息了吧。

对此中信公司内部有两种不同意见，一种意见同意银行的例行做法；另一种意见则认为，公司是国有企业，要承担独立核算、自负盈亏、为国家资金增值和承担风险的责任，企业存款收取利息是完全正常的。后者的意见占据了上风，方案报到荣毅仁处，他说："按照经济规律办，我同意。"

这件事或可视为中信公司与现行体制之间第一次小小的"抗争"，或者说是一次创新。

紧接着还有一次类似的举动。中信公司的业务急需一部分外汇资金，但是中国当时的外汇管制极为严格，不在计划之列的中信不可能有外汇额度。中信公司财务部与财政部多方联系努力争取，财政部终于同意中信以 1∶1.80 的比价，以人民币资金调汇 200 万美元。当时人民币与美元的官方汇率为 1∶1.54。其实今天看来，当时中信公司以高出国家计划的价格调汇，不正是国家外汇管制的一次松动吗？直到 1980 年 10 月，国务院制定了《调剂外汇暂行办法》，开始外汇调剂试点。中信公司财务部负责人闵一民说："在当时，调剂外汇实在是件新鲜事，也是按照经济规律办事的。"

中信公司的英文全称是 China International Trust & Investment Corporation，荣毅仁他们向外国介绍起来十分啰唆，对洋人来说，要记住这么长的名字，也实在太麻烦。荣毅仁左思右想，干脆取每一个单词的首字母，就变成了"CITIC"，念法也按照英语的发音，念成"锡迪克"。后来，荣毅仁这个圣约翰大学学历史的学生竟然自己设计出了中信公司的 LOGO，金地红字，左右对称，既美观又醒目，它沿用至今。

庄寿仓回忆："有一天，美国 FMC 公司董事长、荣毅仁同志的老朋友马洛特先生看到我们的 LOGO 很感兴趣，他说中信这个 LOGO 中间两扇大门，左右敞开，是表示开放政策吧。"看来，中信对外开放的窗口作用在那时候就已经深入人心。

还有很多杂事。信笺、信封、电话等办公用品，别看都是小东西，可干起活来一样也少不了。财政部的钱迟迟不能到账，荣夫人杨鉴清女士先掏了 1 000 元递给王军。这实际上才是中信的第一笔资金。

中信公司向财政部预借 50 万元作为开办费，这才发现，公司还没有公章，没有公章就办不了公事。《荣毅仁》一书中是这样记录这个细节的："他们从中国银行借出盖有天安门图章的文件来复印，刻好图章，才拿到开办费"。

＊　＊　＊

中信筹备组在 1979 年秋天与同住在和平宾馆的著名演员赵丹、张瑞芳等人相遇，后者是来北京参加第四届文代会的，两拨人常常在同一张桌子上用餐。生性活跃的赵丹看到中信的牌子已经挂出来了，戏谑着要让荣老板请客。

一开始赵丹不懂什么叫信托公司，闵一民再三解释之后，赵丹恍然大悟，随即提出一个想法：假如有一家外国著名的电影制片厂和中国电影界合作，中信公司能否为此担任红娘角色？

那时候的赵丹因为屡受政治运动迫害，已经荒废了一生中最好的年华。而且他涉及的问题是当年最高领袖定的调子，尚未来得及予以澄清，因此他依然寂寞，鲜有角色可演。他试图绕开政治旋涡，寻找其他变通方案。但是，一切都来不及了，仅仅过了一年，赵丹就郁郁而终。

其实，若干年后，赵丹的想法就成了现实，信托投资当然可以为电影项目融资。但在当时那个视电影为党的喉舌的年代，赵丹的想法太不切实际了。后来的人们甚至设想，假如赵丹没有死，假如真的有一笔海外资金要为赵丹量身拍片，假如中信公司受人之托来处理这笔资金，或许赵丹就又有机会创作更多的不朽形象，就不会那么早离去，中信或许也就成为中国电影业投资的先锋。

历史没有"假如"。

许许多多关注中国改革开放的人也与赵丹相似，按照自己的理解与中信发生着各种各样的关系。美国信托权威斯考特有一句名言："信托的应用范围可以与人类的想象力媲美。"于是，在那个时候，中信筹备组的老中青们每天接待无数前来洽谈生意的人或者只是前来打听消息的人，甚至有人把中信公司想象成一家当铺，来打听"是否可以当自行车、手表"。但无论对谁，荣毅仁要求所有的中信人：有客必见，有信必复，有问必答。于是，白天他们会客，晚上则缩在那几间斗室中书写纪要，事必躬亲，没有秘书，没有助手。

尽管还没有正式开张，但来自海内外的商人和政要已经踏破了门槛，荣毅仁和他的部下接待量骤增。荣毅仁非常清楚这些人在想什么，担心什么。每次见外宾，他总要说："欢迎来中国投资，别的不敢说，但是我可以保证，外国厂商和中信合作在中国投资，赚的利润一定可以汇回去。"

这种担心和误解实际上在中西方之间持续了很久。中国这个黄色面孔的庞然大物与蓝色的西方文明相距太远、隔阂太深，西方人眼中的中国或是积贫积弱的清末，或是战祸不息的民国，或是冷战时代的红色大陆。东西两个世界相碰撞的140多年，不就是这样的图景吗？难怪到中国来做生意，他们内心的恐惧迟迟难以消退。

但还是西方人首先发现了 CITIC 的魅力，深感它与当时其他中国企业之不同。

美国卡姆斯基联合公司长期从事国际贸易咨询，它的总经理弗吉尼亚·卡姆斯基说："中信公司是一股清新的空气。那里的人在你提出一个项目之后，总是能提出恰当的问题。你谈投资收益时，他们懂得是什么意思。"

美国银行是最早关注中国市场的银行之一，它的中国处负责人理查德·旺说："中信公司是我在中国见到的管理最好的公司。公司人员训练有素，比较豁达，较少官僚主义，他们懂得国际商业习惯。"

一股清新之风扑面而来。

当人民大会堂的火锅宴过去 8 个月之后，中信公司的各项筹备工作终于基本完成，收拾停当，中信这个新人要选一个好日子出门。

*　*　*

这是 1979 年的金秋十月，碧空如洗，雏菊竞艳，秋意渐渐染红了树梢。

10 月 4 日，选在中华人民共和国 30 年华诞之后，中信公司就要登台亮相了。来自中国内地和港澳地区的董事会成员早早就来到了北京人民大会堂，每个人脸上充满了阳光和笑意。荣毅仁先生身着深色中山装，高大挺拔的身影格外引人注目。他站在台湾厅的大门前，精神矍铄、神采奕奕、面含微笑，迎接着每一位中信的客人。10 点整，谷牧也来到人民大会堂，他是代表党中央、国务院前来参加中信盛典的。

第一届董事会开幕，荣毅仁首先向董事们报告了中信公司的筹备情况以及今后的工作方向和计划。随后，王宽诚、何贤、马万祺等人发言。王宽诚早年从上海到香港发展，涉足地产、金融、船务等产业，投资遍及香港和北美地区，抗美援朝时曾响应政府号召为中国人民志愿军捐献了一架飞机。他的发言透着拳拳爱国之情，他说："我1947年到香港，那时全国还没解放。解放后我感到很有希望。我们在外面的人，爱祖国、爱家乡。中国原子弹爆炸，我们脸上有光，出了'四人帮'，我们痛心。在外边的华侨都是中国人，如不好好利用，他们就没机会报效国家。"

马万祺说："中国企业还不能与外商直接谈判，中信公司成立后，可为他们穿针引线。"

胡子婴发言："时间很重要，特别是现在科学技术发展快，实验室里的东西，往往马上就可投放市场。我们办企业要树个榜样，不搞官僚主义。官僚主义害死人，弄得气息奄奄。我们要有决断，有气魄，树个不是官僚主义的模范。"

所有董事都对中信公司的未来充满期待。

谷牧的发言很长，代表党中央、国务院出席此次大会，他不会不备文字稿，但在发言的过程中，谷牧显然是脱稿了。

谷牧首先谈到帝国主义的封锁和"文革"中"四人帮"的左倾路线，他说：

> 中信公司的成立，是时代的产物，是我国加速四化建设一个很重要的组织措施。建国后一段，帝国主义对我封锁，对拥有960万平方公里、人口快10亿的国家硬不承认。后一段，"四人帮"干扰破坏。当时，不要说向外国借钱，即使是向外国买点设备、买几条船，就是卖国主义、爬行主义，外贸部成了卖国部。江青就亲口叫我去大庆，竟想把进口30万吨设备拆掉。那时怎么能讲学外国、洋为中用？哪能成立信托投资公司？光这一条就能上几次批判会。

谷牧还提及了中央决定对广东、福建实行特殊政策的想法：

> 从去年以来，中央在对外经济活动上、吸收外资上已陆续采取了一系列重要措施。中央已决定广东、福建两省实行特殊政策和灵活措施；人大常委会决定成立外国投资管理委员会及进出口管理委员会。小平同志今年1月谈话后，荣毅仁同志在二三月份即已经有筹建公司的构想。公司是国务院直接领导的国营企业，中央十分重视，国际上也普遍予以注意，不要低估它的意义。中央对你们寄予很大期望。希望各位朋友就就业业做好工作。

从谷牧上述一番话中可以看出，当中信公司已经开张大吉的时候，设立广东、福建特区的设想还只是中央正在议论的话题，尚未落到实处。事实上，直到1980年5月，中共中央、国务院才正式确定在深圳、珠海、汕头、厦门试办"经济特区"。从这个意义上说，从荒原和荆棘中走出来的中信公司，当然称得上是中国改革开放的第一先锋。

谷牧接着又说起了利用外资的话题：

> 最近我到日本访问，和日本前首相田中角荣私人会谈。他一见面就对我说：祝贺你们下这个决心，你们早就该这样做了。对发展中国家的低息贷款，利息不到4%，你们为什么不提。我们过去暗示过，你们没有反应。老实讲，我们的思想有个发展过程，过去我们知识不够，一下子不敢下这样的决心。田中家挂了一张在巴黎拍的照片，是他15年前当通产相时到世界各地借钱时拍的。他给我看，就是要我们到国际上去活动。

谷牧还特别提到了"亚洲四小龙"，这几乎是中央领导第一次在公开场合提及这个概念，显示了中央领导层对于不同发展模式的高度重视：

> 公司董事会阵容强大，体现了党的统一战线政策，大家都有丰富的经验，同外国经济界、金融界有广泛的联系。缪云台先生提的知己知彼、多作调研的意见很好。公司开张了，要广泛开展对国际经济形势的调研，特别是要了解国际信贷活动上有哪些好的经验。你们都是行家。要了解日本、联邦德国等本身没有什么资源的国家，怎么能很快发展；还要了解东南亚"四小龙"的经验。当然，你们中间有一部分人，包括荣毅仁同志在内，"文革"中折腾了一阵，同国外脱离了相当长的时间，因此，广泛开展调研很重要。
>
> ……

谷牧的讲话博得了阵阵掌声，也引起了荣毅仁进一步的思考。

这一天，邓小平没能来到人民大会堂光临中信公司的盛典。此时此刻，他正在离大会堂约8公里远的京西宾馆第一会议室，出席中共中央召开的各省、市、自治区第一书记座谈会。

邓小平在会上明确指出："经济工作是当前最大的政治，经济问题是压倒一切的政治问题。不只是当前，恐怕今后长期的工作重点都要放在经济工作上面……经济工作要按经济规律办事，不能弄虚作假，不能空喊口号，要有一套科学的办法……要培养一批能按经济规律办事的人。我们需要一些专家、懂行的人，现在不懂行的人太多了，'万金油'干部太多了。"他还说："利用外资是一个很大的政策，我认为应该坚持"。"现在研究财经问题，有一个立足点要放在充分利用、善于利用外资上，不利用太可惜。"

在这个历史转折的时刻，一位伟大的政治人物和一位成功的商人在北京两处最具政治敏感的地点，分别谈论着同一个话题：引进外资、利用外资。他们作为社会资源的组织者和财富的创造者，正在以一种前所未有的方式对接。从这一刻开始，真正引入了市场的力量，以市场制度建设为支撑，一个完全超越亚细亚生产方式的现代商业文明，才逐渐走入中国。当然，1979 年只是一场大戏的序幕被拉开了一角。

这一天晚些时候，新华社通过电波向全世界发布消息：

新华社北京十月四日电 中国国际信托投资公司董事会正式成立，今天在北京人民大会堂台湾厅召开了第一次董事会议。

会上宣布了国务院批准的董事会人选：董事会由四十四人组成，荣毅仁、雷任民、吴志超、陈树梓、王兼士为常务董事，荣毅仁任董事长，雷任民任副董事长。公司总经理由荣毅仁担任，雷任民、吴志超、陈树梓任副总经理。

国务院副总理谷牧出席今天的董事会表示祝贺，并讲了话。

董事会上宣布了国务院批准的公司章程。章程规定：中国国际信托投资公司为社会主义国营企业，是国务院直接领导的业务机构。公司的任务是按照《中华人民共和国中外合资经营企业法》及国家其他有关法令、条例，引导、吸收和运用外国的资金，引进先进技术，进口先进设备，对我国进行建设投资，加速我社会主义现代化建设。公司的资本为人民币贰亿元。

……

公司的其他董事有中央和地方有关部门领导人，中国民主建国会、中华全国工商业联合会和各地工商界代表人士，港澳工商界人士，著名的法律学家和经济学家，以及著名的爱国人士：马万祺、王少岩、王光英、王纪元、王宽诚、叶林、古耕虞、刘希文、刘靖基、孙孚凌、孙晓村、华煜卿、芮沐、肖桐、何贤、何郝炬、李文杰、李嘉诚、杜新波、邱纯甫、陈希仲、汤元炳、周志俊、周宝芬、张敬礼、张遗、段云、茅以升、胡子婴、经叔平、郭棣活、钱昌照、资耀华、曾定石、常彦卿、童少生、裴先白、缪云台、霍英东。

新华社的消息没有列出中央和地方有关部门领导人的名字，却无一遗漏地列出了其中沪、港、澳的商业巨子。如此众多的商界人士和外籍人士加入中信董事会，这个"国有企业"从一开始就表现得十分特殊。从这一细节的处理上可以看出，中国政府力求打造一个与以往完全不同的公司形象，力求中信公司至少在形式上更接近于西方。但庄寿仓还是注意到了一个细节：44位董事会成员中，仅有马万祺和王宽诚身着考究的西装，其余人皆着中山装，风纪扣紧紧相扣。

这则新华社消息还遗漏了一个信息，中午时分，叶剑英、王震、乌兰夫等也来到了台湾厅，接见了所有的董事会成员和中信公司工作人员，并与大家合影留念。他们是中信的开创者，亦是中信的历史见证人，万里长征，当中信终于迈出第一步时，这些老帅、老将们当然要亲自伫立送行。

* * *

中信公司就这样上路了，从金秋的北京出发。

诗人咏秋，常常是落叶残阳、万籁霜天、风萧水寒，看苍天易老……不免伤感悲凉。而在1979年的秋天，当一群年逾花甲甚至年过古稀的老人，在邓小平的感召下，投身中信这个全新而伟大的事业中时，胸中涌动的已非伤感，更是一种久违的豪情。唐朝诗人刘禹锡曾作诗："自古逢秋悲寂寥，我言秋日胜春朝。晴空一鹤排云上，便引诗情到碧霄。"

晴空万里、寥廓纯净，一鹤排云。

这是何等豪迈的情怀！

这是何等高远的意境！

*　*　*

1963 年，美国气象学家爱德华·诺顿·洛伦茨提出混沌理论。他认为，在混沌系统中，初始条件十分微小的变化，经过不断放大，对其未来状态会造成极其巨大的差别。在此后的岁月里，混沌理论从自然科学范畴被广泛运用到社会科学和人文科学，并因此带来了理论上的巨大进步。

那么，在中国改革开放的巨变之初，一家公司的诞生，一扇窗户的开启，又将引发怎样的演变？继而引发怎样的格局变化？此后，中信掀起的巨澜远远超出了其每一位开创者的全部想象力。

中信的故事刚刚开始。

第五章 第一只螃蟹

一个辉煌的仪式散去后，没有谁能预测到，等待荣毅仁的是什么。倒是谷牧副总理颇有先知先觉。当时，谷牧有一句名言："长安街不让中信走，煤渣胡同总得让中信走吧。"煤渣胡同是一条与长安街几乎平行的小胡同。不清楚当时谷牧为什么会有这样的联想，但是一语成谶，在此后相当长的时间里，荣毅仁率领的中信公司确是路途坎坷、举步维艰。试想，如果滚滚流入的外资必须通过煤渣胡同而不是长安街进入中国，那么荣毅仁的处境将会多么窘迫。

走煤渣胡同，中信注定是第一个吃螃蟹的人。荣毅仁的第一只螃蟹就是打破冰封的"既无内债，又无外债"的仪征模式。

将历史的镜头拉得再远一些。1971年8月，毛泽东在南方视察。他有一个习惯，常常让身边的工作人员利用各种机会到社会上做调查研究，他对汇报和看文件往往不那么信任。在长沙的时候，毛泽东给工作人员放假，让他们到处走走，买点东西，顺便搞些调查。傍晚时分，他们回来了，其中一位姑娘非常兴奋。毛泽东问她为什么这么高兴。她说：千辛万苦排了半天队，好容易才买到一条"的确良"裤子……

一句无心的回答，让毛泽东大感惊讶。回到北京他问周恩来：为什么不能多生产一点"的确良"？不要千辛万苦排队，百辛百苦行不行？

周恩来回答：还不行，我们现在没有这个技术，还不能生产。

毛泽东又问：那我们能不能买？

周恩来眼睛一亮：当然可以！

* * *

中国从 1954 年开始实行"棉布计划收购和计划供应的命令"后，布票就成了中国百姓生活中最重要的票证之一，每人每年大致供应 16~20 尺，差不多够做两到三件衣服，如果想做被套，至少需要拿出一家人全年的布票才够用。

在 1949 年之后的 20 多年中，中国百姓的纺织品构成绝大多数是天然纤维，其中最主要的就是棉花。但是中国棉花产量长期停滞不前，每年约为 4 000 万担。随着人口的迅速增长，棉花的供求矛盾极为尖锐。

陈锦华提供的一个数字说：1971 年中国的棉花产量为 4 300 万担，比上年减产 7.6%。扣除农民自己的棉花，再扣除军用和城市居民用的絮棉，能够用于纺织的只有 3 100 万担。

扩大棉花种植面积？不行！棉地扩大了，粮地就得减少，以粮为纲，几亿人口的吃饭问题当然比穿衣问题更重要，如此，纺织业的产量自然很难提高。当时流传最广的一句话就是："新三年，旧三年，缝缝补补又三年。"它最初的出处似乎是"南京路上好八连"，是被当成一种艰苦奋斗的传统在弘扬和继承的。但事实上，中国纺织工业的窘境才是它真实的背景。

解决之道也很简单，发展化纤工业，以工业原料替代农业原料，用石油化工解决纺织纤维问题。西方国家都是这么走过来的。

但是，在大庆产油之前，这个问题也是根本想都不敢想的，因为那时候中国的石油自给率还不到 50%，北京街头公共汽车上驮着煤气包的情形曾经让王进喜深感羞愧。到 1972 年，中国原油产量达到了 4 567 万吨。让中国人真正挺直腰杆的绝不仅仅是原子弹、氢弹和人造卫星，而恰恰是石油的发现让毛泽东、周恩来眉宇舒展、心情放松。此时中国已经完全解决了石油的自给问题，而且还用不完。解决了车船的"喝油"问题，自然就有余地发展石化工业了。

于是当毛泽东希望让中国的百姓能方便地买到"的确良"的时候，周恩来当然可以不顾"洋奴哲学"的鼓噪，理直气壮地去西方人那里买设备了。

陈锦华在 1972 年 1 月起草了《关于进口成套化纤、化肥技术设备的报告》。他算了一笔账：如果中国进口 4 套化纤设备，每年可生产"的确良"19 亿市尺。按中国当时 8 亿人口计算，每个人差不多能买到两尺半了。陈锦华的报告中涉及的 4 套化纤设备和 2 套化肥设备的进口额约合 4 亿美元。

1972 年 1 月 22 日，李先念、纪登奎、华国锋联名向周恩来报送国家计委的上述报告。2 月 5 日，经周恩来批示呈报毛泽东，毛泽东在当天就圈阅批准了这份报告。

差不多只用了两三年时间，中国人就可以比较方便地买到"的确良"了，这成了 70 年代中后期中国城市中最时尚的一道风景线。

但是，随着 70 年代末人口的快速增加，中国的棉粮之争变得更加尖锐。

解决数亿人口的穿衣问题，化纤工业必须有一个高速发展。这成为当时中国领导人重头考虑的问题。在邓小平的盘子上，化纤工业的用途还不仅于此，这更是建设周期短、见效快、换汇高的项目。

因此在 1978 年的 22 项重点引进设备中，化纤设备进口占据了重要位置。但在 1979 年开始的整顿中，包括仪征化纤一期工程在内的 75 个重大引进建设项目全部被叫停或缓建。

* * *

江苏仪征化纤一期工程，1978 年开工建设，设计能力为年产聚酯 53 万吨，是我国乃至世界的特大型化纤企业。仪征化纤一期工程总投资概算 10 亿元人民币。但在 1978 年当年，只签订了成套设备引进项目中的部分合同，推迟了其余引进设备的签约和建设进度。

1980 年，这个当时中国最大的化纤工程建设已经全面铺开，工程所用的 8 000 亩耕地全部征用完毕，全部引进设备的订货合同已经生效，从联邦德国引进的大批设备、仪器和药品、催化剂也陆续到港。即使工程拖着，到期也还是要付款，一期工程要付相当于 3 亿元人民币的外汇，加上接收、保管到港设备和支付征地款以及安置已到现场的近万名建设工人，国家至少还要拿出上亿元。另一方面，当时国家每年还得花 20 亿元进口棉花和化纤原料，弥补纺织工业原料的缺口。而一旦仪征化纤建成，它生产的涤纶短纤维和聚酯都将完全替代进口。

国务院和纺织工业部都不甘心仪征化纤就这么下马。

这一年，顾秀莲从国家计委调江苏任省长，临行前，李先念、余秋里专门嘱咐她，到了江苏，"特别要把仪征化纤抓上去"。

谷牧在北京召集纺织工业部开会，商讨对策。纺织部副部长王瑞庭等人提出：

"项目不能取消，合同也不可能废除，可否采取分期建设的办法。"

纺织部与德国设备商进行了艰苦的谈判后，决定对仪征化纤的抽丝设备，只进口两套生产线，其余绝大部分都由国内自制，从而为国家节约了 2 000 多万美元外汇。但此举解决不了根本问题。

仪征化纤退无可退，最困难的时刻，谷牧"点化"他们，钱不够，找荣毅仁。

荣毅仁当然也没有钱，此时，中信的账面上只趴着百万元人民币的资金。

* * *

中信成立近两年，世界各地的商人纷至沓来，全公司共接待外商6 000多人次，把荣毅仁和其他前来襄助的老先生们忙得不亦乐乎，甚至荣毅仁还请来了美国前国务卿基辛格担任中信的顾问。然而使尽浑身解数，谈成的项目却微乎其微，促成的合资项目也不过三四个。中信还帮助国内的一些机构、企业接过几份订单，收过几笔中介费，收入最多的是帮助六机部接了一份海外的造船订单，中信公司因此收获了二十九万美元的中介费，这就已经把大家乐坏了。但是中信依然囊中羞涩。中信是中国计划经济土壤里长出的异类，如何成功嫁接中西双方的基因，在1980年的时候，荣毅仁还在徘徊。

一日，荣毅仁和王兼士聊了起来。王兼士提出，以公司项目的名义，在海外发行债券筹集资金，再来与地方开展合作。"我们不要只当'红娘'，我们也当一回'假洋鬼子'。"

这就是后来在中国经济发展中起过重要作用的"中—中—外"模式的起始：由中信公司在海外发债筹集外汇资金，然后再与国内急需投资的企业共同组建公司；或由中信公司与海外公司共同成立合资企业，然后再回过头来投资国内企业。如此这般，既不违反国家政策，又可顺利解决极度短缺的资金问题，还可以规避当时许多"左"的意识形态的阻碍。

荣毅仁马上意识到这一模式的可行性，他兴奋地在房间里来回踱步。王兼士又说："关键是找个有潜力的项目，才好去发行债券。"

就在这时，有着极大"潜力"的仪征化纤找到了荣毅仁。纺织部官员与荣毅仁商量，仪征化纤已没有退路，国家不可能拨款，它可否靠银行和国内外借贷集资兴建，自己承担风险，还本付息？

当然，早该如此！

发债融资，是信托业务的重要内容之一。1979 年，中信筹备之初向国务院提交并获批准的中信公司章程，规定了公司的业务范围之一就是："……在外国发行公司债券或代理发行股票组织资金，投资于国内。"（第二章第八条）

相信当年国务院主要领导批准这一章程的时候，并未仔细考虑个中含义以及这一条在理论上的突破。而荣毅仁却在此埋了一枚很深的棋子。到 1981 年，当纺织部官员来中信向老部长求助的时候，荣毅仁感到了一种兴奋——一种破冰的兴奋。

"借他人钱财，谋自己发展"，这曾经是荣氏家族安身立命之宝。荣氏企业在长达 60 多年的发展中，常常是举债经营，加速扩张。以一厂抵押获得第二座厂的经营权，再以二厂抵押获得第三座厂……如此链条，环环相扣，"借鸡孵蛋"，荣氏才能在长期战乱的环境中脱颖而出，获得超速发展。

中信成立一年多来，尚无机会实践"发债"的主业。今天，机会来了。

企业用发行债券的途径，所筹资金期限较长，资金使用自由，购买债券的投资者无权干涉企业的经营决策，现有股东对公司的所有权不变，债券的利息还可以在税前支付，并计入成本，因此，发行债券是国际上许多企业愿意选择的筹资方式。

对于一国政府和国际组织来说，在国际市场发债也同样是筹措资金的重要渠道之一。自 1971 年至 1981 年的 10 年间，世界银行在日本发行了 14 次公募债券、两次私募债券，筹得资金 4 280 亿日元；在欧洲发行了两次欧洲日元债券，筹得资金 400 亿日元。1980 年，世界各国在欧洲市场共发行了价值约 173 亿美元的债券。

但是，新中国成立 30 年来，上述融资渠道与我们完全绝缘。

*　*　*

进入 20 世纪 80 年代的中国，在国际上的声音还非常弱小，究竟选择在哪个国家发外债为最佳？荣毅仁和他的幕僚做了缜密的思考。中信公司最终选择的目标市场是日本。这也与日本四大券商之一的大和证券分不开。

20 世纪 70 年代末 80 年代初，日本券商的一个主要使命就是为日本贸易顺差带来的巨额外汇资金寻找出路。为此，他们积极邀请世界银行、亚洲开发银行等国际金融组织以及需要外汇资金的亚洲各国在日本发行债券。就在此时，中国的大门对外敞开了，日本各投资银行立刻把目光转向中国。

1980 年 3 月，大和证券率先访华，这是 1949 年以后第一个访问中国的外国证券公司。

大和证券的主要访问对象就是成立不到半年的中信公司，访华团在北京待了 3 天，每天都到崇文门饭店和荣毅仁会谈。访华团团长是大和证券的菊一岩夫社长，为访华团担任翻译工作的是曾经在中国生活过 13 年的德地立人。

德地立人 1964 年随身为援华专家的父亲来到北京，在北京度过了青少年时期，后来就读于北京大学中文系，1977 年回国。

德地记得，这一趟翻译实在不好做，证券术语本来就不好译，那时候大量的证券术语甚至没有对应的中文词汇，类似"公募""私募"这样的词，德地只能照本宣科现买现卖。而中方的听众，尤其是年轻人，更是听得云山雾罩，不知其所云。但荣毅仁一干人大致听懂了。

大和证券访华团在北京的最后一天，荣毅仁和菊一岩夫共同签署了双方的合作协议书，协议内容包括促进日本企业在华投资，积极探讨中信利用海外资本市场筹集资金，加强信息及人员交流等。

日本武士债券市场是国际上重要的债券市场之一。武士债券是日本以外的政府、金融机构、工商企业和国际组织在日本国内市场发行的、以日元为计值货币的债券。武士债券的利率较低，1981 年以来，几乎只有日元和瑞士法郎能发行票面利率低于 10% 的债券。武士债券为无担保债券，期限为 3~10 年。

20 世纪 80 年代开始，日本贸易出现巨额顺差，国内资金充裕，遂放宽了对外国债券发行的限制。此时，中国国内建设资金缺口极大，如若不抓住时机，岂不可惜。

1981 年 3 月，中信公司向日本野村证券公司发出了发行 100 亿日元私募债券的意向书。野村证券公司是日本四大券商中最大的一家，在日本市场上的认购能力和销售能力较强，对大藏省（现为财务省）亦有较大的发言权。

用发行债券的方法帮助仪征化纤募集资金，同时为中信的下一步发展探一条路子。荣毅仁觉得这对中信是一个天大的机会。

但在 20 世纪 80 年代初的中国，这近乎天方夜谭。

60 年代初期，中苏关系恶化，中国勒紧裤带偿还了欠苏联的债后，就成了

"既无内债，又无外债"的国家。国有投资的来源绝大部分是中央预算资金，当时的银行只给企业发放流动资金贷款。投资方式是基本建设投资和少量的更新改造投资。

"既无内债，又无外债"，这是中国宣传了数十年的社会主义制度优越性，焉能被轻易玷污？在海外发行债券，这无疑是资本主义的做法，中信是社会主义企业，是国企，决不应染指。

荣毅仁遇到了极大的阻力，他很生气地拿着公司章程向反对者解释，说发债融资本就是中信的业务范围，是国务院批准的。但这种解释一点用也没有，在国务院的一些职能部门中，阻力重重，反对声日高——"出口国已经提供了那么多出口信贷了，根本无需发债"；"私募债的利息又高，风险极大"。而在意识形态层面上，话说得就更不中听，甚至有人向上打报告，坚决反对在日本发债。"我们中国共产党人，怎么可以向日本的资本家借钱？"

荣毅仁不得不直接敲开了谷牧家的大门，面陈理由。

荣毅仁说："有些人就是不懂得融资是国际上通行的做法，中信此次发债的消息一传出，国际上反响很大，请放心，这事不会出问题，出了问题我负责。"

1981年6月，当时的国务院总理在看了纺织部和中信的报告之后，专程来到仪征化纤工地考察。他很不满地说："外国人18%、20%利率的外资都敢用，我们连7%、8%利率的都不敢用。"最终他拍板同意了中信在日本发债的方案，并同时宣布国务院的决定——在集资贷款本息还清之前，对仪征化纤实行免税政策。

荣毅仁终于长舒了一口气。

但是紧接着，日本方面又提出了新的问题。宝钢工程停建，致使价值数千亿日元的成套设备合同执行受阻，3 000亿日元的一揽子贷款问题与中信发债的问题同时搁置在日本大藏省。大藏省提出要中国政府为中信此番发债提供担保，但遭到了中方的拒绝。几番交涉后，日方终于明白了中信公司作为中国国务院直属机构的特殊地位，最终做出让步，同意不要担保。

1982年1月18日，野村证券公司田渊节也社长致电中信公司董事长荣毅仁：关于中国国际信托投资公司拟在日本发行日元私募债券的期限及条件已由有关方面达成协议。

从荣毅仁提出用海外发债的途径解决仪征化纤的资金问题方案起，已经过去了整整一年半的时间。

在日本，野村证券成为此次中信 100 亿日元私募债券的主承销商，东京银行为代理行，定向向 30 家金融机构募集。此次武士债券的期限为 12 年、年利率为 8.7%。在日本人看来，中信虽然为首次发债，信用度为零，但是中信发行的债券无疑等同于中国政府发行的债券，其身后有着政府的强大后盾，所以在日本极受欢迎，很快被一抢而空。这是新中国成立后第一次在海外发行债券，它开创了新中国在国际金融市场上融资的先河，意义极为重大。

100 亿日元中的 80% 用于仪征化纤的建设，纺织部另筹 2 亿元人民币。新成立的仪征化纤工业联合公司，其股权安排为纺织部 70%，中信 30%。中信业务部副经理潘廉志兼任仪征化纤公司副总经理。

国家与企业间长期的"父子"关系被砍断，借给"儿子"钱的是外国资本家，"儿子"再也没法赖账。30 多年来，企业赖国家的账，在中国早就习以为常。为仪征化纤捏把汗的人们担心，万一工程出了差错、拖延了，现在的债主可不像财政部那么好说话。

投资模式的变化首先带来了整体工程效益的变化。

1982 年的仪征化纤工地上，从农村移植过来的承包制已经开始进入工程建设中。为了提高效益，全部工程被分解为数十个单项工程，通过概算大包干、单项工程包干、单位工程投资包干等多种形式落实到十几个施工单位。按照合同期限，提前则奖，拖延则罚。

"先治坡，后置窝"，非生产性建筑被排在了整个工程的最后，非生产性开支被压缩到最低限度。一次，国家副主席王震到工地视察，接待方用来与王震合影的相机只是一个二手的海鸥 120 相机。

如此效益带来了令人振奋的结果，仅用了三年，仪征化纤完成了一期工程，拿出了第一批试产品。二期工程建设随即展开。

国家计委评价说，国内其他几个已建成的大型化纤厂，投资大都超过原设计概算，而仪征化纤在原材料、设备涨价的情况下，仍然做到了投资不超概算。

仪征化纤投产后，每天可创造的产值为 110 万元。到 1988 年，全公司已实现利税 11.06 亿元，赚回了一个新的大型化纤联合企业。

这一投融资模式后来被称为"仪征模式"。

当时，一篇新华社记者的专稿规避了姓"社"姓"资"的敏感问题，在他的角度上总结了"仪征模式"的内涵。记者写道：过去，"在经济建设上，给钱的是一个部门，用钱的是一个部门，收钱的又是另一个部门，大家都不负经济责任，结果资金投入很多，产出却很有限。这样，经济建设百业待举和国家财力有限的矛盾就越来越尖锐，严重影响了国民经济增长的速度。而仪征模式则是集借钱者、用钱者和效益享有者的利益于建设单位一身，让建设单位自负盈亏，用借来的钱增值，再用增值的钱去还债和进一步发展生产"。

与新华社记者的感觉不完全一样，荣毅仁则嗅到了他曾经十分熟悉的资本市场的气息，这种气息令人迷醉。他对美国记者说了一句话，表达了他当时的感觉。

荣毅仁用他浓重的吴语方言说："资本回来了！"

回来的不仅仅是资本，还有中信这个中国改革开放的窗口企业向国际资本市场的回归。中信很快就被这一市场接纳，成为"全球最经常面市的发行体之一"（《欧洲货币》杂志）。这为中信此后发行更多的国际债券打开了通道，而充裕的国际资本也终于找到了与中国发展对接的轨道。

撇开意识形态的破冰意义不谈，中信此举更是对现行投融资制度的根本颠覆。"仪征模式"首开中国利用国际债券市场引进外资的先河。随后，中国建立了国际债券发行窗口制度，中国银行、中国投资银行、交通银行、中信公司等10家金融机构被指定为对外发债窗口，融资额迅速增加。从1982年至今，中国发行日本武士债券共计9 100亿日元，占中国海外发行债券总量的50%，为国内经济建设筹集到了宝贵的资金，在推动资本积累和推进技术进步，促进中国经济30年高速增长方面，发挥了不可忽视的作用。

以1982年早春的日本市场为发端，中信后来在香港、伦敦、法兰克福、新加坡等地，发行了25笔不同币种的国际债券，约合40.68亿美元（按2000年底汇率计算）；此外，还借用商业贷款69笔，约合22.32亿美元（汇率同上）。筹集的资金主要用于中国国内电力、能源、交通、钢铁等行业的基础建设。

借此次突围，中信走进了国际资本市场的大海，在资本的海洋中畅游，并陶醉其中且技艺日臻完美。

✿

*　　*　　*

独上高楼，荣毅仁回过身来，却发现了一个窘迫的现实：国务院部级建制的中信公司竟没有一个栖身之地。从荣府到和平宾馆，后来又搬到崇文门饭店，办公条件依然拥挤，办公环境依然难尽如人意。而且不仅仅是中信，多少从海外兴冲冲来华投资的人们都遭遇房屋短缺的问题。

荣毅仁不打算按照以往惯用的途径解决这一问题，他有了一个全新的想法，但很显然，那个想法与现行体制大相径庭。

第六章　试水房地产

打开国门的中国，遭遇的最令人啼笑皆非的窘境，竟是客人来了没地方住，没地方上厕所，没地方办公谈生意。

靠国家划拨土地，由国家拨款，由政府建设部门"设计—建造—分配—运营—使用"的体制已经太陈旧了。

荣毅仁只能"自己动手，丰衣足食"。他的无奈之举在无形中冲破了几十年一以贯之的计划经济制度下的建设体制，但这个过程充满了波折。

就连邓小平也不得不为此数次充当派出所所长的角色。

1979 年那个炎热的夏季，十几位年逾花甲的前资本家和共产党的干部挤在北京金鱼胡同和平宾馆的几个小房间中办公的时候，荣毅仁的脑海里时常会浮起千里之外上海滩写字间的影像。

那是他曾经熟悉的影像：从延安东路到苏州河的外白渡桥，1 500 多米曾经的滩涂码头上，柴油混合着鱼腥的气息飘飘拂拂。1846 年，这里建造起第一幢带有外廊的房子，后来，一栋栋大厦矗立起来，或哥特式，或罗马式，或巴洛克式，52 栋风格各异的大楼在上海的版图上刻下了那道最华丽的东方天际线，炫耀着殖民时代的遗风。

1919 年，荣宗敬在上海江西路购置土地，两年后建起一座英国城堡式的办公大楼，称为"三新大厦"，建筑耗费 35 万银元巨款。直到今天，这座大楼依然风姿绰约，引路人驻足。

与上海的情况完全不同，北京是中央政府所在地，所有办公场所均带有浓厚的行政和计划色彩。

1949 年 1 月，解放军进入北平城后，当时中央各个部门大多在民房或王府里办公。政府大力发展北京工业，变消费城市为生产城市。加上众所周知的政治上的原因，外商驻京机构很少，也无须商业办公场所。

随着社会主义建设的开始，国家百废待兴，各项建设离不开政府职能部门的管理，而在北京，政府办公场所明显不足，因而在 50 年代北京集中兴建了一大批政府办公楼，但此后，办公楼的兴建明显放慢（见表 2）。

1978 年，中国打开大门。

1979 年，英国米特兰银行率先在北京建立第一家常驻代表机构，当年就有 110 家外商常驻代表机构进驻中国，落户北京。

表 2　北京市各时期办公楼竣工面积（1949—1988 年）

时期	竣工面积（万平方米）
1949—1952	90.4
1953—1957	223.6
1958—1962	99.3
1963—1965	20.9
1966—1970	14.8
1971—1975	35.5
1976—1980	74.8
1981—1985	113.6
1986—1988	135.2

资料来源：作者根据北京市统计局相关资料整理而成。

然而，找办公室却成了大问题。当时的北京根本没有一家可供对外出租的办公楼。况且内外有别，国内的企事业单位还可借北京的机关、学校、部队等的空余房间办公，而外商除了屈指可数的几家涉外饭店、外交公寓以及各自的使馆之外，就完全没有其他选择。

很难说清楚荣毅仁具体在什么时候萌生了要建写字楼的念头，但显然这从一开始就在他的中信公司蓝图上。为此，他在中信的筹备期就向远在上海的老友吴光汉发出了邀请。

1979 年，荣毅仁在筹备中信的时候，就设立了中信房地产部。这应该是中国最早的房地产公司的雏形了，比中房总公司早了三年。那时候在所有企事业单位内，与房子、土地相关的部门统称为基建科（处）。

中信的房地产部与其他机构的基建科不同，它从一开始就明确把房地产作为商品，作为公司的项目经营。而事实上，即将建设的北京国际大厦正是中信成立后的第一个项目。荣毅仁早就看好了它的增值空间。

但在那个时候，这种项目甚至是《中华人民共和国宪法》所不允许的。

1949 年后，中国确立了土地的社会主义公有制，同时《宪法》明确规定"任何组织或者个人不得侵占、买卖、出租或者以其他形式非法转让土地"。这就形成了新中国国有土地使用制度的主要特征：一是土地无偿使用，二是无限期使用，三是不准转让。中国城镇国有土地实行的是单一行政划拨制度，土地使用权不能在土地使用者之间流转。

如此制度下，房地产怎能是商品呢？

很多年后，荣毅仁在《人民日报》上发表了一篇题为"坚持实践是检验真理的唯一标准"的文章，回忆起这段历史，他说："这也是许多人头脑里打问号的。国内的办公楼、宿舍楼一般都是国家按计划拨款盖的。搞房地产经营被一些人认为类似资本主义的'房产主'、'大房东'，与社会主义大相径庭。"

不过，在那个时候，荣毅仁并没有时间核查制度的尺度，说干就干，他开始在北京到处走到处看。然后，他相中了建国门外大街北侧的一块地方，约 2 000 平方米，与国际俱乐部一街之隔。

建国门外大街，现在是中央商务区（CBD）的一部分，是北京地价和房价最高的地方。但在 30 年前，这里大多还是工业区。最高级的建筑是 1973 年从东华门迁到此地的友谊商店，因为当时这一带没有什么高大建筑，友谊商店就叫东郊大楼。再往东，就是北京的一些大工厂，什么第一机床、第二印染、雪花冰箱、北京吉普等等。

尽管如此，荣毅仁已经看到了其不可估量的潜质。20 世纪 50 年代建造的第一使馆区就在这里，云集了除俄罗斯、卢森堡之外所有国家的驻华使馆，国际俱乐部亦聚集了大量人气。

荣毅仁相中这块地方的时候，在它的东边约 300 米处，中国第一家中外合资饭店——建国饭店正在施工。吴光汉是 1979 年 6 月到北京的，这一年他已经 69 岁了。不好意思直接拒绝荣毅仁的邀请，他本打算面辞荣老板之后还乡养老。但这个 1931 年从浙江大学土木系毕业的江南人绝不会想到，建了大半辈子码头、厂房、仓库之后，他才有第一次机会修建中国最高、最豪华的写字楼。这成了他"人生中最有意义的10年"。

按照当时的制度，所有在北京地界上建的房子，无论设计和施工都要由北京市建委统一布置。国际大厦确定由北京市建筑设计院承担设计、北京市建筑一公司承担施工。

1979年冬天，荣毅仁对国际大厦的建造提出了自己的两条方针：一是自己筹资、自己经营、自己建造；二是造办公和公寓综合大楼。

国际大厦初步设计高度31层，地上29层，地下2层。这是北京市当时所能允许的最高高度。

吴光汉从没见过那么高的房子，其实就算在大上海，最高的国际饭店也只有24层。北京市建委的人更没见过那么高的房子，就别说设计和建造了。

那时候中国真实的建筑设计水平是什么样的呢？时任国家旅游局副局长的庄炎林当时正在主持建国饭店的建设工作。他后来回忆说，一位领导特别点名让一名曾经设计过人民大会堂的设计师给了庄炎林一份设计图纸。庄炎林惊讶地发现所有房间都没有卫生间，设计师回应说，有啊，你看仔细了。庄炎林再定睛一看，不禁哑然失笑，隔着走廊，设计师在所有客房的对面设计了一排卫生间，与每一间客房一一对应。

闭关锁国必然会带来如此井底之蛙的效应。

* * *

中信要做的第一件事情就是去看看别人已经达到了什么水平。

1980年夏天，吴光汉带队，中信前后组织了设计方和施工方人员200多人，去香港现场学习。整整一个月，设计人员边看边学边做，终于绘成了国际大厦的初步设计方案；施工人员则学会了高楼和城市狭地的施工技术。直到他们保证能把大厦设计好、建造好，吴光汉才略放下心来。

北京市只给了中信2000平方米的建设用地，除去大楼占地、楼后通道等，几乎没有给机房和停车场留出位置。后来是中国社科院将北面毗邻的5000平方米土地让给了中信。吴光汉连连称幸。

吴光汉舍不得浪费一丁点儿土地，与设计院再三沟通，决定在大楼北侧通道下筑地下室安置机房，并与大楼的地下室和地下车库连成一片；在新增的土地上再建一座8层高、1万多平方米的配楼供中信公司自用，把原来计划留给中信的主楼腾出来，供出租用。

国际大厦在设计的时候，中信房地产部就开始了缜密的市场调查，设计方案要以公司的最高利益为出发点。这在今天看来习以为常的理念，在30年前都是设计者或是做土建的人极为陌生的。

市场调查结果表明，市场上最紧缺的就是供外商用的写字间和公寓，而附设的服务项目，比如小卖部、美容室、健身房等，其效益都不如写字间或公寓。于是中信决定除保留楼顶的中西餐厅之外，砍掉其余的服务性用房，尽可能多地留下写字间提供给出租业务。

国际大厦在1982年正式动工。奠基那天，荣毅仁请叶剑英为大厦题字。由于身体原因，叶帅已经很久不为任何人题字了。但是，他深知这几个字对于荣毅仁、对于中信的意义——"护身符"的意义，于是慨然执笔，极为认真地书写了若干版本的"中国国际信托投资公司大厦"字样，有简体字还有繁体字。

在入厦施工的同时，一系列市场营销已经开始。

国际大厦垂直地被分为东西两区，东区为办公用房，西区为公寓。中信公司规定，所有租用了办公用房的客户必须租用西区的公寓房。在那个时候，中信已经将客户管理引入物业管理之中，如此规定，实际上是将大楼物业的客户管理成本缩小了一半。

关于租金，吴光汉回忆："我们打破了计划经济时代租金等于成本加一定利润的惯例，决定采用按市场定价的办法。经过周密的调查后，确定了相当高的价位，把租金提高到与国际大都市相当的水平。"

这个"相当的水平"为：写字间每平方米每天1.2美元，公寓房每平方米每天1.3美元。

这是个令人咋舌的"相当的水平"！

因为直到2009年，经过连续3年的直线上涨，中央商务区核心区域的国贸，其主要写字楼租金为252元/平方米·月，即为1.1~1.2美元/平方米·天。

这一租金水平引来了公司内外多种质疑。但吴光汉说，前来"询租者非常踊跃"，超过了大楼可提供数量的一倍还多。中信公司因此可以从容地挑选租户。这同样也是减少客户管理成本的重要手段之一。

租约是由香港实业公司专门派人来北京拟定的，然后再将中文版的《租约》带回香港翻译成英文后寄回北京，中信方面最后交由一家美国律师事务所审核把关。后来这一合同几乎成了中国写字楼租赁的经典范本。

土建工程顺利完工，紧接着是电力和通信问题。北京那时候并不缺电，但电话线路十分紧张。找到该地区电信局，对方回答："没有线路，若要解决通信问题，只能是中信公司投资再建一个局，包括全部房屋和所有软硬设备。"别无他法，荣毅仁只能应承下来。于是，中信公司又开了一家工地，从建房到全部设备安装调试完毕，然后将这家电信局无偿移交给北京市电信局，这就是北京市 55 字头的 55 电信分局。

1985 年 7 月，总投资约 3 000 万美元、建筑面积为 5 万平方米的国际大厦顺利交付使用，被大家形象地称为巧克力大厦。大厦租给了 98 家外国商社、银行以及其他各类公司。此前，中信已经与所有租户签订了 3 年期租约，并预收 1 年租金。于是，大楼还未开始使用，公司就已经开始偿还银行贷款了。

吴光汉非常自豪地回忆："不到 3 年时间，房地产部就还清了总公司的贷款，而且从 1988 年起，每年还能稳定地为总公司赚取 1 000 万美元的租金收入。"

关于大楼的管理，本着"自己经营"的原则，中信在大楼竣工前一年就开始了团队培训。但是，吴光汉还是提出请瑞典一家管理公司出两名顾问，工作两年。

吴光汉向老板请示。

被问及价格，吴光汉说，10 万美元！又赶紧补充说，每人每年 10 万美元。

荣毅仁批准了。

后来吴光汉自己还是有点舍不得，遂与瑞典公司讨价还价，瑞典人无奈地看着这个"吝啬"的中国老头，只好与他签订了一份一人一年的顾问合同。一年后，公司的管理逐渐走向规范和成熟，并得到了租户的一致肯定。

对于顶楼餐厅的经营者的招请，中信有两条标准，一是餐厅质量必须一流，二是中信必须有租金的保证。香港美心公司最终中标，但是它给出的租金价格不高，还没达到客房价格水平的一半，原因是美心方面对餐厅盈利前景尚不能把握。这让吴光汉觉得美中不足。

反复研究和核算后，中信方面提出了一个新的方案，内容大致有二：

1. 双方合资成立一家经营餐厅的公司，各以现金投入，比例为中三港七，投资主要用于房屋装修、购置设备。餐厅经营由港方负责。

2. 合资公司向中信公司租赁 28~29 两层楼面，其租金按照餐厅营业额的 10%支付。

对上述方案，港方欣然接受。对他们来说，七成的股份已经令人惊喜，且中信方面是现金投入，并非以房屋相抵；更重要的是租金以营业额为基础浮动，风险共担。

而对中信方面来说，在这单生意中，它不仅仅是房东，不仅仅是收房租而已，更是可以直接享有合资企业的经营收益。

巧克力大厦顶楼餐厅取名为"世界之窗"，倒也名实相符，因为这座大厦后来被戏称为"小联合国"。"世界之窗"在北京城声名远播，许多国际名流都曾经在这里用膳。中信国际研究所的车耳还记得，"9·11"事件之后，美国金融大鳄索罗斯在家中宴请厉以宁先生。席间，索罗斯问陪同的车耳：去过 CITIC 的顶楼餐厅吗？那儿的菜是否还和以前一样好？老人脸上一片神往的表情。车耳大惊，索罗斯只不过是十几年前来北京时曾在那里小酌而已。

"世界之窗"开业仅两年后，中信已将全部投资收回。

巧克力大厦的顺利建成并进入市场，无疑是中信一次绝佳的试水。它在客观上让北京市、让中国其他城市都看到了房地产的力量，如同一柄魔杖在手，瞬间即可点石成金。后来，北京中央商务区的土地批租价格亦以此为范例，从而带动了这一地区长达 30 年的高速发展和繁华，这一趋势至今未衰。

*   *   *

此一役乃中信第一役。但巧克力大厦依然是一个计划与市场的混血儿，它的土地是政府划拨的，但土地上的房子已经堂而皇之地标上价签开始出租了，这就冲破了房产不能作为商品买卖的限制。中信还冲破了房地产投资的渠道限制，以往政府、企业建房子，都是由政府立项、财政拨款；而巧克力大厦的全部投资均为自筹，那时候能找到钱的路子很少，中信闪展腾挪，拆东补西，终于没让国家掏一分钱，圆满地建成了这座东长安街上最豪华的大厦。

今天看来，体制外的中信虽然也是在笼子里打江山，但是这个笼子的外栏是有弹性的，挣一挣，就有可能扩大地盘。就这个意义上说，荣毅仁比体制内的人自由度还大了不少。

有必要在此引入另一个案例——建国饭店。从这一饭店的建设过程，可以对比出荣毅仁以及中信在当时对于中国的特殊意义。

*　*　*

建国饭店就在巧克力大厦东侧约 300 米处，巧克力大厦奠基时，建国饭店的土建已经进入最后阶段。

与中信同宗，建国饭店的兴建也源自 1979 年 1 月 17 日邓小平与荣毅仁等工商五老的会见。那天，邓小平说："我们国家地方大，名胜古迹多。如果一年接待五百万人，每人花费一千美元，就是五十亿美元……要搞好旅游景区的建设，要有电、有路、有旅馆，还要搞好城市建设，搞好服务业，千方百计赚取外汇。"

小平的这番话还有一个背景，1978 年中国旅游入境人数达 180.9 万人次，超过此前 20 年的总和。

很快，国务院正式成立了谷牧、陈慕华、廖承志等组成的利用侨外资建设旅游饭店领导小组，并在领导小组下设办公室，简称"侨外资办"，国家旅游总局局长卢绪章兼任主任，副局长庄炎林兼任常务副主任。

这一年，庄炎林接待了 120 多家著名的侨商、外商，都是闻讯要来中国建旅游饭店的。

可是，谈了 100 多家，竟无一家谈成。中方生怕吃亏，而外方又担心投资没有保障。与此同时，告状信不断被递到中央领导面前，大致内容是说建合资饭店是与外国资本家结盟一起赚中国人民的钱，更有上纲者认为这是卖国主义。

这一年的庄炎林真是焦头烂额，里外不是人。

后来是廖承志介绍了美籍华人陈宣远来见庄炎林。陈宣远是一位建筑师，也是饭店的经营者，拥有美国加利福尼亚州旧金山的帕罗沃特、拉古娜、帕萨迪娜、希尔顿四家假日饭店和一家建筑事务所。陈宣远一再表示，"只是想为国家做点事，想帮助中国建起第一个中外合资饭店"。

艰难的谈判之后，陈宣远做出了让步：双方各投资 1 000 万美元建设饭店，但外方只占 49% 的股权，中方占 51% 的股权；双方合作 10 年，10 年后，外方所有股权归中方所有。后因美国法律所限，陈宣远将"无偿奉送股权"改为以 1 美元转让股权。

陈宣远对庄炎林说："庄先生，一美元买一个饭店，你干不干？"

1979年6月7日，庄炎林签发了国家旅游总局呈送国务院的一份报告——中外合资、合营建建国饭店的方案。

庄炎林如释重负，小平所托终于有了结果。但他万万没有想到的是，如此天大的好事竟遇到了极大的反对力量。

谷牧主持召开国务院办公会议，专题讨论建国饭店事宜，庄炎林列席。

但会议没有结论。谷牧将报告呈送到中央政治局。

后来，在这份报告上，就有了17位最高决策层领导的批示或圈阅，包括华国锋、邓小平、李先念、陈云等。

华国锋最后拍板：建合资饭店我们没有经验，但可以试一试。成功了可以推广，不成功也就这一个。

建国饭店在建造过程中不断被周围居民"骚扰"，由于饭店工地后面就是外交部宿舍，此间的居住者认为饭店挡了自家的阳光，于是常常到工地生事，旅游局惹不起外交部，工程常常被拖延。庄炎林在廖承志的授意下，不得不又一次向邓小平直接求救。邓小平在庄炎林的报告上批了11个字：有理也不得取闹，何况无理?!

此话后来被传得很远。为这第一家中外合资饭店，邓小平也不得不屈就一回"派出所所长"。

不久国务院又开会讨论建国饭店的房价。物价局提出了一个限制客房最高价的方案。庄炎林哭笑不得，他在会上竭力解释，按照国外的通常做法，房价是由投资额决定的。通常，房价为饭店总投资按房间数平均所得金额的千分之一，如投2 000万美元，500个房间，每间就是40美元一天。庄炎林说："中外合资建饭店，投资方是要还本付息的。如果他定得高了，卖不出去，是他的问题。你限制价格，那你帮他还本付息吗？我的意见是不要限制，让他按商业运作，客房价又不关系到国计民生。"

庄炎林终于打消了物价局的限价提议。但没承想，他们又提出了另一种限价方案：设定客房最低价格，以免"饭店用倾销价格挤垮北京的其他酒店"。

庄炎林再次强打精神据理力争。

国务院会议终于决定允许饭店根据淡旺两季合理地上下浮动房价。

建国饭店建成后，北京市旅游局坚持要自己管理，而陈宣远在此问题上则寸步不让，他根本不相信连真正的旅游饭店都没见过的人能管理饭店，在他看来，当时的北京饭店、民族饭店、新侨饭店充其量不过是几个条件好一点的招待所而已。

最终双方互为妥协，前五年，建国饭店由香港集团管理。

建国饭店开业第一天，北京市旅游局的官员忐忑不安，认为头一年至少亏损100万美元，北京市的包袱背定了。

陈宣远打赌说，肯定是赚100万美元。

一年后，财务报表显示，建国饭店在第一年盈利150万美元。

仅用了4年时间，建国饭店就连本带息还清了从汇丰银行所贷的2 000万美元。10年后，中方用象征性的1美元取得了建国饭店所有股份。

*　　*　　*

对比建国饭店和国际大厦，它们的建造过程都遇到了来自中西方体制的沉重碰撞，更是遇到了来自意识形态的苛责和阻碍。但是，在邓小平等部分中央领导人看来，相比较荣毅仁及其中信公司，体制内的组织资源和行政资源更是效率低下、成本巨大，而这将使中国的改革之路更加曲折艰辛。

邓小平亟待中信有更多的创新和行动。

荣毅仁也在苦苦寻找更多突围之道。

第七章　煤渣胡同风景

1979 年荣毅仁访美归来后说，中信公司要做三件事，第一要在海外发债，第二要成立独立的经济咨询公司，第三要引进租赁业。

咨询公司在很长一段时间里被称为"皮包公司"，常常被冠以"投机"的帽子。

而以财产租赁获取收益，在这个社会里常常被视为剥削行为。中国自 1949 年实行土地改革，土地归国家所有，最大的出租人"地主"作为一个阶级已经被消灭。长期以来，中国企业之间即便有出借行为发生，也都以共产主义大协作之名，免去了其中的租金收益。

荣毅仁的行为怎么看都是一种另类行为，幸运的是中国政府高层官员也在努力地发现这一行为的价值，并试图在制度上予以保障。

尽管身处"煤渣胡同"，但荣毅仁放眼世界，却是风光无限。

　　1979 年 10 月 21 日上午，荣毅仁走进了美国新泽西州的小城默里山的邓白氏商业咨询中心。这是个星期日，公司大楼里静悄悄的，邓白氏总裁亲自接待了荣毅仁一行，在电脑旁，他按了几个键，立刻，全球凡经过注册的工商行政机构和名人名士的资料，一一显示出来。荣毅仁大感兴趣，亲自试了几家，竟都在其列。等宾主熟悉一些了，主人问：荣先生，可否检出有关您的资料？荣毅仁回答：可以。于是几个键按下，瞬间有关荣毅仁的资料，家世、个人、家庭、事业，无不清晰地从显示器上披露出来。

　　荣毅仁连连惊叹。

　　这个上午，荣毅仁仔仔细细地考察了邓白氏的商业模式和工作流程，他深感这其实正是中国目前急需填补的空白。

　　邓白氏公司（Dun & Bradstreet，简称 D&B），成立于 1841 年，是世界著名的商业信息服务机构，旨在为客户提供商业信息、工具及专业经验，协助客户做出正确的商业决策。邓白氏的全球商业数据库覆盖了 1 亿多条企业信息。国际商业合作发生之始，商人们的第一个举动常常是进入邓白氏的数据库，查询合作伙伴的资信。

上述商业模式给予荣毅仁极大的启发。中国对外开放，国外商人踊跃进入中国，可是面对已经封闭了整整30年的共产党国家，没有法律保障，没有可靠资信，没有值得信赖的中介机构，就算他们看中了这个有着10亿人口的庞大市场，又从何处下手呢？所以，外国人常常是进来了，谈了一圈，然后又走了。在中信公司成立的头两年，20多位中信职员接待了6 000多人次的来访和商业洽谈，但谈成者寥寥，因为，商业咨询业的短板极大地制约了外资在中国的落地。

在中信公司第一次董事会后，荣毅仁立刻启程前往美国和香港，目的显然是为了寻找合作伙伴、寻找钱。为此他在华盛顿、纽约、芝加哥、旧金山等地拜访了多家金融机构，并于1979年10月29日与芝加哥第一国民银行签订了合作协定，这是中信公司成立后签订的第一份中外合作协定。

在旧金山美国银行总部的午餐会上，荣毅仁第一次听说了飞机租赁模式。美国银行董事长克劳森亲自向荣毅仁解释了银行的租赁业务。

庄寿仓作为随员一直陪在荣毅仁左右，在这天的会晤中，他也终于明白，"原来在资本主义社会，很多企业的大型设备，包括外国航空公司的飞机，是从银行开办的租赁公司租赁得来的。这对企业与金融业是两利的。等到飞机飞行了20多年，航空公司在付清了租赁费后，可以象征性的价格获得飞机产权，然后把旧飞机售出赚些钱或再租新机"。

这一年晚些时候，荣毅仁还访问了日本。在日本，他会见了许多老朋友，这时，他也注意到了融资租赁这一商业模式在日本的兴起。他与日本东方租赁公司的管理者进行了认真的切磋，并谈及在中国建立现代租赁公司的可行性问题。

融资租赁是从美国引入日本的。

1952年，位于美国加利福尼亚州的一个小型食品加工厂，因为没有足够的资金更新陈旧的带小型升降机的卡车，工厂经理亨利·斯克菲尔德与经纪人达成协议，以每月125美元的价格租赁所需的卡车，这样一来工厂很快摆脱了资金困境。亨利从中大受启发，于是他便按照这种思路成立了一家租赁公司，主要经营业务是根据客户需要，从其他生产厂商处购买设备，再租赁给客户使用。

这家租赁公司的创立，标志着现代融资租赁业的诞生。

二战后，在第三次科技革命的背景下，美国工业界一方面发现原有的大批设备已经落后，另一方面却产生了以资本和技术密集型为特点的耗资巨大的新兴工业部门，这使全社会固定资本投资规模急剧扩大，设备更新速度空前加快，造成企业急需大量资金购置设备，但同时又要承担技术更新带来的设备无形损耗加快和被淘汰的风险。在这种背景下，以融资为核心机能的现代融资租赁业迅速发展，解决了企业面临的上述两难困境。

这一模式迅速从美国蔓延到欧洲和日本等发达国家。1963年，第一家"日本租赁株式会社"成立，接着于1964年又成立了东方租赁公司和东京租赁公司，标志着日本现代租赁业的诞生。

据《世界租赁年鉴》统计，全世界租赁成交额1978年是410亿美元，1987年是1 038亿美元，2000年达到5 000亿美元，年均增长速度达30%，成为仅次于银行信贷的第二大融资方式；从融资租赁对经济增长的贡献来看，美国租赁业对GDP的贡献率已超过30%。

融资租赁是集融资和融物、贸易及技术更新于一体的新型产业，最终发展成为金融业的五大支柱之一。出租人根据承租人对租赁物件的特定要求，出资向供货人购买租赁物件，并租给承租人使用，承租人则分期向出租人支付租金。在租赁期内租赁物件的所有权属于出租人，承租人拥有租赁物件的使用权。租期届满，租金支付完毕并且承租人根据融资租赁合同的规定履行完全部义务后，租赁物可根据约定归出租人或承租人所有。

上述描述过于晦涩。在此我们试举例说明：张三创业需要购入汽车、机床、电脑等设备，约需资金100万元，但张三如果花100万元采买上述设备后，就没有流动资金了。这时候，他可以向李四的租赁公司提出租赁要求，李四则根据他的要求分别向王五采买汽车，向赵六采买机床、IT设备等，然后将全部物资租给张三。这样，根据合同，张三每年仅需花费20万元支付租金及利息，剩下的钱他尽可以作为流动资金或用于渠道终端建设、开辟市场。五年后，租赁期满，张三对设备可以有留购、续租和退租三种选择。这样，张三就能以最小的代价获得更先进的技术，用杠杆撬动市场，既不占压资金，也规避了因为技术进步可能带来的技术风险。

在上述模式中，张三不仅要支付租金，还要支付利息，这就是融资租赁将融资与融物相结合的特点。融资租赁和传统租赁的一个本质区别就是：传统租赁以承租人租赁使用物件的时间计算租金，而融资租赁以承租人占用融资成本的时间计算租金。

荣毅仁1979年在日本发现这一模式的时候，日本的融资租赁业正处在快速增长期。大银行、大商社、大厂家纷纷进入租赁业，相继成立综合租赁公司，这些公司充分利用母公司的营业渠道，租赁交易量快速扩大，年平均增长率高达30%~50%。与此同时，日本经济也正是在这段时间获得了长足发展，大量剩余资本急于寻找投资机会。

而对于1979年的中国企业来说，除"四三方案"中引入的部分较为先进的生产线外，绝大部分机器设备已经严重老化，有的甚至还是李鸿章搞洋务运动时引进的设备，也有一部分是"一五"期间苏联援建的156个项目，而绝大多数中小企业更是土法上马，中国的工业技术和设备亟待彻底革新。但资金何来？国家建设，百业待举，到处都要钱，到处都是要填的窟窿，以当时国家每年数百亿的财政盘子和数十亿的外汇储备，如何应付？

那么，引入融资租赁模式，改变传统的一次性投入长期资金的投资模式，集融资、融物于一体，可以同时满足融资和投资的双重要求。在这一模式下，将海外一些先进或相对先进的设备引入中国，既解决了中国企业项目投资和技改资金短缺的难题，又盘活了国外机器设备的存量市场。用小钱带动大钱，用杠杆撬动革新，借鸡孵蛋，卖蛋还钱，岂不是一个两全其美的途径？

就在这时，日本人也在密切关注中国市场和中信公司的动向。

神田隆文是日本东方租赁有限公司香港公司负责人，1979年7月中国《中外合资经营企业法》出台后，他立刻敏感地意识到，要尽早去一趟中国内地考察。

1979年11月，神田如愿随在港日资代表团访问了杭州、上海、北京和广州。在北京，神田单独访问了中信公司，当时接待他的是闵一民，他迫不及待地与闵一民谈起了东方租赁的业务。令神田感到惊讶的是，眼前这位中国人似乎对新型租赁业完全不陌生，神田随即提出东方租赁希望与中信公司发展业务合作关系。

神田不知道的是，其实仅仅在数日前，闵一民对此还一无所知。就在这时，荣毅仁从日本归来。异常兴奋的荣毅仁已经详细向公司同仁介绍了融资租赁在日本的现状，他说：中信公司作为国家对外开放的窗口，肩负利用外资和引进先进技术、设备的任务，应该借鉴国外的经验，努力探索走出一条具有中国特色的租赁事业的发展道路。

一回到香港，神田隆文就收到了北京来信，闵一民在信中代表荣毅仁先生邀请日本东方租赁公司正式派团访华。当年 12 月，东方租赁派出了由社长乾恒雄为团长的中信公司访问团。双方很快达成了在北京成立一家合资公司的意向。

1980 年 1 月，荣毅仁派出闵一民、魏波与北京市物资局干部谢霖访问日本东方租赁，并签订了中日合资成立中国东方租赁公司筹建处的协议。回国后，考察小组除向荣毅仁汇报外，还向国家外国投资管理委员会的汪道涵、江泽民做了汇报。

1980 年 6 月 2 日，中国东方租赁公司筹建处在北京陶然亭公园正式成立。日本方面派出了神田隆文和原健司二人参加筹建工作。

作为试水，1980 年初，中信公司为河北涿州塑料厂租下了一套编织机生产线。这是中国第一笔融资租赁业务。到 1980 年夏天，中国民航在中信公司推动下，与美国汉诺威尔制造租赁公司和劳埃德银行合作，利用跨国节税杠杆租赁方式从美国租进第一架波音 747SP 飞机，由此迈出了中国民航利用外资融资租赁飞机的第一步。

无论对于中国的政府部门或中国经济界、金融界及理论界来说，融资租赁都是一个全新的概念。以财产租赁获取收益，在这个社会里常常被视为剥削行为。中国自 1949 年实行土地改革，土地归国家所有，最大的出租人"地主"作为一个阶级已经被消灭。长期以来，中国企业习惯于"自己拥有、大而全、小而全"，即便相互之间有出借行为发生，也都以共产主义大协作之名，免去了其中的租金收益。

* * *

一开始，中国东方租赁（以下简称中国东租）的筹备工作并不顺利。1980 年秋天，荣毅仁做出了一个重要决策，以融资租赁模式为北京市场引进 400 辆日本生产的出租车——200 辆丰田和 200 辆达特桑。

没有看到有文字记载是什么引发了荣毅仁的这一举动，但显然北京街头的三轮蹦蹦车和 212 北京吉普冒出的黑烟刺激了荣毅仁。刚刚打开国门的中国首都，不仅极缺高档办公场所和旅游酒店，更缺少相匹配的出租车。那时候北京街头的出租车大致有两类，最大众化的是三轮蹦蹦车，这种车直到 1979 年才被淘汰；紧接着北京吉普取而代之，但不到一年就又销声匿迹，此外还有为数极少的华沙牌和上海牌轿车。向国外买车？这需要一笔不小的外汇资金，而 70 年代末中国政府极度紧缺的外汇怎么可能用于购买豪华轿车？想都别想！

在中信成立之前的相当一段时间，筹备组也没有车，后来唯一的一辆高级轿车是荣先生的侄女从德国为他专门定制的奔驰，那辆黄色的豪华轿车在北京再也找不到第二辆。那时候，外国投资者纷至沓来，以至于忙坏了这辆奔驰的司机。

到了1980年，中信公司与中国东租筹备组合作，仅用了很少一部分外汇，就为北汽和首汽分别引入了200辆日产豪华车，这立刻成为北京街头一道亮丽的风景线。

400辆轿车就是以融资租赁的方式进入中国市场的。轿车的承租方为北汽公司和首汽公司，出租方为日本公司，由中信公司代为解决外汇问题。轿车投入运营后，两家汽车公司以人民币向中信支付租金，中信则以日元向日方租赁公司支付租金。

立刻就有人指责荣毅仁的行为其实就是变相进口，而且进口的产品并非国家极度短缺的生产资料，却是豪华轿车，这种行为自然会广受诟病。

但是，从1980年秋天开始，几项金融政策的调整帮助中信和中国东租暂时过关：

• 10月，国务院制定了《调剂外汇暂行办法》，开始外汇调剂试点，放松了外汇调剂价格的限制。

• 11月27日，国家外汇管理局答复中国东租筹备组，同意中国东租在国内开展租赁业务使用外币计价结算。这就为中外合资租赁公司在国内开展租赁业务打开了政策之门。

• 几天后，国务院常务会议通过了《中华人民共和国外汇管理暂行条例》。这意味着中信公司此番引进日本小轿车的模式，得以在《外汇管理暂行条例》管制的框架内复制运营。

这还产生了一个副产品：中国东租模式的确立，标志着监管层事实上将融资租赁作为唯一向外资开放的金融领域。于是，合资成立融资租赁公司便成为外资——当时主要是日资进入中国的最便捷的选择。

仅仅两年之后，北汽和首汽挣到的钱就付清了所有应付的租金，随后两家公司又低价买下了这400辆轿车。

到了1982年，100亿日元武士债券在日本成功发行后，中信公司用其中20%的资金又连续引进了几批日产轿车。王军先是在北京市组织一家与北京汽车公司合营的中北汽车公司，租赁小卧车2 000辆；继之又以相同模式投资18个省市的出租汽车公司，组成联合汽车公司，从日本引进1万辆汽车，从而大大缓解了交通急需。

1981年4月，国家外国投资管理委员会终于正式批准了中国东租的成立请求。4月18日，中国东方租赁有限公司取得营业执照，开始营业。我国第一家现代意义上的租赁公司宣布诞生。

但是，在中国东租的最初阶段，计划经济体制下的法律、法规、制度与资本市场运作规律完全不契合，中国东租所做的工作基本上是教育市场，普及概念。闵一民说："在对现代租赁所确定的'所有权与经营权分离'以及'企业创造利润不单纯来自设备的所有，而是来自有效的使用'等全新概念尚未有足够的认识前，租赁业务是很难展开的。"

值得庆幸的是，政府有关部门很快理解了合资租赁业这一"舶来品"的价值，并给予了充分支持。

1982年7月9日，海关总署关税处向中国东租发出《关于租赁进口设备申请免税问题的复函》。该文明确了企业采取融资租赁方式，利用外资进口先进设备符合减免税政策的，由承租单位向海关总署申请减免税。

又一部重要法律在1981年12月出台，全国人大审议通过了《中华人民共和国经济合同法》。这不仅保障了中国东租业务的开展，而且为今后相继成立的租赁公司顺利开展业务铺平了道路。

融资租赁这一模式首先在中信公司内部被复制，1981年8月，中信与国家物资局等单位共同组建，由中国人民银行批准的中国租赁公司（以下简称中租）成立，这是中国第一家国营融资租赁有限公司。同期，中信公司租赁部亦开始开展融资租赁业务。

在整个20世纪80年代，中国东租一直是中国租赁市场当仁不让的明星企业。到1984年，中国东租开展业务已达1.2亿美元，1985年增加到1.6亿美元，中国租赁市场三分天下有其一。

到1989年，中国东租公司已为全国27个省、市、自治区承办了722个租赁项目，利用外资总额为7.1亿美元，也为股东创造了逾1 000万美元的税后利润。

整个80年代，在外汇资金极其短缺和多数企业没有进出口经营权的情况下，拥有国内外融资特权和进出口经营权的中外合资租赁公司的生意当然红火。于是，越来越多的外国投资者争相进入这一市场。到1988年底，经外经贸部批准的中外合资租赁公司迅速发展到 24 家。

有数据统计，中外合资租赁公司在 1981 年至 1988 年间累计引进外资达 20 多亿美元，为数千家企业技术改造引进了先进设备，相当于同期外商直接投资的 1/7 左右。特别是在 1985 年，国家外汇储备大量缩减的情况下，中外合资租赁公司引进外资高达 4 亿多美元，占同期对外借款的 15%，相当于外商直接投资的 20%。

＊　　＊　　＊

在中国东租、中租成立之前，荣毅仁从美国舶来的另一个公司已经率先组建完成，这就是中国国际经济咨询公司（以下简称中经咨询公司）。很显然，在邓白氏商业中心度过的那个星期日，直接启发了荣毅仁的思路。

中经咨询公司是中信麾下第一家不挂中信名头的公司。经叔平说："我们叫中国国际经济咨询公司而不叫中信国际经济咨询公司，表明我们是独立的，不受任何干扰。咨询必须做到独立、公正、客观。"

荣毅仁当仁不让地担任了中经咨询公司的董事长，经叔平任总经理。之所以有这样的安排，大致源于中信第一届董事会成立后的第一次记者招待会。1979 年 10 月 4 日下午，中信公司记者招待会由经叔平主持，由董事长荣毅仁介绍情况。一位外国记者问荣毅仁："中信公司哪一位是负责公关的？"那时候，无论是荣毅仁还是经叔平对"公关"二字的含义都非常陌生，但荣毅仁反应极快，指着身边的主持人说："经叔平先生就是我们的公关。"第二天，香港《大公报》刊登出了"中国第一公关经叔平"的新闻，这个称号不胫而走。

公关—咨询，有着天然的联系。这也成为中经咨询公司双重业务并举的特色。

在中经咨询公司第一次董事会会议上，时任国家进出口管理委员会、国家外国投资管理委员会副主任的江泽民到会祝贺，他说：自从实行开放政策以来，我们感到对外不是很了解，成立这样一个公司，对于开展国外交往十分必要。

受邓白氏影响，荣毅仁首先提出要中经咨询公司编纂一本用于投资中国的手册。1984 年，中经咨询公司与英国朗曼公司合作出版了《中国投资指南》，这是中国第一部比较完整地向境外介绍中国对外开放有关政策法规的书籍。书是中英文对照的，印刷也很精美。为了促进发行，经叔平亲自去香港、纽约、华盛顿等地做路演。此书大受欢迎，供不应求。后来，这本手册每年修订，每年重印，成为许多跨国公司老总案头必备的工具书。

80 年代初，当中国人还不了解经济咨询为何物时，中经咨询公司已经硬着头皮上路了，没有现成的模板，没有现成的路径，至于波士顿、麦肯锡这些全球最著名的咨询公司，连听也没听说过。

季红回忆说："当时我们很多人在工作中已经深切体会到计划经济体制下项目审批制度的弊端，但经济咨询的概念大多数人知之甚少，更不要说立项时如何搞可行性研究了……"

新中国成立之后，随着苏联和东欧社会主义国家援助的 156 项工程建设的实施，苏联计划经济的投资管理制度也搬到了中国。项目投资主体是政府，投资决策大多是从政治需要出发，计划部门拍脑袋，企业不过是"父爱主义"下的车间，没有投资收益、回报、分红可言。直到 1983 年，国家计委才颁布了《关于建设项目进行可行性研究的试行管理办法》，规定国家基本建设大中型项目要进行可行性论证。

同时，国门打开后，洋人在中国投资，他们需要的首先也是项目的可行性分析。那么这样的分析报告谁来完成？

其实中经咨询公司当时也没有现成人才。当时中经咨询公司的人大多是从航天部、航空部、核工业部等地调入的有着工科背景的老大学生，这批人也从未做过可行性研究工作，甚至对可行性研究这个词都颇感新鲜。

公司很快编译和印发了相关专著《工业可行性研究报告编写手册》《工业项目评价手册》等，中经咨询公司人员人手一册，强制学习。在 20 世纪 80 年代初，"摸着石头过河"是一个普遍现象，在中信更是如此。无论装备如何，河总是要过的。

他们面临的第一个有分量的考验是中美合资奥的斯电梯项目。1983 年 5 月，经叔平从国外带回这个项目，为奥的斯电梯公司担任顾问，帮助奥的斯与天津电梯厂组建合资公司。这是中经咨询公司自成立以来第一个独家承担的咨询项目。

奥的斯是全球最大的电梯制造商，据说全球 100 座标志性的最高建筑中，至少有 2/3 用的都是奥的斯电梯。到了 20 世纪 80 年代，奥的斯决意要回到中国市场。

与奥的斯谈合资的天津电梯厂是中国最古老的电梯厂之一。

此前，瑞士迅达公司已经进入中国市场，与上海电梯厂合资成立了中国迅达电梯公司。当时的项目组成员蒲明书说，那时中国主管部门的官员还是中国迅达的董事会成员，所以他们不希望在中国出现第二家合资电梯企业。因此，中经咨询公司要完成的第一项工作，就是冲破这一障碍，他们首先要给出中国电梯市场未来的规模和走向。

"我们需要向有关部门表明，中国未来 10 年内，随着经济的高速发展，电梯市场需求巨大，仅靠一家中国迅达电梯公司和国内 200 多家良莠不齐的电梯厂，在数量和质量上都难以满足（市场需求）；这个大市场不应该仅让一家中外合资企业来做，而要引入像美国奥的斯这样的行业巨擎，让外资在中国竞争，这样有助于促进外方加大在中国的投资，并尽快转让先进技术。"

可以对比的反例是上海汽车与德国大众的合作。两家企业合资在中国生产桑塔纳轿车，一款技术上并不先进的轿车足足盘踞了中国市场 20 年，没有更新，没有提高。但是当本田、通用等海外公司都进入中国的时候，德国大众迅速更新了它在中国的产品线并扩大了投资。

没有竞争就一定没有变革的动力。中外企业概莫能外。

接下来的工作就非中经咨询公司莫属了。奥的斯项目总投资约 1 000 万美元，但按照当时国家规定，天津市政府的项目审批权仅为 500 万美元。时任天津市副市长的李岚清认定，如果层层审批必定会节外生枝，不知道什么时候才能把章盖完，也说不定就中途夭折了。这个曾经亲自主持了中国第一家汽车企业合资谈判的政府官员太清楚个中曲折了。

怎么办？怎么才能绕过更高一层的审批？怎么才能把这一项目的审批权留在天津市？

又是中经咨询公司出了主意：把合资规模定为 500 万美元，超过部分按照设备租赁的方式引进。这既满足了合资项目的实际需要，又在现行政策允许的范围内操作，把项目的审批权留在了天津，这将极大地提升速度。

差不多在 20 年后，人们反思一系列全球最知名的管理咨询公司兵败中国市场的案例时，都提出了一个问题，那就是洋咨询水土不服，他们很难理解中国文化和中国的潜规则对于企业发展的致命影响。在奥的斯的合资过程中，如果不是中经咨询公司在一开始就找到了问题的关键所在，相信这一桩中外联姻的好事还得磨很多年。

但中经咨询公司在此案的成功凭借的绝不仅仅是对中国国情的谙熟，还有它的专业性。几个月后，当那本厚重的中英文《中外合资天津奥的斯电梯项目可行性研究报告》送到中美谈判代表的案头时，他们异常惊喜，双方迅速在上面签字，并连夜复印送往天津市政府有关部门审阅。在天津市主管部门的审查会上，一位官员坦诚地说："时间太紧来不及细读，但看到你们的市场分析在报告中占有这么大的分量，我决定投赞成票。"这样的发言令人啼笑皆非，但 20 多年前中国的项目审核就是从这样的高度起步的。

中经咨询公司为此项目收获了 5 万美元咨询费，这是当时公司开张以来最大的一笔进账。更大的一笔钱还在后面，鉴于中经咨询公司展示的专业性和其在中国市场的不可或缺性，中美双方两家电梯公司主动提出要让出 5% 的股权给中信公司，邀请中信参股。中信为此投入了 75 万元人民币。到 2001 年中信公司退出奥的斯时，其股权转让收入 5 600 万元，加上历年分红约 3 900 万元，共计回收人民币 9 500 万元，是当时投资的 127 倍。

中信公司总经理徐昭隆在 1986 年的工作报告中写道："中国国际经济咨询公司，一年来承担的经济、法律、财会等咨询项目共有 170 多项，其中可行性研究及项目评估 34 项，市场调查 30 项，法律咨询 90 项，财会咨询 20 项。主要项目有太原克虏伯特殊钢厂、江苏利港电厂、国际电视转播中心等项目的经济可行性分析，广东大亚湾核电站、福建水口水电站等项目的法律咨询……"

这令当时所有初入中国市场的洋咨询望尘莫及。

1985 年，经司法部批准，中经咨询公司下属的法律部与公司脱钩，创办了中国第一家律师事务所——中信律师事务所，业务范围包括投资与公司、商务贸易、国际金融、税务、仲裁和诉讼。顾宪成担任律师事务所第一任主任。

1987 年，中国第一家会计师事务所——中信会计师事务所成立，业务范围包括审计、资产评估和咨询。葛继武是第一任主任。

如此众多的"第一"，彰显了以荣毅仁为代表的第一批中信人的开拓精神和难能可贵的宽广胸怀。不久，《人民日报》发表了记者计泓赓的通讯《巧克力大厦的脉搏》，热情讴歌了中信公司成立以来的开拓创新之举，记者将此种种创新称为吃"第一只螃蟹"。

但是，吃第一只螃蟹除了需要勇气，更需要坚韧不拔的毅力。整个 80 年代，单兵作战的中信公司深陷传统体制的泥潭，它每走一步几乎都是在挑战既有制度的极限，其艰难程度难以想象。

第八章　笼中鸟

改革不是一蹴而就的过程。

"鸟笼政策"是中国改革理论中计划与市场关系的一个形象描述。它的笼壁是由国家计划、政策、意识形态等等要素构成的。

中信是中国经济鸟笼中一只不安分的大鸟，它左突右进，却始终冲不出这样一个笼子。荣毅仁试图争取"笼子"更大的弹性空间。但是，只要是在笼子里飞，中信就会常常撞上笼壁。

但是，中信公司也因此成为中国改革大潮中与旧思维博弈的一股重要力量。荣毅仁率中信人革旧立新，以市场为导向，面向全球，实为改革之旗帜。

　　1982年8月的一天，中纪委常务书记黄克诚来到陈云的寓所。两人谈起了新形势下的经济犯罪和经济秩序混乱的情况。黄克诚不无担忧地说："要把经济搞活，不能再像过去那样搞死，但搞活不能没有秩序。这就好比一只鸟，不能捏在手里，总捏在手里它就死了，要让它飞。但要让它在笼子里飞，否则它就飞跑了。"陈云当时没有表态。

　　两个多月后，陈云听取国家计委负责人汇报时，第一次用到了鸟与笼子的比喻，他说："搞活经济是对的，但必须在计划的指导下搞活。这就像鸟一样，捏在手里会死，要让它飞，但只能让它在合适的笼子里飞，没有笼子，它就飞跑了。'笼子'大小要适当，但总要有个'笼子'。"

　　又过了半个月，中央政治局开会，陈云再次提到了这个说法，他首先声明这是黄克诚发明的。他说："笼子"就是国家计划，"笼子"不仅可以跨省跨地区，而且本身也可以调整。又过了几天，陈云在会见出席第五届全国人大五次会议上海代表团的时候，把"'笼子'可以跨省跨地区"这句话延展为"甚至不一定限于国内，也可以跨国跨洲"。

这就是著名的"鸟笼理论",它是当时中国改革理论中计划与市场关系的一个形象描述。其实,在中信成立的第一个 10 年中,荣毅仁始终是在这样一个"鸟笼中飞行"的,但他也特别强调说,中信要的是"笼子",而不是"绳子"。他试图争取"笼子"更大的弹性空间。

中信筹备之时,人员除上海来的几位民族工商业者之外,还有七八位是手持中组部调函从国务院各部委、中国人民银行等重要部门调来的,担任副董事长、副总经理的雷任民是其中资历最老、职务最高的老干部。雷任民与荣毅仁两人在"文革"后第一次见面时,雷任民嗫嚅着说了一句话:"我也没有别的本事,帮你管管干部吧。"

雷任民,1927 年参加革命,1949 年新中国成立时任中央政府内务部办公厅主任。1951 年 9 月,任中央贸易部副部长,开始从事对外贸易领导工作并参与组建对外贸易部,后任对外贸易部第一副部长兼部党组书记。1955 年 3 月,兼任中国国际贸易促进委员会副主席。调中信之前,他是外贸部和进出口管理委员会的顾问。在众多工农干部中,这位早年毕业于日本早稻田大学经济系的研究生,一下子就引起了荣毅仁的注意。中信筹备组刚刚建立,荣毅仁就向谷牧请求要在中信建立党组织,请他派雷任民来负责中信的党务工作。因为此前他与雷任民有过一面之交且印象颇佳。

中信这时候已有十几位党员。1979 年 11 月的一天,荣毅仁得知临时党组织成立起来,就到雷任民的办公室向一干人拱手致贺。此时,荣毅仁并没有想到,在现有体制下,按照《中国共产党章程》的要求,一个单位的决策权和人事权当然是集中于党组(党委)书记身上,中信是国务院直属企业,党的组织将处于绝对领导地位。

此前,在中国的一部分行政领导机构,比如水利部(部长傅作义)、纺织部(部长蒋光鼐),虽然最高行政领导为民主人士,但是机构的真正决策者是党组。几十年来,从无例外,亦从无疑义。

雷任民作为 1927 年入党的老共产党员,必然要坚定地执行党的章程。

中信公司临时党组织由雷任民、曹中枢、杨勉、王向之、谭廷栋、陈树梓、闵一民组成。庄寿仓说:"王军、叶选基已入党多年,但我们毫不知情,一切似乎在秘密中进行……我们开始觉察我们几个是不被党信任的。每周六上午规定党员看文件，我们也不被通知。但我们心怀坦荡，觉得自己走的路是正确的。"

按照闵一民的说法，雷任民当时的行事作风依然按照党的一贯传统，党要摆在绝对领导的位置，指挥一切。这些隐约的制度上的矛盾极大地影响了中信业务方面的决策，甚至发展到中信到底要走什么样的道路的问题。荣毅仁后来说，那几年几乎年年都要讨论中信的方向。姓"社"姓"资"，这是个原则问题。"文革"刚刚结束，长期以来共产党内的斗争哲学不可避免地也被带入中信这个小特区。这让荣毅仁十分苦恼。

最极端的事件当属1980年在崇文门饭店召开的总经理办公扩大会议。当时，荣毅仁与雷任民等人商议，用几个半天的工作时间，以总经理办公扩大会议的形式，总结前期工作，大家通通气、提提意见，议一议今后怎么开展工作。

但是大家各有各的心思，各有各的目的。

徐昭隆是业务部的负责人。这一天，他去天津开发区办事，在路上，同车就有人对徐昭隆说："明天要开会，希望你能站稳立场。"

徐昭隆心里"咯噔"一下，他敏感地意识到，可能有什么事情要发生了。

"他讲话虽然含蓄，但是我还是感觉到了火药味，我们都是经过了历次政治运动的人，对'站稳立场'这些事情总是很敏感的。晚上回到北京，我给荣老打电话，告诉他明天要开会，让他做好思想准备。"

但是无论荣、徐二人做了什么样的思想准备，他们还是没有料到，一个原本打算总结研究工作的办公会后来竟然开成了一个"批斗会"。

闵一民、庄寿仓，两位80多岁的老人，在此事过去整整30年后，还依然清晰地记得当时的情形。

庄寿仓回忆：

这个会一共开了七个半天，被称为"七个半天会"。

会议由总经理、老板主持，就前阶段金融、房地产、投资项目、干部和行政管理等事项，由负责经理汇报。中间兼有插话和询问，也都还是有问有答，气氛平和。发言的主要是负责业务的几位。

第二个上午就前一日讲到的问题发表意见，这时提问开始多起来，有些问题开始向纵深发展，查问缘由和谁做的决定。

第三、第四个上午气氛开始凝重。一件诈骗案成了那天会议的主要议题，76岁高龄的王兼士老先生，是这一案件的当事人和受害者，他当时险些上当。

这本是一个已经解决了的问题，这次又被严肃地提出来。王兼士开始还有些解释或说明，后来干脆沉默不语。

王兼士的问题不过是个引子。接下来两个上午会议，涉及业务以外的干部安排等问题，有人尖锐地提出中信用人不当，任人唯亲。显然，此话矛头直指荣毅仁。

曾经在历次政治运动中饱受身心摧残的闵一民觉得这场景太熟悉了，他内心很不安，这不是像批斗会吗？

会场上，荣毅仁神情肃然，一言不发，他能说什么呢？吴光汉老泪纵横地说：我是应荣副主席的邀请来的，想为改革开放做些实事，如果这样不能容人，不能和衷共济，我只能回上海养老去！

吴志超、经叔平二位大概是被历次运动整怕了，心有余悸，始终未发过言。到最后一日，徐昭隆、雷平一二位先后发言，明确表示拥护党的领导，但要弄清楚分工与责任，不能不分青红皂白，横加指责。

这次会议，最后以荣毅仁突然心脏不适由北京医院派来医生、护士，救护车把他接走而告终。

为了协调中信内部存在的矛盾，中央组织部在 1980 年 5 月下调令，调刘宁一任新组建的中信公司党组书记，雷任民任副书记。

刘宁一的资历比雷任民还老，他 1925 年加入中国共产党，长期从事工运工作，调中信公司任职时，他还兼任中央统战部副部长。

刘宁一深感中信的工作十分棘手，一方面是《党章》的约束，另一方面是中信极为特殊的组织机构和中央赋予改革开放窗口的使命。他利用每天有半天在中信工作的时间，向中信的员工征询意见。

关于荣毅仁用人，当时确有一些党员干部很是不满——找来那么多上海滩的资本家、小开，这甚至不是简单的任人唯亲的问题，而是中信究竟要走什么道路的问题。有了这样的戒心，有些人就开始采取措施了。

某些党员干部甚至把这些人都划了线。在一份向国务院汇报学习情况的简报中，汇报人称，中信公司的"资产阶级"被分成四种类型："好的"、"比较好、可以争取的"，还有"坏的"和"最坏的"。此外还有三个"跟着资产阶级跑的，两个高干子弟，一个曾给一位高级领导人当过秘书"。谁都很容易猜出这三个人是谁。

从"文革"中走过来的人，对上述这类语言的表述肯定不陌生，按照"文革"时代整人的逻辑，中信的队伍已经烂了，应该打倒。

王军听说这份简报发了400多份，影响极坏。根正苗红的三位年轻党员不干了，他们立刻找到了刘宁一，"建议有关部门撤回那份简报，澄清事实"。

刘宁一十分明确地说："《汇报》是错误的，不代表党组的意见。中信党组对荣副主席和上海请来的几位先生的工作是肯定的。《汇报》的划类违背了党的原则，是很错误的。"

……

整个80年代初期，夹缝中生存的中信，其内部环境也同样反映出两种理念、两种体制尖锐交锋的局面，中信就是在这样的矛盾中蹒跚前行。

20多年后，已是八旬高龄的闵一民去北京医院探望病榻上的老领导雷任民，他始终感激雷任民的知遇之恩。雷任民依然称他为"小闵"，谈到中信往事，他说："小闵啊，咱们真是得活到老，学到老啊！"

在20多年前，坚定地按《党章》办事，坚持党对中信的绝对领导，也正是这批老党员始终坚守的底线。当时的中国刚刚从"以阶级斗争为纲"的政治背景下脱胎而出，习惯于将经济工作按照政治运动的方式来搞，违背经济规律的事情不断出现，也就不足为奇了。

但是这为荣毅仁的决策带来了许多障碍和麻烦。这种不和谐的声音很快从中信内部传到了国家相关机构。内外夹攻，荣毅仁感到了巨大的压力。

闵一民说，他参加的几乎所有的汇报会、通气会上，来自国务院有关部委机关的领导同志对中信发债、融资租赁大多表现出不理解、不赞成，更谈不上支持。一开始，中信公司参会的人还不断解释，后来就干脆干坐着，听候"批判"。

* * *

真正让中信的内部环境发生变化的是熊向晖的到来。那是1982年秋天，熊向晖刚从中央调查部副部长和统战部副部长的位置上退下来，叶剑英和聂荣臻认为，熊向晖有才华，又只有65岁，在老干部中算年轻的，应该接着做事，并向中央推荐他到中信公司任党组书记。中组部接受了老帅们的提议。这一年10月9日，中组部任命熊向晖为中信党组书记、副董事长、副总经理。

对这一任命最高兴的莫过于荣毅仁了。一向沉稳持重的荣毅仁在得知消息后，竟像小孩般兴高采烈地给熊向晖打电话，他在电话中急切地说："向晖同志，我要来拜访你。你就要到中信公司来领导我们了。中央已经决定了，让你当中信的党组书记。"而这时中组部的调令还没下达到熊家。

熊向晖，1936年参加中国共产党，1937年从清华大学来到胡宗南身边，担任他的副官和机要秘书，深得胡宗南赏识。在解放战争毛泽东转战陕北的过程中，熊向晖始终保持了与党中央及时而通畅的联络，使党中央得以在最危急的时刻仍能果断决策，指挥西北野战军消灭胡宗南的军队，被毛泽东誉为"一人可顶几个师"。1947年，熊向晖被胡宗南保荐赴美留学。1949年后，他长期在情报、外交和统战战线担任领导职务，是一位资深外交官。

对中组部的这一任命，熊向晖甚感诧异，他想推辞，谷牧坚决打消了他的念头。临上任前，杨尚昆、王震等人找他谈话，阐明了中央的意图以及中央交予中信的特殊使命。熊向晖表态：共产党请荣毅仁"出山"，就是要向世界表明对外开放的决心。因此，只要在任，绝不敷衍塞责，尽自己所能，坚决支持荣毅仁和中信的发展。

来到中信，熊向晖首先声明，要做深入的调查研究，不会在问题未弄清之前就发表意见。

熊向晖首先查询了各种相关文件，仔仔细细地了解了1979年1月17日邓小平对荣毅仁的谈话，了解了荣毅仁向中央提出组建中信公司的宗旨以及中央批复的整个经过，熊向晖还向公司的一二百名员工进行了认真询问和谈话。熊向晖的结论是：中信的问题"不是一般性的人事关系或者一个企业的高层领导间的权力分配问题，而是一个如何理解、行使和发挥《党章》所规定的企业党组的地位、任务、职能和作用问题"。

他反复和中央组织部磋商，又征询了叶剑英的意见，然后起草了一份《中共中国国际信托投资公司党组的职责、权限》共六条（以下简称《六条》），并在1984年8月30日呈交中组部和国务院总理。

《六条》提出，中信公司是改革开放的产物，在新形势、新任务、新机构等条件下，公司党组的任务应跳出原来的模式圈子；中信实行董事长负责制，权力应集中于国务院任命的董事会，最后集中到董事长身上。党组则是起着保障、监督作用。党组对公司重大问题的决策（业务、经营、人事安排）有提出建议和协商职能。

《六条》内容如下：

1. 保证监督党的路线、方针、政策的贯彻执行。

2. 支持董事长行使职权；监督各级领导干部的工作；团结非党干部和群众完成党和国家交给的任务。

3. 负责职工的思想政治工作和纪律检查工作。

4. 对党组成员、纪律检查组长的任免，向中央提出意见和建议；任免纪律检查组副组长、成员及专职的党务工作和政治工作干部；对中层以上行政干部的任免，向董事长提出意见和建议。

5. 按照中央组织部的有关规定，对出国人员进行政审。

6. 指导机关党委的工作。

这是一个石破天惊的"企业党组工作草案"！

"党指挥枪，而不是枪指挥党"，这是中国共产党在大革命失败后得出的血的教训，并从此成为共产党的铁的纲领。1982年中共十二大刚刚通过了修改后的《党章》，其中规定，党组任务"主要是负责实现党的方针政策"。而此后不久，熊向晖就决意要在中信实行特殊政策，把党组摆在了"保证"和"监督"的位置上。在当时，此举罪莫大焉！但这再次展现了熊向晖的胆识与智慧。如今回顾这一时刻的中信之举，熊向晖们大胆地开创了一个先河——在改革开放中按市场经济规律办事，确立企业自主地位的先河。这一创举无论怎么评价都不为过。

6年后，1988年4月13日，七届全国人大一次会议才通过了《中华人民共和国全民所有制工业企业法》。该法规定，企业实行厂长经理负责制。

直到1993年12月颁布的《中华人民共和国公司法》，才规定了国企以公司制为核心的企业制度改革方向，规定了建立股东大会、董事会、监事会、经理层，各司其职，协调运转，相互制衡的企业组织机构及其运行制度安排。

果然，党组《六条》一出来就遭到中信内部某些人的反对，有人找到中央领导谈话，表示想不通，还有人向中央政治局常委写告状信，责怪熊向晖把国企的领导权拱手让给了资本家。

很多年后，王军依然清晰地记得，最初的《六条》出来时，并没有"监督"这个词，是荣毅仁在第一条、第二条上各加上了"监督"二字。"这就是荣老板的胸怀"，王军颇为感慨。

熊向晖是在 1984 年 8 月 30 日将《六条》正式上报国务院的。9 月，国务院就批准了中信的《六条》。熊向晖很快就在中信贯彻执行，这让荣毅仁大为感动。中信高层干部之间的关系逐渐理顺了，党政关系协调了，更重要的是，人心再次凝聚起来。从这时候开始，荣毅仁和那几个从上海来的老头儿都明显感到脚步轻快、神清气爽。

《六条》在中信管了将近 20 年，在企业"摆正了党政关系"。这成为中信领导层解决矛盾的利器。王军在位时，一次上海公司总经理与党委书记因为该不该在上班的时候开党委会发生争执。矛盾上交到常振明处。很快，常振明对王军说，问题解决了。王军很诧异地问，怎么解决的，这么快？常振明痛痛快快地说，有《六条》呢，照着做就是了。

理顺了党政关系，熊向晖的下一步工作就是解决中信的机构编制问题。国务院当初给中信的编制只有 60 人，而中信快速发展的业务使它早已严重超编，到 1982 年已达 206 人。

然而，这次熊向晖却遇到了不小的麻烦。

1982 年 3 月 8 日，五届全国人大常委会第二十二次会议通过了《关于国务院机构改革问题的决议》。在精简机构方面，国务院各部门从 100 个减为 61 个，人员编制从原来的 5.1 万人减为 3 万人。

40% 的国务院机构和工作人员要被裁撤，本身阻力就极大。在这个时候，中信反倒要扩编，时机太背。

熊向晖没有停止自己的动作，他向荣毅仁建议：暂时冻结中信人事编制，同时向国务院打报告，要求扩编到 800 人。荣毅仁迟疑地看着这位搭档，一个劲儿摇头。在精简机构的关口，800 人的编制是否太多？

最后呈交国务院的报告将这一数字减到 500 人。报告上去后，国务院召集有关部门研究落实。1983 年 2 月，国务院批复中信的报告，同意中信扩编，编制为 400 人。

内部关系逐渐理顺，而外部环境常常不尽如人意。

中信成立几年来，和一些主管部门总是存在这样那样的矛盾，总是被另眼相待。中信左冲右突，有它的想法和追求，发债、租赁等等都是闯条新路子。但是，哪怕只是一件小事，要突破计划经济的铁桶，也要付出巨大的努力。常振明说，那时候，荣老板一直想的是能够从国务院要过来一揽子政策，好好做成几件大事，所谓"一揽子政策"，就是从计划盘子中切一小块给中信。

但就这一小块也是难上加难。有时候，甚至国务院已经批准的事情，还是难以落实。那时候，中信的处境就是如此，以至于谷牧出来说话，"长安街不让中信走，煤渣胡同总得让中信走吧"。

"请理解我在夹缝中走路的艰难！"这话从荣毅仁嘴里说出来，局面已然是非常严重了。

荣毅仁不得不再次直接上书邓小平，他在信中写道：中国国际信托投资公司成立6年多来取得了一定成绩。然而某些单位官僚主义严重，要花相当精力去周旋，影响到认真考虑公司改单创新，及时抓住有利时机开展业务活动。建议公司继续由总理委托张劲夫负责具体领导，一切重大事务，由张劲夫批示审定后，有关单位应及时办理相应事宜。

1986年1月12日，邓小平看到了这封信，他立刻做出批示："……荣毅仁同志的意见，我认为是对的，应加支持。"①

值得庆幸的是，在中央最高层，支持荣毅仁的力量始终占据了主导位置。

1983年夏天，荣毅仁将一份17页稿纸的中信公司工作报告分别呈递党中央、国务院，这是他在第四届中信董事会上做的报告。

8月9日，荣毅仁拿到了从胡耀邦处批回来的这份报告，看到耀邦在报告上的批示，荣毅仁被打动了。17页的文字，耀邦在16页上都有批示。在汇报中信取得的成绩处，耀邦不止一次地写下了："好！""对！"报告谈到中信已经直接投资于国内企业23家，耀邦在空白处写道："只要条件过得去，要放手干。"在报告的首页，他还不加任何掩饰地写道："我支持你们的工作。"

荣毅仁想不通："为什么中央对我那么放心，下面一些人却对我不放心，身为共产党员，为什么不听中央的？"

与其让别人猜测、让别人防着，不如大大方方自我亮相。熊向晖与荣毅仁多次研究，决定首先对公司成立以来的成就积极给以肯定，无论是引进外资、海外发债、融资租赁或是房地产业务，都是了不起的成绩，应该大书特书；其次要明确公司今后的方针和任务，然后分别向党中央和国务院负责同志汇报情况，反映问题，进行沟通，以获得他们的理解和支持。

---

① 中共中央文献研究室编，《邓小平年谱（1975~1997）》，北京：中央文献出版社，2004年。

为此，熊向晖还动用了老战友、老朋友的关系。时任国家计委主任的宋平是熊向晖的老战友，熊向晖决意要做通他的工作。他找到宋平，大谈邓小平的讲话，大谈中信几年来的成绩。熊向晖说："中信公司的最大特点是过去一些资本家在发挥作用，他们有学识，有经验。相信他们，我们就要支持他们。小平同志早已讲了话，我们照着去做就是了。"

熊向晖的意思很明确，希望各部门尽量少对中信念"紧箍咒"。

工作做到这一步，1983 年 6 月 9 日，熊向晖主动向党中央、国务院提交了辞职引退的报告。荣毅仁闻讯大惊，他立刻在第四天，也就是 6 月 13 日致信国务院总理，坚决请求党中央、国务院不要批准熊向晖的报告。荣毅仁在信中写道："向晖同志多年从事涉外工作，经验丰富，到公司近 10 个月来贡献很大，掌握党的方针政策，善于出主意、想办法。我们在一起工作中相互支持，配合得很好。因此恳请中央不要批准他离休。"

釜底抽薪，荣毅仁的这一招断了熊向晖的辞职路。不仅如此，荣毅仁还强烈建议由熊向晖接替他的总经理职务。因为在这一年春天的"两会"上，荣毅仁当选为全国人大常委会副委员长，他辞去了中信公司总经理的职务，但这一次熊向晖说什么也不答应了。

让谁担任中信公司总经理一职，一时间竟成了荣毅仁的心病。找了一圈未果，王军于是建议他是否可以在中信内部找，比如徐昭隆。荣毅仁慎重思考后与熊向晖商量这一人选，熊向晖满口称赞，同时建议，趁这个时机，再请党中央、国务院增派副总经理，最好是国家计委、经委各一名，中组部派一名，国内贸易部再派一名，然后公司内部也增选一名。

所有这些人事安排后来都一一落实。

1985 年 8 月，熊向晖终于辞去了中信党组书记的职务，但仍继续担任中信公司副董事长。后来，唐克接替熊向晖任中信党组书记。

关于唐克和荣毅仁，计泓赓在《荣毅仁》一书中写道：

> 曾任中信第一副董事长、党组书记唐克说："荣毅仁同志还是很注意处理好左邻右舍和人际关系的。经济大载体正处在改革、完善过程中，矛盾总是会不断发生，并不是哪个部门存心和公司过不去。"有时，为使公司一个大举措能得到"左邻右舍"的理解和支持，在新年或春节前

后，董事长、副董事长、总经理和公司其他负责人往往分头或联袂出马，与有关部门恳商。唐克幽默地说："一路上'菩萨'、'财神'，都'烧香磕头'了。"

荣毅仁有点自我调侃地说："我是'调和派'，碰到险滩，尽量想法绕着走……反正我们是为了要达到目的，说法和方法不妨灵活一些。"①

* * *

步履蹒跚，中信公司艰难地在夹缝中走过了它生命中的第一个五年。

1984 年 10 月 4 日，中信迎来了五周岁生日，这一天，它同时迎来了来自美、日、德、英等 10 个国家和港澳地区数十位著名企业家、金融家及友好团体的负责人。中信公司第一次"中外经济合作问题讨论会"在北京召开。

会场上最为引人注目的是邓小平为中信五周年特别题写的八个大字："勇于创新，多作贡献"。这既是小平对中信的肯定，更是一种期待。

荣毅仁说，我把小平同志的题字往会上一放，信心顿足。

10 月 6 日，邓小平会见了参加此次研讨会的中外代表。与代表们合影后，在北京人民大会堂，邓小平对到会的专家学者说，这么多国际的著名企业家、金融家一块到北京来，体现了各位对中国改革开放政策、中国经济的发展的关注，中国现在正在深化改革和开放。②

在邓小平身边就座的是王震和荣毅仁，他们的对面就是近百位海外来宾。邓小平接着说："对内经济搞活，对外经济开放，这不是短期的政策，是个长期的政策，最少五十年到七十年不会变。为什么呢？因为我们第一步是实现翻两番，需要二十年，还有第二步，需要三十年到五十年，恐怕是要五十年，接近发达国家水平。两步加起来，正好五十年至七十年。到那时，更不会改变了。即使是变，也只能变得更加开放。否则，我们自己的人民也不会同意。"

正是在这次会上，邓小平明确地说："我们希望国际工商界人士，从世界角度来考虑同中国的合作。这几年的合作是不错的，需要的是发展这种合作。为了便于

---

① 计泓赓著，《荣毅仁》，北京：中央文献出版社，2006 年。
② 参见大型电视文献纪录片《邓小平》，北京：中央文献出版社，1997 年 1 月。

广泛接触，中国国际信托投资公司可以作为中国在实行对外开放中的一个窗口。请大家相信，中国在处理对外经济合作的一些细节问题上，不是小手小脚的。"

"不是小手小脚的"——这一典型的邓氏语言，再一次表达了中央高层支持中信公司的态度。

1984 年，国务院先后批复了中信实行董事长负责制的报告、中信公司在海外资本市场发行公募债券的报告，下达了《关于中信公司几个问题的批复》，这给中信以巨大的动力。

1986 年 9 月 9 日，当时的国务院总理听取了荣毅仁的汇报后表示：

- 中信公司可以组成一个社会主义的企业集团。这要靠你们去闯，同意你们进行试点。

- 同意你们公司扩大自主权。你们的投资项目凡电力、原材料、运输等外部条件具备、无需国家再拿钱的，可以授权公司自己决定，而不必什么事都要上面批。

- 中信公司有很大成绩，国务院常务会议准备听取你们一次汇报。改革、开放、搞活是大势所趋，扭点秧歌的现象也会有，但总的方向是向前走，你们存在的问题是可以逐步解决的。

1987 年 2 月 20 日，国务院常务会议听取了荣毅仁的汇报，并正式同意中信可组建成一个社会主义企业集团，授予中信公司在一定条件下有重大项目的自行审批权。

美国哥伦比亚广播公司的记者专程来到北京采访中信。在红墙和琉璃瓦的背景下，记者对着镜头说："今天在邓小平的领导下，发生了变化，对有些人来说，步子也许太快了。而对新一代的许多成员来说，还不够快。他们认为马克思主义和市场经济结合起来并没有什么错。"

这时，镜头转向了国际大厦，荣毅仁先生从黑色轿车中走出来。画外音接着说："很显然，有不少个人是既为国家工作，也为他们自己工作。荣先生每天由司机驾驶奔驰车送他上班，他在公司的大厦里，管理经营着企业的王国，许多高层领导都是他的朋友。除了他显而易见的财富和权力外，他说，他是一个坚定的社会主义者，今天自己的生命已经贡献给社会主义。"

显然，美国记者敏锐地抓住了中国当下马克思主义与市场经济结合的新奇而微妙的关系。

　　在中国，这一关系问题的解决是一个长期而复杂的过程。对荣毅仁来说，由这一问题导致的严峻后果将逐渐显现。但是，至少在 1984 年的时候，荣毅仁暂时还不用对此过多地倾注精力。

第九章 大象在笼子里跳舞

20 世纪 80 年代中期，对于中信来说，尽管关于姓"社"姓"资"的方向性问题的争论依然在延续，"扭秧歌"的事情难免会出现，不过改革是"大势所趋"。其时，中国共产党十二届三中全会已经召开，会议突破了把计划经济同商品经济对立起来的陈旧观念，通过了《中共中央关于经济体制改革的决定》，第一次提出"发展社会主义商品经济"。

邓小平对这次全会和全会的《决定》做出了极高的评价，他说："党的十二届三中全会将在中国的历史发展中写上很重要的一笔"，"全会的决议公布后，人们就会看到我们全面改革的雄心壮志"。

中信也开始了它在中国内地的逐步扩张。但是，只有"煤渣胡同通行证"的中信公司，它的实业救国之路注定是曲折的，充满了不确定性。

从 1982 年在日本发行第一笔武士债券开始，中信在海外资本市场如鱼得水，融资规模迅速扩大。"仪征模式"给了荣毅仁一个重要启示，中信公司直接投资实业，把外资、技术和国外先进的管理理念带入企业，将直接推动国家重点项目建设，加速产业升级。

进入国家重点能源项目，是荣毅仁从一开始就瞄准的目标。但是，中信既然没有走长安街的资格，小小的煤渣胡同怎么能让大能源的战车顺利通过？在 20 世纪 80 年代初期，这根本就是不可能的。

那时候，到处都涌动着"翻两番"的豪情，但是，"经济翻两番，能源怎么办"？

今天回过头看走过的路，有一条轨迹十分清晰：中国 30 年经济高速增长，是以能源的大量消耗为代价的。1980 年以来，中国的能源总消耗量每年增长约 5%，是世界平均增长率的近 3 倍。交通、能源、电力的瓶颈问题搅得中央高层领导和计划部门心神不宁。

因此，在改革开放之初，"借外资力量，启动中国能源发展"战略，实际上是一个自上而下的过程。时任煤炭部部长的高扬文回忆说，1977年底，在邓小平的直接支持下，从国外陆续引进了100套综合采煤机组，成为当时对外开放的一件大事。

这时，另一位国际著名的红色资本家哈默来到中国，中信公司立即以此为切入点，找到了借外资开发能源的契机。

哈默第一次进入中国是在1979年5月，当时中信公司筹备组刚刚开张。此后，哈默9次来华，与荣毅仁数次会面。"红色"，成了这位年近九旬的美国人与荣毅仁之间不寻常的交集。荣毅仁对哈默说："你是资本家，见过列宁；我也曾是资本家，干社会主义。我们两个都是资本家，可以谈得拢。"

两位红色资本家"谈拢"的最重要一个项目就是当时中国最大的合资项目——安太堡露天煤矿，这是一个约合6亿美元的项目，安太堡也是当时世界上最大的露天煤矿，一期工程设计年产量为1 500万吨。当时中国一年的煤炭产量为6亿吨。

* * *

哈默进入中国，首先是邓小平引见的。

1979年1月，"五老火锅宴"的10天后，邓小平就来到美国，开始了他的世纪访问。哈默一直在寻找机会面见邓小平，但是白宫因为他是苏联人的座上宾，生怕中国客人反感，所以竭力阻挡哈默与邓小平接近。但是在休斯敦一次盛大的烧烤晚宴上，哈默终于找到了机会。

尽管没有请柬，哈默还是顶着别人的名字进入了会场，并在数十位当地最大的企业家的队伍中欢迎邓小平入场。当邓小平走到哈默身边时，翻译正要开口，邓小平说："你用不着给我介绍哈默博士，"然后，他微笑着握着哈默的手说道，"我们都知道你。你是在苏联需要帮助的时候帮助了列宁的那个人。现在你可要来中国帮助我们啊。"

哈默喜出望外。"我非常愿意，"哈默说，"可是据我了解，你们不允许私人飞机进入中国，而我又年纪太大，不能乘坐商用飞机。""噢，"邓小平把手一挥，"这好办。你只要给我一封电报，告诉我你想什么时候来，我可以做出安排。"

3 个月后，哈默带着 16 位专家进入中国。"仅在一周之内，我们就在北京签署了四项初步协议：石油勘探、煤炭开采、杂交水稻和化学肥料。"哈默得意地回述道。其中，煤炭开采目标即中国山西平朔安太堡露天煤矿项目。哈默提出投资 3 亿美元，4 年内产量达到 1 500 万吨。

　　但是，哈默来得似乎并不是时候。经过 1978 年的"跃进"后，中国经济正面临一次大的调整。此后两年中，与哈默的"初步协议"始终在原地徘徊，没有实质性进展。对此，邓小平十分焦急。

　　1981 年 7 月 3 日上午，邓小平第三次会见哈默。然后他立刻赶往中共省、市、自治区委员会书记座谈会，他在会上讲话："今天我为什么急着到这里？就是因为，我们在中外经济合作的问题上如果搞官僚主义（不只是搞官僚主义），始终徘徊，对我们很不利。"邓小平神态严肃，他接着说："在国际合作领域里面，我们当然要量力而行，但是凡是能够办到的，即使有少量困难，我们能够克服的，我们为什么不快上？"

　　紧接着邓小平谈到了与哈默草签的关于安太堡露天煤矿项目的话题，"大项目我们不要上得太多，但是一千五百万吨的煤矿是大项目，在可能的情况下应该积极地上"。

　　高扬文记录了那天邓小平的讲话："哈默愿意帮助我们开发平朔煤矿，两年能出一千两百万吨，四年达到一千五百万吨，比我们不晓得快多少。我们过去搞八百万吨的煤矿，大体上十年建成，时间很长。像这样的项目，我们应该采取非常热情的态度。应当作为专题拍板，不要一家一家汇报，转圈圈。"[1]

　　但是谈判依然十分艰难。国际市场煤炭价格一路下滑，不到两年的时间里，吨价已经从 52 美元下降到了 30 美元。美国人的谈判热情骤降，条件也越来越苛刻，包括大幅压缩中方工作人员的薪酬。他们提出的融资方案是银团贷款，让中国银行担保，而用于抵押的资产却是中国地底下的煤炭。

　　从这时候开始，中信公司加入了与哈默合作谈判的阵营。身负"窗口"使命的中信谙熟国际规则，与西方大资本家打交道更是得心应手。这或许就是让大能源战车走"煤渣胡同"的必要条件。中经咨询公司全程参与了安太堡露天煤矿项目的设计和咨询工作。通过中信，中方谈判组还聘请了美国谢尔曼 – 斯特灵律师事务所和

---

① 李学玲，"1985：煤炭行业中外合作第一章"，载《中国煤炭报》，2009 年 9 月 28 日。

永道会计师事务所作为法律顾问和经济顾问。高扬文说："美国谢尔曼－斯特灵律师事务所给了我们很大的帮助。他们有经验的律师为我们把住了一些关口，使我们在会谈中始终处于主动地位。"

郑淑君的回忆却不那么轻松，她当时是中信公司参与谈判的律师。

"哈默非常了解当时中国那种迫切希望开放、搞活经济的心态，他宣称在中国的投资不仅仅是煤炭，还有石油、化肥，此外，他的投资是自掏腰包，拿到的收益还会在中国再投资。因此无论从哪方面看，都没有理由不选他。但是，一旦招标成功，我们发现他根本没拿一分钱，全部资金都来源于银行贷款。而且他还提出，由中国的银行提供一揽子担保，或者拿中国矿产资源作抵押。用中国的东西作抵押，来开采中国的煤矿，一分钱不掏还拿在当时已是很高的收益，这怎么行！当时开放不久，思想转不过来，很怕被人指着脊梁骨说'签了一个卖国条约'，所以我有些对立情绪。"

不仅是郑淑君，那时候在中信公司内部、在煤炭部，很多人愤愤不平。不是说好了他自己掏腰包吗，结果还是让银行出钱，然后赚了钱归他自己。哈默简直是个骗子。

整个谈判过程，气愤、不平、无奈、着急……各种负面情绪常常影响着中方谈判人员。但是，不久之后，更多的中方人员意识到，这个过程其实是十分宝贵的，这对未来中国融入世界，对中国熟悉国际惯例都是一个重要的起点和开端。

尽管当时指责这个项目是"李鸿章卖国"的人不在少数。但是在中央高层，从邓小平、叶剑英到后来胡耀邦、王震等人都多次会见哈默，试图积极促成安太堡项目。1982 年 3 月 26 日，哈默来到中国，与中方正式签署了合作编制开发山西安太堡露天煤矿可行性研究报告的协议书。邓小平甚至冒雨亲自参加了签约仪式。安太堡项目成为中国对外开放的风向标。

谈判中，中信公司据理力争，郑淑君说："首先是心态上要开放、平和。要对外开放，就要引进外资，不能抱着对资本主义的仇视情绪。有时面对对方提出的一些无法接受的条件，不是高喊一句爱国口号就能解决的……在谈判中要有理有据。比如我们能否同意用矿产资源作贷款抵押的问题，当初国内还没有法律法规对此做出规定，是我们国家有关部门在查阅了包括《六法全书》和其他有关国家的法律法规后，得知很多国家的法律法规都禁止把矿产资源作抵押。有了这样的依据，我们的回答就坚定得多。"

在这一过程中，1984年，中信公司与中国煤炭开发总公司合资成立了平朔第一煤炭有限公司（以下简称平一公司）。平一公司将成为与西方石油公司在安太堡合作的主体，中信公司将不仅仅是一个谈判者的角色，它将直接参与安太堡露天煤矿的生产和经营过程。

1984年4月，西方石油公司所属岛溪中国公司终于与平一公司正式达成在山西平朔安太堡共同开发价值5.8亿美元的煤矿的协议。在以后的很多年，这一直是中国对外招商引资金额最大的一个项目。安太堡煤田总面积18.35平方千米，储量4.5亿吨，一期工程年设计生产能力1 533万吨，合作年限30年。

中国银行作为牵头行，为该项目组织了有11个国家和地区的39家银行参加的"有限追索权的项目贷款"，贷款金额为4.75亿美元，期限为10~12年，这是中国第一次采用这种融资模式为大能源项目引进外资。

1984年4月29日，合作协议签署当天，邓小平再次会见了哈默。

邓小平说："中美双方通过协商就共同关心的问题达成协议，这是一件好事情，你们带了个好头。同中国进行合作风险最小，因为中国不是缺乏偿还能力的国家，而且潜力很大，只是还没有完全发挥出来。现在仍有些外国朋友担心中国的法律不完备，我们正在不断健全和完善。"

安太堡露天煤矿在1985年7月1日终于剪彩开工，世界上最大的矿车开到了雁门关外，载重154吨的重型卡车、斗容25立方米的电铲以及许多大型采矿设备的使用，使用工大大减少，劳动效率是井工开采的几十倍。这一景象让中国人大开眼界。当时中国普通露天煤矿年产量仅300万吨左右，工作人员需要16 000人左右。而安太堡煤矿的设计年产量为1 533万吨，定员只有3 000人。

1987年9月，平朔安太堡露天煤矿建成投产。9月13日，邓小平第五次会见哈默时说，中国最大的对外合作项目山西平朔安太堡露天煤矿的建成又一次表明，中国改革开放的路子走对了。

在煤炭行业中，凡是看过美国露天矿的人都会说，平朔安太堡露天矿，就是把美国西部的一个露天矿原封不动地搬到中国来了。安太堡露天矿采用穿孔、爆破、采煤、排渣、复垦工艺流程，包括土岩剥离和原煤作业两大系统。全部采矿工序实现机械化作业，机械化程度100%，资源回收率达到95%以上。除了先进的技术与设备，美方还带来了一套西方高效率的管理模式和管理制度。

这些远比一个项目的收益意义重要得多，学习技术、管理模式和制度。更多回合的谈判获得了大量国际交往的经验。

从安太堡项目出发，中信公司在大能源领域很快又有了新的更大的动作。荣毅仁此次目标所指是当时更为紧缺的电力。

* * *

1978 年，中国全国发电装机容量仅 5 712 万千瓦时，全年发电量只有 2 565 亿千瓦时。统计表明，全国缺发电装机容量 1 000 多万千瓦时，缺电量 400 亿千瓦时以上，缺口约 1/5。到 1984 年，电力供求矛盾变得格外紧张，许多企业不得不停三开四，有的地方甚至只能开三停四，在东部沿海地区，这一情况更加突出。

一份接一份的缺电报告送到中央领导的案头，胡耀邦读着上报的材料，愁眉不展，他举笔批示："我几乎每天都担心电要拖经济发展的后腿，因为我们现在还可能没有看清今后若干年我国经济发展的势头。"

胡耀邦很清楚，电力问题如果在短时间内还找不到解决问题的钥匙，不但不能大量引进外资，已经进来的外资也很难获得应有的效益，改善投资环境就是一句空话。电力就将是中国经济高速发展的一大掣肘。

此情此景给中信带来了新的契机。荣毅仁与钱正英联名向国务院打报告，提出："利用中信公司对外开放窗口的优势，吸引外资建设电厂。"报告写道：解决我国供电不足的问题光靠中国政府出钱建电厂是不够的，要利用国外资金，引入外资合作办电才是又快又好的途径。

正在这时，一份新华社内参引起了中央领导的高度重视。记者在内参中写到了港商胡应湘在深圳所建的沙角 B 电厂。这是当时中国第一座采用 BOT（建设—经营—移交）模式建立起来的电厂，胡应湘从中国银行借贷 40%，香港借贷 60%，固定电价、固定机组设备利用小时，10 年后将电厂移交给深圳市政府。预计收益是投 1 元，拿回 3.5 元。借鸡孵蛋，很快就会鸡、蛋兴隆。如此做法我们也能效仿啊，为什么我们不能借国外的钱在国内建电厂呢？

荣毅仁的建议很快得到了国务院领导的高度认可，国务院指示水电部与中信公司共同讨论并落实引进外资、合作办电的具体措施。

1985 年，国务院批转了国家经委等部门《关于鼓励集资办电和实行多种电价的暂行规定》；1986 年水电部印发了《贯彻国务院暂行规定中关于集资办电部分的试行规定》；也是在这一年，中信公司和水电部联合发文，上报国务院申请成立新力能源开发公司（以下简称新力公司），利用外资合作办电。

荣智健从香港回到了老家无锡，他在长江岸边、太湖之畔徘徊流连，这位天津大学电力工程专业毕业的高才生，再次回归本行，他最终选中了江阴利港，中信公司将在这里建设第一家大型发电厂。同年，中信公司、水电部、江苏省人民政府联合立项，将利港电厂项目上报国家计委审批。

1987年9月，经国务院审批，国家计委发文批准合资建设江苏利港电厂项目建议书，同意中信公司和水电部共同组建新力公司，公司注册资金1亿元人民币，中信公司占股65%，水电部占35%。

计委批复的报告称新力公司的经营宗旨是：运用国外和国内资金，引进先进、适用的技术、设备和管理经验，并积极采用国产设备，联合有关部门、地方和企业，在国内开办电厂和兴建其他能源的项目，为中国四化建设服务；同时开展在国外办电业务，推动中国电力技术、劳务、设备和其他产品的出口。当时，新力公司几乎是与华能齐平的极少数试点公司，国务院希望以此为平台，引入海外资本，为中国极度紧缺的电力工业添煤加油。

1988年岁末，江苏利港电力有限公司成立，新力公司为控股股东。与此同时，利港电厂一期工程正式开工建设。1993年，一期工程竣工，1995年，二期工程投入运营，两期工程共4台35万千瓦时发电机组并网发电，为华东地区提供了稳定的能源支持。

荣毅仁为电厂题词："建好一个点，发展一大片。"

此后，中信公司再次在河南省组建了郑州新力电力公司，这次中信的合作伙伴是河南中原信托投资公司，双方各持股50%。郑州新力电力公司将扩建郑州热电厂2台20万千瓦时燃煤供热发电机组和相应的输变电设施。这一模式很快又在内蒙古得以复制。

在狭窄的"煤渣胡同"，中信公司终于艰难地启动了它的能源战车，但这并不意味着中信已经走入坦途。能源，这是事关国计民生的大业，尽管大门已经对外开启了一条缝，但是，它的高度垄断特性注定了中信不可能拿到永久通行证。事实上，在1989年，国务院有关部门就将已经下放的煤炭经营权再次收回，这让与外商有约在身的中信公司十分被动，更让即将投产的利港电厂立刻产生"缺粮"之虞。

荣毅仁依然要在更多的产业上寻找新的机会。这时，交通就成了中信公司战略的另一个重点方向。

＊　＊　＊

1986年，荣毅仁被引到了中国最北部的一条废旧铁路上。这是北黑铁路，从黑龙江省北安至边界口岸黑河。它修筑于伪满时期，当时铁路全长302.9千米。1946年4月，苏联红军撤离中国时将北黑铁路拆除，把约8万根钢轨、100余节车皮、全线所有扳道机、92座20米以上桥梁上的钢制桥梁全部运回国内，还将北安、孙吴、黑河3个机车库中共86台机车运走或毁于途中。

中信公司来到这里时，已经是整整40年后了。中信兴业公司与黑龙江省黑河地区北黑铁路局合作成立北黑铁路联合公司。它们将联合复建北黑铁路，并担当整个铁路的管理及运输。第二年，它们进行了从龙镇到黑河的241千米铁路及其相应的车站、货场、通信、机修等的复建工程，并对其进行管理。1990年，北黑铁路全线贯通，投入试运行。

北黑铁路复建共投资1.85亿元，中信兴业公司占29.4%。

北黑铁路复建的同时，在南方，中信公司已经进入了当时最大的中法合资企业——广州标致汽车公司。20世纪80年代中期，广东经济已在全国遥遥领先，但主要依靠轻纺、食品、小家电等工业支撑，而且以港资为主。当时，机械部领导来广东视察机电产业时说：广州这边工业满天星斗，但是没有月亮。

"月亮"在1985年3月15日升了起来。这一天，广州标致公司正式成立，它是由广州市汽车制造厂、法国标致汽车公司、中信兴业公司、国际金融公司和巴黎国民银行合资组建的。中信兴业公司占20%的股权。广州标致也是中国汽车工业第二个合资项目。5个月前，上海大众率先成立。

1986年10月10日，广州标致成立后投产的首款车型"广州标致505SW8"旅行车正式面世；1989年9月11日，广州标致投产了505SX轿车，这款车的问世让广州标致公司的辉煌达到顶峰。

在当时特定的历史时期，由于一汽大众尚未成立，上海大众也未成气候，广州标致505系列车型一上市，就成为明星车型，到1991年，广州标致在国内的市场占有率达到16%，看上去似乎前景一片光明。

围绕着汽车行业，1988 年，中信兴业公司与北京第二汽车制造厂、香港肖特吉有限公司和日本伊藤忠商事株式会社四方共同投资，组建了中外合资的北京轻型汽车有限公司，主要引进生产五十铃轻型卡车。它后来成为全国 500 家最大工业企业之一。

1988 年 1 月，中信与香港 VWC 集团、香港大成发展有限公司合资，在秦皇岛成立了戴卡轮毂制造有限公司。这是中国第一家专门生产低压铸造铝合金汽车车轮的合资企业。

秘增信是戴卡的第一任总经理，提起 20 多年前那些个忙碌的夜晚，他对王军的记忆特别深。

"我们在搞生产的时候，王总经常是半夜三点就开车过来了。

"当时国内没有铝轮毂厂，荣老板的一个侄子荣智慰，当时在福特公司工作，他觉得铝轮毂有发展方向，王军立刻就动心了，连荣老板都不知情。荣智慰画了一张非常简单的轮毂厂的规划图，我们就照着这个图开始自己建厂。利用渤海铝业，又投入了几百万元。从没有人见过轮毂的生产线，设备从英国、美国、台湾地区进口，厂商派了些工程师来这里为我们做些生产方面的指导，整个技术产品都是我们自己摸索着开发的。王总一蹲就到半夜，他当时陪父亲在北戴河疗养，然后半夜就到我们这儿来了，还亲自上灶给大家做夜宵吃。他是搞制造业出身的，对流程很在意。"

秘增信还记得，因为这件事情事先没有和荣毅仁通气，王军自己就决定上马了，为此，王军给荣毅仁写了他平生唯一的一封检讨书。戴卡轮毂厂就这样建成了。

* * *

1987 年 8 月，中信兴业公司与香港肖特吉公司及福建省合资兴办的中国国际钢铁制品有限公司一期工程建成投产。这是国务院批准的福建省第一家中外合资的钢铁企业。公司拥有自己的码头和船队。

1988 年，中信公司在江苏省建立了无锡锡兴钢铁联合公司。

1988 年 5 月，中信公司与包头钢铁公司共同投资兴建包钢友谊轧钢厂。

此外还有渤海铝业有限公司、华北铝加工厂、株洲硬质合金工业公司等。

整个 80 年代，中信公司的投资原则有三：国家需要、市场需求和拾遗补缺。因此，中国最薄弱的能源、交通、原材料等基础工业以及出口创汇企业成为中信的投资重点。

当时《人民日报》记者采访荣毅仁时提出了一个问题："搞这些基础工业，周期长，有人说啃这种硬骨头吃力不讨好，不如搞买卖来钱快，你认为如何？"

荣毅仁回答："我是主张多办实业的，而且主张多搞国内特别紧缺的原材料工业。不能只想来钱快，要看对国家有无好处。搞这些是费劲大，但也要看怎么干。外国资本家搞钢铁、发电、木材有的是，难道都是傻瓜？当然如果上下不支持，就不好办。"他又说："我从实践中感到，国际信托投资就是受人委托或自己筹资主要从事生产建设性投资的事业，是投资而不是投机，如倒买倒卖，搞投机活动，就违背了信托投资的本意。"

杨光启是从化工部副部长任上调到中信公司任副总经理的，他回忆说："到1988 年底，我们已在国内外投资近 300 个企业，其中中外合资企业达 100 个。投资大部分用于生产企业，并且主要是能源、交通、原材料等基础工业。这是中信的实力，是可以信赖的。同时，许多外国公司、各界人士和我公司，特别是和董事长打交道时，感觉我们对国际上通行的经营方式、管理方法比较熟悉，业务知识比较丰富，双方共同语言比较多，容易说得拢，从而产生信赖感。"

1986 年 5 月 10 日，《人民日报》刊登消息，称赞中信公司"不少企业办得不错"。文章特别提到了一家企业——南通力王。1982 年，中信公司在江苏南通与日本力王株式会社合资成立了中国南通力王有限公司（China Nantong Rikio Co., Ltd.），专门生产日式 Y 把型劳动保护鞋，产品返销日本市场。这是江苏省第一家中外合资企业，也是第一家产品全部返销的企业，因此产值即为创汇额，这个指标在当时的中国是十分被看重的。1983 年 2 月，力王正式投产，当年即盈利 16 万美元，1984 年盈利 78.6 万美元，不到两年就收回全部投资。力王公司上马快，投产快，见效快，受到中外企业界广泛注意，并成为日本企业来华投资的一个极好示范。

但类似力王这样的企业在当时的中信板块中还为数甚少。《人民日报》记者是头一天采访中信公司第一次合资企业财务计划会议时得到上述信息的。当时，荣毅仁在会上说："利用外资兴办的企业，尤其要讲究经济效益，加强经营管理，因为借来的钱是要还的。"

荣毅仁的话中隐约透出了他的某些担忧——对企业效益的担忧。

除了基础工业项目，中信公司还在服务业领域引入和建立了许多当时先进和高端的业态模式。在北京有联合汽车出租公司、大三元酒家、国都大饭店、国安宾馆等；在西安有喜来登大酒店；在杭州、石家庄建有国际大厦等等。这其中有不少是各地的地标性建筑或是当时最高端、最时尚的场所。当时由吴光汉主持建造的高档宾馆酒店约 22 座。

从 80 年代中期开始，随着各项业务的发展，中信公司开始组建以母公司为核心的中信集团。在国内，先后成立了具有独立法人地位、独立核算的中信兴业公司、中信贸易公司、中信房地产公司、中信技术公司、中国国际经济咨询公司、中信旅游总公司、中信化工公司、中信金属开发公司、中信产业信息公司、中信物资公司、中信华美建设开发公司等直属子公司；中信天津工业发展公司、中信上海公司、中信深圳公司、中信宁波公司和中信机电制造公司等直属地区子公司；保利科技有限公司、新力能源开发公司、中国西南资源联合开发总公司、中国租赁有限公司、中国海洋直升机专业公司和国华国际工程承包公司等下属公司。

＊　＊　＊

尽管是在"鸟笼"里飞，中信的扩张势头却无可比拟。但是，最现实的压力依然是资金缺口的加剧。为了最大限度地引进外资，80 年代中信公司先后在日本、德国、新加坡等国家和中国香港等地发行了多次不同币种的债券。仅 1984 年一年就在海外发行四次债券：

1 月，在日本发行 300 亿日元公募债券；

8 月，在香港发行 3 亿港元公募债券；

9 月，在联邦德国发行 1.5 亿德国马克公募债券；

12 月，在日本发行 1 亿美元债券。

但是，对中信来说，拿美元易，得人民币更难。按照闵一民的说法："公司初期注册资本是 2 亿元，1982 年 2 月改为 6 亿元，由国家财政分期拨足。经过几次与财政部联系，财政部答应先实拨资本金 2 亿元，但到了实际拨款时，由于国家当时财政困难，又改为实际拨款 1 亿元，第一次只拨 2 000 万元。财政部在 1981 年、1982 年、1983 年又分别拨给公司 2 000 万元，至 1984 年共拨 1 亿元，以后再未拨给现金。"

偌大的盘子靠 1 亿元人民币如何投资？为了国内投资项目的配套资金，中信公司不得不用外汇购买人民币。杨光启还回忆起一件事："记得公司曾经允诺给齐鲁石化公司投资 4 000 万元，贷款 3.2 亿元，后来由于情况变化，银行原来计划给公司的人民币贷款大大减少，公司一时拿不出这么大一笔钱来。但是根据董事长重信用的指示，我们千方百计想办法，采取用美元抵押贷款的办法向齐鲁公司提供了所需的人民币资金，使项目及时建成投产，发挥了很好的经济效益，大家都很满意。"

中信公司处处诚实守信，但是，如此操作，汇率风险在日益增加，尤其是日元迅速升值，为中信偿债前景蒙上了深深的阴影。这时候的荣毅仁，终于着手开始另一项中信大业——银行。他要依靠自己的力量，利用市场手段，为中信的后续发展找到新的动能。

按照荣毅仁最初的设计，中信公司的金融业务除信托、融资租赁之外，最优先发展的是商业保险。荣毅仁希望以"保险"这一金融保障手段，更快地吸引外资源源不断地流入中国。

但是，奔波数年后，甚至在中央高层已获得多人批复后，中信的保险公司依然没有结成正果。到 1984 年中信公司成立 5 周年的时候，荣毅仁的思路发生了重要调整，银行，终于进入了他的视线。

在荣氏家族的发家史上，钱庄、银行是整个实业经营链条中十分重要的一环。1896 年，荣毅仁的祖父与伯父、父亲就在上海开办了荣氏家族的第一家钱庄，且获利丰厚。抗战时，初出茅庐的荣毅仁成了荣氏三新银行的经理。常年负债经营的荣氏因而获得了比别人快得多的发展速度。40 年后，荣毅仁将重拾他的金融大志。

其实，自中信公司成立伊始，荣毅仁就已经在琢磨金融业的事情了。发展经济没有一个现代金融制度是不可想象的，但当时的中国金融体制依然陈旧，银行业几乎成了计划经济最后最坚固的堡垒。荣毅仁痛感当时银行业的体制之弊。

如此现象，其实中央高层亦早已警觉。

1979 年 10 月 4 日上午，几乎与中信公司成立庆典同一时间，邓小平在京西宾馆参加了中共中央召开的各省、市、自治区第一书记座谈会。在会上，他谈及引进资金、引进技术、扩大企业自主权之后，很快就谈到了银行问题。邓小平说：必须把银行真正办成银行。银行拨款的制度必须改革。

又过了几天，10 月 8 日，座谈会继续分组进行。邓小平在会上插话说："是不是设想把银行作为发展经济、更新技术的杠杆。银行本来是要生利的，可是我们现在的银行只是算账，当会计，并没有真正起银行的作用。资本主义国家的银行是很灵活的，利息也不是固定的，有高有低。国家今后对企业的建设项目不要用财政拨款的办法，而要用银行贷款的办法，收利息。企业应该从银行借支，银行收利息嘛。建设银行一定要搞起来，要直接开辟门路，要做生意。"

此前，中国金融制度的调整已经提上议程。

1979 年 1 月，国务院发出《关于恢复中国农业银行的通知》。3 月 13 日，中国农业银行正式恢复成立，集中办理农村信贷，领导农村信用社。

与农行成立同一天，中国银行成立。国务院批转了中国人民银行《关于改革中国银行体制的请示》，决定将中国银行从中国人民银行中分离出去，作为国家指定的外汇专业银行，统一经营和集中管理全国的外汇业务。

1979 年 8 月 28 日，国务院批准中国人民建设银行为国务院直属单位。

小平的上述讲话正是在中国银行制度初步调整的大背景下发出的。显然他很清楚，机构调整仅仅是金融体制改革最粗浅的一步。

小平的这一系列对党内高级干部的讲话，荣毅仁虽不在场，但是他其实早已在琢磨一些相关问题了。

*　*　*

闵一民来中信公司筹备组报到的时候，是 1979 年 7 月，正值北京炎热的夏天。荣毅仁亲自接待了他，一边看他的介绍信和简历一边说："你在中国银行工作多年，公司虽不是银行，但也离不开银行业务，银行是金融，金融和财务也分不开，英文的 Finance 既是金融又是财务，也包括财政。公司要设立财务部门，亦就是金融部门。"

闵一民说他当时就听懂了荣毅仁的意思，说公司的"财务部门实际上就是金融部门，要既做金融工作也做财务管理工作，而不是一般意义上的财务会计工作"。从一开始中信公司财务部的定位就包含了双重目标，虽然没有直接的证据表明荣毅仁从 1979 年就打算建银行，但闵一民认为，荣老板对财务部的定位就是他"高瞻远瞩、目光深远的一个重要见证"。

后来在中信实业银行行长位置上干了 10 年的窦建中对此也深有同感："荣先

生、包括荣身边的人，哪个不是干金融、干实业出身的人，他们太清楚金融与实业的关系，要想实业救国，没有金融这个杠杆怎么可能成功。所以，荣老板在一开始就琢磨着要搞银行。"

70年代末80年代初，改革开放的局面日新月异。1983年9月17日，国务院正式颁发《中国人民银行专门行使中央银行职能的决定》，明确了中国人民银行行使金融监督管理的职责。同时分设中国工商银行。

1984年1月1日，中国工商银行从中国人民银行分离，承担了原有中国人民银行办理的金融经营业务。中国工商银行与1979年恢复成立的中国农业银行、中国银行、中国人民建设银行，构成了中国四大专业银行，一个专门的专业银行体系初步确立。这一改革宣告了30年"大一统"银行体制的结束。

1984年10月，中共十二届三中全会通过《中共中央关于经济体制改革的决定》，明确指出："在价格改革的同时，还要进一步完善税收制度，改革财政体制和金融体制。"

这是大势所趋。

1984年10月，在举行了"中外经济合作问题讨论会"后，中信公司高层开始了新一轮思考。窦建中回忆说："那前后公司领导几乎天天开会，讨论我们下一个五年怎么办？

"荣老板脑子里装着一件事，搞实业、搞企业离不开银行，他身边的老先生们也都提醒着他这件事。在日本，在欧美，大财团都有银行，比如德意志银行，入股的都是大企业。荣老板想实业救国，就离不开银行。"

王军也不失时机地建言："搞外资保险公司看来不行了，干脆就直接做银行吧。"

连续数日的会议，形成了一个决定：将公司原有部门细分，然后成立专门的公司。其中，原有的财务部拆分成银行部和财务部，而银行部就是中信银行的前身。

1985年春天，中信公司致信中央财经领导小组组长张劲夫，提出了建立银行的构想。但张劲夫觉得，这是不是太快了？国家专业银行体系刚刚建立，你一家企业怎么就能够建银行呢。现在时机还不太成熟，再等一等，还是先从银行部开始运行吧。

1985年4月23日，窦建中陪同荣毅仁、王军等人访问马来西亚回到北京，飞机一落地，就有人向窦建中说："恭喜你啊，你现在是中信公司银行部襄理了。"襄理这个位置还没坐热，窦建中又很快被提拔为中信公司银行部副总经理。这一年窦建中 30 岁。

如此快速的提升至少说明两点：第一，中信公司业务发展迅速；第二，中信公司求才若渴。荣毅仁只能自己加速培养人才，他不惜重金把一些人送到西方培训，然后有意识地安排他们在华尔街实习。曾经受惠于这一培训大计的人就有经叔平、谭廷栋、黄寄春、秦晓，还有后来的中信集团总经理常振明。

1985 年的时候，中信公司银行部就这样建立起来了，雷平一是负责人。虽然只是一家企业的银行部，但是他们已经开始尝试着履行银行的职能。

刚刚搬入巧克力大厦，这座全北京最漂亮、最豪华的大厦一层临街的部分留给了银行部，这就是未来银行的营业部啊！有了柜台，开始吸收存款、兑换外币、开信用证，这看起来就很像一家银行了。中信银行副行长欧阳谦从海外回国，他至今记得，"当时觉得中信公司是非常洋气、非常现代的企业。那时的中信实业银行被称为'贵族'银行，老百姓的印象是，它只服务于最高档的客户"。

这时，保利公司正在北京温榆河畔修建北京第一座别墅小区丽京花园，需要从意大利进口预制件，整批货物进口额约 6 000 万美元。中信银行部与芝加哥银行联合为此项目贷款，中信银行部要为丽京项目开具信用证。

这简直是贻笑大方。芝加哥银行认定中信银行部根本不具备开证行的资格，又怎么能够开具信用证？即便开出来了出口商肯定不会认。但是中信依然坚持要自己完成这项工作，并且对芝加哥银行说，手续费我可以付你一半，但是这件事我要自己做，没有商量的余地。

结果，中信银行部的第一份信用证就这样进入了中意之间的进出口程序。此后，中信银行部与外国银行逐步建立关系，交换文件、交换密押。虽然名不正言不顺，但中信公司的特殊形象和地位竟然让这家不具备银行资格的银行部顺利运营了一年多时间。其间，中信银行部进一步扩展了对外融资、外汇交易、发放贷款、国际结算、融资租赁和吸收存款等全面的银行业务。

1986 年 5 月，中信公司向中国人民银行提出申请，将中信公司银行部改组成中信实业银行。1987 年 2 月和 3 月，国务院和中国人民银行终于先后正式批复同意和发文批准成立中信实业银行，注册资本 8 亿元人民币。1987 年 4 月，中信实业银行董事会成立，宋子明担任第一任行长。

这是一家在当时十分特殊的银行。20 多年后，窦建中的回忆交织着酸甜苦辣。

"我们是全国性、综合性、外向型的银行。从业务范围就能看出，我们没有任何区域的概念，我们第一个分行在深圳、第二个在大连；其他同时代的商业银行要么仅限于福建，要么局限于深圳或上海。我们的业务范围是综合的，人民币、外汇都能做；其他专业银行就没有这种待遇，当时，工行不能下乡，农行不能进城，建行只能搞基建，中行只能搞外汇。

"特别是针对合资企业，比如进出口信贷，当时只有中国银行才有资格做，但我们也做，厦门感光材料厂、珠海啤酒厂都是我们的客户，我们用法国的出口信贷，进口外方设备，对方要求必须由中国本土的一家银行牵头，国内有资格做这件事的只有两家，一家是中国银行，我们是第二家。

"当时中信实业银行与体制的摩擦真是三天三夜也说不完。不过我们是初生牛犊，在服务上、在体制上都有明显优势。比如笑脸相迎、笑脸相送，这在今天看来是没什么意思，但在当时还很新鲜。我们还服务上门，跑客户、拉存款，帮人换煤气罐，帮人在医院排队，这在当时也是不可思议的。我们说我们是野兔子，不是家兔，没有人喂，我们得靠自己去刨食儿。"

身为"野兔"的中信实业银行创造了中国现代金融史上的诸多"第一"：

• 1987 年，在国内第一次以租赁形式为中国民航引进大型飞机，成为唯一进入我国民航飞机租赁市场的金融机构；

• 1987 年，参与英法海底隧道银团贷款，这是中国的银行最早参与国际银团贷款，此举奠定了中信实业银行在结构性融资业务上的独特地位；

• 1989 年，在国内首家同时开通路透社和美联社信息系统开展国际金融交易业务；

• 1992 年，在国内设立第一台外汇自动取款机；

• 1993 年 7 月，承销 1.5 亿元国库券，并首批取得了财政部认定的国债一级自营商资格；

• 1994 年，在国内首开速汇即付业务，是国内唯一承销国外债券的金融机构；

• 1994 年，代理中信公司向日本金融机构发行 0.5 亿美元和 50 亿日元商业票据，这是中国企业首次以自己的信誉在国外发行商业票据；

• 1995 年，与美国雷曼兄弟公司共同担任福特汽车公司 2 亿美元小龙债的主承销商，首开中国金融机构主承销外国公司债券的先河。

创业艰难，但是血统特殊、人才荟萃的中信实业银行赢得了众多跨国公司客户和国内的大进出口商，比如西门子、诺基亚、中石油、中石化、中海油、中化集团等。

有了金融的支持，中信公司的对外贸易也得以迅速发展。开展对外贸易，不仅带动了中信投资企业的海外市场，也可以通过外贸代理业务，为中信公司创汇还贷。

生产、技术、金融、贸易、服务，中信公司正在逐渐逼近荣毅仁确立的"五位一体"的"综合性国际化多功能社会主义企业集团"的目标。

1987年2月17日晚上8点30分，NHK（日本广播公司）在电视上播出了一部45分钟的电视片——《引进外资——站在对外开放最前线》。这是NHK的摄制组走遍了北京、天津、秦皇岛、仪征、无锡、上海、广州等地，历经35天，拍摄的一部记录中信公司全貌的电视片。

四天后，因各界反响强烈，NHK重播了这部电视片。

*　　*　　*

到20世纪80年代中后期，中信公司羽翼渐丰，步履渐强，它渴望长大，渴望搏风击浪，它已经不满足"家"里、"笼子"里的天地。

中信要走向大海。

第十章　大船入海

20世纪80年代，当世界主要产业巨头叩响中国大门的时候，中国理论界却依然有着很强的声音认为：跨国公司"是当代帝国主义进行资本输出和对外经济扩张的重要工具"。

庆幸的是，中共高层领导人当时的见识和决断堪称英明。十一届三中全会后，中央书记处多次讨论了沿海发展战略问题，胡耀邦阐述了一个指导思想：我国社会主义现代化建设，要利用两种资源——国内资源和国外资源；打开两个市场——国内市场和国际市场；学会两套本领——组织国内经济建设和发展对外经济关系。

1984年，中信公司率先启动了"中"字号的资本大船入海。

到海外投资办企业，实际上是在境外利用外资。企业可以充分利用国外庞大的金融机构、丰富的融资手段和完善的金融市场，更自由、更大规模地筹措资金。

但令人难堪的是，"资本大船"出海了，但中信却未能获得计划盘子内的进口许可，以至于不得不惊动国务院总理亲自下令颁发通行证。

　　2009年，在人民币坚挺、大宗商品价格持续走低和充足流动性的共同作用下，中国的对外直接投资达到1 400亿美元，首度超越吸收的外国直接投资。

　　这是一个历史性转折。

　　历史不容忘却，20多年前的1984年，中信公司率先启动了"中"字号的资本大船入海。

　　1984年，当时的国务院总理向荣毅仁建议：你们为什么不到海外去投资？中国的发展将来一定要从海外进口大量原材料。

　　荣毅仁恍然大悟。当年2月，中信公司遂向国务院呈送了《关于开创国际工作新局面的报告》（以下简称《报告》）。《报告》提出："中信要抓住国际市场的有利时机，到海外进行投资，以进口原材料工业作为海外业务的主营方向"，特别提出要"利用国外的资金开拓经营，以补国内短缺的资源"。同时，中信成立海外投资部，吸收人才，紧锣密鼓地筹谋出海。

　　不过，中信的这一行为并不为大多数人理解。中信集团总经理助理张极井至今还清楚地记得当时的情景。

"按照当时主流的观点：中国是发展中国家，应该是资本流入，而不是流出，到海外投资根本是南辕北辙。"

国务院批准了中信的《报告》。

对"两个市场"容易理解，从广东人最早的"三来一补"到后来的"两头在外，大进大出"模式，都是瞄准了海外市场目标。

然而，利用海外资源，谈何容易？

*   *   *

那一年，瞄准了海外投资市场的荣毅仁，对中信公司海外投资提出了五点明确要求：

一、着眼于为国内获取资源。中国人口众多，资源不足，尤其是某些基础材料将长期短缺。因此，必须开拓和利用国外资源，为国家建设服务。

二、融资方式要巧妙。选好项目，再倚赖中信在国际市场的良好信誉，尽量筹集无追索贷款，不要总公司担保，更不用国家担保。

三、所选项目要具备一定的经济规模，形成气候。不要把在外面的公司办成夫妻老婆店，也不要成为迎来送往的办事处和接待站。

四、与国外的大户人家合作。和第一流的大公司合作，请第一流的律师和会计师事务所。

五、属地化经营。按当地法律、法规并充分利用当地高级人才和管理经验去经营，而不是什么都自己管。

于是，中信将依赖进口的原材料工业作为海外业务的主营方向，在美国、加拿大、澳大利亚投资于木材、纸浆、铝等生产项目，成为第一家在海外大规模投资的国有企业。

1984年，中信在美国投资了它的第一家海外企业，这就是与美国西雅图一家美国公司合作建立的西林公司（CITIFOR Inc.），主营业务是林业和木材加工。中方投资4 000万元人民币，中美股权各占50%。

中信美国西林公司正是为了解决国内日益高涨的木材市场需求而建的。

中国人口占世界人口的22%，但森林资源仅占世界森林资源的3%，人均森林面积和蓄积量分别占世界平均水平的 1/5 和 1/8。由于国产木材普遍存在径级小、材型差、品质次、树种选择范围有限、资源匮乏等问题，对进口木材的需求一定会迅速增加。中信选择从这个项目入手，是看中了中国国内未来的市场。

西林的董事长和副总经理由中信方面担任，副董事长和总经理由美方担任。经营主要由美方主导，产品计划销往中国国内市场。

但是，在 20 世纪 80 年代中期，进口木材是严格列入国家计划框架的，中信公司根本没有进口木材的权利和许可。

尽管如此，大批红木板材还是源源不断地越过太平洋，驶往西岸。但是，船至天津，却无权靠岸，因为中信没有进口许可证。不得已，轮船只能在锚地等候，每天的滞期罚金就近万美元。

当年，邓小平希望荣毅仁要"排除干扰，不用担心其他部门来管你"。但其实中信每走一步，荣毅仁都能感受到来自其他部门的"管"。国家计划是一个完整的盘子，每年进口木材的数量都是定死的。

无奈之下，荣毅仁只能一次次地给党中央、国务院写信，寻求"特殊"政策。1985 年前后，常常是大洋彼岸的木材船即将到港，可报告还没批下来，眼看着绿花花的美元往太平洋里扔，那都是国家的钱，心疼啊！

官司一直打到国务院最高层。张劲夫紧急致信国务院主要负责人——给中信公司有限的进口木材的自主权！

1985 年 5 月 14 日，国务院主要负责人终于批复张劲夫的报告，同意中信公司在"笼子"内有进口木材经营自主权，而不必归到专业进出口公司统一经营。在这一批复的最后，写了九个字："照此办理，不准再扯皮。"

至此，西林公司的木材才顺利上岸。"准生证"的问题解决了，西林的效益却不佳，甚至还亏损。中方发觉美方的合作伙伴无论是经营能力还是诚信度，都存在问题。1986 年，中信公司收购了对方的股权，将西林公司完整地收归中信麾下，成为中信的全资子公司。

但是，单一市场的波动性和周期性还是极大地影响了西林公司的经营效益。为此，西林公司改变了单纯返销中国国内市场的营销计划，从 1987 年起着力开拓国际市场，根据细分市场的要求，把木材销往韩国、日本等地。

1987 年当年，西林公司收获了 4 600 万美元的销售额，第二年更是翻了一番还要多。

西林公司的波折成了中信的学校，中信从中学到了不同法律制度下关于融资、企业管理、财务、文化和市场的经验。紧接着，1986年加拿大塞尔加（CELGAR）纸浆厂的项目投资，中信完成了漂亮的一跳。

此前，由于世界纸浆市场疲软，加拿大塞尔加纸浆厂准备出售其产权。

鲍尔集团总裁德马雷（Paul Desmarais）获悉了此事。鲍尔集团是加拿大最大的投资公司之一，德马雷1978年就曾访问中国，并与荣毅仁共同发起成立了加中贸易理事会，在此后的数年里，两人交往十分密切，这种难得的亲密关系一直延续至今，延续到他们各自的下一代。

塞尔加纸浆厂位于加拿大不列颠哥伦比亚省卡斯尔加市，该市位于箭湖南端，库特尼河与哥伦比亚河的交汇处。由于阿拉斯加暖流的影响，卡斯尔加气候温和，雨量充沛，日照充足，物种繁茂。库特尼河上游水流湍急，设有多处水坝及发电站，清澈的河水和丰沛的电力养育了这里郁郁葱葱的大森林和当地的林木业。塞尔加纸浆厂建于20世纪60年代，公司用硫酸盐法生产长纤维漂白牛皮纸浆，年产量18万吨，产品销往世界各地。

纸浆市场的波动从70年代就开始了。世界许多大的纸业公司，包括全球最大的美国国际纸业也都遭遇了严峻的财务危机。

1985年，德马雷得知塞尔加希望转手的消息后，马上联系中信公司，并同时制订了自己的两家公司与中信公司合作的方案。这两家公司一是鲍尔公司，另一家是鲍尔公司持有40%股份的巴瑟斯特公司，这是一家有60多年造纸业经验、拥有技术优势的加拿大纸业公司。

其实早在1982年，中信领导层就看到，由于国内纸张需求的增长和森林资源不足，中国的纸张供求矛盾日益突出。有一件事情让许多人印象深刻，1978年，中国恢复高考，为应对1 000万人的高考大军，邓小平亲自下令从各地纸库将印刷《毛泽东选集（第五卷）》的纸张紧急调往印厂印刷考卷。从那时候起，中信就开始琢磨进入纸浆行业的可能性，为此还专门把佳木斯造纸厂的厂长费开平"挖"到中信。到1984年，中信海外部成立后，在国外投资纸浆厂的可行性研究就成了他们的重要课题。

正是在这个时候，塞尔加纸浆厂转手的消息传到了荣毅仁耳朵里。但荣毅仁希望收购价格对中信更加有利。

1985年6月，荣毅仁访问加拿大，加拿大总理马尔罗尼特别会见了荣毅仁，双方谈及了中信在加拿大的投资。

与德马雷交谈时，荣毅仁说："我办企业要有利可图，你来中国投资也要让你赚钱，才能搞好合作。"

德马雷听出了荣毅仁话里有话，他连连点头附和。

1986年，中加双方确认了联合收购塞尔加纸浆厂的合作备忘录，内容如下：

1. 双方各出资一半收购该厂，日后可能追加的改造费也是各承担一半。

2. 按出厂成本双方各分得产品的一半，各自销售、各负盈亏；销售地区有所划分，但一方销售有困难时，可委托对方代销。

3. 双方各派等额代表组成管委会，并指定一名委员负责工厂日常管理；管委会每年度召开一次会议，决定大政方针，并可根据需要随时召开会议；管委会主席由双方轮流担任，每任两年。

4. 指定巴瑟斯特公司为生产和管理的技术顾问，根据需要提供服务，收取一定费用。

1986年5月，中信公司董事会正式批准了塞尔加纸浆厂的收购方案。

按照既定方案，此次收购，中信需要支付6 200万加元购买塞尔加纸浆厂50%的权益。

荣毅仁向中方项目组提出，该项目应尽量争取利用外资，在国外筹资，力争以项目融资的方式解决该项目的资金。

最终，中信以国际项目融资方式获得了全部贷款。

国际项目融资是依靠项目自身的投资价值进行融资的一种方式，它以项目本身的资产作为抵押物，并利用项目投产后的收益来偿还贷款本息。

在此案中，中信公司在加拿大注册的子公司作为借款人，该公司以塞尔加项目本身的经济可行性为条件，以项目现有资产和中方拥有的权益作抵押，通过以加拿大皇家银行为首的银团筹措了6 200万加元资金。其中，3 500万加元用于购买中信占有50%的纸浆厂的固定资产，1 200万加元为流动资金，余下的1 500万加元作为治理环境污染的准备基金。

那么，在这个项目中，中信公司的实际投入是多少呢？

1加元！用于1986年在加拿大注册公司时的费用。

在80年代中期，国际项目融资这一模式对于中国的绝大多数企业来说，根本闻所未闻。通过这种方式，项目人得到的资金远远超出资产负债比率所允许的范围，而债权人对项目人的财产和收入没有全面的追索权，这是项目融资与传统融资方式的主要区别。

项目人以项目建成并投入营运后所获得的收益作为还款来源，因此项目的成功与否对于债权人能否收回贷款具有决定性意义。

还有非常重要的一点：贷款抵押物仅限于项目本身的资产，因而能减少项目方政府的直接债务或担保义务，降低筹资风险，少输出甚至不输出本国资本即可获得项目所需的资金。在塞尔加项目中，中国政府实际没有增加一分钱外债。

1986年12月，收购协议正式签署。此时，中信加拿大公司名义上占有塞尔加50%的股权，而实际上这一权益在当时已经抵押给了以加拿大皇家银行为首的银团。

按照最初的预测，项目的还款时间大约在8~10年。但是，从80年代中期开始，国际纸业市场迅速回暖，进入了一个长达数十年的繁荣周期，且价格节节上涨。到1989年5月，也就是中信收购塞尔加两年半后，中信加拿大公司已经还清了全部贷款。

不过，塞尔加的产品只有很少一部分进入中国市场。

庄寿仓在回忆录中写道：

> 投资纸浆前老板征求过轻工业部的意见，轻工业部当然说好。一旦纸浆送上门来，倒引发出新问题。因为桥归桥路归路，纸浆进口是由外贸部管，一要有纸浆进口配额，二要进口补贴。国际市场价贵过国内市场，进口是要由国家补贴的。海外投资生产，以应国内需求反成了赔本买卖，迫使中信只能在换汇的差额上弥补一点损失。无以为计，只好自谋出路。巧遇国际市场纸浆价格见涨，韩国、日本又需进口……

这就是当时的中国特色，中信再牛，也很难打破体制的限制。

利用塞尔加项目的投资利润，中信加拿大公司于1988年底又与瑞典、香港公司合作，在加拿大阿尔伯塔省兴建一座价值4 000万加元、技术先进的深加工锯木厂。

* * *

　　从一开始，中信对海外投资项目的关注，就聚焦于国内的短缺资源领域。在运作塞尔加项目的同时，中信澳大利亚公司已经以项目融资方式收购了维多利亚州波特兰铝厂 10% 的股权。

　　在海外投资铝厂，几乎相当于投资电厂。

　　此话怎讲？

　　在电解铝的生产中，电力成本占据总成本的 30% 以上。绝对是耗能大户。

　　20 世纪 80 年代，电力极度短缺曾经是制约国民经济发展的瓶颈，在当时的工业城市上海，每周开（闸）三拉（闸）四几乎是家常便饭。因此，依照计划部门的观点，类似电解铝这样的企业，在电力不足的情况下，根本不能上马。

　　从 80 年代过来的人都还记得，出国回来的人带回听装的可口可乐，皱着眉头把里面咳嗽糖浆似的甜水喝完，那个铝罐可舍不得扔，那么轻、那么光洁，放在家里也是一种炫耀呢。1985 年底以前，中国还没有一条俗称易拉罐的生产线。80 年代中后期，广州开发区引进了第一条生产线，一分钟生产 100 多个，每个出厂价就能卖到好几块钱，那时候人们称这条生产线"印钞机"。

　　好的铝材需要最佳的铝矾土资源，而上帝眷顾澳大利亚，给了它最适宜的铝矾土，开采成本又极低。这是我们喊了几十年"地大物博"的泱泱中华望尘莫及的。

　　波特兰铝厂位于澳大利亚维多利亚州的港口城市波特兰，是美国铝业澳大利亚公司在 1981 年创建的。后因国际市场铝价大幅下跌和电力供应等问题，工厂于 1982 年停建。在与维多利亚政府达成 30 年电力供应协议之后，波特兰铝厂于 1984 年重新开始建设。工厂主要由电解铝生产线、阳极生产、铝锭浇铸、原材料输送及存储系统、电力系统等几个主要部分组成，每年可产铝锭 30 万吨。

　　1985 年美国铝业澳大利亚公司邀请中信公司参加投资。

　　为什么会找到中信？

　　1984 年底从中国社会科学院经济学专业毕业来到中信海外部的张极井回忆："当时大宗商品的价格非常低迷，美国人自己也顶不住，他们于是找别的投资人，希望分散风险。找了日本人，又找了韩国现代。后来美国人说，我们为什么不试试中国人呢，于是就找了'中国有色'。'中国有色'觉得项目不错，合作伙伴不错，但融资的事情太复杂，风险也太大，所以就把项目介绍给了中信。中信当时一直在积极寻找海外项目。虽然也没有经验，但中信下决心做了。尽管当时铝价很低，大概是 900 多美元一吨。但是美国人所设计的融资结构是可以支持的，所以公司下了决心。"

张极井所提到的"融资的事情"被称为"杠杆租赁"。

接到美国铝业的邀请后，中信迅速表示了积极的姿态。澳大利亚地方政府在税收、电价等方面给予波特兰铝厂十分优惠的待遇，美国方面也采用了 80 年代最新的技术。这将使波特兰铝厂具有强大的竞争力。在此，中信若能分一杯羹，当然不应错过机会。

中信几乎用了一年的时间对项目进行调研、考察、分析和融资。

在这一过程中，最值得大书特书的是中信的融资过程，这在后来成为许多中国公司顶礼膜拜的典范，也成了 MBA 课堂上必讲的案例。

杠杆租赁是一种极其复杂的融资结构，它到底对中信有多大利好，到底存在什么样的潜在风险，中信总经理徐昭隆心里没底，还专门让张极井找了 JP 摩根下面的投资银行进行咨询，希望他们对此做出一个独立判断。

这家投行在认真分析了整个模式之后给出一个结论：杠杆租赁结构可以利用很多税收优惠，对中信十分有利。

这究竟是一个怎样的融资模式？

1986 年，中信在澳大利亚首先注册了中信澳大利亚公司，这将是投资波特兰铝厂的主体。

根据协议，10% 的股权意味着 1.1 亿澳元，这对当时的中信来说，是天价。这也是中国当时在海外最大的投资。

波特兰铝厂采用了非公司型合资结构（见图 1），项目的投资者分别为美国铝业澳大利亚公司、澳大利亚维多利亚州政府、中信澳大利亚公司、澳大利亚第一国民资源信托基金和日本丸红商社在澳大利亚的子公司丸红铝业澳大利亚公司。

1986 年时，全部波特兰铝厂的股权结构如下：

美国铝业澳大利亚公司	45%
澳大利亚维多利亚州政府	35%
第一国民资源信托基金	10%
中信澳大利亚公司	10%

根据合资协议，每个投资者在项目中分别投入相应资金，用作项目固定资产的投入和再投入，以及支付项目管理公司的生产费用和管理费用；对于电解铝生产的两种主要原材料——氧化铝和电力供应，每个投资者需要独立安排；最后投资者将从项目中获得相应份额的最终产品——电解铝锭，独立地在市场上销售。按照股权协议，中信每年可获得 3 万吨铝锭。

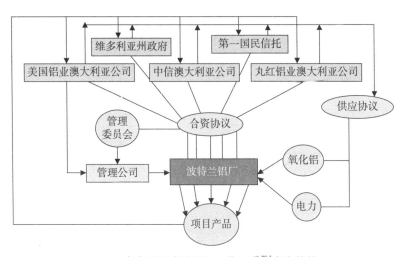

图 1　澳大利亚波特兰铝厂非公司型合资结构

由于采用的是非公司型合资结构，每个投资者可以根据自身在项目中所处的地位、资金实力、税务结构等多方面因素灵活地安排融资，实际上五个投资者选择了完全不同的融资方式。

中信澳大利亚公司选择了杠杆租赁的融资模式，充分利用这种模式可以吸收减税优惠和税务亏损的特点，减轻项目前期的现金流压力，减少项目的直接债务负担。这在采用其他形式的项目融资结构时是难以实现的。

第一步，中信委托美国信孚银行香港分行对波特兰铝厂项目进行可行性分析，咨询结果表明项目具有很好的盈利前景，这大大增强了中信在国际资本市场上融资的说服力。

第二步，由信孚银行出面谈判，组织银团贷款，银团由澳大利亚、美国、日本等国的 12 家大银行组成，筹资总额为 6 600 万美元。

第三步，由银团组成的合伙公司购买波特兰铝厂 10% 的股份，并将股权租赁给中信澳大利亚公司，由中信参与经营管理，按 10% 的比例保证原料供应、交纳生产管理费、销售产品。同时，中信将波特兰铝厂的销售收入以租金形式偿还银行的股本贷款和利息。

待全部本息还清时，中信收回波特兰铝厂相应部分的股权和权益。

中信澳大利公司筹得这笔资金的条件是，由中信母公司担保，并在信孚银行香港分行存入 2 000 万美元保证金，公司财务由银团合伙公司控制，还贷期限为 12 年。

1986 年 5 月 20 日，中国国际信托投资公司投资澳大利亚波特兰铝厂的合作协议在北京人民大会堂正式签署。两国领导人出席了签字仪式。

遵照协议，中信公司在信孚银行香港分行存入 2 000 万美元保证金。

让张极井没有想到的是，这一次，来自意识形态领域的反对声音又响了起来，而且除了中国国内，来自澳大利亚本土的反对力量也在影响着中方的决策。

澳共（马列）主席希尔还专门找到中国驻澳大使表示抗议，说你中国是共产党国家，怎么能到澳大利亚来投资啊，这是剥削工人嘛。

排除干扰，好运气又一次从天而降。从 1987 年初开始，国际铝市场价格迅速回升，经过连续 17 个月的价格上涨，铝锭吨价从 1 000 多美元涨过了 3 000 美元，产品供不应求。这一大好形势为中信赢得了宝贵时机，从 1987 年 6 月开始，中信公司即向国际银团偿还贷款。

1989 年，中信澳大利亚公司总经理秦晓向国际银团提出了提前还贷的申请。通过谈判，合伙公司极不情愿地同意了缩短还贷期限，允许中信澳大利亚公司调出存放在信孚银行香港分行的保证金，并将财务权移交给了中信澳大利亚公司。

原定 12~15 年的还贷期被缩短至 3 年！

1998 年 8 月，中信澳大利亚公司从维多利亚州政府下属维多利亚铝业有限公司手中，又收购了波特兰铝厂另外 12.5% 的股权。中信澳大利亚公司拥有波特兰铝厂 22.5% 的股权，每年负责销售 7.7 万吨铝锭。

原国家计委副主任甘子玉若干年后再访波特兰，他深有感触地对张极井说："当初你们中信提出来搞海外投资，很多人不同意。现在看来你们做对了，资金的流动是动态的，不是静态的，因为市场是动态的。而且对于国家资源方面的东西是需要在国外做一些事情。"

甘子玉发表这番感想的时候，中信公司已经"对于国家资源方面的东西"在"国外"做了至少 12 年的事情。

中信波特兰项目的融资模式赢得了各方赞誉，曾被评为"1986年世界十大融资案例"之一。两年后，中国冶金进出口公司（以下简称中冶）效仿中信公司，与澳大利亚哈默斯铁矿公司合作，投资了西澳大利亚著名铁矿产区恰那铁矿。它的项目融资结构与中信在波特兰铝厂的项目融资结构在概念上完全一样。由于采用了有限追索的杠杆租赁结构，利用项目投资前期的税务亏损和投资减免等政府税务政策，中冶大大地降低了项目的融资成本。

但是，这样一来，引起了澳大利亚政府的警觉。以中冶恰那项目为绝唱，澳大利亚税务机构明确表示不再批准完整项目的杠杆租赁融资，只允许对项目的设备以及可移动设施部分进行杠杆租赁的融资安排。

波特兰项目成功的融资操作，为中信澳大利亚公司插上了一双强劲的翅膀。

1993年岁末，中信澳大利亚公司与亨宝澳大利亚公司共同组建的信瀚投资基金有限公司，在澳大利亚证券交易所挂牌上市。它标志着首家以中资管理为主的在海外上市的中国投资基金正式创立。它的投资方向主要是中国的股票和非上市优质公司。这一年，中信澳大利亚公司总资产达到了3.7亿澳元，年销售额4.2亿澳元，进入了澳大利亚300家最大企业的行列，被花旗银行提名为澳大利亚业绩最好、成长最快的6家外国企业之一。

可以说中信澳大利亚公司的成功，除了运气、勇气以外，还有人才。用张极井的总结来说："中信澳大利亚对中信的贡献更多的是经验，海外投资经营的'试错'就是宝贵的学习过程，还有就是培养了一批人。"日后，中信集团领导班子中，多有中信海外征战者的身影也就不足为怪了。

* * *

当澳洲大陆上银光闪闪的铝锭为中信赢得盆满钵满的时候，1988年，中信美国钢铁公司开张，路明和秘增信为凤凰钢铁的全面起飞做了大量工作。当时，偌大的厂区荒草萋萋，被遗弃的废材锈迹斑斑，破旧的防护罩挡着陈旧的炼炉，以防止风雨的侵蚀，有些防护罩已经丢失，裸露着布满尘埃和油泥的设备……

秘增信后来说："这家工厂一片混乱。我真没想到美国竟会有这么糟糕的设备。"

秘增信，1950年12月出生，北京市人。1982年，毕业于北京钢铁学院；1984年，获北京工业大学硕士研究生文凭；1985年进入中信公司，先后任中信兴业公司副总经理、中信戴卡轮毂制造有限公司总经理、美国钢铁公司总经理；1998年起，任中信总公司常务董事、副总经理。

秘增信是北京市第一批上山下乡的知青，大串联一结束，他就和同学们来到了中国版图的最北端虎林，站在高处，一眼可以看到对面"苏修"社会帝国主义的士兵和岗楼。他们来到这里的目的就是为了"将革命的火种燃遍世界"。

在两所大学里学习了工业制造的基本知识和流程管理之后，经人介绍，秘增信见到了求贤若渴的荣毅仁，遂进入中信公司工作。

回到北京后的秘增信开始担任中信公司副总经理，负责集团的海外投资和国内投资。正值王军开始对中信发展战略进行大调整，绝大多数实业投资都停止了。秘增信只能大量地做"减法"，很多人对此都有抱怨，但他忠实地守住了自己的职责。

美国《新钢铁》（New Steel）杂志撰文说："远远望去，中信美国钢铁公司的轧钢厂就像一堆已经报废多年的工业设施，静静地躺在美国东北部特拉华州的克雷蒙特市。"

《新钢铁》是美国钢铁行业最权威的杂志之一。

作者在写了那句糟糕的开头之后，笔锋一转，紧接着写道："然而，这里还有着一支精干、会赚钱和完全专业化的队伍，这就是中信美国钢铁公司的全体员工和管理者们。他们具有和他们制造出来的碳素钢板一样的性格：坚韧、朴实、耐久。"

中信完成了被这个行业的人认为百分之百不可能发生的事情，中信从以前的凤凰钢厂，一个经营不善、负债累累的钢板制造商手中接过了这些设备和设施，并使其运转起来。

凤凰钢厂曾是美国最老的钢厂之一。1976年，法国人接替原来的经营者，开始管理这座钢厂，7年后，钢厂实在难以支撑，宣告破产。1986年，加迪安工业公司（Guardian Industries）曾经短暂地拥有这家钢厂，但钢厂依然举步维艰，负债累累。

1986年3月，凤凰钢厂运走了最后一车钢材，然后宣布破产。

1988年6月，中信公司以1 350万美元的价格收购了凤凰钢厂的资产，并承担了2 070万美元的债务，组建中信美国钢铁公司。在当时，1 350万美元不过是一堆废钢铁的价格，因此，这被认为是一笔对中信很合算的买卖。

但是，此时中信面对的是一家已经停产两年多的老厂，原厂工人早已被遣散，只有3名护厂人员。

中信美国钢铁公司的第一件事是招兵买马，恢复生产。中信从上钢三厂借调了生产骨干，手把手培训那些压根儿不懂炼钢、没见过灼热的钢水的美国当地工人。工厂所需的实验设备和财务系统在一开始都是中信人因陋就简自己建的。那种艰苦创业的场景很容易让人想到20世纪五六十年代的中国。当然，已经是20世纪末叶了，办大工业，光靠吃苦受罪显然已经远远不够。产品和市场才是这家钢厂得以生存的根基。从1988年下半年开始，中信美国钢铁公司从以下诸多方面开始铺设自己的"钢铁大道"：

1. 确定目标市场

根据摩根·格林菲尔投资银行的乐观分析，中信有两个理由可以收购凤凰钢厂：（1）在北美生产和销售钢板，能够赚钱；（2）由于中国国内废钢价格较高，通过向中国出售钢材也能获利。但最终出于物流成本过高，第二条路行不通。那么，只能在北美就地销售。根据对世界及美国钢铁市场的调查分析，中信美国钢铁公司决定以美国东部为主要市场，逐渐打入中西部。

2. 调整产品结构

昔日的凤凰钢厂曾试图满足客户的一切需要，产品品种齐全，还生产过高合金钢。但由于原设计的连铸机不适合生产高合金钢，不得不采用铸锭开坯的办法来代替连铸板坯。中信美国钢铁公司对其资产进行评估后，决定集中全力生产经济的碳素钢和低合金高强度钢板。在异国他乡创业，如果实力不够强大，聚焦战略绝对是必要的。

3. 设备和技术改进

1968年，凤凰钢厂曾利用发行特拉华州债券的机会，购置了在当时来说最先进的设备：两座 160 吨的 Swindell-Dressler 交流电炉，一台 60 英寸 ×80 英寸的 Concast 板坯连铸机。

中信接收后，对一座电炉进行改造，另一座封存。1994 年，公司购买了一台超声波氧气枪，1995 年初又安装了一台装料口喷烧器。由于众多的设备和技术改进，两次出钢的间隔时间从 1989 年的 300 多分钟，下降到 1995 年的 170 分钟。为增加炉衬耐火材料的寿命，采取了在电炉熔剂中添加氧化镁的办法，使炉衬由原来的一个月换一次延长到半年换一次，而每炉的钢水还多于以前。投产初期，电炉炉壁每炼 125 炉就要换一次，改进后则增加到 1 200 炉。

改进措施还包括加强成本管理、加强客户服务等等。

严格的管理制度带来了丰硕的收益（见表 3）。

表 3　中信美国钢铁公司的项目收益

项目时间	销售量（万吨）	销售额（亿美元）	税后利润（万美元）
1989	9	0.36	—
1992	—		−300
1993	26.4	0.97	400
1994	28	—	800
1995		1.3	1 250

降低成本，改进质量，辅以竞争性的价格策略，使中信美国钢铁公司从零起步，在美国碳素钢板市场占据了 4.5%~6% 的份额。1996 年，公司的自有资本收益率达到了 17%，是美国平均数的 2 倍，成为在美国生产成本最低、经营最成功的钢铁企业之一。

到 1992 年底，中信公司已经在美、加、墨、日、澳、德、荷、意、法等国家和港澳地区建立了投资控股企业 14 家、代表处 5 家，境内子公司在海外投资及控股企业 27 家。中信公司占中国在海外投资总额的 18%，投资领域涉及金融、贸易、房地产、电信、仓储、咨询、矿业、原材料工业、制造业和零售业等众多行业，在中国海外经营事业中占据了举足轻重的地位。

特别要看到，中信的海外投资模式也日渐多样化，以产业投资模式建设的资源性投资项目，正以原有企业为核心，通过技术改造和扩大投资同时进行横向或纵向发展。

中国是海外投资的后发者，而中信则是整个中国海外投资的先行者。到海外投资办企业，实际上是在境外利用外资，可以充分地利用国外庞大的金融机构、丰富的融资手段和完善的金融市场，更自由、更大规模地筹措资金。

秦晓说：荣老板"两手都做，一手利用外资在国内发展实业；一手利用外资在海外投资。我认为，到海外资源丰富的国家与它们合作发展我国急需的原材料工业，向国内提供原料，或到国际市场去串换材料，这是一种高级形式的进口替代"。

到海外投资，将中信的企业家队伍百炼成钢。他们终将甩开封闭市场的种种禁锢与无奈，在更广阔的国际市场指点江山、磨砺成才。

还不仅于此。一个大国崛起，势必要参与经济全球化的进程，而走出去，走到大洋彼岸，一定是中国企业进行国际扩张的必然选择。中信又一次开风气之先，领潮流之势。站立涛头，中信必将获得先发优势。

在中信的第一个十年，率先"走出去"的战略，使中信公司在纷繁多变的国际市场牢牢地插入了若干楔子，未来这将成为中信进行海外扩张强有力的支点。有了这样的支点，在中信的第二个、第三个……十年中，它将撬动十倍、百倍于它的资源，它将获得源源不断的能量和动力。那将是更为精彩的故事。

其实，率先"走出去"的战略几乎很快就让中信看到了其深层价值。80年代末90年代初，由于宏观经济形势的波动，中信公司在中国境内的业务遭遇了极大阻力。但是，在海外征战，正值90年代世界经济高速发展的前夜，中信海外兵团将触角伸向多个领域，他们抓住时机，精心布阵，果断打开局面，迅速扩充自己的力量，从而为中信赢得了宝贵时机。中信也因此获得了重要的能量补充。

* * *

为中信补充能量的还有中信香港公司。在香港这个东方金融中心，另一队中信人马已经开始了令人目眩的金融鏖战。

中信海外的第二只风火轮已经点燃。

第十一章　抢滩香港

1979 年夏季，中信公司尚在筹备期间，荣毅仁的目光就已经投向了香港。几乎与中信公司同步，中信香港公司也在这一年成立。

这一年，距《中英关于香港问题的联合声明》发表还有 5 年时间，香港回归更是遥遥无期。但是，在荣毅仁眼里，作为中国通往世界的桥梁，香港对于内地改革开放的重要意义，特别是对于中信未来发展的重要意义根本就是不言而喻的。

整整 30 年后，提到荣老板的这一步棋，王军依然感慨不已、啧啧称是。

吴志超是中信香港公司第一任总经理，1979 年走马上任。但是在最初几年，中信香港公司的业绩乏善可陈，更多只是一个"窗口"而已。徐昭隆回忆说："当时荣老跟国务院几个机部的关系很好，三机部、五机部、六机部，我们在香港成立一个分公司，它们在我们的分公司设立窗口，办公室给它们专门留了一块。"

1984 年，当中信度过了最初的艰难创业期后，荣毅仁终于腾出力量，调整战略。在中信新的版图中，香港将成为中信发展最重要的桥头堡之一。

* * *

在过去五年中，香港的局势已经发生了重大变化。

1980 年 1 月 16 日，邓小平代表中央提出中国在 20 世纪 80 年代的三大任务：加紧社会主义现代化建设，维护世界和平，实现祖国统一。其中，收回香港与澳门的主权即是实现祖国统一的重要任务。

1982 年 4 月，英国前首相希思作为撒切尔夫人的特使来到北京，面见邓小平。

希思问：现在离 1997 年只有 15 年的时间了，你是如何考虑在此期间处理香港问题的？因为很多人都要在香港投资，怎样才能使投资者不要担心呢？

邓小平答：香港的主权是中国的。中国要维护香港作为自由港和国际金融中心的地位，也不影响外国人在那里的投资……香港的各种制度也不变，对外可用"中国香港"的名字发展民间关系，如贸易、商业关系。到那时可能还保留护照。对英国来说，商业方面不会受到任何影响，还可以发展。

1982 年 9 月 23 日，英国首相撒切尔夫人访华，中英两国关于香港问题的谈判正式开始。

在与中国总理的会谈中，撒切尔夫人说，假如现在实行或宣布对香港治权做出重大改变，则港人信心大失，香港繁荣不保。

第二天，邓小平在人民大会堂福建厅会见撒切尔夫人。邓小平明确表示："主权问题不是一个可以讨论的问题。现在时机已经成熟了，应该明确肯定：一九九七年中国将收回香港。就是说，中国要收回的不仅是新界，而且包括香港岛、九龙。中国和英国就是在这个前提下来进行谈判，商讨解决香港问题的方式和办法。如果中国在一九九七年，也就是中华人民共和国成立四十八年后还不把香港收回，任何一个中国领导人和政府都不能向中国人民交代，甚至也不能向世界人民交代。如果不收回，就意味着中国政府是晚清政府，中国领导人是李鸿章！

"这里主要有三个问题。一个是主权问题；再一个问题，是一九九七年后中国采取什么方式来管理香港，继续保持香港繁荣；第三个问题，是中国和英国两国政府要妥善商谈如何使香港从现在到一九九七年的十五年中不出现大的波动。"

邓小平最后指出："保持香港的繁荣，我们希望取得英国的合作，但这不是说，香港继续保持繁荣必须在英国的管辖之下才能实现。香港继续保持繁荣，根本上取决于中国收回香港后，在中国的管辖之下，实行适合于香港的政策。"

在人民大会堂福建厅举行的这场会谈，比预定的一个半小时多出了 50 分钟。会谈结束后，撒切尔夫人落寞地走出人民大会堂，脸色凝重。当她继续往下走时，一不留神，高跟鞋与石阶相绊，身体顿失平衡，栽倒在石阶下……

在媒体眼中，谈判的结局在这一刻已见分晓。

经过两年 22 轮的艰苦谈判，1984 年 9 月 26 日，中、英代表团团长在北京草签了《中英关于香港问题的联合声明》。

1984 年 12 月 18 日，撒切尔夫人二次访华。

12 月 19 日下午 5 时 30 分，中国总理和英国首相正式签署了《中英关于香港问题的联合声明》，邓小平出席了签署仪式。这是一个历史性时刻，此时签署的文件正式确认了中华人民共和国将在 1997 年 7 月 1 日对香港恢复行使主权。

12 月 29 日，恒生指数上升到 1 187.54 点，创当年新高。

1984 年对中信来说是一个喜气洋洋的年份，中信香港公司新任总经理米国钧即将上任，荣毅仁与党组书记熊向晖商量，希望熊向晖能亲赴香港主持米国钧的到任酒会，以示隆重。熊向晖说，那要选择一个"好时机"。

这个好时机说来就来了，金秋九月，熊向晖一行抵达香港。熊向晖的女儿新华社记者熊蕾回忆说："前后 20 多天的时间里，香港工商界的头面人物李嘉诚、包玉刚、霍英东、安子介、李国宝、利国伟、唐翔千、查济民、郭鹤年、罗康瑞等几乎悉数出面，轮流宴请，英资汇丰银行董事长沈弼（Sandberg）则在赛马场包厢宴请熊向晖，并请他看赛马。日程表排得满满的，不少宴请不得不安排成'请吃早茶'。这在香港工商界是少有的。"

1984 年 10 月 11 日下午，熊向晖以中国国际信托投资公司副董事长的身份，在香港中区文华酒店为中信香港公司新任总经理举行酒会。据当时香港报纸报道，500 多位中外各界人士参加，包括港府财政司司长彭励治（J.Bremridge）、政治顾问麦若彬。场面热烈。

借政治的东风，中信香港公司正式亮相。但在 1984 年的秋季，普通香港人并没有意识到，这样一家内地企业的到来，将会在怎样的程度上影响他们的生活。不过很快，他们就将直接感受到中信这个商业巨子不同凡响的脚步声。

* * *

关于香港有一个说法——银行比米铺还多。由于监管制度本身的漏洞，导致了从 20 世纪 60 年代以来几乎绵延不绝的银行危机。进入 80 年代后，香港又发生多家银行遭受挤兑的严重危机。这场危机与 1983 年的港币危机交织在一起，规模大，历时长，沉重打击了香港的银行业。

从 1982 年 9 月恒隆银行开始，挤兑风潮波及多家接受存款的公司和新鸿基、海外信托、嘉华银行、友联银行等多家银行。恒隆、海外信托难以支撑，轰然倒地。港英政府为了稳定金融秩序，通过外汇基金，接管了这两家银行。但是当第三家银行也求上门来的时候，港英当局也无力回天。这就是林子丰先生创立的嘉华银行，林子丰同时也是香港浸会大学和浸会医院的创始人。

1922年2月2日，林子丰在广州创办嘉华银号。1924年12月，又以嘉华储蓄银行之名在香港注册成为有限公司。日本侵略者占领香港后，嘉华银行暂停一切银行业务。1945年，嘉华银行在香港德辅道中269号新址重新开业，并于1949年1月更名为嘉华银行有限公司。二战后嘉华银行业务平稳发展。1971年，林子丰去世，家族后人无心经营。1975年，新加坡侨商刘灿松购得嘉华银行2/3的股权，随后银行业务获得了较快增长。

1980年7月，嘉华银行公开发售3 500万股普通股，每股面值1港元，溢价0.3港元，在香港证券交易所挂牌上市。到1985年底，嘉华银行在香港的分行数目达26家，并有4个海外办事处，全资附属公司包括嘉华国际财务有限公司及与荷兰安美保险集团合资的嘉华安美保险有限公司。

然而，在80年代中期的银行危机中，原本就因为管理不善、经营作风不佳而广受诟病的嘉华银行，终因挤兑风潮而独木难撑。嘉华银行向中银集团和汇丰银行求援。1985年6月17日，中银与汇丰达成一致，联手支持嘉华银行。此举帮助嘉华银行暂时渡过了难关。

此前一年，嘉华银行实收股本3.64亿港元，股东权益5.31亿港元，资产总值63.98亿港元，存款50.1亿港元，放款32.9亿港元。就总资产、存款等增幅而论，嘉华银行均居上市银行前茅。即使受海外信托挤兑风潮牵连，由于有中英两大银行集团支持，嘉华银行仍然可以勉强过关。

但是，到1985年12月，受新加坡新马财团财务丑闻拖累，嘉华银行陷入其中的贷款高达15亿港元，人们估计嘉华银行的坏账准备，将由原先的3.5亿港元增至6.5亿港元，耗尽当时它的5.5亿港元资本及储备。

在香港市民的惶惶之中，1985年的圣诞节到来，许多公司照例举办了圣诞酒会。

庄寿仓说，那年的圣诞酒会让他印象格外深刻。

"酒会上，时任中国银行香港分行总经理的张学尧，把我拉到大厅一角，悄声跟我说，有一家银行濒于倒闭，但坏账不多，报告你们老板，要想在香港有家银行是个机会。我说：你们财大气粗，为什么不干。张说：我想干没有用，层层上报，黄花菜早凉了。我匆匆离开会场，心想兹事体大，不敢造次。次日清晨我赶到深圳联城大厦中信深圳公司，接通北京向老板报告了情况。老板电话上指示：情况清楚了，有新情况续报。"

张学尧说的这家银行，正是嘉华银行。已经濒临倒闭的嘉华银行先是求助于中旅某公司，该公司在对嘉华银行财务核查后认定这是一个烂摊子，不愿沾手。继而嘉华银行不得不求助港英当局，亦被港英政府拒绝。

但是港英政府也很清楚，嘉华银行一旦破产，储户的利益势必不保，这将引起更大的金融和社会动荡。

无奈之下，1985 年冬天，香港财政司找到中国银行港澳管理处主任蒋文桂和东亚银行总裁李国宝，恳请他们二人出面，与中信香港公司商谈，由中信收购嘉华银行。财政司特别提出："条件可以从长计议。"

庄寿仓说：这在当时是则"重大新闻"。

为什么？"新中国自成立以来从未有过一家上市公司，何况这家上市公司又是最敏感的金融机构，更何况企业又在当时尚未回归祖国的香港。"

这的确是一个十分重大的问题，它的重要性绝不仅仅在于中信香港一家公司的利益和成败，更在于政治上的影响。

1985 年，《中英关于香港问题的联合声明》刚刚签署一年整。中国政府绝不想在这个时候看到香港因为银行危机而造成社会动荡，民心不稳。通过中信香港的努力，对于稳定香港社会人心带来正面的影响，这是中国政府愿意积极促成的。

还有一个背景也应该提及。1984 年 4 月 18 日，邓小平会见了英国外交大臣杰弗里·豪，两人就香港问题进行了长谈。送走客人后，邓小平留下了外交部部长吴学谦和国务院港澳办公室秘书长鲁平二人。小平对他们特别谈到了香港的金融问题，他说："要了解香港的金融和人事方面的问题，处理过渡时期香港人的逐步参与问题……中国银行、香港的华人银行也要参与。这个问题很重要。"

邓小平很早就看到了金融业在处理香港事务中的重要性。

因此，后来荣毅仁就收购嘉华银行一事向国务院提交的报告很快被批准。

但实质性的谈判过程依然充满波折。

* * *

1986 年 1 月 2 日，新年第二天。香港财政司的林定国（David Nendick）在李国宝陪同下，来到北京。

第二天上午 9 点整，在国际大厦三楼会议室，双方开始了首次会谈。中信方面参加人员有总经理徐昭隆、副总经理宋子明、董事雷平一和中信公司顾问沈达明。

林定国介绍了嘉华银行目前的处境，希望中信能够出资收购。

此前，当蒋文桂和李国宝将香港财政司的信息传到北京之后，中信公司已经对这一案例进行了周密的研究。中信认为，如果条件合适，可进一步商议，但谈判对象是港英政府，而不是刘灿松。今天，面对港英政府财政司的官员，徐昭隆明确表示，中信愿意收购的必须是一个干干净净的银行。

宋子明问：现在嘉华银行一屁股烂账，如何处理？

林定国回答：港英政府为稳定香港金融，愿意向中信担保，嘉华银行呆账如收不回来，由政府负责，不会使中信蒙受损失。

谈判持续了整整一天。下午 6 点，双方签署了一份英文意向书，由李国宝做证人。

第二天，林定国返回香港。双方商议，将就银行收购的细节问题在香港做进一步商谈。

1 月 30 日，宋子明、雷平一前往香港，双方继续谈判。

中信香港公司已经为此案做了大量工作。他们通过会计师陈文裘了解嘉华银行的资产负债情况。调查表明，嘉华银行当时贷款 40 亿港元，质量很差，恐难回收；由于挤兑风潮，存款已经降到 10 亿港元，还在下跌不止；嘉华银行欠汇丰银行与中国银行共 32 亿港元，如果上述两家银行不同意展期，则嘉华银行随时可能倒闭。

雷平一还特别提出要对此次谈判对手，也就是港英政府财政司进行仔细调查。

在香港，总督之下设有政务司、财政司和律政司。财政司由彭励治主持，下设金融司，负责人就是林定国；金融司下再设银行监理处和证券监理处。此次嘉华银行收购事宜将由银行监理处专员霍礼义（Robert Fell）负责与中信商谈具体细节。

香港是个法治社会，收购银行这样牵扯方方面面利益的大事，肯定将涉及颇为繁杂的法律事务，请一个好的法律顾问，是此次谈判成功的重要保证。雷平一认为，与英国人谈判当然不能请英国律师。最后大家一致商定，聘请美国背景的贝克·麦坚时（Baker & McKenzie）国际律师事务所为法律顾问，这是全球规模最大、业务最顶尖的律师事务所之一；聘请中芝兴业财务公司和振华国际财务公司为财务顾问。

在正式谈判开始之前，上述各类顾问公司与中信公司多次商谈后确定了中信方面的谈判条件：

1. 港英政府财政司必须对嘉华银行全部呆账负责，如3年内收不回来，则由财政司归还本息；

2. 中信出资3.5亿港元，其余5 000万港元归原股东折合持有；

3. 董事会全部改组，由中信选派董事，组成新的董事会；

4. 银监处负责与汇丰、中银两家银行协商，对嘉华贷款展期；

5. 由于嘉华银行已经濒临倒闭，中信注资后初期没有业务收入，故要求财政司予以补贴半年开支。

1月31日，中信公司一行人拜会了金融司负责人林定国以及谈判代表银监处专员霍礼义。宋子明提出了上述五个条件。

对方表示要与财务顾问及有关方面商讨后答复。

两轮谈判后，2月22日，宋子明、雷平一再到霍礼义办公室。

霍礼义说：财政司已基本同意中信所提条件。

财政司司长彭励治同意公开宣布港英政府将担保嘉华银行的呆账。

至此，谈判即告圆满结束。

但是，就在此刻，情况又突生变异。

财政司财务顾问宝源财务公司代表发言："既要政府担保呆账，又要补贴头几个月的银行开支，这样的条件别的银行也能收啊！"发言者态度十分不友善。

宋子明严肃声明："要中信收购嘉华银行，是港英政府财政司的建议，金融司林定国来京协商，同意给中信一个干干净净的银行，我们才来香港继续协商，并提出这些条件的。我们并不一定要收购，如银监处不接受也可以，我们立刻召开新闻发布会，公开谈判经过。"

这一轮谈判不欢而散。

第二天，霍礼义再找中信公司会谈，他面带笑容、神情轻松。情形看似有变。

在谈判桌上，霍礼义明确表态："财政司接受了中信的要求，财务顾问的话代表不了政府的意见。"

峰回路转。宋子明松了一口气。

但霍礼义又提出补贴开支的金额可否减少一些。

宋子明表态："中信公司同意将这一费用减至2.25亿港元，这表明了中信对收购嘉华银行、维护香港金融稳定的诚意。"

2.25 亿港元约为嘉华银行两个月的费用。

中信让步，霍礼义也松了一口气，他向宋子明伸出右手，成交！这是一个皆大欢喜的结果。

双方法律顾问即刻起草收购协议。经反复争议、协商、修改，文本最后报请中信总公司和香港新华分社批准。3 月 2 日，中信公司代表宋子明和港英政府代表林定国草签了协议。

随即，霍礼义召集了嘉华银行董事会，他宣布，中信收购嘉华银行的条件已被财政司批准，如嘉华银行董事会不同意，港英政府因嘉华资不抵债，只能宣布其破产清算。

尽管并不十分情愿，嘉华银行董事会还是接受了这一现实。

3 月 9 日，嘉华银行董事会宣布，已与中信公司就嘉华银行资本重组及发行新股事宜达成协议，嘉华银行将提高坏账及呆账准备，大幅注销原有股本；而中信公司则以 3.5 亿港元购入嘉华银行 92% 的新股。同时，港府与中信达成协议，中信的收购不包括坏账。中信对嘉华银行的注资收购是一项长期投资。

3 月 22 日上午，中信公司总经理徐昭隆与香港财政司司长彭励治正式签署了中信收购嘉华银行的协议。

前后三个月整，中信公司终于收购了一个干干净净、没有呆坏账的银行。

到 6 月 23 日，嘉华银行顺利完成所有资本重组事宜，股票于当月 27 日恢复挂牌交易，中信派出原中国银行总行行长、时任中信副董事长的金德琴出任嘉华银行董事长，原新华银行香港分行总经理曹允祥出任董事总经理，另派出丁忧等 8 人为董事，嘉华银行前董事长林思显（林子丰之子）应邀留任董事，其他原有董事均辞职。

香港财经界人士把这次中信注资收购嘉华银行的行动称为"嘉华模式"。

"嘉华模式"的内涵是：被注资银行先做大幅度撤账，重组新股本，由收购者注资并取得绝大部分股权，收购者不承担坏账、呆账，而由港府担保。

这一"嘉华模式"后来成为政府处理"问题银行"的样板。后来恒生银行收购永安银行也是采取这种模式。

中信注资，使嘉华银行不仅在短期内复苏，而且发展速度也出人意料：1986 年度，嘉华银行便扭亏为盈，盈利 320 万港元，累积亏损由 1985 年度的 5.14 亿港元减为 0.27 亿港元。在中信公司的支持下，银行积极加速电脑化，大力发展各项服务，开办了欧洲货币单位及外币存款服务、全国通汇服务，开办证券、黄金交易服务，参与大型项目融资业务等，并参与维萨卡、万事达卡、运通卡等信用卡业务。

20 世纪 90 年代开始，嘉华银行年年盈利增幅都在 30% 以上，1992 年度更达 42.9%，盈利近 1.5 亿港元，资产总值增至 168 亿港元。这一年，嘉华银行的存款增长 7 倍，在同业资金市场上，由过去的"借款人"转变为"贷款人"角色，成为业务多元化的健全而稳健的银行。1992 年还增设了两家分行，分行总数达到 31 家，海外分行增至 4 家。利润的增加亦使嘉华银行的股东年年获发红股、收获股息。

中信的收购直至最终完成，反映出内地与香港两地许多政商界有识之士为维持香港稳定繁荣、确保金融中心信誉的良苦用心，其间中信功不可没。从这个意义上说，此次中信入主嘉华银行，不但对收购双方有利，更是对香港金融界和整个商界都大有裨益。

* * *

中信入主嘉华银行 15 年后，嘉华银行又一次几乎遭遇灭顶之灾。在那样一个危急时刻，中信公司坦然面对，绝地反击，以强大的实力和娴熟的操作手段，终于拨转船头，挽狂澜于既倒，将嘉华银行带入一段更加广阔的境界。那是商海中一段更加惊心动魄的航程，本书将在后文再述。

* * *

话分两头，当中信公司正在香港大张旗鼓地进行银行收购战时，荣智健也悄然开始为中信香港谋划未来，尽管他此时还站在圈外。

1978 年，同样经历了十年"文革"艰难"洗礼"的荣智健持一张单程签证来到香港，在 IT 行业大显身手，继而进入美国市场，在加利福尼亚州圣何塞创办加州自动设计公司，这是美国第一家专门从事电脑辅助设计软件的公司。1984 年，公司上市，荣智健退出，套现 4 800 万美元，合 3.74 亿港元。

荣智健回到香港，做起了地产生意。

1986 年，身家逾 4 亿港元的荣智健加入中信香港，担任中信香港副总经理。那年他 44 岁。

一年后，中信公司在香港的格局发生重大变化。1987 年 2 月，中信（香港集团）有限公司注册成立。王军任董事长，荣智健任副董事长兼董事总经理。

庄寿仓在自己的回忆文章中写道：

> 香港一岛之地，华洋杂居，已有百年殖民地历史，但系世界金融中心之一，故必须有熟悉本地情况、在自由市场经济下善于运作的人才主持，才能用好这块金字招牌。经公司领导商定，礼聘荣智健先生出任董事总经理，主持一切经营活动，首拨资金 2.39 亿港元。

庄寿仓特别用了"礼聘"二字，显然，当时中信公司启用荣智健是非常慎重的。即便是在 20 多年后荣智健遭遇澳元期货合约事件之时看中信当年的决定，依然不失为一个明智之举。在此前短短 8 年中，无论是在实业领域还是在资本市场，荣智健行走中国内地、香港和美国市场之间，使自己的身家从百万港元做到数亿港元，这其中固然有好命、好运的成分，但是其独到的眼光、前瞻的视野和果断的判断力，终于让中信做出了"礼聘"的决定。而荣智健有了中信这个舞台，便能够纵横捭阖，雄舞天下。

荣智健先是购买了位于香港中环的文华大厦，几个月后，又将它出手，一进一出，中信香港公司赚到了第一笔钱：两亿港元。

接着，中信香港又购进了一批远洋货轮，然后把它们租赁给船运公司，正值中国内地经济进入一个高速发展阶段，香港的转口贸易空前兴隆，远洋航运业务自然就迅速红火起来。

但这都算不了什么，对于新成立的中信香港集团来说，眼下最重要的目标是国泰航空公司。

其实，回到香港的这几年，尽管尚未加入中信系，荣智健却早已看好国泰航空，对其经营状况、财务状况做了详细的案头工作。荣智健认为，香港要稳定繁荣，离不开航空业，而在香港要运输货品，除了海运就是空运，且国泰航空是一家极有潜质、效益很高的企业。

国泰航空公司于 1946 年 9 月 24 日成立。它的创始人是美国籍的罗伊·法雷尔

（Roy C.Farrell）及澳大利亚籍的悉尼·德坎措（Sydney H.de Kantzow）。最初，他们以两架改装自 C-47 运输机的 DC-3 营运航班，开办往返马尼拉、曼谷、新加坡及上海的客运及货运包机航班。国泰航空公司是香港第一家提供民航服务的航空公司。

1948 年，香港最主要的英资商行太古洋行（Butterfield & Swire，即太古集团前身），收购了当时国泰航空 45% 的股权。港英政府后来把香港以南的航线分予国泰航空经营，以北的则交予国泰航空唯一的本地对手香港航空经营。直至 1958 年，国泰航空收购香港航空，正式雄霸本地航空业，并进军东北亚市场。

进入 20 世纪 80 年代，国泰航空已经拥有航线 40 条，波音 747 飞机 49 架，成为香港最大的航空公司。太古集团持有国泰航空 70% 的股权，汇丰银行则持有另外的 30%。

1986 年 4 月，国泰航空在香港联交所上市，首次招股获得 56 倍的超额认购，5 月 16 日正式挂牌交易。这一举动让国泰航空从一家纯英资背景的公司变成一家香港的公众上市公司。太古此举的初衷就是要淡化国泰航空的英资背景，但是施怀雅爵士认为这依然不能完全保证国泰的发展前景，尤其是在"九七"来临之际。而就在此时，港龙航空已经对国泰航空发起了空中争霸战。

港龙航空于 1985 年 5 月由港澳国际投资有限公司（Macau Inv.Hold，以下简称港澳国际）发起成立，同年 7 月开始营运。港澳国际的股东包括曹光彪、包玉刚、霍英东及中资机构华润、招商局等。

在与国泰航空的竞争中，港龙航空竭力突出其华人背景，力图以此获得中国内地的支持。董事局主席曹光彪坚信，中方在 1997 年接管香港后，不仅会排斥英国的政治势力，连享尽百年无形利益的英资也将被排挤出局。因此，对于这场空中争霸战，曹光彪信心十足。

太古不敢怠慢，遂开始实施第二步策略，它们批出新股，邀请有实力、有影响力的中资集团加盟，目标正是中信香港集团。

但是，荣智健的收购建议以及太古集团伸出的橄榄枝，在一开始并没有打动中信香港集团董事局。不仅如此，来自中信以外更上层的反对声音很快就淹没了荣智健的声音。有人质疑："一个英资企业，一个华资企业，中信不去扶持华人的航空公司，反而去成全英资国泰，中信到底是中国人的中信还是英国人的中信？"而这一点也成为中信香港收购国泰航空的主要障碍之一。

即便是在香港的资本市场，这种似曾相识的、带有很强民族主义味道的质疑声，也同样会影响一些人的判断。

荣智健不服，绕道北京继续做工作，他首先说服了王军，然后得到了荣毅仁的支持，最终赢得了中信董事会大多数人的赞成。荣毅仁让他写两份报告，一份给中信集团，一份给国务院。

荣智健回忆说："我们分析了差不多 6 个月，觉得国泰航空盈利前景看好，经营完善，管理队伍优秀，就打报告给总公司和国务院，结果不到 5 天就得到批准。而且国务院还拨给我们 8 亿港元，作为中信香港的资产，从资金上支持我们。"

1987 年 1 月 27 日，新华社发布消息："中国国际信托投资公司授权中信（香港）有限公司与太古集团、汇丰银行有关方面洽谈合作项目，三方经过友好协商，决定收购国泰航空公司 12.5% 的股份。这是中信公司海外投资的又一重大项目。"

中信香港集团以 19.36 亿港元购入国泰航空 12.5% 的股份，成为其第三大股东。

此间媒体评价说：中方的着眼点是商业利益，未将商业问题政治化。国泰有了港资与中资成分，为其顺利过渡到 1997 年后，奠定了良好的基础。

荣智健的下一步计划是——收购国泰航空后，再伺机收购港龙航空。这一目标在 3 年后顺利达成。时任中信香港集团董事长的王军后来特别披露了其中细节："曹光彪先是找的港中旅，签了收购港龙航空的意向，但谈得并不愉快，后来就找了中信，曹光彪与荣智健及中信都建立了很好的关系。"

1990 年 1 月 17 日，中信香港、港龙航空、太古集团以及国泰航空之间完成了复杂的一揽子交易：

• 中信香港买下曹光彪持有的 65% 港龙航空股权；

• 中信香港将港龙航空 14% 的股权，即 8 000 万股转让给太古集团（国泰航空的母公司），自持 51%；

• 太古集团将其中 4 000 万股转让给国泰航空；

• 港龙航空定向增发 2 亿股予国泰航空。

其后，中信香港又将部分港龙股权转让给国泰航空，国泰航空占大股。通过重组，港龙航空成了国泰航空的子公司，从而结束了两家航空公司长达 6 年的恶性争斗。港龙航空的业务委托国泰航空管理，由港龙航空专司内地航线。这样，在资源整合后，国泰航空的盈利再度提升。

对国泰航空的收购，中信香港小试牛刀。

＊　　＊　　＊

　　1984 年开始，香港出现了一个新词——"九七大限"，无论褒贬，这反映出香港各界对前途的担忧。一些企业出走，一些人移民加拿大、澳大利亚。但是，也有一些香港的重要企业选择与中资背景的企业合作，以求得生存发展。谁都能看得出，与中国内地许多部门在香港的窗口企业不同，中信香港集团绝非简单的政府或国企窗口，它超越了其母体，而更接近西方所熟知的商业伙伴。

　　为此，在国泰航空之后，香港电讯公司也找到了中信香港集团。

　　香港电讯是香港主要通信经营公司之一，属于环球通信机构——英国大东电报局集团的成员公司。大东电报局占香港电讯 54% 的股份，是控股股东。1981 年，大东电报局在香港成立香港大东电报局，接管香港对外电信，并使用香港电话公司的本地网络进行运营；1983 年，大东电报局收购香港电话公司的全部股份；1986 年，香港大东在港上市，第二年又与香港电话公司正式合并，更名为香港电讯有限公司，从而成为香港最大的上市公司，市值达 650 亿港元。

　　为了从长计议，大东电报局决定出让香港电讯公司部分股权，但只有一个条件，收购方必须是一家真正具备实力的中资公司。中信香港集团成了不二之选。

　　时值 1989 年春夏之交，中国北京时局动荡。1989 年 6 月 5 日，星期一，受北京政局的影响，香港股市骤然下挫，恒生指数狂跌 581 点，报收 2 022.15 点，跌幅达 21.57%。20 天前的 5 月 15 日，恒生指数为 3 329.05 点。

　　香港人心惶惶，纷纷在股市上套现或紧急抽资，更有许多工商业者开始搬厂外迁。车站、码头、机场，人头攒动，人们携带细软辎重，举家外迁。

　　见此情景，香港电讯的大股东们更加惊慌。与别的企业不同，香港电讯即便搬离香港，它所有的客户也不可能随之离港。它历经百年打下的根基将一文不值，它的江山将顷刻颠覆！面对如此前景，香港电讯的大股东们个个心急如焚。

　　只有中信这一根稻草了。

　　香港电讯与荣智健商量，定向转让 20% 的股权。

　　荣智健立刻意识到，机会真的来了！

　　荣智健马上召开董事局会议。他说："股价下跌，英国大东要出卖香港电讯的股份，这正是我们参股的大好时机。"

　　此刻，北京的戒严令尚未解除，全世界都对此无比关注。但事实上，真正了解中国政治的人都明白：中国的改革开放绝不可能逆转，已经打开的国门绝不可能关闭。30年封锁，中国政府都没有放弃香港，今天，"九七"回归日益临近，在这样的时刻，中国政府怎可能坐视香港的局势混乱，怎可能罔顾香港的金融动荡？

中信香港集团董事局一致看好香港的未来，对中信收购香港电讯一案一致赞成，收购意向案当场被通过。

20%的股权意味着至少100亿港元。这一次，王军和荣智健要想说服上级领导部门，恐怕要费一些周折。而且不仅仅是资金问题，还有政治问题。

中信的收购意向，让香港电讯的大股东们大喜过望。香港电讯董事局迅速做出同意的决议。他们反倒担心中信变卦，郑重其事地致函中信香港集团，告知了香港电讯董事局的决议。

"他们的特殊背景不容忽视，特别是在当时比较动荡的时候，又要为'九七'考虑，所以大家基本上都同意和中信合作，出售股份给他们，才可能共渡难关。"香港电讯一位董事局成员后来对记者这样说。

一个非常好的开头！荣智健立刻赴北京请示中信总公司。他很清楚他面对的最大问题将是关于资金的诘问。果然，北京方面最为担心的就是其中的资金风险。收购香港电讯20%的股权，需要100亿港元，而中信香港公司仅有20亿港元自有资金，如何撬动数百亿市值的大财团？

荣智健提出：

1. 发行10亿港元5年期香港电讯认股权证；

2. 发行2.24亿美元（约合17.5亿港元）零息债券；

3. 向银行贷款54亿港元。

如此多管齐下，资金缺口很快就能补齐。荣智健信心满满，末了，他还特别提出，此次收购的所有资金都不需要国家花一分钱，也不需要总公司掏一分钱。

但是，北京的工作在最高层卡壳了。

在国务院举行的第一次专门会议上，荣智健详细介绍了收购香港电讯的方案。

徐昭隆代表中信公司莅会，他听着荣智健的发言，心里暗暗着急。20年后，年逾九旬的徐昭隆还清晰地记得那个会场上的气氛：

"有二三十人，国务院几个部委都来了，我和荣智健去的，让智健在会上介绍情况。在香港待久了的荣智健年少气盛，态度很不谦恭。在座的人对他的发言很冷淡，所以当场就否决了中信的收购方案。荣老很着急，这么好的机会，如果不做，太可惜。后来荣老就病了。第二次会议我没参加。"徐昭隆所说的第二次会议，是王军和荣智健参加的，他们当场回答了许多问题。

有部门提出，炒股票不能这么干，100亿炒1家股票。

王军回答，我们不是炒股票，是长线投资。

有专家提出："你们这么干汇率风险太大。"

王军说："我们贷港币，买港币资产，收入也是港币，不存在汇率风险。"

国务院会议依然没有结果。

王军没有罢休，他找到有关部门，力陈收购香港电讯之意义。王军说："英资要跑谁也挡不住，其结果就是美资、德资、法资进来。这个时候，在香港回归前，所有的英资机构都会找中资，我们收购香港电讯，是将英资留在香港的最好途径。在香港回归以前，中资企业应该在尽可能的范围里进入香港的有关国计民生的领域，介入香港经济，尤其是公用事业，我们才好讲话，否则都在英资手里，以后英资出了麻烦，我们就不好办了。"

在这关键时刻，邓小平又一次出面。他接见了几位主要中央领导人，高屋建瓴地表明了自己的态度，鼓励大陆的国有公司加入香港基础设施建设。

至此，中国高层终于为香港电讯收购案亮起绿灯。

中信集团董事会也终于批复了中信香港关于收购香港电讯的请示，但"批复"也特别提出：收购资金必须由中信香港自己解决。

所有的计划按部就班执行。中信香港集团向十几家境外银行发出了贷款申请，均获批准。但由于没有中国银行的担保，贷款利率较高。1990年2月14日，中信香港超额完成了全部融资安排，没有动用国家一分钱。最终，中信香港以每股作价4.55港元，斥资103亿港元完成了对香港电讯20%股权的收购，使得中信香港一举成为香港最大上市公司香港电讯的第二大股东。

从此，中信公司理直气壮地直接从大门进入了香港的电信领域。作为公用事业最具增值潜力的爆发点，在后来的日子里，电信行业受益于移动通信、互联网技术的革命性跃进，获得了突飞猛进的发展。中信香港也因此获益良多。对于香港电讯的其他股东而言，中信的进入，无疑给了他们一颗定心丸，每个人都长舒了一口气。

中信收购香港电讯一案，在1990年被英国《世界金融》杂志评为当年世界最佳融资项目。

荣智健回忆说:"那次行动不是心血来潮,我们看香港电讯看了两年,觉得这家公司的盈利前景好。1989 年,香港电讯股价大跌,那个价钱怎么也买得过,我就向北京讲了这事。北京方面开始不大了解实情,加上北京政治风波的影响,形势就比以前要复杂得多,顾虑重重。我回去了几次,最后才得到同意。不过,他们要求我少买一点,最好买 10%。我不同意,说要买就买 20%。那次收购,连我们的母公司也没有给我们担保,不用说中国银行了,完全是靠本地的融资。"

1993 年,香港电讯股价大涨,从中信收购时的每股 4.7 港元涨到每股 10.2 港元。

1987 年中信香港集团成立时,中信公司仅仅拨款 2.39 亿港元。到 1990 年农历新年到来之时,中信香港集团已持有国泰航空 12.5% 股权、香港电讯 20% 股权、港龙航空 38.3% 股权、香港东区海底隧道 23.5% 权益、澳门电讯 20% 股权,加上其他房地产等业务,其总资产近 200 亿港元。

香港媒体惊呼:中信在"收购"香港!

多年以后,王军回述这段历史,对荣毅仁依然充满了深深的敬佩。

"公司收购兼并是荣老板开创的。当时香港是一个渠道,必须要弄。香港的贸易都被华润控制了,(中信)若搞贸易就和他们打架,不合适。在香港搞金融呢,又都被中国银行控制了,中资机构内部打架不合适。所以,我们就走公司收购兼并的路子。在收购香港电讯之前,嘉华、泰富已经开始了这条路。"

当中信公司在香港这个国际大都市高调进军,并越来越深地影响到香港 600 万人的生活时,却很少有人了解,在刚刚过去的 1989 年,作为中国对外开放窗口的中信公司和荣毅仁本人,却遭遇了严重挫折。这一年,国家不幸,中信也同样面临劫数。但是,在逆境中,中信公司坚守自己的信念,利用自己独特的优势,打破封锁,为国家排忧。

"苟利国家生死以,岂因祸福避趋之",这是荣毅仁的人生信条,也是中信公司的原则。

第十二章　1989 大棋局

1989 年，中信整整 10 岁了。

中国的改革开放历经 11 年，从计划经济到市场取向改革，两种体制的冲突，两股势力的较量，终于走到了矛盾爆发的临界点。这是一个命运多舛的年头，是每一个社会主义计划经济国家在市场取向改革过程中都曾遭遇过的危机时刻。特别是此前连续数年经济领域中出现种种无序和混乱，致使民众对腐败和"官倒"的激愤交织在一起。"火山"在 1989 年春天借势喷发。

中信公司在毫无准备之时，突然深陷其中。

1989 年，中国的改革开放历经 11 年。改革的应有之意就是放开、搞活，对于在卖方市场下的短缺经济而言，理顺价格，让市场担负起配置资源的作用，这是改革的基本方向之一。同样，调动市场各方主体的积极性，放权让利，让非国有的市场参与者获得激励，得以公平地进入市场，也是改革的基本方向。

中国的改革是从小岗村起步的，"交够国家的，留足集体的，剩下的都是自己的"，这一联产承包责任制从根基上动摇了人民公社制度。当国家提高粮食价格后，农业才获得了大幅增长，长期受困的农民才真正翻身。大批乡镇企业如雨后春笋，在国有计划之外异军突起，不仅仅是拾遗补缺，更创造了大量的就业机会和社会财富。经济特区的建立，是在共和国的土地上，用资本主义的经营方式，发展出可以让国有大一统的经济做比较的样本。而中信这一改革开放窗口，更是给体制内的国有企业树立了一个强有力的竞争对手。

回首 20 世纪 80 年代的改革，整个中国经济成了"双轨制"经济，双轨制是中国渐进式改革最重要的特征。所谓"双轨制"，就是"市场轨"和"计划轨"并行，它使得中国的改革能够在保持经济系统基本稳定的前提下，孕育出市场的力量。是谓"管住存量，放开增量"，其结果是增量的积极性远大于存量，非国有经济的比重越来越大，旧体制得以向新体制转换。

整个中国都是这样的双轨体制，计划与市场，国有与非国有，体制内与体制外，10年时间，处处都可以见到后者的顽强、拼搏、夹缝中求生存的勃勃生机，这一切都是对传统计划的颠覆，对陈旧思维的革命，对僵硬体制的冲击。

但是，从1985年以来实行的"双轨制价格"，在创造性地推动市场力量发展壮大的同时，也显露出自身难以克服的缺陷。双重体制必定带来严重问题，特别是当双重体制呈现胶着状态时，双轨价差——计划价格和市场价格之间的价差，就形成了巨大的租金，租金带来腐败是不言而喻的。1988年，专门有学者估算了中国各种许可证、配额和管制价格一年的"租金"，总额达3 000亿元，占国民收入的30%。有经济学家引入国际上已有的研究成果：管制带来寻租，寻租造成普遍的腐败。因此人们期待中国经济改革加快步伐，从根源上减少腐败。

更严重的是，自1987年以来，至1988年，中国经济严重过热，总需求远远大于总供给，而货币政策的失策更使得通货膨胀失控。在这样的宏观经济环境下，双轨价差不断拉大，从而创造了更庞大的租金，带来流通领域中各类公司为逐利而骤增，环节加多，一些政府机构、企事业单位以及个人竞相寻租，其中就有一些被人们痛恨的"官倒公司"。这种不断助长的腐败，逐日高攀的通货膨胀率，使当时的中国"乱象丛生"。

面对流通领域的种种乱象，中央决策层达成共识：长痛不如短痛。只有放开价格，双轨并一轨，才能遏制"双轨制"的弊端。5月19日，邓小平接见朝鲜代表团时谈到价格改革："理顺物价，改革才能加快步伐。"

中央终于做出了价格"闯关"的决定。1988年8月15日至17日，中央政治局召开北戴河会议，讨论并通过了《关于价格、工资改革的初步方案》。但是，这成为新中国成立以来最大的一场抢购风潮的导火索。城乡各地，到处可以看到用浴盆囤积酱油、用麻袋囤积食盐的疯狂消费者，连续数年的积压物资被抢购一空。1988年，零售物价指数突飞猛进，比1987年上升18.5%，其中12月份同比上升26.7%。伴随几次抢购风潮，经济秩序愈加混乱。

价格改革闯关严重受挫，中央政策迅速改弦更张，8月30日中央宣布采取措施整顿经济，"物价闯关"紧急叫停。中央提出了"治理整顿、深化改革"的方针。

措施主要有：（1）加强对物价的调控；（2）提高银行储蓄利率；（3）压缩社会集团购买力；（4）压缩基建规模。当时，还有一项重要措施就是——清理整顿各类公司。

9月13日，国务院副秘书长白美清主持召开国务院有关部委参加的会议，落实中央领导关于坚决查处"官倒"案件的指示，决定由监察部牵头会同国家工商局等单位抓紧查处"官倒"案件。

1988年10月3日，中共中央、国务院发出《关于清理整顿公司的决定》。文件提出，这次清理整顿的重点是1986年下半年以来成立的公司，特别是综合性、金融性和流通领域的公司。主要解决公司政企不分、官商不分、转手倒卖、牟取暴利等问题。

在一片反"官倒"声中，五家特大型公司成为众矢之的。它们是：光大实业公司、中国农村信托投资公司、中国康华发展总公司、中国工商经济开发公司和中国国际信托投资公司。而康华更是首当其冲。

整顿首先从审计开始。根据中央指示，国家审计署兵分五路，进入上述五大公司。

1988年10月，中信在一种十分复杂的心情中迎接国家审计署副审计长李金华带队的审计小组。

荣毅仁表态说："国家审计署对我公司1987年度财务状况进行审查，我欢迎。外国大公司的年报，都要经有资格的审计师审查签字后才能公布，才能向股东做报告。我国也应确立这种制度。我希望通过这次财务审查，能帮助我们发现问题，以便改进工作。"

荣毅仁沉吟了一下又说："我们这样大的公司，我不能保证一点问题也没有，但我可以保证，有了问题一定改正。"

经过80年代中期以来的高速发展，中信的组织结构迅速扩张，据悉，在80年代最膨胀时，中信的子孙公司多达800家。中信核心对边缘的控制力渐趋弱化。凭借自己的先行优势，面对双轨制条件下种种诱人的利益，荣毅仁确实不能保证他的属下"没有问题"。

但是，与其他四家公司不同，中信的业务主要不在流通领域，而是在生产、投资领域，用常振明的话来说，"学生们不懂，中信不是贸易公司，中信始终没有在这方面下功夫。"中信也并非"1986年下半年以来成立的公司"，本应不在"清理"

的范畴。但是，中信因其特殊背景，也同样被划到了"官倒"之列。

10个月后，国家审计署审计长吕培俭在国务院会议上公布了对五大公司的审计结果。认为上述公司在经营中存在违反行政法规的问题，被处以罚款和补交税金共5 133万元。违法违纪人员，将给予政纪处分直至追究刑事责任。

在谈到中信时，审计署认为，中信公司成立以来，业务发展较快。几年来中信以良好的信誉，在国内外发行公司债券，举借中长期贷款，吸收各种存款，引进外资，对国家建设起到了积极的作用。这次审计查出的主要问题有买卖外汇不合规定和超越经营范围、倒卖紧俏物资等。决定没收非法所得、处以罚金并补交税金。

对上述结论，荣毅仁持有不同看法，比如"超越经营范围"的问题，过去10年，中信所做的大量工作当然早已超越了"信托"的范围，但是作为中国对外开放的窗口，中信的使命是党中央赋予的。但荣毅仁并没有争辩，他所处的位置和他所受的教养都要求他只能更加自省和自律。

1989年7月13日，中信召开处级以上干部会议，荣毅仁对大家说："大家关心的是'官倒'问题，我们的主要业务不在流通领域，也没有高干子弟利用特权营私舞弊。审计署提的问题，有几个我们确实违背政策。中信风格头一条就是'遵纪守法'，我们做得不够，该罚就得要受罚。"

一种黯然而灰色的情绪在会场上弥漫。

这一年，中国康华发展总公司在一片喊打声中被首先关闭。五家公司中，康华的规模最大，今天连康华都撑不住了，人们对另外四家公司命运的猜测和担忧，纷纷扰扰，令人烦心。有海外媒体评论说，对中信的处罚，其实"是有政治意义的"，中信成了党内保守派的"政治靶子"，等等。

1989年8月20日出刊的《中信人报》，郑重地在头版刊发了江泽民任上海市委书记时的题词："发扬中信开拓精神，为振兴中华推进上海的改革开放多做贡献"。这是一年前江泽民为中信上海公司开业时题写的。1989年6月，在中共十三届四中全会上，江泽民已经当选为中共中央总书记。《中信人报》此举可谓煞费苦心。

1989年8月25日，荣毅仁向中央政治局常委、国务院副总理姚依林汇报情况。荣毅仁此行当然是希望得到一颗定心丸。3年前，荣毅仁至为信赖的政治家叶剑英委员长故去，在荣毅仁心目中，如同一棵擎天大树倒了。在荣家客厅正面的墙上，一直挂着叶剑英亲笔书写的条幅——"满目青山夕照明"。1989年风雨来袭之时，荣毅仁更加怀念这位令人尊敬的领导者和老朋友。

那天在中南海姚依林办公室里，姚依林明确对荣毅仁说："国务院对中信的工作是肯定的，对你是信任的。"

听了这话，荣毅仁的神色舒缓了些许。姚依林甚至还建议荣毅仁"利用中信10周年的生日，好好做做宣传"。

为了安定人心、鼓舞士气，9月2日，中信公司再次召开了处级以上干部会，距离上次会议刚刚过去50天。荣毅仁首先在会上讲话，他说：中央领导肯定了我们公司10年来发挥的积极作用，并勉励我们在今后的工作中继续发挥作用；同时，领导们也指出公司业务发展太快，面铺得太广，人力分散，不利于业务发展。今后要考虑专业性，有重点地发展业务，并要在经营管理上下功夫，使之与业务发展相适应。

总经理徐昭隆接着发言："中央、国务院领导在与毅仁同志的谈话中已明确中信公司继续保留，集团不拆散，名称不改，业务范围可根据实际情况不受名称局限……"

会场上出现了久违的兴奋和掌声。

但是，此时此刻，台上的荣毅仁其实内心并不轻松。

中央的治理整顿才刚刚开始，将走到哪一步谁心里也没有数。中国已经出现了经济骤然紧缩萧条的局面，中信公司的国内投资业务受到了极大影响，资金短缺的情况立刻出现，不少项目不得不推迟施工；已建成的项目则由于国内市场疲软，出口亦受阻，加之管理上的问题，经济效益普遍不佳。

而中国当时所面临的国际形势更加严峻，西方国家加大了对中国的制裁力度，对于中信这样一个负债经营、外向依赖度极高的公司来说，不确定的外交形势是十分不利的。外商已经取消了与中信签订的大批订单，出口贸易锐减；由于政府贷款中断，利港电厂建设被迫推迟；中信已经不可能再在海外发债，而还债高峰却已临近；中信参资的平朔煤矿，外方雇员和家属全部撤走；亚洲一号卫星还在美国休斯公司的库房里，没能如期出境；就连巧克力大厦也有80%的租户拔腿而逃。

高血压和哮喘病再次袭击了73岁的荣毅仁。

此时，在中国境外，因为"1989年政治风波"，各种势力都在做着自己的文章，而反华力量最为集中的显然是华盛顿。但仔细辨别，还是能够看出白宫与国会之间的差异，也能看出朝野之不同。后来，中信正是利用了这种差异和不同，才帮助自己更早地摆脱困境，也为中国更早地走出僵局尽了一己之力。

在当时的特殊环境下，如此使命，唯有中信方能担当。这绝非溢美之词。

＊　＊　＊

1989 年 6 月 5 日，当北京街头稍稍平静下来，大洋彼岸的美国却响起了一轮又一轮不断高涨的制裁呼声。以共和党参议员赫尔姆斯和民主党众议员索拉兹为代表的国会议员们纷纷打电话到白宫，要求总统布什断绝与中国的外交关系，召回大使，断绝与中国的高科技贸易，对中国实行最严厉的制裁。

同一天，人权观察组织向布什发出一封公开信，敦促他对中国实行全面制裁：召回驻华大使，取消中国的最惠国待遇地位，暂停贸易发展计划和海外私人投资公司项目下的各种商业刺激措施，终止所有军售，禁止向中国进一步转让技术，以及反对国际机构向中国发放贷款。

参议员赫尔姆斯和众议员索拉兹同时在"面对全国"电视栏目中露面，要求对北京政治风波做出更强烈的反应。索拉兹还警告说："如果总统在这个问题上不采取主动改变美国的政策，国会将代他做。"

在这种情形下，6 月 5 日，美国总统布什签署命令，停止一切对华政府间和民间的军品销售，停止审议对中国放松出口管制政策。

三天后，布什在记者招待会上说，如果中国目前的局势得不到改善，美国将在适当时期采取进一步措施。但他同时又说：与中国"保持良好关系是符合美国利益的"，"我想做的是尽我所能保持这种关系，我希望未来的局势能允许我保持这种关系"。

就在同一时刻，美国格鲁曼飞机公司接到美国国防部通知，令在该公司工作的 40 名中国工程技术人员离开，中断改良中国 55 架歼 8 型战斗机的 5 亿美元合同。

9 日，美国科学院院长普赖斯通知中国科学院院长周光召，暂停两国间的科学交流活动。

13 日，美国商务部取消了向中国出售核电厂的许可证，这批设备价值 5 亿美元。

在国会的压力下，6 月 20 日晚，白宫宣布了新的制裁措施，包括：（1）暂停同中国一切高层（助理国务卿以上）互访；（2）中止海外私人投资公司对在华经营实业的公司提供帮助；（3）反对世界银行和亚洲开发银行新的对华贷款事宜，这影响到 10 亿美元的对华投资。

但是，就在签发上述制裁令之后，布什在灯下给邓小平写了一封信。整整 10 年后，这封信才被媒体披露：

> ……公开的，我们立即谴责了中国的所为并呼吁制裁。私下里，我给一位老朋友写下了这封苦恼的信。
>
> 给你写信，我并非试图同一个中国领导人周旋，我是作为一个老朋友，一个真正的 "lao pengyou"。
>
> 出于这种考虑，我写信请你帮助，保持我们都认为十分重要的（美中）关系……

布什在信中说，除了两国的大使之外，希望能有"特别管道"保持两国交往畅通，他问邓小平，中方是否同意接受华盛顿的秘密使者。布什知道这一举动一旦泄露，他将十分被动，因此他只让国家安全事务助理斯考克罗夫特、贝克和白宫办公厅主任苏努努看过这封信。

6 月 21 日，斯考克罗夫特亲自把信交给了韩叙大使，同时表示，布什想以秘密方式与邓小平直接沟通。

钱其琛回忆说："第二天，小平同志就复信布什总统，指出中美关系目前面临严峻的挑战，他对此感到担心，因为这种关系是双方多年共同培养起来的。为了避免中美关系继续下滑，小平同志表示同意布什总统的建议，在双方绝对保密的情况下，欢迎美国总统特使访华，并愿亲自同他进行真诚坦率的交谈。"

布什当即决定派国家安全事务助理斯考克罗夫特为密使。

1972 年尼克松访华时，斯考克罗夫特是国家安全事务副助理，基辛格的副手；1975 年又曾随福特总统访华，会见过邓小平；1981 年福特作为前总统访华时，斯考克罗夫特又随同前来，再次见到邓小平。

6 月 30 日，斯考克罗夫特和伊格尔伯格开始了他们秘密的北京之行，一架黑色的美国空军 C-141 运输机承担了飞行任务。

飞机正在飞越太平洋的时候，美国众议院以 418 对 0 票通过了对中国制裁的修正案。修正案要求把对中国已经实施的制裁用法律形式确定下来，并提出了新的制裁措施：把出售武器的禁令扩大到警察装备，暂停实施一项在中国促进美国贸易和投资机会的计划，中止执行核合作协议，等等。

几乎是同时举行的欧共体最高级会议上，也通过了一系列决议：推迟向中国提供经济援助，暂停与中国政府官员的接触，不向中国提供新的贷款，以及终止与中国的军事接触等。后来的七国集团会议也采取了类似立场。日本加入了对中国制裁的行列。亚洲开发银行和世界银行停止向中国提供新的贷款。总共有20多个发达国家参与了对中国的制裁。

美国总统特使的专机是从华盛顿郊区的安德鲁空军基地起飞的，在飞行日志上，目的地是日本冲绳。机身上的美国空军标志被除去，机组人员换上了便装。因为这次飞行极其保密，飞机在飞近中国领空时，被中国军方雷达捕捉到信号，军方高度警戒，并层层上报到了负责中央军委日常工作的杨尚昆，才避免了一场误会。当飞机到达北京时，没有一位美国使馆的官员在场。因此，在北京的美国使馆中没有任何人知道这次秘密访问。

7月2日，邓小平在人民大会堂福建厅会见了斯考克罗夫特。邓小平说："布什总统要站在美国的利益上讲话，我和中国其他领导人，也只能站在中华民族和中国人民利益的立场上讲话和作出决定。"

谈话中，斯考克罗夫特坦承："我这次来华，不是谈判解决目前中美关系中困难的具体方案，而是解释布什总统所面临的困境和他要努力维护、恢复和加强中美关系的立场。"

邓小平批评布什对政治风波的处理，"美国卷得太深了"，"这个问题不是从两个朋友的角度能解决的"，"中国没有触犯美国，任何一个小问题都没有触犯。问题出在美国，美国在很大范围内直接触犯了中国的利益和尊严。"邓小平严肃地说："中国领导人不会轻率采取和发表处理两国关系的行动和言论，现在不会，今后也不会，但在捍卫中国的独立、主权和国家尊严方面也决不含糊。"

"绵里藏针"的邓小平给美国画出清晰的底线，同时，也为冰冻的中美关系指明了融解的方向。中国国内和国外的绝大多数人都不知道，1989年6月4日的一个月后，坚冰开了一丝小缝隙。

* * *

中信正是在这样的背景下迎来了它的10岁生日。从夏天到秋天，荣毅仁的身体一直很不好，除了血压高、哮喘病等老毛病，有一度甚至得坐轮椅出行。这一年来，反"官倒"的人把中信当作了最大的"官倒"；亲西方的势力则认为荣毅仁正被当局贬黜；那些一直对中信有看法的老牌计划经济思维者，认定中信是走过了，遂又弹起了姓"社"姓"资"的老调；一些行政主管部门更是在国家利益的名义下，对中信采取了种种围堵策略；也有不少曾经支持过中信的人在这样一个敏感的时候选择了沉默。

但是，就在这个时候，有一个人旗帜鲜明地站了出来。

1989 年秋天，81 岁高龄的国家副主席王震要亲自为《中信十年》纪念册作序。

在这篇 1 300 多字的序言中，王震从 10 年前他与邓小平、叶剑英邀请荣毅仁出山开始谈起，谈到邓小平在人民大会堂会见工商五老，又谈到了他与叶剑英等中央领导一同参加的中信第一届董事会。他系统地回顾了中信诞生和成长的经历。

他写道："由于政策正确、方法对头，中信公司从成立之初就具有强大的生命力。10 年来，努力开拓创新，不断发展业务，为我国的对外开放事业做了不少工作……这些成绩里，凝聚着毅仁同志和全体职工兢兢业业、勤奋工作的汗水。"

作为国家领导人，王震在耄耋之年竟如此细致、不惜笔墨地回溯往事，显然并非简单叙旧，而是有其更深一层的目的，他要为中信正本清源，他告诉世人，中信是在邓小平、党中央的亲切关怀下成长起来的，根正苗红，不可轻易撼动。

王震最后写道："中国是一个发展中国家，在当前世界经济发展客观形势下，实行改革开放。作为改革开放的产物和窗口的中信公司，我是支持的！"

王震旗帜鲜明、掷地有声的文章后来发表在 10 月 4 日的《人民日报》上，这也是王震的良苦用心，他要把这种声音传出去，让更多海内外的人们都认识中信、了解中信，并且要让人们了解中央对中信的态度。同时，也是让世人听到中国继续改革开放不动摇的信号。

这让荣毅仁激动万分。

*   *   *

从 1989 年夏天开始，中国 GDP 增速大幅下降，由上一年的 13.54% 急速下滑至 4.45%，下降幅度超过 9 个百分点，宏观经济的主要矛盾由通货膨胀迅速变为经济衰退。中国对外合作的许多项目突然都停滞了，工商业活动不振，改革开放激发起来的创业和创新的精神被压制而陷入彷徨，十三届四中全会确定的治理整顿方针还在执行，还要面对西方的制裁。1989年，中国的经济和改革陷入低潮。

僵持的局面必须松动，坚冰必须打破。但是，政府层面的中西交往全部停止，从哪里开始迈出第一步？

新组建的中国最高决策班子要在世界面前亮相，舞台又在哪里？

仿佛又回到了10年前。那时候的邓小平需要一个懂资本主义的人来与资本主义打交道，于是就有了中信这个对外开放的窗口。今天，当许许多多大门和窗户又被迫关闭的时候，中信这个窗口就显得格外重要，它要展现中国新领导层继续改革开放的决心，展现中国这块依然充满了激情的投资热土，展现中国作为国际资本的安全岛效应，展现中国人的平和、热情、真诚和期盼……

在1989年的时局棋盘上，荣毅仁以及中信公司将成为关键的一枚棋子，凭借特殊的身份——民间的而非官方的、国际知名企业家而非国家领导人、昔日的资本家而非共产党员，他将代表中国开放胸襟，邀四海宾朋，迎天下友人，此时此刻，荣毅仁的身份无人可以替代。

1989年秋天，荣毅仁以中信公司董事长的名义，向全球知名的企业家、银行家发出邀请，邀请他们在中信10周年的时候，到北京参加由中信公司举办的中外经济合作研讨会。从1984年开始，这已经是中信的第二次中外经济研讨会了，但是这一次被赋予了极其特殊的含义。

对每一个接到邀请函的人来说，又是兴奋却又有些犹豫。兴奋的是终于有机会亲眼看一看中国真实的局势，有机会与老朋友相聚。但是，在国际舆论一边倒的情形下，与中国亲密接触，难免会遭人攻讦。

但细细思量，仅仅是参加一个中国企业的会议，并非官方邀请，且这家企业并非一家简单的中国国企，而是一家跨国公司，更何况邀请者荣毅仁先生是美国《财富》杂志评选出的全球50位知名企业家，这就为阴影下的许多美国商人和前政要扫除了麻烦。

因此，邀请函发出，最初应者寥寥，临近金秋，却突然报名踊跃。

9月30日，荣毅仁在预备会上说，日本一些人士原来吞吞吐吐，后来要来的人渐渐增多，甚至不请也要来。他们大都是想来看看，摸摸情况，生意人嘛，总还是要做生意的。

荣毅仁说这话的时候，虽面带笑容，心情却并不轻松。因为，无论是中信还是他个人，所搭建的舞台、所扮演的角色、所承担的责任，早已超出了一家公司和一个商人的本分。

会议的组织者遇到了极大的麻烦，人数一变再变，规模不断扩张，接待方案好不容易定下来，却突然在一夜之间被推翻。客房、车辆、安全、翻译、餐饮，哪个环节也不能出差错。

1989 年 10 月 2 日，中外经济合作研讨会在北京长城饭店召开。来自 15 个国家和地区的 170 多名前外国政要、知名企业界、金融界人士及其夫人、助手参加了会议。田纪云副总理出席开幕式并发表演讲。他更多地谈到了中信。他说："中信公司成立 10 年来，在国际金融、投资实业、引进技术、拓展贸易、咨询服务、培养人才等方面，与许多国家和地区及各界广泛发展合作，做了大量卓有成效的工作，已成为我国对外经济工作的一个重要窗口。"

当时，为客人所想，避免可能给他们带来的麻烦，外事部门特别关照，新闻报道不要提来宾的名字。文字记者好办，不写名字就是了，可是电视记者就麻烦了，要特别慎重地选择镜头，不能让来宾的正面形象入镜。

20 年后的今天，翻开中信档案柜里的记录，再次阅读当年的文献，谁都可以感受到荣毅仁以及中信为打开中外关系的僵局做出的不懈努力。

会上，来宾们对中国当前的局势及未来有着诸多疑问：

改革开放的政策是否还将延续？

对外资的态度如何？

继续在中国投资将可能遇到什么样的麻烦？

资本是现在就进入中国还是应该再等一等？

会不会存在安全问题？

诸如此类的问题其实不仅困扰着现场的嘉宾，也是西方国家想同中国做生意的所有人的苦恼。

国家计委副主任甘子玉、国家体改委副主任高尚全、对外经贸部副部长沈觉人、财政部副部长项怀诚、国家外汇管理局局长唐赓尧、对外经贸部部长助理周小川等有关部门的领导参加了研讨会并回答了来宾们的问题。这如同一场综合性的答记者问，把这么多重量级的人物集合在一个会场，零距离地交流和沟通，传达着中国政府的声音，这在 1989 年那些个风风雨雨的日子里，显得多么难能可贵。

10 月 2 日晚，国务院总理李鹏出席了荣毅仁举行的招待会。招待会的地点选择了什刹海边的恭王府。这是一个清雅而幽静的所在，庭园内古木参天，怪石嶙峋，环山衔水，亭台楼榭，廊回路转，徜徉于园中犹如漫步在山水之间。山水寄情，这或许更体现了主人对来宾的拳拳情谊，而往日正襟危坐的官员们此时也放松心情，开怀而笑。

李鹏对客人们说：荣老板今天请各位到的是恭王府，是清朝一位亲王的住宅，有名的中国古建筑，各位大概看了会感兴趣，今晚还有演出，希望大家能欢度这美好的夜晚。

有着理工科背景的李鹏，在那个晚上，谈起了孔子：孔子说过，三十而立，四十而不惑，中国已经是不惑之年，不管出现什么风波，我们都愿与世界上一切爱好和平的国家友好相处，继续进行经济技术合作和贸易往来，这是不会变的。

微风拂面，秋色宜人，盈盈水波，灯影旖旎。醉人的夜色中，黑格不禁想起了当年第一次见到周总理的情形，他说那天晚上他一气喝了 13 杯茅台酒。李鹏听后忙叫人上茅台，他要与黑格将军对饮。偏偏恭王府里没有备茅台酒，中信办公厅公关处的人赶紧外出寻购，这才遂了两人的心愿。

第二天下午，中共中央总书记江泽民会见了全体会议代表。这次会见意义不同寻常。

江泽民首先说：昨晚李鹏总理已经和各位代表交换了意见，我完全赞同，大的问题都已谈过了，今天让我们来创造一种气氛，不拘形式，轻松愉快尽情地交谈吧。也许各位怕记者报道出去，回去产生麻烦，今天有没有记者在场？（回答：有）请记者注意，这次会见的报道我想好了，只说这样一句话：宾主是在非常友好的气氛中进行了广泛的交谈。会场的气氛顿时轻松起来。

《荣毅仁》一书中记录了当时来宾对江泽民的提问：

> 黑格说："这次研讨会开得非常及时，讨论了重要问题，我们商界最关心的是在中国做生意，是否仍有利可图。我们了解到中国的大门仍是敞开着的，这条至关重要。"
>
> 河合良一说："在今天和昨天的研讨会上，我们听到各种不同意见，十分感兴趣，中国一再强调开放方针不变，我想只提一点，有些具体政策规定如能做出，希望尽快通知我们。"

荷兰飞利浦公司的戴克还是欧共体实业家圆桌会议主席，代表着 40

多家欧洲大企业。他同样认为，中国的开放政策变不变，是外国企业家最关心的。

威廉·沙伊德说，克虏伯公司在 1982 年即与中国有贸易往来，贸易有高潮有低潮，过去几年达到了高潮。我们不仅想听到你们的保证，还想见到一些迹象，让我们增强信心。比如，经济合作还能像过去那样进行吗？合资企业还能再搞吗？

一个小时后，荣毅仁建议请江总书记讲话。江泽民说："感谢大家发表了很多很好的意见。我不禁回忆起在上海当市长时，曾就国际经济合作讲过的几条原则。第一要互相理解；第二要互相信任；第三要有长期考虑；第四要互惠，不要怕外国人得的比我们多。我们是经常向干部这样说的。我们双方都不能做一锤子买卖。日本兴业银行不是想借钱给我们吗，问时机到了没有，我认为时机已到。"

……

短短两天，在 100 多名重量级的海外客人面前，中信公司殚精竭虑，为自己的祖国营造了一种和谐、安详、充满信心和希望的氛围。它搭建了一个舞台，拉开大幕，中国新的领导集体走向台前，表现出亲和友好、不卑不亢的姿态，对世界来说，这是一次成功的亮相。

10 月 3 日晚，在人民大会堂宴会厅，中信公司举行了隆重而盛大的招待会，以庆祝中信成立 10 周年的大日子。党和国家领导人杨尚昆、宋平、王震、田纪云、李铁映、习仲勋、彭冲、陈慕华、张劲夫、王丙乾、邹家华、王任重、谷牧、王光英及有关部门负责人和参加"中外经济合作研讨会"的近千名中外来宾出席了招待会。

荣毅仁在招待会上致辞。他说："中信公司是中国经济改革的产物。从诞生之日起，它就作为对外开放的一个窗口，没有改革开放政策，就没有中信公司。10 年来我们取得的成就，是遵循了邓小平同志'勇于创新，多作贡献'的指示精神，在不断克服困难，改正缺点和失误中前进的。"

从 10 年前和平宾馆的几间小房间里起步，今天中信已发展成为从事生产、技术、金融、贸易、服务等多功能、国际化的社会主义企业集团：员工人数从十几人跃增到两万多人；中信在海内外拥有 23 家直属子公司（银行）、近 300 家投资企业，其中包括 100 多家合资企业；注册资本从 2 亿元增加到 30 亿元人民币，总资产超过 200 亿元人民币。

面对如此成就，荣毅仁心情格外激动，他最后说："最近，邓小平同志和党的十三届四中全会明确指出，改革开放是强国之本，必须更加大胆地、坚定地贯彻下去。中信公司的业务更加艰巨，责任更加重大，我们对未来充满信心！"

荣毅仁举起手中的酒杯，向所有来宾祝酒。

当天下午的时候，德国重化工产业巨头克虏伯集团董事长威廉·沙伊德曾对江泽民说，对于中国的对外政策，"我们不仅想听到你们的保证，还想见到一些迹象，让我们增强信心"。那么在这个晚上，有那么多的国家领导人共同来为中信公司庆生，这是不是也是一种迹象呢？

第二天，路透社即发出了声音——"黑格说西方应同中国会谈、做生意"。

10 月 4 日的这篇电讯稿写道："美国前国务卿亚历山大·黑格在同中国领导人会谈之后今天说，西方政府和公司应当继续保持与中国会谈和做生意。黑格对记者说，他认为中国不会使 10 年经济改革逆转。他说他是以私营企业家的身份而不是作为美国政府代表访问北京的。"黑格说："本周出席北京为期两天会议的西方企业家得到中国高级官员的再次保证，说中国将继续保持开放政策并继续进行改革。我认为现在压倒一切的必要措施是避免把中国推向孤立，一种令人气恼和愤恨的孤立，我认为必须继续进行彼此间的沟通。"

一种不一样的声音终于打破了铁板一块的西方舆论，尽管这种声音还不很响亮，但是当这种声音慢慢汇聚的时候，对中国不利的外部环境将渐渐舒缓。

10 月 28 日至 11 月 2 日，应中国政府的邀请，美国前总统理查德·尼克松对中国进行友好访问。10 月 31 日上午，邓小平在会见尼克松时说："请你告诉布什总统，结束过去，美国应该采取主动，也只能由美国采取主动。"邓小平还说："中美关系有一个好的基础，就是两国在发展经济、维护经济利益方面有互相帮助的作用。中国市场毕竟还没有充分开发出来，美国利用中国市场还有很多事情能够做。我们欢迎美国商人继续进行对华商业活动，这恐怕也是结束过去的一个重要内容。"

12 月 9 日至 10 日，受布什总统派遣，美国总统特使、总统国家安全事务助理斯考克罗夫特以通报美苏首脑会晤情况为由公开访问中国。

10 日上午，邓小平在人民大会堂会见斯考克罗夫特。邓小平说："中美两国之间尽管有些纠葛，有这样那样的问题和分歧，但归根到底中美关系是要好起来才行……双方都让点步，总能找到好的都可以接受的办法。恢复中美关系要双方努力，不要拖久了，拖久了对双方都不利。"

这是在美国对中国实施制裁后，首位官方高层人士访华。这一举动，在全面对华制裁政策上打开了一道缺口，从而使得其他制裁措施根本难以为继。

12月19日，在大洋彼岸，美国总统布什终于签发了亚洲一号卫星的出口许可证。

几天后，美国《领袖》杂志社社长兼总编辑亨利·多尔曼应荣毅仁之邀来到北京，他此行是希望了解目前中国的对外开放政策和投资环境。《领袖》杂志的主要撰稿人和发行对象是世界各国的国家元首、政府首脑、部长、议员、军界领导及世界各大公司、金融机构的负责人。他的到来显然不可小视。

12月28日下午，中共中央总书记江泽民在人民大会堂会见了多尔曼一行。江泽民说，中国将坚持对外开放的政策，我欢迎外国企业家来中国投资或者合资办项目。中国局势稳定，市场潜力大，有眼光的外国人是会到中国来投资的。他说这话的时候显得十分自信。

＊　　＊　　＊

但是，"1989年政治风波"给中国经济发展所带来的负面影响瞬时就显现出来。原外交部新闻司司长吴建民回忆说："1989年至1991年中国经济增长速度明显放慢，1989年全年国民生产总值15 677亿元，比上年增长3.9%；国民收入13 000亿元，比上年增长3.7%。1990年全年国民生产总值17 400亿元，比上年增长5%；国民收入14 300亿元，比上年增长4.8%。远低于'七五'时期国民生产总值平均每年增长7.8%、国民收入平均每年增长7.5%的水平。引进外资的数量、质量，对外交流的情况都不容乐观。1989年全年新签外商直接投资协议金额56亿美元，仅比上年增长5.6%；外商实际投资33亿美元，仅增长4.1%。对外承包工程和劳务合作完成营业额13.8亿美元，比上年下降3.5%；新签合同额18.5亿美元，下降14.7%。国际旅游业接待人数和旅游外汇收入下降，1989年来自169个国家和地区旅游、参观、访问以及从事各项活动的入境人数2 450万人次，比上年下降22.7%；旅游外汇收入18.1亿美元，下降19.6%。"

如此过度下滑的局面如再不遏制，对整个中国经济所造成的危害势必加剧。

从1989年至1991年的三年中，整个中国在西方世界眼中，无疑是被彻底妖魔化了的共产党国家。无人叩门，"中国外交进入了一个困难时期"。

但是，荣毅仁的"请柬"依然有着不同寻常的作用。在这样一个特殊的历史阶段，中信再次成为一块特区——中西方平等沟通的特区，时代也因此再次凸显了中信的价值。

1991年5月7日，应中信公司邀请，美国杜邦公司董事长伍洛德访华。第二天，中共中央总书记江泽民在人民大会堂会见了美国客人。他再次强调：我可以告诉朋友们，中国政局稳定，外国企业家在中国投资是完全可以放心的。

朱镕基副总理也会见了伍洛德，他对客人说：中国坚持改革开放的政策永远不会变，因为过去十年来中国改革开放使人民得到了很大好处……中美关系非常重要，中国政府和人民都不愿看到中美关系出现大倒退。

6月4日，英国太古集团董事长施雅迪应中信之邀亦来到北京。6月5日，江泽民、李鹏分别会见了这位中信的老朋友，并重申了中国政府对香港问题的原则立场，希望太古集团继续为保持香港繁荣稳定做出努力。

"发出中国的声音"，1991年成了荣毅仁的外交之年。

1991年5月，应世界银行国际金融公司邀请，荣毅仁访美。在美国东西两岸穿梭访问的15天时间里，荣毅仁密集地发表了多次演讲，他说："不论国际上发生什么变化，中国都不会把已经打开的国门再关起来。改革开放为中国的经济建设、改善人民生活带来很大好处，从这个意义上说，最怕改变改革开放政策的是我们中国人。"

15天，荣毅仁得到了一个颇有价值的结果：听过他演讲的美国朋友纷纷表示，将加强院外活动，敦促政府延长对华最惠国待遇。

8月7日，荣毅仁赴新加坡参加世界华商大会。他再次提到了"关门"一事——"中国永远都不会将已打开的国门再关上，而是将更加开放。"

8月15日，荣毅仁在北京接受了美国哥伦比亚广播公司记者的采访，畅谈主权与人权的关系问题。

9月11日，荣毅仁会见英国前首相撒切尔夫人。撒切尔夫人明确表态：美国应该给予中国最惠国贸易待遇。

到了这个时候，荣毅仁决定：走进欧洲，重新开拓欧洲债券市场。此前，因为"1989年政治风波"，西方资本市场已经完全关闭了通往中国的大门。

1992年4月2日，中信公司总经理魏鸣一在德国法兰克福签订了7 500万美元的国际银团贷款协议，贷款金额原定为 5 000 万美元，但由于参加银行超额 50%的认购率，致使总贷款金额大大突破原有计划。

4 月 15 日，魏鸣一在英国伦敦再次签订了发行 200 亿日元的欧洲日元债券协议。

这是自 1989 年以来中国对外筹资窗口首次重新进入欧洲资本市场集资，因而受到了国内外金融界的高度关注。著名国际金融杂志《国际金融周刊》以"中信的成功"为题发表评论，认为对中信公司贷款的大幅度认购，标志着中国借款人吸引了众多欧洲和亚洲银行同时参加国际性贷款。

路透社称"这是中国 1989 年以来首笔漂亮的交易"。

* * *

堪称"漂亮"的，还有在此之前的一次意义非凡的卫星发射。

1990 年春天来临的时候，中国西南凉山彝族自治州的大山里，漫山遍野的杜鹃花争奇斗艳，美不胜收。崇山峻岭之中，一座刺破云天的发射塔已经高高耸立。4 月 7 日早晨，香港大亨李嘉诚与新华社香港分社社长周南等人，一同乘包机飞往西昌市。就在同一天，荣毅仁、徐昭隆、王军等人从北京出发，也赶往西昌。在那座发射塔旁，他们将见证一颗新星的诞生。

这天晚上，当亚洲一号卫星被长征三号火箭送入浩瀚宇宙之时，中国国务院发来贺电称：亚洲一号卫星的发射成功，对于我国具有十分重要的经济意义和政治意义。

有外媒评价：这一发射，再次把中国与世界联系在了一起。

第十三章　亚洲一号卫星

1990 年 4 月，亚洲一号卫星升空。

亚洲一号卫星升空，需要冲破的不仅仅是地球引力，也不仅仅是西方国家对于"八九"之后的中国的围堵，更重要的是冲破了计划体制的重重碾压。

在整个 20 世纪 80 年代，现有体制顽强的梗阻力量迫使中国最高层的决策者不得不迂回前行，对待中信的问题尤其如此。此前，中信公司建楼也罢，发债也罢，到海外投资也罢，都是在体制外面、在国土外面开疆拓土。而此次亚洲一号卫星升空，则是对现有高度垄断的行政体制和市场利益格局明显的扰动，它必将遭遇极大的阻力和摩擦。

这颗早已超越其本身价值、身负非凡使命的卫星，它的前世命运却大起大落，甚至几乎夭折。它成为中信自身命运的再次演绎。

2007 年 4 月 24 日，总部设在香港的亚洲卫星公司（AsiaSat）宣布，由于美国国务院拒绝发出批文，故公司将撤回涉资 22.35 亿港元的私有化建议。第二天，该公司又宣布，将无限期搁置私有化计划。

亚洲卫星公司由中信集团与美国通用电气资本（GEC）共同持有 68.9% 的股权。

美国政府出手阻挠一家香港上市公司的计划，令人诧异。海外媒体纷纷攘攘，打出了"中美外太空较劲""美国对中国战略行业戒备"的标题，指出"私有化"后亚洲卫星公司的透明度将大大降低，美国将难以监管新技术在公司的运用领域及目的，自然要阻挠这一计划。

这毫不奇怪。十多年来，虽然中信集团拥有的亚洲卫星公司只提供民用卫星服务，并不涉及军事，但美国显然对卫星技术的用途格外敏感，而中信集团的背景也为事件增添了更多的政治色彩。

不仅如此，亚洲卫星公司之所以引人注目，还因为它优秀的市场表现。它曾被全球知名的电信类刊物《亚洲电信》授予"亚洲最佳卫星运营商"的殊荣。评审团认为：亚洲卫星公司"在整体财务状况方面表现突出"，在其所属商业层面担当了"先驱者角色"。

如此赞誉绝非虚妄。

＊　＊　＊

让时光倒流，当中信参与组建亚洲卫星公司的时候，中信高层对其政治上的期许远比商业上的期待要高得多。但是，亚洲一号卫星一波三折、大起大落的遭遇却让他们无论如何也难以料想。

亚洲卫星公司于 1988 年 2 月在香港成立，是亚洲地区第一家区域性的商业卫星运营组织。荣毅仁对卫星公司未来的市场表现，并没有十足把握，他对公司的发展制定了一个低限目标——不赔本即成功，因为这已经为国家做了很大贡献。

这也是一个很长的故事，从 1984 年开头。

1984 年 2 月，美国"挑战者号"航天飞机携带西联星六号卫星和另一颗印度尼西亚 Palapa B2 卫星一起进入太空，但卫星释放后它的近地点发动机没有按预定计划点火，未能进入预定轨道，卫星发射失败。

然而，地面跟踪站监测到并计算出了两颗卫星的具体位置，同时发现卫星状况良好。承保卫星发射的保险商支付了保费之后，拥有了这两颗卫星的所有权。

1984 年 11 月 8 日，"发现号"航天飞机进入太空。在 11 月 12 日回收了 Palapa B2 卫星后，航天飞机于 11 月 14 日飞行到距离西联星六号卫星 9 米的范围，两名太空人步出机舱，前往卫星，并引导航天飞机上的机械手将卫星抓回货舱。11 月 16 日，"发现号"安全返回地面。

1985 年 4 月，专家组向保险商提交了一份关于翻新检修及重新发射卫星的建议书。建议书提出，亚洲上空没有区域性通信，而未来亚洲经济的发展不可限量，一定会对卫星有极大的需求。因此考虑可否由亚洲的商业机构投资，成立商用卫星公司，将回收的卫星再次发射到亚洲上空。

美籍华人黄翔骏是泛美航空公司国际部的工作人员，当他获悉专家组的上述建议，立刻意识到此间的大好商机，遂与加拿大人约翰逊发起成立了 PGT 公司（Pacific General Telecommunications Corporation）。他们以 2 000 万美元与英国 MS

保险公司（Merrett Syndicates）签署了购买西联星六号卫星的合同，拟交由中国的长征火箭发射。但是 PGT 公司资金发生了困难，股东之一的阿拉伯富商撤资。思来想去，PGT 公司最后找到中信公司提出了合作要求。

PGT 公司的建议函被送到了中信公司驻纽约办事处，并很快被送到了北京。

其时，中信公司技术开发办公室刚刚成立，马纪龙任主任。不久之后，在中信技术开发办公室的基础上又成立了中信技术公司，闵豫任总经理。至此，荣毅仁所提出的"生产、技术、金融、贸易、服务五位一体"的中信发展战略最终形成。

中信技术公司一上马立刻面对的就是 PGT 公司的卫星项目。做，还是不做，在 1987 年，这是一个谁也说不清楚的问题，它已经超出了中信人的常识和判断范围。

中信技术开发办找到邮电部、航天部、电子部和广电部等单位做调查，这几个部委都是与卫星的发射和市场密切关联的。对方告诉了他们一些关于卫星用途的入门知识，但是对于商用卫星市场，对不起，不知道。而且在亚洲地区，卫星都是由国家来运营的。言外之意也很清楚，中信是个企业，发卫星的事不该揽。

不过也有鼓励的声音。时任国务院电子振兴办公室主任的李祥林对中信的设想颇感兴趣。他认为，中国上空的卫星资源缺乏，国家财力有限，国产通信卫星迟迟不能升空，中国只能从国际卫星组织租用卫星资源，一旦出了问题，电视节目中断、通信中断，一点辙都没有。所以，如果国家可以不用投资，由商业机构投资，提供中国上空的卫星资源，国家有需要时租用，这绝对是件好事！

但依然没有回答中信关于市场回报的问题。

这也正常，在当时，租用国际卫星，纯属国家行为，与市场无关。

就在此时，航空航天部部长林宗棠也找到中信。航空航天部要发展大推力的捆绑式火箭，费用高昂。林宗棠的目标是将中国的火箭发射推向国际市场，因此，如果中信能够投资卫星公司，并且让中国的火箭发射亚洲卫星，这应该是件一举多得的好事。此前，航空航天部专门成立了中国长城工业公司，目标直指国际市场，但多年来一直未能突破。"这次是一个好机会，他们一直盯住不放。"

投资额很容易计算，但卫星的应用前景、市场、投资回报却始终没有一个确切说法，整个亚洲市场都找不到可供参照的目标。

各方的磋商一直在密切进行之中，美国方面时时派人来中国洽谈，中信领导的思路也逐渐清晰。中信认为，PGT 公司拟用中国火箭在中国发射亚洲地区专用通信卫星的想法非常重要。但是坦率地说，PGT 公司不具备承担如此重要项目的合作条件。中信开始积极寻求其他合作对象与合作模式。

中信了解到香港大东电报局有进入亚洲卫星市场的意图。大东也看到了亚洲卫星的重大意义，双方的方针不谋而合。大东董事局主席夏普勋爵亲自到北京会见荣毅仁，当面确认了这一合作意向。

香港方面，荣智健找到和记黄埔公司，试探合作的可能性。而这对李嘉诚来说，简直是中了头彩。鉴于西方有线电视的发展，以及香港电讯的垄断地位，港府计划在 1988 年设立第二电信网络，这一网络将提供有线电视和其他非专利电信服务（如移动电话、无线寻呼等）。已经拥有非专利电信业务的和黄集团，立即响应中信的提议，并以亚洲卫星为筹码，力夺第二电信网络经营权。

1987 年 11 月 24 日，大东发来一封电传，建议由大东、和记、中信三家组成一个联合体，并对卫星购买、资金估算等方面都提出了相应建议。

荣毅仁拍板同意了这一方案。

荣毅仁还提出，三家必须持有相等的股份。

为此，荣毅仁很快向时任国务院副总理的李鹏汇报了此事，并最终得到了国务院的批准。

1988 年 2 月 24 日，中信公司与大东、和记三方在香港签署了共同经营亚洲卫星的协议。公司定名为"亚洲卫星有限公司"，英文缩写为"AsiaSat"。公司设在香港，由大东亚太地区商务发展部总经理考特担任第一任总经理，三方各出三位董事组成董事局。

* * *

时值 80 年代末，中国的通信业高度垄断，国家主管部门身兼双重角色，既是管理者，又是运营商，这自然就决定了它的行事风格。亚洲卫星公司的诞生无疑将啃噬这块垄断的大蛋糕。这必将引起不同利益者的不同反应，对此前景，有的在中信人的预料之中，而有的阻挠却令人无法想象。

1988 年 2 月 25 日，马纪龙从香港回到北京。第二天，通信主管部门的一位朋友举着头天的报纸走进他的办公室，十分不悦地质问他："这是怎么回事啊，怎么连我们都不知道？"他指的正是亚洲一号卫星这件事。

在获悉亚洲卫星公司成立的消息后，通信主管部门致函国务院："到1992年国内卫星信道资源有富余，我国对这颗卫星无明显需求。"

很明显，通信主管部门并不欢迎这颗卫星的到来。

尽管如此，荣毅仁还是决心要上。

曾任亚洲卫星公司中国部总经理的陈力群说："我个人的理解，当时中信投资亚洲卫星项目主要基于这样的考虑：一是支持中国航天事业。二是为国家提供卫星空间资源。三是卫星作为一个新型高技术项目，虽有风险，但值得去冒风险，带有风险投资的性质。中信领导希望这个项目能做到不亏本，只要不亏本，就是一个好项目。"

"荣老板显然已经看到了将中国火箭带进国际市场的机会，因此，荣老板并没有过多考虑投资亚洲卫星的经济效益，而把着眼点放在由中国的火箭发射亚洲卫星上，因此荣老板投资亚洲卫星的前提是由中国的火箭发射亚洲卫星公司的卫星。"

亚洲卫星公司成立的第二个月，中信向国务院提交了《关于中信公司投资于亚洲地区通讯卫星业务的请示》，请示中说：中信为解决国家急需，本着改革的精神，进行了卫星通信领域国际合作利用外资的尝试，并将使用中国长征火箭发射。

5月7日，国务院下达批文："作为我国为国外发射的第一颗卫星，若能实现，对我国卫星发射服务打入国际市场有着重要的政治意义和经济效益，因此应给予支持。"

可以看出，国务院领导的着眼点似乎并不在这颗卫星的应用和市场，而几乎全部聚焦在用中国长征火箭发射美国卫星的意义上。

在此，或有两种猜测：一是国务院领导确实只看到了亚洲一号卫星对于长征火箭的开创性意义，如果成功发射，亚洲一号卫星的示范效应将把质优价廉的中国火箭顺利送入国际发射市场；另一种猜测则更加富有深意：在整个80年代，现有体制顽强的梗阻力量迫使中国最高层的决策者们不得不迂回前行，对待中信的问题尤其如此。此前，中信公司建楼也罢，发债也罢，到海外投资也罢，都是在体制外面、国土外面开疆拓土，而此次亚洲一号卫星上天，则是对现有高度垄断的行政体制和市场利益格局明显的扰动，它必将遭遇阻力和摩擦，中信怎么可以如此长驱直入、轻易得手呢？

于是，航空航天部及其长征火箭与中信结成最紧密的"同盟者"，并将成为旧有模式强有力的颠覆力量。

陈力群回忆说："荣老板或中信投资亚洲卫星要由中国发射卫星的态度虽然没有写进任何协议中，但另外两个合作伙伴早已明白中信的意图，因此在亚洲卫星成立后的董事会上从来没有对这件事有重大争议和异议。通常，选择购买卫星和火箭都要经过正规的招投标程序，但亚洲一号卫星的发射直接就进入了和中国长城工业公司的谈判。"

正当亚洲卫星公司与长城工业公司紧锣密鼓地就合作进行谈判之时，在美国政府方面，关于卫星许可证的发放问题，却波澜再起。

为了应对巴统组织和部分国会议员对中国的限制与偏见，亚洲卫星公司和中国航空航天部一直在与美国政府进行斡旋。事实上，从里根时代开始，美国政府即认为，对华技术产品出口与技术转让是中美战略合作的重要内容，进一步放宽对华技术出口限制符合美国的自身利益。

但是，1988 年 8 月，美国政府通过大东公司向荣毅仁传信，称：美国政府十分关心中东地区的稳定，而中信公司与该地区的某些不稳定因素有关，这影响了美国对许可证的决策。

荣毅仁当即严肃地表示，美国不要用谣言干扰中美关系，用中国火箭发射美国制造的卫星，对大家都有利，不应受到任何干扰！

1988 年 9 月 9 日，美国政府正式批准了西联星六号的出口许可，将分五个部分逐步发放。

中美两国政府代表团于 1988 年 10 月和 12 月，分别在北京和华盛顿进行了两轮谈判。12 月 17 日，时任航空航天部副部长的孙家栋和美国国务院助理国务卿尤金·麦卡里斯特终于签署了两国政府的《关于卫星技术安全的协议备忘录》和《关于卫星发射责任的协议备忘录》；1989 年 1 月 23 日，中美双方又签署了《关于商业发射服务国际贸易问题的协议备忘录》。上述三个备忘录为中美两国在卫星发射服务领域中建立了相互谅解和合作的基础。

美国极右的政客们和巴统组织都没能挡住亚洲一号卫星进入中国发射场的步伐。但是，中国境内的通路尚未完全打开，中信公司与航空航天部的努力遭到了强大的围攻。1988 年 12 月 10 日，航空航天部、国防科工委向国务院提交请示，文中再次提道：亚洲一号卫星"作为我国为外国发射的第一颗卫星，对我国卫星发射服务打入国际市场，有着重要意义……因此建议国务院同意中国长城公司与该公司（亚洲卫星公司）正式签署这一合同"。

在谈到中国国内反对"亚洲一号卫星上天"的问题时，该请示继续写道："我们认为这些问题并不是我们以'不为该星提供发射服务'所能解决的。即使我们不发射，西欧阿里安公司和美国的公司都能为其提供发射，因此，'不发射'并非上策。"

这一请示从侧面反映了一个匪夷所思的事实：有部门甚至要求国务院、要求航空航天部不要为亚洲一号卫星"提供发射服务"。

还有更加令人难以置信的手段。

1988年12月31日，马纪龙到国务院电子办李祥林处。李祥林给他看了一份文件，上面赫然盖了国务院三个部委的大红印章。这是三部委联合上报国务院的红头文件，签发日期是12月21日。

文件指出："国内卫星转发器基本够用……没有必要使用亚洲一号卫星，中信技术公司是否应考虑取消在该项目上的投资，把资金用到我国其他急需的项目上来……国内各部门、单位、地方不要自己与亚洲卫星公司联系……"文件最后请求国务院将此报告批转各部门和各省、市、自治区政府执行。

马纪龙真是又惊又气，中信只不过是家公司，如果几大部委联名提出取消这个项目，亚洲一号卫星将在劫难逃。

围、追、堵、截，能用的招儿几乎都用了。用行政权力来阻碍今后可能的竞争对手进入，用行政权力干扰市场本身的运作规律，用行政权力保护自己的既得利益，这样的行政不作为竟可以在红头文件的旗帜下堂而皇之地大行其道。用如此手段阻挡亚洲一号卫星升空，这对于中信来说，实在是难以想象和理解的。

马纪龙紧急求见荣毅仁，向他汇报此事。

荣毅仁一刻也没耽误，当即嘱咐马纪龙起草两封信，一封以荣毅仁个人的名义写给杨尚昆主席，另一封写给国务院总理李鹏、副总理邹家华及国务委员宋健。同时再以中信公司的名义写一份《关于参与亚洲卫星项目情况的报告》上报国务院。

荣毅仁在信中强调：我国对转发器的实际需求大大超过了主管部门的估计，近期国内转发器资源不可能满足国内需求；中信投资卫星新技术产业……是开放与改革在通信领域中的一个体现；建议国务院要求国内有关单位能从改革开放的大局出发，对中信公司在卫星通信领域利用外资、引进技术的做法给予支持和鼓励。

马纪龙还记得，当时他把起草的报告交给荣毅仁的时候，荣毅仁当即发现其中的问题。原稿的语气较为温和，马纪龙写道："有的单位对中信投资亚洲一号卫星事业采取消极态度。"荣毅仁毫不客气地说:"不对!不是什么'消极态度',改成'采取垄断限制态度'。"

分量立刻不同。

《关于参与亚洲卫星项目情况的报告》在 1989 年 1 月 3 日正式发出。

各种力量的斡旋与角逐,终于暂时有了结果。国务院总理李鹏和其他国务院领导姚依林、邹家华、宋健等人都批复报告,同意中国长城工业公司与亚洲卫星公司的合作。

几天后,亚洲卫星公司与长城工业公司以 3 010 万美元的价格达成了发射协议。

陈力群还记得:"那一天,长城工业公司的同志们都非常兴奋,当即在中午安排了庆功宴会……宴会上大家频频举杯庆祝,中国首次发射国外制造的通信卫星的梦想终于要实现了,我看到许多人都热泪盈眶,许多人都喝醉了。"

1989 年 1 月 23 日,经过各方的艰苦努力,亚洲卫星公司与中国长城工业公司在人民大会堂举行了隆重的正式协议签字仪式,邹家华和荣毅仁出席了仪式。签字双方将共同努力,用长征火箭发射亚洲一号卫星。

* * *

1989 年的春天来得特别晚,一阵阵寒凉彻人心骨,到了四五月份,政治气候也骤然变化。

如果没有 1989 春夏之交的政治风波,亚洲一号卫星将顺利越过大洋,中国西南大山中的发射场也早已搭起了高高的发射塔,"长征三号"火箭正在进行最后的检修,它将借助中国古人最重要的发明——火药,把这颗迷航的星客准确送入属于它的轨道。

然而,1989 年 6 月 5 日,形势急转直下。

1989 年 6 月 5 日,美国总统布什签署命令,停止一切对华政府间和民间的军品销售,停止对中国放松出口管制政策的审议。

7 月 14 日、15 日,美国参众两院通过一系列提案,敦促布什政府对中国实施更加严厉的制裁措施,重新研究对华核技术输出及其产品的出口,冻结已经给予对华技术出口的优惠待遇。

此后,美国国会通过 1990 年和 1991 年的《对外关系授权法》规定,暂停向出口到中国的美国制造的用中国火箭发射的商用卫星发放许可证。

据悉，在 1989 年 6 月以前，美国国防部每周都收到 30 多个对华出口申请，之后，对华出口军品控制单上所列商品的任何申请，如果没有特别豁免，一概被拒绝。几百个商业出口申请也被拒绝，商业合同和政府间合同被中断。仅中国航空航天部就有 10 份此类合同被终止，另有 10 份合同被推迟。

亚洲一号卫星前途未卜。

＊　＊　＊

亚洲卫星公司执行总裁薛栋紧急赶赴华盛顿进行斡旋。

6 月 26 日，亚洲卫星公司召开董事会，会议决定：如果美国政府至 7 月 13 日仍无肯定答复，为了保证 1990 年 4 月如期发射亚洲一号卫星，亚洲卫星公司将中止和长城工业公司的发射合同，转向和阿里安谈判。

对上述决定，作为董事局成员之一的王军严肃而明确地表示："中信公司进入亚洲卫星公司就是为了中国的火箭，如果不用长征火箭发射，中信就失去了参加的意义，我们就要退出这家公司！"

离 7 月 13 日只有两周左右的时间，整个西方世界对中国的制裁，已经不是中信一家公司所能左右的了。

就在这时，一件完全出人意料的事情发生了。

7 月 10 日凌晨 7 时，薛栋从美国发回一封特急电传，称：6 月 9 日，中国某部向国际电联（ITU，主管全世界卫星轨道分配）和英国政府电信管理部门 IFBR 发电，声称中国对亚洲一号卫星无需求，要求把亚洲一号卫星覆盖面移到中国境外。

中国既然不需要亚洲一号卫星，那么中信上上下下为亚洲一号卫星争取许可证的工作就变得毫无意义。如此釜底抽薪，断的绝不仅仅是亚洲一号卫星的路。

王军得悉此信大吃一惊，立即责成马纪龙向国务院汇报。当天下午，马纪龙赶到李祥林办公室，向李祥林汇报此事。李祥林双眉紧蹙，十分严肃地说："在中美两国政府间进行政治斗争的时候，如果我们自己也拒绝亚洲一号卫星在中国发射，就无异于帮助美国对中国的制裁。这是个严肃的政治问题。"他当即在电话里向宋健通报此事，宋健立刻表示，这是个重大的问题，必须由国务院出面解决。

7 月 12 日上午 9 时，荣毅仁签发了中信呈送国务院的请示。请示称："……美国目前正在对中国制裁，阻止中国发射亚洲一号卫星。因此中信建议由国务院出面组织各有关单位共同商讨反制裁对策，共同对外，以挫败美国制裁……"

当天下午，航空航天部部长林宗棠紧急约见荣毅仁。林宗棠建议荣毅仁以个人名义给美国商务代表处主任西尔写信，要求美国政府履行许可证承诺。关于此事，荣毅仁又与林宗棠商定，以中信公司和航空航天部的名义，共同给李鹏总理写信。

天色已晚，马纪龙干脆在车里起草给李鹏总理的信，车到香格里拉酒店，马纪龙找到正在酒店主持晚宴的总经理魏鸣一。魏鸣一急忙离席，两人坐在酒店大堂逐字修改信文。魏鸣一最后在发文稿笺上写了一个大大的"急"字。

马纪龙手持报告，立刻赶路，他敲开了林宗棠家的院门。林宗棠阅后即拿起"红机"，拨通了国务院秘书局。放下电话，林宗棠随即通知马纪龙：明天上午9点国务院将召开各有关部委参加的协调会。林宗棠又补充了一句：我已让刘纪原副部长参会，一定支持中信。

已经很晚了，离第二天上午开会的时间不足12个小时。要驳倒那些以国家利益为幌子的诘难，中信必须炮弹充足，不仅要把亚洲一号卫星放在国家和民族利益的高度上来认识，还要在技术细节上提供充分依据。

13日上午9点整，协调会准时开始。马纪龙回忆说："宽大的会议室坐了几十位正副部长，气氛十分紧张。"中信方面参加会议的是黄寄春、李同舟和马纪龙三人。

此前一小时，国务院秘书局刚刚收到中国驻美大使韩叙的电报，电报称：据悉中国某部最近给国际电联的电报说"亚洲一号卫星将不覆盖中国大陆，如此消息属实，并泄露于报界，将严重削弱亚洲一号卫星争取许可证的立场。希望能协调内部意见，进行协商，互相配合……"

罔顾国家利益，只看重一己权力，这是再鲜明不过的一段史实了。

韩叙的电报无疑给即将召开的会议加重了政治和外交层面的压力，对于亚洲一号卫星来说，中国政府的态度必须十分鲜明，没有回旋余地。

中南海国务院第三会议室，国务院副秘书长王书明主持会议，他神态严肃，首先让中信发言。

马纪龙起身，他从中信拾遗补缺、急国家发展之所急开始谈起，详细介绍了关于亚洲一号卫星的整个情况。他说："中信针对国家发展最需要而又最缺乏资金的卫星通信领域进行国际合作、利用外资的尝试，现在我们的工作在国内国外遇到了双重阻力，希望国务院给予支持和协调。"

主管部门代表发言："亚洲一号卫星波束覆盖全中国，说明他们想垄断全国卫星通信，挤垮我国卫星工业，这是绝不能允许的！"

马纪龙答辩："卫星的覆盖面只不过是通信距离的需要，并不意味着垄断该范围的通信。亚洲一号卫星为国内提供的转发器不超过6个，这是向国务院电子办请示过的。"

李祥林补充："6个转发器是我向中信建议的。"

转发器的多少意味着卫星通信份额的大小，亚洲一号卫星共有24个C波段转发器，分为南北两个波束。北波束覆盖中国内地、韩国、日本、中国香港及中国台湾等地区，南波束覆盖泰国、缅甸、孟加拉国等东南亚国家，以及印度、巴基斯坦、伊朗、阿富汗等国家和地区。24个转发器中，和黄公司自己就租用了12个，6个转发器对于当时的国内市场来说，所占比重极低。

事实上，在1989年盛夏的那个上午，中南海国务院会议室的人或许根本没有想到，仅仅数年后，进入90年代，中国民用卫星需求大涨，中国自己的通信卫星资源很快耗尽，而受美国等西方国家政府的限制，卫星进口已没有可能。冷战的阴影并未消散，这种阴影笼罩下的中国通信卫星资源的枯竭，正因为亚洲卫星公司的存在才有了另一种解决方案。

两个多小时过去了，支持中信的力量渐渐占据上风。王书明进行总结，他再次肯定了亚洲一号卫星对于中国的正面意义。

当天，国务院秘书局将会议结果上报国务院，李鹏和吴学谦于次日批复了该报告。

7月15日，国务院秘书局以"特急"行文向各单位发出国务院文件，文件写道：

> ……亚洲一号卫星作为我国为国外发射的第一颗卫星，若能实现，对我国卫星发射服务打入国际市场有着重要的政治意义和经济意义。应给予支持……
>
> 会议经过讨论，形成了以下三条意见：1.从国家利益的大局出发，齐心协力，一致对外，抵制美国的制裁措施；2.关于亚洲一号卫星的使用问题，对国内卫星使用上起弥补和后备作用；3.与亚洲一号卫星项目有关的

部门要互通情况……

又绕过了一处险滩。细细揣摩国务院的文件，特别是第二条意见——"亚洲一号卫星……对国内卫星使用上起弥补和后备作用"。这意味着在各种势力的反复博弈中，亚洲一号卫星终于可以光明正大地登堂入室，"弥补"也罢，"后备"也罢，这是白纸黑字写在国务院文件中的，为亚洲一号卫星而战，已经成为执行党中央、国务院的方针了。

1989年11月29日，中信全资附属公司香港肖特吉公司与多家国际银行签订了用于亚洲一号卫星项目的银团贷款合约。这笔总额5 000万美元的银团贷款由美国信孚银行安排，参加贷款的有中东、加拿大、联邦德国、法国、奥地利、芬兰及香港等地的9家银行。这充分表明，国际金融界对亚洲一号卫星项目有着极高的信心。

但是此时此刻，亚洲一号卫星能否拿到通往中国的许可证，依然命悬一线。

华盛顿，1989年12月19日。乔治·布什总统终于做出了最后决定。布什通知国会：援引《对外关系授权法案》，作为美国总统，为了美国的利益，他将签发"亚洲一号卫星"的对华出口许可证。

该法案规定：如果总统向国会提出报告，认为给某一商品发放出口许可证是符合美国利益的，那么暂停给这些商品发放出口许可证的规定就可以免于执行。

亚洲一号卫星的中国之路上最后一个障碍物终于被拆除。

* * *

1990年4月7日，亚洲一号卫星发射升空。中信高层领导荣毅仁、徐昭隆和王军一行到西昌发射中心，他们将直面亚洲一号卫星发射的历史性一幕。老天似乎要给这颗千难万难的卫星升空再加一道天险，这一天，西昌市阴霾密布。下午3时40分，惊雷炸响，瓢泼大雨从天而降。由于长征三号火箭使用液氢液氧做推进剂，这就必须保证从加注到发射这个时区里，周围30公里内不得有雷电活动。否则当火箭穿过积云区、阵雷区或雷区时，容易触发闪电，导致火箭爆炸。

突如其来的雷雨挡住了卫星发射窗。第一个发射窗口过去了，第二个发射窗口也过去了。20时50分，雨势渐弱。21时整，发射场上空终于云开雾散！所有在场的人都屏住呼吸，最后一个发射窗口终于打开，指挥大厅里传出了倒计时的声音……塔斯社报道发射实况说："运载火箭喷出绚丽耀目的烈焰，火箭平稳地离开地面并且在读秒中稳健地升入夜空。"

21时30分，长征三号运载火箭将亚洲一号卫星成功送入太空。

休斯公司称赞这次发射是在此之前发射的31颗休斯制造的卫星中，入轨精度最高的一次。

亚洲一号卫星的成功发射，成为中国火箭黄金十年的开端，长征系列火箭以其优质的服务和低廉的价格，赢得了世界各国卫星所有者的青睐。直至1999年，中国的长征系列运载火箭已经进行了23次对外商业发射和5次搭载服务，共将25颗国外卫星送入预定轨道。

* * *

但是，中信的亚洲一号卫星故事还没有结束，对于亚洲一号卫星来说，磨难似乎没完没了。它在中国境内的应用依然面临巨大阻力，举步艰难。转发器的推广一直受到抵制，即使免费服务，也受到限制。

1990年，经过中信公司不懈的努力和诚恳的工作，使用亚洲一号卫星传输亚运会信号终于得到同意。而亚运会如期举行，办成一场国际盛会，是1989年之后的一件超出体育意义的大事。

9月21日下午，亚洲卫星公司总经理薛栋赶到北京，当晚在兆龙饭店与广电部总工程师张之俭、卫星办主任任祥林会谈。为了不失时机，大家决定打破常规，当场就在饭店信纸上由双方按照谈妥的条款分别用中英文手写协议。没有经过繁文缛节的公文旅行，这样一件有关北京亚运的大事就在一份手写文稿上高效率地完成了。双方在各自的文本上签字后，交换文本，达成协议。这绝对算得上是最高效率的一次中外合作典范。

然而，亚洲一号卫星的处境依然艰难，它在中国境内的阻力依然来自身兼双重角色的行政管理部门。王军今天提及此事，依然耿耿于怀："亚洲一号卫星是中国发射的第一颗外国卫星，发完后正好赶上开亚运会，为转播亚运会，通信主管部门租的是国际卫星。我们给国务院写了报告，主动提出亚洲卫星可以免费提供转发器。但那也不行。《人民日报》想租转发器传送版面，我跟他们说，这么点业务，租八分之一就行了。但就这点儿事，通信主管部门也反对。我就问《人民日报》的人：你敢租亚洲卫星吗？他们回答说：《人民日报》归中央管。我说：你敢租我就敢签。就这样租出去了。"

但历史总是要往前走的。亚洲一号卫星的转发器很快被订购一空。亚洲一号卫星的发射使亚洲地区有了区域性商用卫星，使渴求卫星资源的亚洲和中国的需求开始得到缓解。英文版的《南华早报》撰文说："亚星一号卫星代表了一个新的突破，它将对亚洲经济、商务以及社会发展带来重大的、长远的影响。"

而一个最重要的影响就是，亚洲一号卫星冲破了长期封闭垄断和极为短缺的中国卫星通信市场。继亚洲卫星公司诞生后不久，中国国内陆续成立了不同资本背景的卫星公司，经营着十余颗通信卫星，并以此支撑着迅速发展壮大的电子通信产业。亚洲卫星公司的三颗在轨卫星更是为亚太地区互联网产业提供了主干服务。从亚洲一号卫星开始，中国开始了商用卫星的应用，并由此开创了我国卫星应用的时代。"在国内电信行业垄断的情况下，卫星应用产业是中国最早按市场规律办事的。"

亚洲卫星公司得天时地利人和，其业绩令人瞠目。

1995 年 11 月 28 日，亚洲 号卫星发射升空，这是亚太地区上空功率最高的卫星，覆盖 53 个国家和地区以及全世界 2/3 的人口。

1999 年 3 月 21 日，亚洲三号 3S 卫星成功发射。

2003 年 4 月 11 日，亚洲四号卫星由美国洛克希德马丁公司制造的"阿特拉斯 3B 号"（Atlas IIIB）火箭搭载，从美国佛罗里达州卡纳维拉尔角航天中心发射升空。它首次在亚洲地区提供 Ku 波段 BSS 频段转发器资源，为在港澳台以及我国华南等地区开展直接到户的直播电视业务提供技术手段。

2009 年 8 月 12 日，俄罗斯从哈萨克斯坦境内的拜科努尔发射场用"质子拟 M"型运载火箭成功发射亚洲五号卫星。亚洲五号卫星属新一代通信卫星，工作寿命为 15 年，它将替代东经 100.5 度轨道上的亚洲二号卫星，为亚太地区的用户提供高质量通信及互联网接入等服务。

亚洲卫星公司的业务迅速发展壮大，利润滚滚而来。1988 年亚洲卫星公司成立时，三方股东各出资 10 万港元，全部投资通过股东无息贷款实现。1988 年 5 月至 1990 年 6 月，三方投入的股东贷款总额为 1.335 亿美元，其中中信投入的部分为 0.445 亿美元。从 1990 年 7 月起，亚洲卫星公司开始还贷，仅仅 4 年后，全部股东贷款还清。

如此优质的项目获得了资本市场的高度青睐。1996 年 6 月 18 日，亚洲卫星公司在香港联交所和纽约证交所同时挂牌上市，发行 3.9 亿股，发行价为 19.80 港元，上市时的市值约 10 亿美元。其后，中信出售了约 10.35% 的股份，获利 1.03 亿美元，同时中信仍持有 22.98% 亚洲卫星公司股份，市值达 2.3 亿美元。

就是这样，中信公司一点点地打破了原有的垄断格局，不断开创新局面，建立新的市场规则。在事情发生之初，其实没有人能够预料到中信的力量正在改变历史，连荣毅仁自己也不可能预料到这一点。而历史在不断证明，如此的市场力量将迅速成长，它是难以颠覆的。

* * *

1990 年春天，亚洲卫星公司欢天喜地地庆贺了亚洲一号卫星升空。

同是在这个春天，毗邻的中信香港集团的表现亦同样精彩纷呈，它将发起一次重要的收购战，这次它的目标是另一家香港上市公司——泰富发展。从此，它将成为中信香港集团的大舞台，一出出令人瞠目结舌、眼花缭乱的资本运作大戏将在这个舞台上演。

第十四章　资本过山车

1990年新年到来之时，中信香港集团已经拥有国泰航空12.5%、香港电讯20%、港龙航空38.3%、香港东区海底隧道23.5%、澳门电讯20%、和记传讯2%、百富勤集团9%的股权，此外，还有在内地投资的发电厂、30万吨的船队以及在香港的部分房地产，集团的总资产近200亿港元。

但是，中信香港的并购资金主要来自借贷，在相当程度上透支的是政府的信用。这样一来，中信香港的债务结构极不合理，债务负担过于沉重，且回旋余地极小。假如它拥有一家上市公司，即可把中信香港旗下的资产注入其中，这样就能把中信香港依靠借贷所购资产的债务，同时转移到上市公司，并且可以通过这家上市公司从证券市场获得新的资金流。摆脱了沉重债务负担的中信香港就有可能成为一家战略性公司，从而更加轻松地发展自己的战略。

此时的中信香港急需一个新的平台——一个连接资本市场的大平台、一条通向资本市场的大通道。

1990年，完成对香港电讯的收购之后，荣智健日思夜想的一个问题就是中信香港旗下必须拥有一家上市公司。

当时在香港和内地之间，由于会计制度、监管制度和公司法等方面存在极大的差异，中资公司要想在香港直接上市，手续极其繁杂，可行性近无。

公司历史短暂，分拆上市亦无可能。

对中信香港来说，若想在短期内上市，只有一条路：买壳。

买壳上市又称"后门上市"或"逆向收购"，是指非上市公司通过购买一家上市公司一定比例的股权，来取得上市的地位，然后注入自己有关业务及资产，实现间接上市的目的。

与中国内地的规则不同，在香港买壳只能在二级市场上直接购买上市公司的股票。这种方式收购成本较高，除非有相当把握的运作计划，能从二级市场上取得足够的投资收益，来抵消收购成本。

成本永远是买壳过程中时刻需要考虑的因素。

当壳资源到手之后，买方需将优质资产置换壳内原有的不良资产，改善经营业绩，提升资产价值，继而在适当的时机实施配股，直接融资。

这就是荣智健当时念念不忘的事情。

第一步，找壳。"九七"日益临近，香港股市壳资源并不匮乏，但是要在尽可能短的时间内找到合适的壳，谈何容易。

所谓合适的壳，首先，通常它所处的行业已经很不景气，类似纺织、冶金业什么的，夕阳产业的行业前景不佳，只有另找出路。

第二，股本规模较小。小盘股收购成本低、股本扩张能力更强。特别是流通盘小，易于二级市场运作，获利机会较大。

第三，股权相对集中。面对一家谈判对手肯定比同时跟五六家谈判更加容易。股权集中易于协议转让，而且保密性好，从而为二级市场的再操作创造条件。

当然还有最重要的一条——目标公司必须有配股资格。买壳上市的主要目的就是配股融资，如果失去配股资格，一切免谈。但是，希望将壳转出的公司大多处于亏损状态，已经失去了配股资格，面临摘牌危机才不得不金蝉脱壳。如果它还能继续在资本市场找到钱，又何必插草标自卖呢？真要卖也肯定是漫天要价，卖个好价钱。

因此，要找到同时满足上述四个条件的空壳，实属不易。

这个时候，泰富发展走入中信的视野。

泰富发展成立于1985年，是一家小型地产公司。第二年，泰富发展即通过收购新景丰公司上市。新景丰是香港新鸿基集团旗下的上市公司，创始人是人称香港"证券大王"的冯景禧，拥有新鸿基证券和新鸿基银行等机构。

在20世纪80年代初期的金融动荡中，泰富发展的控股权落到港澳国际手中，约占51%；冯景禧只占19%。1987年，港澳国际将股权转让给香港毛纺巨子曹光彪，永新企业集团的创始人，由此曹光彪又成了泰富发展的控股股东。

80年代末，在与国泰航空的竞争中，曹氏麾下的港龙航空处于十分不利的地位，年年亏损，资金难以周转。曹光彪忍痛割爱，放出话来要将泰富发展作为壳资源出售，用以填补港龙航空的财务黑洞。

这正中荣智健下怀。

*　*　*

泰富发展当时的市值仅7.25亿港元，是香港股市的"蚊型股"。在荣智健看来，泰富发展有着健全的公司体制和合理的商业模式，是再理想不过的"壳"。

中信香港聘请百富勤投资集团有限公司作为收购顾问，与曹光彪私下商谈。

80年代的百富勤以香港为基地，拥有全球性的分销网络和最庞大的亚洲证券国际分销队伍，不断将亚洲地区最优质的资产项目销往世界各地。它后来成为中国内地多家公司进入香港资本市场的保荐人和主承销商，它的创始人梁伯韬也因此被誉称"红筹之父"。将泰富发展与中信香港联姻，这是梁伯韬涉"红"第一步。

1989年8月，中信香港设立全资子公司Monbury，专门负责收购泰富发展。

1990年1月，百富勤宣布向泰富发展主席曹光彪以1.2港元／股的价格购入其泰富发展股份，并以同样的价格向小股东全面收购。

数日后，收购顺利完成，中信香港买下曹光彪持有的51%股权，共3.311亿股，每股作价1.2港元，总价约为3.97亿港元。

紧接着，中信香港用旗下港龙航空38.3%的股权作价约3.739亿港元与泰富发展增发的股份进行交换，折合泰富发展约3.116亿股（每股按收购价1.2港元计算。此次共增发3.8亿股，泰富发展总股本达10.8亿股）。至此，中信香港持有扩股后泰富发展59.51%的股权。

接着中信香港又走了第三步，它将泰富发展旗下永新企业8%的股权共4891.9万股，以每股1.5港元的价格转让给曹光彪，泰富发展回收资金7 337.85万港元。

与此同时，中信香港又将旗下裕林工业中心、大角咀中心以5.5亿港元转让给泰富发展。

在上述令人眼花缭乱的一揽子交易中，中信香港用港龙航空38.3%的股权以及在港的两处物业，即获得了对泰富发展的"壳"的控制权，而事实上，控制了泰富发展，即控制了港龙航空及那两处物业，还获得了1.53亿港元的现金净流入（5.5亿港元－3.97亿港元）。

在这个过程中，对于泰富发展而言，它用5.5亿港元购买中信香港的两处物业，回收了出售8%永新股份获得的7 337万港元；此外，泰富发展增发新股3.8亿股中，3.116亿股用于置换港龙航空股权，尚余6 838.765万股，获得8 206.5万港元

（6 838.765 万股 ×1.2 港元 / 股），两项共计 1.55 亿港元。这一过程中，泰富发展净现金流出 3.95 亿港元（5.5 亿港元 –1.55 亿港元）。

收购之战尚未结束。1991 年 8 月，泰富发展以每股 1.35 港元配售 14.92 亿股新股，主要由郭鹤年、李嘉诚认购，另发行 5 亿港元可转换债券，集资 25.1 亿港元，向中信香港购入国泰航空 12.5% 的股权以及澳门电讯 20% 的股权。中信香港同时换回泰富发展约 24% 的股权，随即将其更名为中信泰富。至此，中信香港在中信泰富的股权降至 49%，郭鹤年占 20%，李嘉诚、曹光彪均为 5%，其余为公众股。

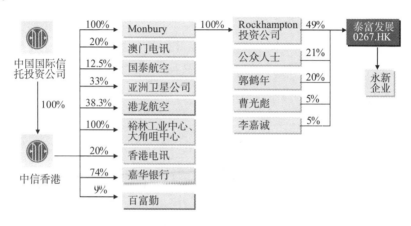

图 2　中信香港公司收购泰富发展

资料来源：公开报道。

经过一系列运营，中信香港成为中信泰富第一大股东，而后者迅速成为资产超过 40 亿港元的大型上市公司。荣智健成为中信泰富的董事局主席。

在这一过程中，中信香港将旗下的优质资产，包括港龙航空股权、国泰航空股权及澳门电讯股权、香港电讯股权等一个接一个地注入中信泰富，使得后者跳跃性地实现资产扩张，实力迅速壮大。

这一过程其实是一种双向流动：中信香港将资产及业务注入中信泰富，中信泰富则不断从证券市场筹集资金来收购这些资产和业务，以此来实现集团公司的资产变现。从而使得中信香港获得了继续发展所需的雄厚资本。

收购泰富发展的意义就在于此。

*   *   *

当上述交易刚刚结束，在中信泰富这个激情恣肆的大舞台上，堪称香港历史上最大的一出收购大戏已经开锣。此番收购目标直指香港最著名的老牌洋行——恒昌企业。

恒昌的历史始自 20 世纪 30 年代。

1933 年 3 月 3 日，生大银号的老板林炳炎联手何善衡、梁植伟、盛春霖在香港创办恒生银号。恒生银号以香港为基地，其后业务扩张至广州、上海等大城市。

1941 年，香港沦陷，恒生被迫停业。

1945 年，香港光复后，恒生银号重振旗鼓，继续从事找换及汇兑业务，通晓英语的利国伟加入后，又开通了海外黄金业务。

1946 年，恒生银号的股东与恒生银号协理梁球琚联手创办大昌贸易行，从事粮油杂货的转口贸易和批发零售。

1960 年 2 月 7 日，恒生改组成香港的公共有限公司，正式更名为"恒生银行"。

1964 年，取恒生银行的"恒"和大昌贸易行的"昌"，恒昌企业在香港注册成立，并成为恒生银行和大昌贸易行的控股公司。

1965 年 1 月，香港爆发有史以来第一次大型银行危机。恒生银行更是首当其冲。经过多日商讨，4 月 8 日，董事局决议把银行控股权售予汇丰。4 月 12 日，汇丰答允以 5 100 万港元收购恒生 51% 的股权。

痛失控股权的董事局主席何善衡在大哭两日之后，决定把全部精力放在大昌贸易行。

1954 年，大昌被港英政府制定为首批进口米商。大昌从泰国、美国和中国内地选购大米在香港市场销售，从加拿大、澳大利亚、丹麦、英国、日本等地选购各类海鲜食品及优质家禽家畜供应香港市场。一时间，香港的粮油副食批发商、超市、酒楼餐厅都成了大昌的客户，大昌成为香港最大的食品供应商；而由大昌开设的大昌食品连锁店更成了遍布香港的一道风景线。

从 60 年代开始，大昌涉足汽车销售代理业务，它在九龙湾的汽车服务中心面积竟达 10 万平方米，成为全东南亚规模最大的汽车服务中心。它所代理的日本本田、日产和五十铃的销售，占香港乘用车市场的 20%，最高峰时占据了全港汽车销量的 55%。

除此之外，它还代理意大利、德国、美国及日本制造的家用电器和音响器材。而大昌的出口部则将香港的工业产品包括时装、运动鞋、电子电器、石英钟等通过全球买家销往世界各地。

此时的大昌贸易行业务庞大、门类众多，设有米部、粮油杂货部、食品部、化妆品部、建材部、机械工程部、电器部以及八家汽车公司、四家汽车服务中心。大昌的购销网络遍及全球。

作为大昌的控股公司，恒昌除了大昌之外，还拥有价值 52 亿港元的物业资产，其中包括位于中环的恒昌大厦，在 90 年代初，这座大厦价值已经超过 10 亿港元，此外还有 18.6 亿港元的有价证券和现金。

1990 年，恒昌的营业额为 103 亿港元，纯利为 10.44 亿港元。有人曾计算过，若以盈利计，假设恒昌是上市公司，那么在恒生指数 33 只成分股中，恒昌可排到第 19 位，高于恒隆、隆丰国际、中华煤气等大型公司。

恒昌虽然不是上市公司，但是股东却有 430 人之多，是一家标准的公众持股有限公司。市场上传出的消息称，他们直接或间接控制的股权分别是：何善衡约 30%，梁球琚约 25%，林炳炎家族约 20%，何添约 15%，利国伟持有近 1%，剩下的由数百位小股东持有。

到了 90 年代初，恒昌的两位元老，何善衡 91 岁高龄，13 名子女无一人愿意打理恒昌；梁球琚 88 岁，女儿亦无意继承父业。1989 年，西方国家对中国实行经济制裁，香港深受影响；1990 年伊拉克进军科威特，海湾战局胶着，又一次石油危机迫在眉睫。这将直接打击大昌的汽车代理业务。所有这些都极大地影响了大昌的生意。两位老人意兴阑珊，话里话外，透出出售恒昌的念头。

新世界集团主席郑裕彤在第一时间获悉此事。他与恒生银行首任董事长林炳炎之子林秀峰、北海实业徐展堂共同出资 60 亿港元成立备怡公司作为收购恒昌的实体，分别持有备怡股权的 65%、25% 和 10%。1990 年底，双方达成协议，备怡以 54.1 亿港元收购恒昌全部股权。

但收购还未开始，多种分拆恒昌的计划和公开声明就已经让何善衡、梁球琚十分不快了。

根据公开出来的计划，备怡收购完成后的第一步是把恒昌的海外资产剔除，再分割恒昌的三大板块业务：郑裕彤的周大福将获得恒昌地产，林氏得大昌的汽车代理权，徐展堂将获得大昌的粮油代理权，等等。

重情重义的两位老人说什么也不愿意让自己苦心经营近半个世纪的恒昌四分五裂，也不愿意看到恒昌的 400 多位小股东——也都是他们的亲朋好友流离失所。两人萌生退意。

备怡眼见事情不妙，索性一不做二不休，不惜代价，公开强行收购。1991 年 5 月 2 日，备怡向所有恒昌股东发起收购要约，每股作价 254 港元，收购恒昌全部 2 103 万股，总价 53.4 亿港元。

这一做法大大激怒了以何善衡为首的恒昌董事局。

1991 年 6 月 11 日，备怡发出正式收购要约。

6 月 12 日，恒昌董事局以价格偏低为由呼吁股东不要接受备怡的收购要约。

6 月 15 日，恒昌财务顾问宝源投资发出 62 页反收购书。此文件公布了恒昌过去五年来的详细业绩及账目，列出了恒昌在海内外全部 77 处物业资产，估值 52.5 亿港元；以及恒昌代理权及采购、批发、零售网络，估值 25.3 亿港元，两大项估值达 77.8 亿港元，远高于备怡的收购价。该文件指出，若股东接受备怡的收购要约，每股将损失 100 多港元。文件还承诺，恒昌一旦击退备怡的收购，将立即向股东派发每股 40 港元的现金股息。

这一强力反击让备怡根本没有还手之力。恒昌的 18 亿港元现金本来是备怡觊觎的重要目标。

《壹周刊》的评论说："这一招可以发挥连消带打的作用，恒昌拥有 18.6 亿港元的现金及证券，肯定是备怡的主要目标，因为这大笔现金可以大大减低收购所需的资金——付出 53 亿港元，立刻有近 19 亿港元回笼，收购贷款更可以大幅降低。恒昌派发大额现金股息（动用超过 8 亿），既可以安抚小股东，更减低被收购的吸引力，是高明的一招。"

果然，7 月 2 日收购期届满，备怡宣告第二次收购失败。

* * *

这一结局却让在一旁观战已久的中信泰富大喜过望。

荣智健对恒昌冀图已久，但他深知，对于恒昌这头香港市场的大象来说，中信泰富体量太小，小蛇吞象，固然勇气可嘉，但很可能被噎着，喘不过气来。他必须借助他人的力量方能推进此事。这种力量包括财富的力量和人脉的力量。作为中资背景的中信泰富，它所借助的人脉一定要来自香港本地。如果收购财团的人脉足够深广，则将大大降低恒昌董事局的敌意。

此举首先获得了李嘉诚的首肯，继而又有七八位香港富豪加盟，甚至包括郑裕彤——李嘉诚认为瓦解竞争对手，才能保证此次收购全胜。

1991 年 8 月 7 日，中信泰富宣布，已经与李嘉诚、郑裕彤、郭鹤年等组成收购恒昌企业的财团——Great Style。计划以每股 330 港元的价格，全面收购恒昌。

Great Style 公司有 9 位股东。中信泰富 36%；李嘉诚 19%；郑裕彤的周大福企业 18%；百富勤 8%；郭鹤年的嘉里集团 7%；荣智健个人 6%；何厚锵兄弟 4%；冼为坚 1%；冯梁宝琛 1%。

百富勤既是 Great Style 的股东，也是财务顾问。

330 港元的价格远高于此前备怡 254 港元的收购价，却低于恒昌自估的 393 港元。但恒昌董事局认为 Great Style 收购阵容强大，且颇具诚意，遂提出四项收购条件：核定资产，现金交易，员工留任，业务连续不分拆。

收购财团表示接受全部条件，保证不会将恒昌"拆骨"，不会辞退老员工。

谈判持续了近一个月，大股东何添首先松口，同意将自己 15% 的恒昌股份转让给 Great Style。1991 年 9 月 3 日，双方终于达成协议，恒昌的财务顾问宝源投资建议全体股东接受收购要约。9 月 5 日，百富勤宣布，已经有 52.24% 的恒昌股东接受了收购要约，收购行动成功。

中信泰富在 Great Style 中占有 36% 的股份，需要支付 24.98 亿港元收购资金。它立刻宣布发行 13.9 亿股新股，每股作价 1.55 港元，集资 20 多亿港元，并另外发行 5 亿港元可转换债券，用于支付收购费用。

截至 10 月 22 日收购期满，Great Style 共获得恒昌 97% 的股权，总价 69.4 亿港元。收购大获全胜，中信泰富持最大股权，荣智健任新的恒昌董事局主席，刚刚辞职的原香港联交所行政总裁袁天凡任恒昌行政总裁。

新人入局，首先采取的措施是降低恒昌的收购成本。他们将位于中环的恒昌大厦以 9.07 亿港元售给何善衡，又将恒昌的长线投资出售，套现 2.24 亿港元，加之 1990 年度恒昌纯利 10.33 亿港元，共计 21.7 亿港元用于派发股息，每股派 160 港元。此举使得恒昌的实际收购成本从 330 港元降至 170 港元。

恒昌瘦身，资产总值大幅降低，给中信泰富未来的全面收购创造了有利条件。

一个流传甚广的情节是这样的：

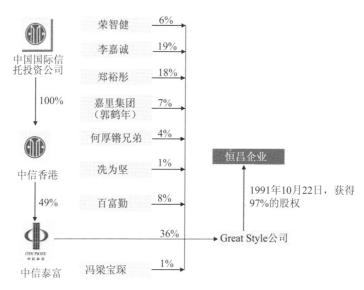

图3　中信泰富公司收购恒昌企业

资料来源：上市公司公告。

1991年岁末，荣智健与李嘉诚、郭鹤年在香港深水湾打高尔夫。轮到荣智健了，他举起手中的球杆，目测了一下近在咫尺的球洞，感觉非常有把握时，他对身边的李嘉诚说："如果这个球进了，我要买下整个恒昌。"

李嘉诚愣了一下，但随即释然。他或许想到了1979年他与老牌英资企业和记黄埔之间几乎一模一样的情节。

结果，球进了洞。球场上的李嘉诚、郭鹤年当天即表示支持中信泰富的收购建议。

此前数日，刚刚打赢恒昌收购战的荣智健志得意满地带队前往欧美、日本等地推介中信泰富的股票，却遭到部分基金经理毫不留情的批评。他们认为，中信泰富尽管旗下有国泰航空、香港电讯、恒昌等蓝筹股公司（注：恒昌为非上市公司）的股权，但基本上只是一家多元化的策略投资公司，完全没有自己可以掌控的生意。这样的公司没有长线投资的价值，因而是无法向他们的客户推荐的。

一语中的，其实这正是中信泰富当时最大的弱点。荣智健并非没有看到这一短板，而全面掌控恒昌，将根本改变这一格局。

李嘉诚后来在公开场合表示：中信泰富尽管旗下拥有港龙航空、香港电讯、国泰航空、恒昌等公司的股权，却未能全面控制，限制了投资的灵活性。而恒昌的汽车、贸易、食品等市场全部都与中国内地有关，今后中国内地的开放政策继续，市场的占有率就很大，因此，在这个时期去全面收购恒昌，建立一个拓展中国内地市场的根据地，符合天时地利人和的原则。

1992年2月13日，中信泰富宣布，已经与恒昌股东达成协议，将以每股235港元的价格收购他们所持有的1 300万股恒昌股份，涉及资金30亿港元。收购完成后，中信泰富持有的恒昌股权将增至97.12%。中信泰富还将向其他小股东提出收购要约。

235港元的收购价，再加上已经派发的160港元股息，合计每股395港元，这相当于4个月内每股溢价65港元，即以330港元/股的价格买入，以395港元/股卖出，收益率近20%。

为筹集全面收购恒昌的资金，中信泰富向大股东中信香港、嘉里集团及其他投资者配售11.68亿股新股，每股2.2港元，共集资25.7亿港元。此次配股完成后，中信香港在中信泰富的股权被稀释，但仍占股44%。

中信泰富分两步收购恒昌，这后来成为香港资本市场"蛇吞象"的经典范例。如果不是这般曲线进入，而是直捣黄龙，中信泰富将支付69.4亿港元的巨额现金，而中信泰富当时的市值仅40亿港元，根本无法在股市筹集那么大的一笔资金；如果继续向银行借贷，势必又要增加高昂的利息负担。

分两步走，第一步，占收购财团36%股权的中信泰富，仅需支付24.98亿港元。它靠发行新股筹集到了20多亿港元。对于母公司中信香港来说，仅仅需要动用9.8亿港元认购新股，即可通过中信泰富控制恒昌逾70亿港元的资产。

第二步，全面收购恒昌，中信泰富需向其他股东支付约31.63亿港元（69.4亿港元÷330港元/股×64%×235港元/股=31.63亿港元），靠再发行新股集资25.7亿港元。

两步走，中信泰富共需付出56.61亿港元，但在这个过程中，已经收回恒昌股息12.11亿港元（69.4亿港元÷330港元/股×36%×160港元/股=12.11亿港元），因此收购净成本为44.5亿港元，而这些靠两次发行新股即全部解决。

全面收购恒昌完成后，中信泰富的每股净值由收购前的1.32港元上升到1.83港元，总市值从原来的64亿港元激增到95.4亿港元。

香港当地舆论评价说："对于中信泰富来说，其意义有如1979年9月长江实业取得和记黄埔那样重大！自此之后，中信泰富已由一间控股为主、地产为次的小型

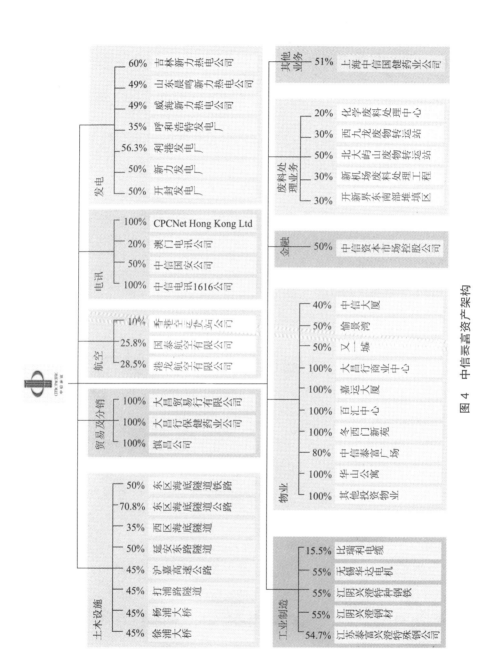

发电
- 60% 吉林新力热电公司
- 49% 山东晨鸣新力热电公司
- 49% 威海新力热电公司
- 35% 呼和浩特发电厂
- 56.3% 利港发电厂
- 50% 新力发电厂
- 50% 开封发电厂

电讯
- 100% CPCNet Hong Kong Ltd
- 20% 澳门电讯公司
- 50% 中信国安公司
- 100% 中信电讯1616公司

航空
- 15% 香港空运货站公司
- 25.8% 国泰航空有限公司
- 28.5% 港龙航空有限公司

贸易及分销
- 100% 大昌贸易行有限公司
- 100% 大昌行保健药业公司
- 100% 慎昌公司

土木设施
- 50% 东区海底隧道铁路
- 70.8% 东区海底隧道公路
- 35% 西区海底隧道
- 50% 延安东路隧道
- 45% 沪嘉高速公路
- 45% 打浦路隧道
- 45% 杨浦大桥
- 45% 徐浦大桥

其他业务
- 51% 上海中信国健药业公司

废料处理业务
- 20% 化学废料处理中心
- 30% 西九龙废物转运站
- 50% 北大屿山废物转运站
- 30% 新机场废料处理工程
- 30% 新界东南部堆填区

金融
- 50% 中信资本市场控股公司

物业
- 40% 中信大厦
- 50% 愉景湾
- 50% 又一城
- 100% 大昌行商业中心
- 100% 嘉运大厦
- 100% 百汇中心
- 100% 东西门新苑
- 80% 中信泰富广场
- 100% 华山公寓
- 100% 其他投资物业

工业制造
- 15.5% 比瑞利电缆
- 55% 无锡华达电机
- 55% 江阴兴澄特种钢铁
- 55% 江阴兴澄钢材
- 54.7% 江苏泰富兴澄特殊钢公司

图 4　中信泰富资产架构

资料来源：《新财富》杂志。

多元化公司，迈向一家洋行式的多元化跨国企业。"

和记黄埔是香港第二大英资洋行，又是香港十大财阀所控的最大上市公司，70 年代时资产价值 60 多亿港元。而当时的长江实业只是一家资产不到 7 亿港元的小型公司。李嘉诚收购和记黄埔，亦同样上演了一出蛇吞象的活剧。

1992 年，大昌行的汽车销售及服务业务进入了美国和日本，它代销的知名品牌汽车的范围也扩展到了本田、欧宝、奥迪等当时新一代名牌轿车，由此带动大昌行当年营业总额达到了 100 亿港元，并在香港建立起汽车服务大厦、荃湾停车场等香港汽车行业的四大标志性建筑。

1993 年 1 月，中信泰富再发行 5.5 亿股新股，每股作价 13 港元，集资 72 亿港元，向母公司中信香港折价收购其所持香港电讯 12% 股权，每股作价 7.8 港元，共耗资 87 亿港元。随后，中信泰富购入江苏发电厂 56% 的股权，购入香港青衣垃圾处理厂 70% 的股权。以上三项合计金额约 90 亿港元。1994 年 2 月，中信泰富又以 35.5 亿港元购得香港兴业国际集团的愉景湾物业发展及有关业务 50% 的权益。

在中信香港控股的 10 多年间，中信泰富业务迅猛发展。有资料显示，中信泰富 1990 年净资产为 7 亿港元，1995 年为 266.41 亿港元，年均增幅 930%，截至 2008 年底，净资产增为 499.7 亿港元。

1991 年，中信泰富股价在 1.3~1.6 港元之间浮沉，1996 年 12 月 31 日达到 44.9 港元，年均涨幅 154%。1993 年，中信泰富取代嘉宏成为恒生指数成分股之一。1996 年 12 月，中信泰富总市值高达 957.8 亿港元，居香港市值最大上市公司第 10 位。

而中信泰富有此成就，全面收购恒昌一战，是其重要的转折点。

*　　*　　*

当一列列动人心魄的资本过山车在香港市场尽情旋转翻腾跳跃的时候，1992 年春天，仅仅一河之隔的深圳，一位年近九旬的老人导演了 20 世纪末最精彩的一出历史大戏，他使彷徨中的国家再次勃发了巨大的改革能量和发展生机。

这是一个必将载入史册的春天。

从 1989 年开始，中国的政治形势和经济环境陷入谷底，西方对中国实行制裁，外商投资止步观望，外贸出口直线下降；中国经济的治理整顿，致使经济下滑、市场疲软。放眼全球，同样是在1989年，苏联解体、东欧剧变，持续70多年的社会主义大家庭，顷刻间不战自溃。在这一背景下，"左"的思潮东山再起，"以反和平演变为中心"的论调高涨，对中国改革开放政策持怀疑态度的言论甚嚣尘上，还有人提出"双重任务论"（阶级斗争和全面建设）。这意味着十一届三中全会的路线——坚决否定以阶级斗争为纲——受到了极大的挑战。

严峻的事实发人深思：中国向何处去？

在这一沉闷、压抑、疑虑、无所适从的形势下，88岁高龄的邓小平在1992年的春天来到中国南方，发表了一系列振聋发聩的谈话。

这位饱经忧患的老人，此刻心中再次充溢着对民族未来的忧虑和紧迫感，在中国改革起步14年之后，他再次提出要"抓住机会"，"发展才是硬道理"。

他说："要抓住机会，现在就是好机会。我就担心丧失机会。"

他说："不坚持社会主义，不改革开放，不发展经济，不改善人民生活，只能是死路一条。"

他说："要害是姓'资'还是姓'社'的问题。判断的标准，应该主要看是否有利于发展社会主义社会的生产力，是否有利于增强社会主义国家的综合国力，是否有利于提高人民的生活水平……计划多一点还是市场多一点，不是社会主义与资本主义的本质区别。"

他说："改革开放胆子要大一些，敢于试验。看准了的，就大胆地试，大胆地闯。"

……

小平南方谈话，如黄钟大吕，震人心魄，从此开启了中国改革开放的崭新篇章。

这一年，邓小平头像再次出现在《时代》周刊封面上，封面文章写道："能让一个人口众多的民族在极短时间内来个180度大转弯，就如同让航空母舰在硬币上转圈，难以置信。"

中信公司亦将翻开它崭新的一页。

第十五章 荣毅仁的谢幕之作

1992 年的春风格外温暖和煦。

20 世纪 90 年代初，邓小平率先提出了开放浦东的战略。不久，中央政治局原则批准了将浦东设立为开发区的建议。1992 年 4 月，在七届人大五次会议上，李鹏在《政府工作报告》中说："通过上海浦东的开放开发带动长江三角洲地区乃至整个长江流域经济的发展。"

这标志着浦东开发开放的构想，已经成为 90 年代的国家重大发展战略决策。在国家战略的版图上，开发浦东意味着以上海为首，其经济布局向杭州湾和长江口南北两翼展开，并将以此带动整个国家经济的起飞。

1992 年 6 月 24 日至 27 日，国务院在北京召开长江三角洲及沿江地区经济规划座谈会。在过去的十几年中，荣毅仁一直没有放弃在长三角的战略布局，中信已经在这里打下了很好的基础，有能源、航运、金融、工程和地产等优质资产。今天，借小平南行的东风，中信应该有更大的手笔。

从 1989 年开始的连续三年，中信国内业务陷入低谷。中国的改革开放已经进入第十四个年头，中信的政策优势已经越来越弱化，然而体制的禁锢却越来越明显。为了摆脱困境，1991 年 10 月 30 日，荣毅仁以个人名义致信李鹏。他在信上写道：

> 中信公司成立 12 年来，在党中央、国务院的直接领导下，取得一些成绩并积累一些经验。然而，这几年国际国内经济形势变化很快，中信公司在如何适应这些变化以求更大发展上遇到不少问题。中信公司是改革开放的产物，又是集团组织形式的大企业，应该继续作为改革开放的试点，为国家多做一些贡献。
>
> 中信公司有如下三个特点：
>
> 1. 中信虽然是国务院直接领导的，但它不同于行政机关，而是一个经济法人；

2. 中信公司虽然也是全民所有制企业，但它不同于一般的国营企业，而是负债经营，并且主要是借的外债；

3. 中信公司是一个国家化公司，在海外有许多投资项目，在国内有许多中外合资企业，它要和国际市场对接、交流，需按市场经济规律办事。

由于有这样的特点，现在国家主要针对行政部门或一般的国营企业而制定的一些法规办法，不大适用于我们公司。在这样的前提下，希望允许公司在经济体制改革的某些方面先行一步，给予中信公司相应的经营自主权，使公司自我约束，自我发展。

荣毅仁还就投资项目的审批权限、外债的管理和对外筹资问题、人事、工资福利改革、出访的审批手续等问题提出了具体的要求和建议。

信函发出，迟迟没有回音。

当 1992 年春天到来的时候，与小平南方谈话一同传达到中信的，还有小平同志关于中信的一段谈话。那是两年多前邓小平与中央领导谈话时专门谈及的，谈话内容涉及了 1990 年中信香港收购香港电讯以及亚洲一号卫星在中国国内出租转发器受阻问题。关于中信、关于荣毅仁，已经完全辞官在家的这位老人其实一直都在密切关注，并每每在最关键的时刻拨云见日。

所有这一系列讲话，对于处境艰难的中信来说，犹如云开雾散，令人豁然开朗。

但是，关于荣毅仁去年秋天"奏折"中提出的问题，国务院依然没有答复。

4 月 21 日、22 日，连着两个上午，荣毅仁都出现在中信公司贯彻邓小平谈话精神的座谈会上，公司所有的主要干部都参加了这两天的会议。他发言说：小平同志强调改革开放的思想再解放一点，胆子再大一点，步子再快一点。大家要注意，这三句话的表述都是有范围的，都是在实事求是的前提下讲的。所以我们要讲辩证法，要始终都保持清醒头脑，既要大胆又要稳妥，越是在热气腾腾的情况下，越是要冷静思考。

关于公司的战略，他说："中信公司的主业仍是进行生产、技术、投资，是搞实业的。尽管我们现在工作苦一些，经济效益暂时还不太理想，但是这个方向不能丢。我们要把眼光放远一点，风物长宜放眼量，国家强大要靠实力，金融、商业只是辅助性的。"

数年后，中信公司的发展战略发生了根本性的调整。

会议结束，荣毅仁就去了浙江。

后来有人说，荣毅仁到宁波是为了躲生日，因为 5 月 1 日，是荣毅仁 76 岁的生日，一定会有很多人要给他庆生，为了避免应酬，他躲开了。

但是，的确还有另一层更深的背景。

20 世纪 90 年代初，邓小平率先提出了开放浦东的战略。不久，中央政治局原则批准了将浦东设立为开发区的建议。国务院总理李鹏在上海大众汽车公司成立 5 周年庆祝大会上宣布："中共中央、国务院同意上海市加快浦东地区的开发，在浦东实行经济技术开发区和某些经济特区的政策。"

但浦东开发的战略是到 1992 年才真正明确的。在 1992 年 4 月召开的七届人大五次会议上，李鹏在《政府工作报告》中说："上海浦东新区是今后十年开放开发的重点。要进一步加强基础设施建设，创造良好的投资环境，建设一些投资效益好的项目，通过上海浦东的开放开发带动长江三角洲地区乃至整个长江流域经济的发展，逐步使上海发展成为远东地区经济、金融、贸易的中心之一。"

这标志着浦东开放开发的构想，已经成为 90 年代的国家重大发展战略决策。在国家战略的版图上，开发浦东意味着以上海为首，其经济布局向杭州湾和长江口南北两翼展开。大鹏即将展开翅膀，扶摇万里，并将以此带动整个国家经济的起飞。

紧接着，1992 年 6 月 24 日至 27 日，国务院在北京召开长江三角洲及沿江地区经济规划座谈会。会后，长三角 15 个城市协作部门主任建立了联席会议制度，要借浦东开放这个龙头，带动整个长江三角洲经济的发展。

其实从很早开始，荣毅仁就在琢磨中信在长三角的战略布局问题，在过去的十几年中，中信在这里打下了很好的基础，有能源、航运、金融、工程和地产等等优质资产。今天，借小平南行的东风，中信应该有更大的手笔。

此行第一站，荣毅仁来到宁波。主人特别把客人们带到了北仑港。从 1978 年开始建设的北仑港，14 年后已经发生了深刻的变化。它成了交通部所命名的中国四大深水良港之首，大连大窑湾、福建湄洲湾、深圳大鹏湾都排在其后。北仑港的货物吞吐量仅次于上海，位居中国第二。

那天下午，在北仑港 10 万吨矿石中转码头和集装箱码头，荣毅仁驻足良久，他非常仔细地观看了港口全景和货物装卸情况。在镇海石化总厂"八五"建设大片预留场地，荣毅仁仔细询问了有关兴建大型石化项目所需资金和土地的情况。

中信宁波公司的陪同人员第一次跟他谈起了大海对面的大榭岛。

大榭岛位于北仑港的东北侧，面积 30.84 平方千米，比澳门岛还要大。古时这里草木繁茂葱郁，远观如水榭，故谓之大榭。大榭岛的东北与西北部，拥有 10 千米的深水岸线，这里不淤不冻，波澜不惊，可以建设 20 万吨级以上的深水码头；岛内还有大片可开发的平地和缓坡地。

荣毅仁的内心一下子被触动了。

在整个世界经济发展模式的演变中，海港成为十分重要的要素之一。临港经济最初模式源于自由港贸易，以经营商业和贸易为主。1547 年意大利西北部热那亚湾的里南那港，是世界上第一个自由港。17 世纪以后，一些在国际贸易中处于优势地位、航海业发达的欧洲国家，为了扩大对外贸易，陆续把一些著名港口城市辟为自由港和自由贸易区，如德国的汉堡和不来梅、法国的敦刻尔克、丹麦的哥本哈根，也包括中国的香港和澳门。

到 20 世纪 50 年代，临港经济在自由港和自由贸易区的基础上继续发展和演变，一些国家在港区建立了出口加工区，发展"出口替代"工业，有些出口加工区还发展了对外贸易和转口贸易。随着国际产业大转移，临港经济的这一模式也在中国内地开始发展。

1990 年 9 月 11 日，上海浦东外高桥保税区开发公司挂牌成立。根据中国法规，外高桥保税区具有出口加工、仓储和转口贸易三大功能，是参照国际惯例、结合中国对外开放和经济建设的实际需要而设立的。这是国家关税区外的一个特定封闭区域，区内关税全免，境外人员、货物进出自由。全部面积为 10 平方千米。

在喋喋不休的姓"社"姓"资"的争论中，1992 年 3 月 10 日，上海外高桥保税区终于正式启用。

一个多月后，荣毅仁来到了距外高桥仅 90 千米的宁波北仑港，此时，他的目光早已超越了外高桥模式，他看到了更远处的大洋。

从全球范围看，随着世界经济一体化进程的加快，船舶的大型化趋势，要求港口有足够的深水港。当时中国最大的航运中心上海，最主要的发展瓶颈就是没有深水大港，大量集装箱货源需要到周边港口中转。这就为近邻宁波留下了广阔的发展空间。不仅如此，宁波除了有建深水港的天然条件，更有着广阔的腹地可供建设相关的产业基地。中信绝不应错过这一宏大的发展机遇。

想到此，荣毅仁怎能不怦然心动？

* * *

事实上，在北仑港码头上的荣毅仁当时并没有更多时间系统地思考中信与大榭的问题。回到北京后，他首先找来了孙中山先生的《建国方略》仔细阅读。中山先生在 70 多年前就描绘了北仑作为东方大港的宏伟图景。荣毅仁委托中经咨询公司对此做进一步研究。

8 月，这是宁波地区台风最多的时节。中信副总经理魏富海带着中信一班人再次来到宁波。这是一个不小的考察团，一行 16 人，分别来自中信宁波公司、香港公司、天津公司、新力能源公司以及中经咨询公司等。

魏富海当过化工厂厂长、大连市市长。几近相同的城市特征让他得以在最短的时间里进入角色。他们实地踏勘了北仑港矿石码头、北仑港发电厂、镇海炼油厂和大榭岛。7 天后，魏富海代表中信公司与宁波市签订了促进宁波开发建设合作意向书。意向书包括五个内容：20 万吨级矿石码头、集装箱中转码头、仓储以及江海联运等项目的再调研；一座 50 万吨特种钢厂的建设；铁路、修船、金融商贸；45 万吨乙烯项目；对大榭岛及其附近小岛屿的土地成片开发。

10 月，时任浙江省省长的葛洪升听说国家要对开发区"踩刹车"，停止审批，他一下子就急了。葛洪升曾经担任宁波市委书记。他赶紧催促各方加快速度，让他的下属把荣老板感兴趣的资料多多准备，送到北京，他同时要求宁波市迅速把申报方案报到省里。省政府相关部门连夜运转，从审定方案到撰写报告，马不停蹄。

这期间，中信向浙江提出了最大的疑虑："大榭开发以后中信与地方出现扯皮问题怎么办？"

葛洪升痛痛快快地回答："大榭的事情由中信公司统统管起来，一个锅里吃饭，这样有利于加快开发进程，对大榭的老百姓来说有好处。"

11 月 6 日，荣毅仁再次来到宁波，与浙江省、宁波市的领导见面，他的第一句话就是："是小平同志南方谈话的东风把我们'吹'来的，今年 4 月份我已经来过一次，没有登大榭岛，这次要上去看一看。"

相信此时推动中信的"东风"除了小平同志的南方谈话，还有更具体的、实实在在的利好。

在这一年 7 月，国务院终于发出了关于中信公司有关政策问题的批复。这是荣毅仁给国务院总理李鹏的信函发出 9 个月之后，国务院给予中信的一揽子政策规定。

"批文"指出：中信公司作为进一步改革开放的试点，要继续发挥对外开放的窗口作用，积极探索，逐步建立自主经营、自负盈亏、自我约束的经营机制，为国家多做贡献。

关于投资审批权，国务院决定，凡不需国家综合平衡、投资额在 2 亿元人民币以下的国内投资项目，以及境外自筹资金、不需国内担保和国家综合平衡、投资额在 3 000 万美元以下的境外企业再投资项目，同意由中信公司自行审批。

关于外债管理，国务院同意"八五"期间中信公司试行中长期外债在核定的外债余额内，多还多借、少还少借、不还不借、不得突破的办法。每项筹资的数量、时间、市场、牵头行、币种，公司可自主决定，但每项筹资都要向国家计委、外汇管理局备案。

国务院同意中信公司根据效益进行工资改革，并同住房改革相结合的意见。"批文"对公司领导职数和简化出访审批手续等问题都做了明确批复。

走了 13 年的"煤渣胡同"，夹缝中的中信今天终于走上了"长安街"。国务院这一揽子政策规定像春风拂面，中信顿觉精神爽朗。

* * *

1992 年 11 月 7 日，这日秋高气爽。

荣毅仁率中信公司总经理魏鸣一、王军等高层一行 60 余人，在浙江省和宁波市领导的陪同下，登上了大榭岛。此前一天，中信公司这几十号人、包括最高层领导是包了一架飞机飞抵宁波的。这让副总经理秦晓很是担忧："世界上没有哪一家大公司的最高管理层是乘坐同一架飞机出行的。"

大榭乡党委书记陆忠尧还记得，考察持续到下午才结束，结果令荣毅仁相当满意：第一，大榭岛最大的优势就是岸线长，水深，不冻不淤，常年风平浪静；第二，大榭岛距离陆地很近，便于架桥；第三，岛周围居住人口不多，海边开阔地都是一些田地，便于开发；第四，大榭岛沙石、木材资源丰富，便于就地取材，进行基础设施建设。

从早上 8 点上岛，直到下午两点，荣毅仁一行人才回到宁波市区吃午饭。当天下午 5 点，在荣毅仁下榻的宁波华园宾馆一楼大厅，中信与宁波市举行了《关于宁波市北仑区大榭岛土地成片开发协议书》签约仪式。《协议书》规定：宁波市将其管辖的大榭本岛及附近岛屿的土地使用权有偿出让给中信公司，由中信公司负责组织投资，对大榭岛进行土地成片开发建设。由浙江省政府与中信公司共同报国务院审批。

　　30 多平方千米的大榭岛，将由中信一家企业独木擎天、成片开发，这是破天荒之举！

　　以荣毅仁为首的中信决策者在经历了半年多的认真思考和充分论证后，终于做出了开发大榭，"把大榭建成世界一流港口的经济贸易区"的宏伟规划。

＊　＊　＊

　　为什么要开发大榭？中信为什么要开发大榭？这一战略对于中信之未来究竟有什么意义？

　　首先看大榭自身的优势。

　　大榭岛位于宁波市东部、杭州湾畔，与宁波市中心的距离约 40 千米；大榭处于中国海岸线的中部，是海上南北交通的中点，距中国香港、新加坡、日本、韩国、中国台湾等地，均在 1 000 千米之内，地理条件十分优越。

　　大榭岛有着得天独厚的建港条件。它四面环海，沿岛海岸线近 20 千米长，岛的西北部、北部和东部有 10 千米的深水岸线，水深为 30~46 米（20 年后上海投入巨资兴建的洋山港码头水深也仅为 15 米，上海港水深不超过 10 米）。大榭岸壁陡峭，建设 20 万吨级的深水码头甚至不需要架设栈桥，可节省大量投资。大榭周围有陆地和舟山群岛作为天然屏障，无需建设防波堤，且风平浪小，不淤不冻。

　　大榭岛有着广阔的腹地，有 15 平方千米的土地面积可供开发，是建立工业园区、仓储区的必备之地（这也是洋山港远远不及的，洋山港规划总面积 25 平方千米，几乎全部建设用地均为填海工程，工程总投资超过 700 亿元）。其实中国广阔的海岸线上诸多岛屿都具有建深水港的条件，但大多缺少大片陆域接应，相比较而言，大榭真乃天赐。

　　大榭岛紧邻大陆，与北仑开发区的最近海上距离仅 600 米。一座不算太长、投资不算太大、施工不算太难的公路铁路两用桥就可将大榭与北仑相连接（而连接洋山港的东海大桥设计全长为 31 千米)。如此优势，将保证大榭可以充分利用宁波现有的基础设施和其他有利条件，并且将通过宁波直接辐射长三角。事实上，20 年后，世界上最长的杭州湾大桥直通宁波，这将赋予大榭这个海上龙头更强大的吸引力。

大榭作为港口、出口加工区和未来的重化工基地，对能源、水源有着非常大的需求。而在大榭周边，已经建成或将要建成众多发电厂，包括镇海电厂、北仑电厂、秦山核电站等；宁波水源充分，可通过建设输水管道直接从大陆通向大榭。

再看开发大榭的价值。

世界经济中心正在向亚太国家转移，毫无疑问，21 世纪是亚太的世纪，甚至可以不谦虚地说，它应该是中国的世纪。世界经济一体化的趋势已经成为潮流，全球各个经济体之间的贸易量和贸易总额将持续高速增长。由于生产要素价格上涨，中国产品的竞争力将大幅提升，从而成为世界工厂，这将导致对码头、出口加工区、物流中心以及自由贸易区的需求高速增长。因此，建大码头、大港口、大的临港经济区不仅是当务之急，更是一项重要的战略目标。

最后看开发大榭对于中信的意义。

中信 13 年，它的投资领域涉及能源、交通、制造业、零售业、高科技、金融地产等诸多领域，看似无所不包。但是，面对大榭如此规模的综合性开发和经营，面对大港口、大仓储、大物流、大的重化工基地，乃至大榭社会经济综合配套发展的目标，中信是第一次，中国的企业也是第一次，相信在国际范围内，也是绝无仅有的。大榭岛将为中信提供一个长期发展的重要基地，有了它，中信可以更加灵活方便地开展多项业务，可以充分利用国家赋予的项目审批权限和外债余额额度，吸引更多的外资，建立更多的企业，获得更好的效益。进入大榭，中信可以通过转让土地使用权取得收入，也可以用土地使用权入股，获得土地的资本收入。

综上所述，中信开发大榭岛的战略构想集天时、地利、人和，它将是中信在未来数十年中最重要的战略目标之一。

其实，在 17 年后的今天，我们回头看开发大榭岛的决策，不能不为荣毅仁当年的决断深为感佩！

从 20 世纪 90 年代开始，经济全球一体化加速，世界各国经济和贸易更加相互依赖，生产的国际化已经发展为生产要素配置的全球化。港口不仅仅是航运枢纽，更成为全球化大生产的主要组成部分。它使人们对海洋、对港口资源，有了一种新的价值认知。

在轻工业主导的时代，大榭等深水良港主要是作为进出口的载体存在。重化工业的产业属性改写了港口的属性和价值。

大海港是发展重化工业极佳的载体，因为包括石化、能源、建材、造纸、汽车等重化工业，具有大运载量、大耗水量、大进大出、外向度高等特征。要满足这些需求，必须依凭大海港这个载体。日本、韩国以及我国的台湾地区八九十年代重化工业的长足发展，相当程度上应该归功于其临海的港口资源优势。

随着世界产业结构的梯度转移，中国进入了第二次重化工业的发展阶段。大榭岛平坦而广阔的腹地，可以为重化工业提供成本低廉的制造基地。一个临海港口资源发达的国际航运系统，可以极便利地让重化工业的原材料聚合起来，这种聚合作用大大弥补了缺乏矿产资源的天然劣势，使临港重化工业迅速崛起。

中信17年努力的结果正是如此。今天，大榭岛作为中国第一个按照国际"自由岛"模式建立的国家级开发区，依托深水港的临港石化、能源中转、港口物流三大产业建设获得了飞速发展，甚至早已超越了17年前的规划目标。

＊　＊　＊

开发大榭岛的报告在1992年12月呈送至国务院。

1992年12月24日，杭州西子湖上烟雾蒙蒙，天下起了淅淅沥沥的小雨。

9时整，邓小平、卓琳来到夕照山下的汪庄，他们要在此登船去三潭印月。邓小平坐在船中央，面朝窗口。浙江省省长葛洪升向他汇报浙江经济改革所带来的巨大变化。小平兴致很高，他环顾四周，眺望远近秀丽的湖光山色，谈笑风生。

谈及大榭岛的开发问题。葛洪升说："荣毅仁副委员长领导的中信公司决定开发大榭岛。"

邓小平听了非常高兴，他夸赞说："荣毅仁，名声大，干得很好，会办实业。"

然后，这位88岁的老人又不无得意地说："建国初期，我管干部。当时我提议四川的大地主刘文辉（刘文辉系原国民政府西康省主席，后担任国家林业部部长。——引者注）和上海最大的民族资本家荣毅仁担任中央政府的部长。一个管农业，一个管工业，实践证明，这样做是对的。他们都干得很好嘛。"[1]

---

① 浙江在线，"小平与浙江：春风又度江南岸"，《浙江日报》，2004年8月19日。

1993 年 3 月 5 日，国务院做出了《关于浙江省宁波市大榭岛土地成片开发建设问题的批复》——"原则同意中国国际信托投资公司成片开发宁波市北仑区大榭岛，实行经济技术开发区的政策。"

这是当时国家暂停审批新的开发区之前批出的最后一个开发区。直至 1999 年，国务院再也没有批准新的开发区项目上马。紧接着，1994 年，财政部、国家税务总局又两次发文："对宁波市大榭岛土地成片开发项目，在 2008 年 12 月 31 日前首次转让的房地产，免征土地增值税。"

1993 年 3 月 26 日，中信公司召开了开发大榭岛新闻发布会。总经理魏鸣一向 100 多名中外记者详细介绍了开发大榭岛的决策过程和重大意义。他向与会者描绘了大榭岛的发展蓝图，他说：中信公司开发建设大榭岛的初步设想是，用 15 年左右的时间，将大榭岛建成一个以深水港口为中心，带动码头、仓储、运输、修造船舶业的发展，并大力发展高新技术产业和房地产、金融、通信、贸易、商业、旅游以及其他第三产业，功能齐全，布局合理，环境优美，具有世界一流水平的国际港口和外向型经济区。

魏鸣一特别强调了中信的开发方式："由中信公司受让土地使用权成片开发经营，开发与招商相结合，总体规划，分步实施，滚动发展。"

魏鸣一希望记者们帮助中信传递一个信息——欢迎世界各国、港澳台地区及国内的经济界人士与其携手合作开发建设大榭岛。他说："合作者将会得到比较好的效益返还。"

11 年后的秋天，国务院副总理曾培炎来到大榭岛视察，看着眼前这座拔地而起的现代化临港工业区，曾培炎似真非真地对陪同视察的中信公司副总经理王炯说："你们当初 1.5 亿买的大榭岛，现在我出 15 亿，卖给我吧？"

一旁的浙江省省长吕祖善赶紧接了话茬儿："15 亿？那就不用您出钱了，我们浙江省就买了。"

* * *

1993 年 3 月，就在中信关于大榭岛的新闻发布会正在进行的时候，另一个更加重要的大会也在召开之中。

北京，人民大会堂。

八届全国人大一次会议已经开幕。77 岁的荣毅仁已连续八届当选为人大代表，他几乎是所有人大代表中参加届数最多的一人。1993 年 3 月 27 日，2 000 多名人大代表投票选举新一届国家领导人，选举结果将对中信产生重大影响。中信董事长荣毅仁高票当选为国家副主席。此前在这一位置任职的正是曾给予中信极大支持的革命家王震。

消息传出，舆论大哗，西方媒体更是从中看出了红色中国未来的走向。他们称：这不仅是荣毅仁个人登上了"人生巅峰"，而且是中国进一步改革开放、走市场经济道路的象征。

澳大利亚《时代报》指出：任命荣毅仁为国家副主席，"显然是在向世界表明，这个领导班子将致力于市场经济和继续开放经济"。

德国《柏林日报》评论说："首次提升一位商人和富翁担任国家副主席，不仅仅具有象征意义，它还向国内外，特别是数百万华侨表明了中国领导人认真对待改革和向市场经济过渡的决心，亦具有较大政治意义。"

日本《东京新闻》的评述指出："破天荒地起用一个非共产党员，被称为'红色资本家'的荣毅仁担任国家副主席，这就向西方国家发出了希望改善关系的强烈信号。"

* * *

大榭岛是荣毅仁在中信公司任职期间的最后一个项目。相信在 1992 年 11 月登岛之时，荣毅仁已经意识到自己即将开始全新的人生旅途，因此他对中信开发大榭岛的心情格外急迫。

3 月 30 日，履新三日的荣毅仁最后一次主持召开了中信董事会。他心情复杂地宣布，他将不再担任中信公司董事长。所有的人都早已料到了这一结果，但这句话从荣毅仁嘴里说出来的时候，大家依然欷歔感叹，十分不舍。

荣毅仁说："承蒙全国人民代表大会的信任，选举我担任国家副主席职务，我将尽力做好这个工作，全心全意为人民服务，全心全意为国家经济建设服务，为社会主义事业贡献全部力量。按照国家规定和国际惯例，我担任政府职务后，就不再担任中信公司董事长。"

荣毅仁建议，由魏鸣一担任中信公司董事长，王军担任中信公司总经理。

董事会同意了荣毅仁的提议，并报国务院批准执行。

这一届董事会还特别听取了魏富海关于大榭岛情况的报告。魏富海在报告结束时激动地说："老董事长开拓创新，不减当年。开发大榭岛是荣董事长在小平同志南方谈话后的大动作，也是中信在本世纪最大的投资。我们要用老董事长的智慧和决心指导大榭岛的开发建设，特别是用他在国际上的广泛影响来推动大榭岛的开发建设。"

魏鸣一做了1992年工作报告。

紧接着，董事会中最为年长的老人古耕虞发言。14年前，正是他与荣毅仁以及其他三位工商界领导人一同经历了邓小平点将的时刻，几个人合吃一只火锅，合唱一台大戏。14年后，这台戏不仅没有落幕，反而越唱越红火。只可惜另外三人已经作古，令人怅然。

古耕虞乡音不改，再次回述14年前的那个令人难忘的时刻，感慨不已，他说："毅仁同志十几年风风雨雨中走过来，很不容易，我老了，毅仁同志还大有可为。"

孙孚凌、马万祺、万国权等董事陆续发言，他们都在这一届的"两会"中履任新职。他们希望荣毅仁今后仍能够关心和支持中信的发展。这也是全体董事会成员的心声。

荣毅仁一向沉稳持重，不轻易流露感情，但是今天他十分动容。他环顾整个会场，这些两鬓斑白的老者大都与他共同经历了14年的风风雨雨、共同走过了14年的坎坎坷坷，他无法忘怀这14年中的辉煌与梦想、光荣与磨砺、快乐与伤悲，他充满深情地说：

"中信公司成立14年来，我是尽了心的，是我的心血所寄，这里有我的心血。

"国家和人民要我去担任政府工作，这是党和人民对我的信任，我当尽力去做好。值此告别中信的时刻，大家恋恋不舍，我也十分留恋。

"中信从无到有，从小到大，14年风风雨雨，有胜利，有挫折，总的是成绩巨大，中信已成为我国对外开放的一个窗口。这是党中央、各有关部门支持的结果，也是在座各位关心、努力、监督的结果，我感谢大家。"

荣毅仁回忆起1979年起草公司章程时，章程里即写有"坚持社会主义原则，按照经济规律办事，实现现代化的科学经营管理"。他说："当时还没有市场经济的提法，市场经济还被当作资本主义制度，是与计划经济相违背的。现在看来，这条路我们走对了。"

荣毅仁谈起大榭岛，他说："大榭岛开发，有人说是'蛇吞象'，我看我们搞市场经济就要'蛇吞象'。用少量资金取得最大效益，是符合市场经济的。"

荣毅仁说："从资本主义走过来的人，走了40多年社会主义道路，我认为，只有社会主义才能救中国，只有社会主义才能发展中国。我要为社会主义贡献全部力量。搞中信14年，也是我的志趣所在，我是不会忘记中信的。祝愿中信更加兴旺发达！"

这是荣毅仁的肺腑之言。

4月10日，中信公司召开处以上干部大会。副董事长吕学俭主持会议，他一开口就说："这是中信发展史上一次极不寻常的会议。"在这个会上，荣毅仁将告别他昔日的同事，魏鸣一、王军将发表他们的施政纲领。只能容纳200多人的国际会议厅，今天坐得满满的，就连过道上也都是人。

王军回忆起与荣毅仁共同走过的14年，这位当年只有38岁的军人，几乎不假思索地就把自己交给中信，忠心辅佐荣毅仁，带领中信迈过一个又一个山头。或许是离决策中心更近，王军对这14年的感慨更不一般。

"公司成立后，由于与一些部门的垄断和特权产生了矛盾，与旧的经济体制格格不入，工作非常困难。国务院领导谷牧曾呼吁，长安街不让中信走，煤渣小胡同总可以让中信走一下吧！事实上煤渣胡同也是不好走的，公司内部也有过两种意见，一种是要把公司办成像国家机关一样的部门，另一种是要把公司办成一家企业。荣毅仁同志说服大家坚定不移地走自负盈亏办企业的道路，循着市场经济规律走。当时很多人说，在中国目前体制下不可能搞负债经营，有人预言中信要垮台，可我们今天不但没有垮台，而且业务不断壮大。"

魏鸣一代表中信领导班子表态：新领导班子一要团结，二要不断创新，两者缺一不可。

荣毅仁寄语全体与会者：一要坚持邓小平同志建设有中国特色的社会主义理论；二要坚持党的"一个中心，两个基本点"的基本路线；三要发扬"32字"中信风格；四要充分发挥干部的积极性。

荣毅仁最后说："我虽然人离开了，但心没有离开！我还会关心中信公司的，这点请大家放心，祝同志们在新的领导班子带领下，更加努力地工作，把中信事业发扬光大，为国家的经济建设做出更大贡献！"

这番告别词充满了炽热的感情和由衷的希望，所有参会人员无不为之动容，这些曾在荣毅仁麾下度过"最有意义人生"的中信人，对老董事长报以热烈的经久不息的掌声。

中信14年，从50万元起步，已经由最初的十几个人发展到3万多人，今天已经具有了中信实业银行等13个直属公司、7个直属地区子公司、6个下属公司、7个直属海外子公司，公司总资产已超过800亿元人民币。14年，中信建成了一家大型综合性跨国公司，成就了一批具有强大竞争力的企业，更练就了一个卓越高效的企业团队。抚今追昔，中信人怎能不为他们老董事长的远见卓识、非凡魄力和人格魅力所感动，怎能不为他的创新精神和广泛的影响力尽情鼓掌并致以深深的敬意！

12年后，荣毅仁驾鹤西去。中外媒体迅速开动机器，大量的回忆评价文章铺天盖地，纵览当时的文章标题——"中国改革开放中的'荣毅仁痕迹'"、"荣毅仁：一个时代的句号"、"荣毅仁的符号意义"、"荣毅仁，走了！"……从中，我们不难体味这位89岁的老人对于我们国家、我们民族的意义、价值和影响力，这种影响力在未来还将长久地持续。

第十六章　知向何方

1993 年春天，荣毅仁离开了京城大厦的办公室，留下了一个庞大的商业帝国。面对中信内外各种猜测的目光和各种怀疑的神情，他的继任者又将做何选择？

从 1993 年夏天开始，针对已经严重过热的经济形势，中央启动了新一轮调控措施。6 月 24 日，中共中央、国务院联合发出《关于当前经济情况和加强宏观调控的意见》，以整顿金融秩序为重点，提出了严格控制货币发行、坚决纠正违章拆借资金、灵活利用利率杠杆增加储蓄、坚决制止各种乱集资、加强房地产市场宏观管理、抑制物价总水平过快上涨等 16 条措施。

作为一家特大型企业，对于宏观经济政策的变动，中信显然最为敏感。在大起大落的经济形势中，长期以负债经营为特征的中信公司，如何才能规避市场风险，保持高速而稳健的增长势头？

这是荣毅仁的继任者将直接面对的严峻考验。

他们即将开启中信历史上的一个重要时刻。

荣毅仁离开，继任者魏鸣一是原电子工业部副部长、中共十三届中央候补委员。

魏鸣一，1924 年 4 月生，湖北建始人。1947 年毕业于燕京大学物理系，1949 年获美国布朗大学科学硕士学位，同年回国。历任国防部第十研究院研究所总工程师，第四机械工业部第十研究院副院长，第四机械工业部、电子工业部副部长等职。1990 年起，任中信公司副总经理、总经理、董事长。

出身世家的魏鸣一家学渊源。

魏鸣一的父亲魏伸衡早年留学日本，为老同盟会会员，曾追随孙中山先生谋光复大业。1913 年回国后到交通部任职，又被派往长春任铁路局长。参加修建吉长线、吉敦线两条铁路。

1965 年，根据东风四号导弹和东风五号洲际导弹的研制试验计划，国防工办、国防科委联合给四机部下达了无线电弹道测量和试验场安全系统的研制任务，代号为"154 工程"，魏鸣一任总设计师。

1993 年，魏鸣一出任中信公司第二任董事长，为王军大刀阔斧的中信改革撑起了一片天空，为中信的未来发展奠定了基础。

王军评价说："这个人很有眼光。"

20 世纪 90 年代初，美国联邦基金利率下调，魏鸣一立刻敏感地关注到了这一机会窗口，他建议中信到美国发债，以调整和优化中信的债务结构。这一举动不仅为中信公司松绑，更为中国企业进入美国资本市场打通了道路。

不仅有眼光，还有胸怀。

1993 年时的魏鸣一已近古稀之年，显然，他是荣毅仁与王军之间的过渡。中信老人们回忆说，魏鸣一不止一次对上级表态："你们看王军同志是否成熟了？如果成熟了我就退，如果需要，我就再待着，直到王军接了董事长。"

魏鸣一对王军说的话更加直白："我干不了两年，你要准备接班，你尽管放手去干。有些决策，我在北京你就跟我商量，我如果不在北京，急的事你就给我打个电话，如果不急，事后通报也可以。"

一席话让王军深为感动。

庄寿仓还记得，"魏鸣一就任董事长后首次视察香港集团工作，智健总经理安排部门经理以上人员向他汇报，听取指示。鸣一同志不会讲广东话，又怕本地和外籍员工听不懂普通话，为方便沟通，便用流利的英语简要致辞，各部门经理也很自然用英语汇报。会后，香港同事惊讶地问我，魏先生是共产党员吗？我说岂止是，还是老党员呢！"

2002 年 2 月，魏鸣一的胞姐、中国著名作家韦君宜（原名魏蓁一）病逝，远在欧洲的魏鸣一"思不能寐"，他为姐姐送上挽联——"人只要毕生尽力，可暝日天"。

魏鸣一以此自勉。

作为中信公司最"老"的员工之一，王军是在中信成立的第一时间、从业务部副经理一路干到总经理位置的，对中信的情况没有人比他更熟悉。

王军，1941 年 4 月出生。

1979 年筹备中信时，开国上将王震之子王军从海军某部来到中信，辅佐荣毅仁。这是老一辈革命家对红色资本家的支持？还是王军个人对中国经济改革开放大业的跃跃欲试？二者或兼而有之。

一路走来，王军常常成为焦点人物，尤其每每中信走到风口浪尖之时。

这个出生于陕北绥德，在战火中度过童年的革命后代，1965 年从哈尔滨军事工程学院毕业，先是到江南造船厂继而到武昌造船厂任军代表工程师。正值十年浩劫，王军接受了"文革"磨难的洗礼，父亲被批斗，兄长被打成反革命遭关押，许多周围的熟人亲友都遭遇了悲惨的折磨。

"文革"后期，王震从下放两年多的江西红星垦殖场"解放"回京，不久，他成为积极协助周恩来总理抓经济工作的国务院业务组列席成员及正式成员，1975 年在四届人大上被任命为副总理。邓小平全面整顿经济秩序的工作开始后，王震负责领导交通部、铁道部的工作，是与"四人帮"坚决斗争的重要干将。

这时候的王军已经非常知晓什么是"党内斗争"、什么是"路线之争"，这些成长背景极大地影响了他后来的中信生涯。父亲在逆境中所表现出的真性情为王军树立了一个榜样，"坚持原则，勇于创新，脚踏实地……"等等难能可贵的品质多源于这一榜样。

自 1979 年参与中信筹建以来，二十几年的中信发展之路，王军的作用不可低估。许多新旧势力的博弈，许多大是大非的争斗，他都是荣毅仁坚定的支持者和辅佐者。荣毅仁"坚持企业化经营，走市场经济道路"的立场被王军奉为圭臬，在中信创业历程中，他始终以此为判定标准，做出自己的选择。

在荣毅仁率领他的人马突破计划经济桎梏的年代，王军总是默默地起着至为重要的"沟通"作用。应该特别提及的是中信香港集团收购国泰航空、收购港龙航空，直至收购香港电讯的精彩案例，这些看似普通的资本运作，背后却无一不包含着极为复杂的政治势力和新旧思维的博弈。这些发生在最敏感的政治年代、最敏感的地域空间的大事件，如若没有高超的政治智慧，没有高度的政治敏感，没有王军的勇气、细腻、迂回、协调和坚持不懈，断不会有后来中信香港所开创的历史性的大好局面。而这一点，恰是身为中信香港集团董事长的王军最闪光之处。

然而，与前任不同的是，王军行事低调，外界很少了解他在中信的特殊角色和作用。

王军的低调，除了出身于将门之家的教养之外，也许还有不善言辞的原因。庄寿仓如此评价王军："王军……接触过轻工、重工、石油化工、钢铁、机械、电子、矿山各个领域，又有令人羡慕的记忆力，说起话来口齿虽不流畅，然而娓娓谈来，却也头头是道。"

王军曾解释他不愿接触媒体的原因是"因为我语言表达能力不好，经常词不达意"。他从台湾访问归来，自嘲地对朋友们说："台湾媒体称我看上去有点木讷。"

直到 2002 年底接受《财经》杂志专访，王军才为外界认识，封面照片显露出他绝不木讷的真性情。

到 2005 年底，《三联生活周刊》竟然用《荣毅仁和王军》做封面故事，第一次将中信始于荣、成于王的历史连接起来，只是内容和信息大多来源于 2003 年秋天中央电视台的《对话》栏目，这是王军平生第一次在电视媒体前坦露心声。在那天的录制现场，王军率常振明、李士林等人同台，中信的老总们谈论了自己眼中的王军，用词最多的是说王军"乐于挑战""精力旺盛"等等。

"我应该是公司里边陪王总出差最多的一个人，尤其到海外出差。在日本，我们一天的会谈应该有十几个，见十几个单位，就这样连续两三天。他总是把旅行安排在晚上，下了飞机是白天就可以做事了，他在飞机上比躺在床上要睡得好。"常振明说。

王军自己也承认："我在出差的时候，无论是城市之间，还是到另外一个国家，尽可能把那个旅行安排在晚上，下了飞机天亮了就可以做事了。也许是养成那种毛病了，只要晚上在飞机上，睡觉还比躺在床上好一些。跟我出差的人，有一些就受不了。在美国如果从洛杉矶到纽约五个多小时，晚上七点钟起飞，抵达东部就是第二天的六七点钟了，那么早上八点钟就可以开始工作。"

1993 年是王军的分水岭。

"在这以前我是吃得饱、睡得着的，如果有时间躺下来 5 分钟就能睡着觉。可是 1993 年一接任总经理以后，就吃不下、睡不着了。在 1993 年遇到了很多问题，在 1992 年底和 1993 年已经暴露了全国性的投资过热的现象。我们也意识到在这种情况下，可能是风险最大、最危急的时候。"

王军与父亲王震颇有几分神似，刚毅深沉，威而不猛。

王军说自己在小学、中学都喜欢运动，差不多所有的代表队都落不下他，"可是人撞不到一起的运动我都不参加"。王军渴望"激烈对抗的运动"。

为中信效力 27 年，王军几乎每一天都在这种激烈的对抗之中，与传统僵硬的体制对抗，与变化无常的市场环境对抗，与中信内部的陋习惰性对抗，终于创出了一个无与伦比的"中国中信"。

王军的中信生涯，被称为"没留任何败笔与遗憾"。

2004 年 8 月 2 日出版的《财富》杂志列出了当年"25 名亚洲最具影响力商界领袖"，王军入榜。

记者问他："您个人在中信的发展过程当中有没有什么样的梦想？"王军说："我只觉得完成了赋予我的使命，我就心安理得了。"

……

回到 1993 年。

魏、王搭档，两位的背景、经历、性格都不一样，但这并不妨碍两人在对中信局面认识上的彼此认同。

1993 年，当中信大权交接的时候，这个巨人体量很大，但明显缺钙。这个有着 3 万多名员工、23 家子公司的庞然大物，其境内企业的全部收益仅仅是中信海外收益的 25%。在整个中信的盘子上，中信海外资产占公司总资产的 1/3，而海外收益却占总收益的 80%。在任何一家企业的财务报表上，如果"二八法则"长期盛行，那么企业的管理者绝对应该有所警惕了。

其实，就在 1993 年 3 月底荣毅仁交棒的那个干部大会上，在大家表达了依依不舍的惜别之情后，新任总经理王军竟率直地说出了心底里的话："中信的情况不容乐观，从资产负债表可以看出来这已经是个极不健康的公司。但是，荣老板在的时候建立了中信的良好信誉，我们只有克服困难，再接再厉……"

中信的财务报表一直很漂亮，总资产、净资产年年以两位数的速度递增，即便是在十分艰难的 1993 年，其岁末的净资产也比年初增长了近 1 倍，净利润竟然增长了近 9 倍，这真是一个皆大欢喜的数据。

但是，企业真实的生命力或许并不完全取决于它的总资产，甚至不取决于它的利润，而是它的现金流。多少曾经车水马龙、红红火火的大企业，因为现金流出了问题，就真的在一夜之间倒闭，前有巨人，后有德隆、三九药业等等。

然而遗憾的是，对于许多企业老板来说，账面上持续增长的利润总是让人那么精神愉悦，因而常常忘却了现金流。

但王军不能不关心现金流，因为……账上的人民币已经快没了。

王军是一个透明的人。"我当副总经理的时候，不该我管的事我一概不管，现在当了总经理，就要关心公司的具体账目了。"

王军调来了财务的账本。看着看着，他的冷汗就下来了。此时此刻，账面上只趴着200万元人民币现金，他很清楚，这点钱仅仅够发一个半月的工资。

王军赶紧找来李士林，中信国安公司老总。李士林回忆道：

"有一天我和董事长参加一个活动，活动完了以后董事长把我叫过来说，士林，我得跟你说个事，你要给我准备1 500万。我一想，可能董事长要上什么项目，我就问他，董事长上什么项目？他说不是项目，是要发工资。我当时以为开玩笑，后来我一看董事长说得很认真，这时候我也想到了很可能是我们公司的现金流出现了问题。当天晚上我就回去开了会，马上给准备了1 500万。"

郑群英回忆说，一次王军要他准备一份中信在国内投资的项目的相关报告，他做完后给王军送去，王军翻了翻后十分扫兴地说了句粗话：妈的，1 000多个项目没几个好的！

1992年，郑群英陪同原总经理徐昭隆到东北视察，当时中信在东北三省均有不菲的投资，行业覆盖极广，交通、制造业、服务业，无所不包。在黑龙江，徐昭隆看了中信投资的亚麻厂、毛纺厂，他紧锁眉头，神情落寞。纺织行业正值民进国退的大趋势中，国企的纱锭被大量关停，中信在此投资前路堪忧。

形成反差的是，徐昭隆一行所到之处，却被当地党政领导的"热情"紧紧包裹。在沈阳，常务副市长马向东亲自出面热情接待。"吃熊掌，还有那个天上飞的很珍稀的鸟……飞龙，整天吃这些东西，喝酒……实在让人看不惯！钱都花在这儿了，企业能搞好吗？"郑群英后来说起这事，一脸鄙夷。那次从东北返回的路上，徐昭隆情绪十分低沉，就这样搞，中信的钱非打水漂不可。几年后，马向东在澳门赌场狂赌三日，输掉上千万元公款，2001年被执行死刑。

谁都能看出来，中信出问题了。

问题出在哪里？

从80年代初开始，中信秉承实业救国的理念，从海外借贷大量资金投入中国各地千余家企业和项目中，到王军上任时，这个数额大致为41.18亿美元。但是，在长期高度集中的计划经济体制下，那些占有垄断利润的行业长期对中信紧闭大门，中信只能迂回前行，把资金主要投入地方国企。如此"拾遗补缺"的企业战略客观上成为中信多元化经营的始因。但由于资金面依然紧张，所以中信在几乎每一家企业的投资都不占优势、不控股，如此一来，中信很难影响企业的发展战略和经营管理。

中国国企改革在经过了最初的扩大企业自主权的试点之后，又开始转向以承包制为主体的多种经营方式。到1989年下半年后，因政治原因，宏观形势从热转冷，指令性计划减少，价格不断放开。没有进行根本性体制改革的国有企业被强行推入市场，并迅速呈现颓势，国企的问题在这时候大量暴露出来，许多企业逐渐走向衰败。

而中信的情况更显特殊。中信是一家投资控股公司，除了陆续到账的两亿多元，国家再也没有给过钱。总公司在海外发债，用借来的钱去投资或贷款，中信每年要承担巨额还本付息的责任。如果子公司发展顺利，用常振明的话说——"每一个项目都赚钱"，都能够按期支付利息或归还贷款或分红，那么母公司的压力将适当减小。然而，恰恰绝大多数公司都不赚钱，大量投资项目颗粒无收，大量投资窟窿难以填补。而在整个八九十年代，中国资本市场刚刚起步，没有一个完善的退出机制，中信的投资就不可能在有限的时间内获得有效的收益。

中信副总经理秦晓说："我们投资的行业几乎无所不包，除少数企业外多是（1）不具备经济规模；（2）不控股、不直接参加管理；（3）或效益不好，或权益得不到保障；（4）所形成的资产几乎没有流动性。这种状况已经持续了多年且仍在发展中，这是我们几年来最为困扰的一个难题。"

在这一大背景和机制下的中信投资，当然不可能产生有效回报，中信财务现金流高度紧张就成了显而易见的事实。

常振明说："背后的体制因素是决定性的。"

与中国经济改革命运紧密契合的中信，在计划外找市场，其负债投资的经营模式走到了最困难的时刻。

1993年11月，中共十四届三中全会通过了《关于建立社会主义市场经济体制若干问题的决定》。《决定》明确指出，中国国有企业改革的方向是建立适应市场经济要求的"产权明晰、权责明确、政企分开、管理科学"的现代企业制度。整个国企改革，在计划经济框架内的修补式改革走了15年之后走到了头，正是在这个时候，中央终于启动了国有企业的产权制度改革。这一改革将以优胜劣汰为原则，让一批强者凤凰涅槃，置之死地而后生。

正是在这一大背景下，在一大批投资项目濒死的境地中，中信开始重新考虑自己的企业战略问题，并同时着手清理机体自身已经坏死的部分。

* * *

1993 年是王军所说的"分水岭"。这一年，王军棋下三步：讨论——发动群众；结论——凝聚共识；布局——突破"五位一体"的既有框框，走向战略调整的创新。

这需要理性，但首先，它需要勇气。

1993 年 6 月 1 日，上任总经理不久的王军，找来机关党委书记温晋平，对他说，老董事长在的时候，常常提要发挥年轻人的作用，让大家对公司的发展献计献策。现在你来做这件事好不好，让机关的年轻一点的同志组成一个战略研讨论坛，让大家议一议中信的战略问题。

> 温晋平，1951 年 1 月出生，山西人。1969 年参军，1985 年转业，进入中信公司。历任中信公司人事部副主任、主任，中信公司直属机关党委书记、监察部主任，中信公司协理。现任中国中信集团公司常务董事、纪委书记、工会主席。
>
> 有记者写道："温晋平人如其名，温和儒雅，平易近人。他讲起话来旁征博引、侃侃而谈，论起理来条分缕析、丝丝入扣。"
>
> 温晋平虽然身兼多职，事务繁忙，但从来是有工夫就读书。他读书与一般人所异之处，就是他持恒久，涉猎广，思考深。他总结说，读书要有"三知"，即读无不益、广博精要、读贵有恒。有此"三知"，才能好读书、读好书。
>
> 1993 年起，温晋平受王军委托，组织中信公司战略研讨会，为中信公司的战略转型起到了动员群众、统一思想、舆论先行的重要作用。
>
> 担任领导干部多年，温晋平始终保持着极为可贵的自省态度。他告诫自己也劝诫他人："领导者的心中应时时亮起三盏'明灯'：明己，明人，

明势。"

中信集团副总经理李士林提起他，十分钦佩。"这个人了不起，多年来做党务工作，在这么大的市场化公司，人家做项目做得热热闹闹，他默默无闻管党务、管人事。在中信，大事是王老板掌舵，具体的是老温在干。能找到这么一个就就业的人管这摊，现在的公司不多了。"

王军给论坛出了个大题目——"中信不做战略调整行不行？"

温晋平立即行动起来，他把这次谈话做成纪要，随后着手组织成立了中信发展战略研讨会，拟定章程，确定题目。

这一年暑气渐消的时候，中信公司战略发展研讨会正式成立，王军提出要亲自担任会长，温晋平任常务副会长。王军对温晋平说："说什么不能因人设事，我就要因人设事。"

1993年9月15日，第一次战略研讨会开幕，总经理王军郑重出席。没有人能够猜测他此时的内心活动，也没有多少人真的认为论坛将产生什么重大影响，大家首先是带着耳朵来，然后才决定是否需要大脑和嘴。

然而，王军的开篇词就语出惊人："大家不要装模作样、扭扭捏捏，要就要刺刀见红！

"公司规模现在已经相当庞大，在国内外负有盛名。但无论是管理方式还是财务结构，都不适应市场经济发展的要求；在政策方面，中信与其他公司相比也已经没有任何优越之处。仗打不胜是要垮台的。从国际上看，王安公司垮了，IBM也大不如前，核心就是决策和管理的问题。公司上下必须认清形势，抓住机遇、迎接挑战。"

这似乎是悬崖边上的动员令，攸关中信公司未来，又无异于向水中砸下一块巨石，打破一潭静水。

会议期间，王军没有再讲中信的成绩，也不打算让同志们再谈成绩，这让人一开始还不大适应。但很快，论坛上的气氛不再暧昧，言辞也逐渐尖锐和严峻，发言者难得一抒胸臆。

《中信人报》用两个整版的篇幅，发表了当时的发言摘录。在主标题下面，编者意味深长地写下了一句题记：

"中信的未来，取决于我们现在的认识和行动。"

17年后的今天，我们再想象当时的那个时刻，相信无论是参会者还是决策者，都会从这句话中感受到更多、更深刻、更具有历史感的内涵。

本书在此部分还原了那个时刻：

首先透视中信公司当前存在的问题。

林初学（中信兴业公司襄理）：在近些年的大环境下，公司实行的负债经营模式并不能自动建立起一个自我约束优化发展的机制。负债经营虽然成就了中信事业的大繁荣、大发展，但随着外部内部诸多制约条件的逐渐刚化，如果不调整管理战略使之更为适应负债经营模式，很可能最大的危机也会来自负债经营。

郑群英（公司专员）：不可否认，公司目前有很大困难。公司总部并没有人民币自有资金来拨付给子公司作资本金，钱大多数来源于外债。就公司总部而言，一方面借的外债利息必须支付现金，另一方面投资的现金收入不多，因此现金流量收入与支出不平衡，这是当前公司最大的困难。

高筱苏（信息中心调研处长）：更深层次的问题主要反映在两方面，一是我们未形成明显的产业优势，投资项目分散，从总体上看，还没有在一种或几种产业部门中占有垄断地位；二是公司内部实现一体化程度不够，它涉及全球战略、部署和内部经营管理问题。这两个方面也是我们与国际一流跨国公司的主要差距。

秦晓（中信公司副总经理）：利用中信的信誉在国际资金市场上发行债券、筹措贷款——通过投资企业产品出口或外贸收购出口获取外汇——偿还国外债务，这实际上是高负债比下的外汇—人民币—外汇的资金循环……人民币的贬值，投资企业的低效益，现行外贸体制的束缚，国际市场的竞争，使上述资金运行方式承受了严重的打击和压力。为了缓解这一压力，维持公司的发展，对借债依赖愈来愈重，高负债比的资本结构长期不能得到改善，这是中信发展潜伏的一个重大忧患。

……

许多人积极参与，一抒己见。对于中信的问题，论坛表达了几点共识。

问题一，战线拉得太长，摊子铺得太大，且投资效益低下。

董事长魏鸣一在董事会上谈到几家大型企业的效益问题，他无奈地说："前几年，我们把一些子公司亏损较严重的项目接了过来，由总公司管理……平朔煤矿投资以来，我们是颗粒不收。西方石油公司退出后，经历了一段艰难的日子。目前已经开始扭亏为盈，进行还贷，今年大概会有收入……公司目前主要是资金紧张，准备到国外集资。"谁都能听出魏鸣一话中底气不足。

问题二，"母子"关系处理不当。

1993 年春天，中信公司进行了一次子公司财务决算排队，用资本金利润率、人均实现利润和资本金上缴利税率对各子公司上一年的经营实绩进行排队打分。中信下属 17 家境内子公司，资本金利润率最好的是中信实业银行，达到了 51.13%；最差的是中信机电公司，是 –3.05%。资本金上缴利税率排名第一的是华美公司，为 27.94%；有三家公司的上缴利税率为零。指标靠前的公司多为从事金融、贸易、房地产、服务业等行业的子公司，而以投资、生产经营、技术开发为主业的公司全都落在了后面。

总公司拨付给子公司的资本金全都是借来的款，是中信的负债。三项指标清晰地反映了子公司的经营实绩和对总公司的贡献大小。

在相当长的时间里，中信向子公司投入或借出的资金往往有去无回，或只还息不还本。用王军的话说："子公司有了利润的时候不上交，造成亏损却要总公司来给它补，（总）公司的并表利润并不少，但是（总）公司没多少钱。"以至于王军发不出工资还得向国安李士林伸手。

很多年后，王军已经从中信最高决策者的位置上退休，但他依然不忘一件事："你们得给我改过来，我上任的时候，账上确实只有 200 万元人民币了，但是美元还有 3 个亿呢。"但这依然只能说明，中信向子公司投入的资金大多只有出，没有进。因为美元大多是从外面借的。

秦晓的发言更加严谨："总公司在向子公司提供资金、信誉支持的同时对子公司缺乏规范、有效的控制和管理，某些子公司在相当程度上各行其政、财务不透明，形成了扭曲的利益主体。"

以中萃公司为例，从 20 世纪 80 年代到 90 年代，中萃一直效益颇佳，利润不断递增。连续数年，中信累计向中萃投入 1 000 多万元，却从未获得分红。因为中萃的利润都进入了流动资金，继续进行再生产。

好的公司尚且如此，那些不太好的甚至很不好的永远填不满的无底洞，就成了中信甩也甩不掉的财务包袱。

问题三，外汇—人民币—外汇的资金运行方式承受着人民币贬值的巨大压力。

1982 年中信第一次在日本发债时，美元兑人民币的汇率是 1∶1.892 6，1 美元当时还不值 2 元人民币，到了 1993 年，这一年官方平均汇率是 1∶5.761 9，而贸易汇率甚至达到了 1 : 11，人民币对美元至少贬值 70%。这意味着如果按照中信的模式，借美元投向境内某企业，以 100 万美元计，企业按照当时的人民币汇率折算为 189 万元人民币，那么，10 年后，同样是 189 万元人民币偿还给中信，这笔钱仅价值 30 多万美元，这还是官价，将近 70 万美元的窟窿就得中信自己来填。如果企业效益差，连那 30 多万美元都还不起，甚至连利息都还不上，这笔债务对中信来说就太冤了。

如果是借日元，还美元，那么这中间的差距更大。中信第一次在日本发行 100 亿日元武士债券时，美元兑日元的汇率约为 1 : 272。1985 年"广场协定"后，日元开始持续升值，到 1993 年时，美元兑日元的汇率已经失守 1 : 120，日元对美元升值 2.27 倍。中信如果将借来的日元按照发债时兑美元的汇率与国内企业结算，那么 10 年后，当企业归还这笔钱的时候，相同数额的美元至少已经缩水了 50% 以上。换算下来，1982 年的 100 亿日元约合 3 676 万美元，当中信在 10 年后偿还债务时，这笔债务因为美元对日元的贬值已经滚到了 8 333 万美元。而与此同时，人民币对美元又贬值了 70%（事实上，在 1993 年下半年，人民币兑美元的官方汇率已经降到了 1 : 8.6）。

1995 年 4 月，王军在接受美国《华盛顿邮报》记者采访时，坦陈中信"正面临严峻问题"：

> 公司过去的投资膨胀过快，管理跟不上。公司在国内有 200 多家投资企业，没有足够的人才管理这么多的投资行业是不行的。因此在国内的投资基本上不盈利，仅够支付利息。如厦门感光材料厂、黑龙江的毛纺厂等项目经营情况都不好。而最大的问题是人民币贬值所带来的。公司投资初期，人民币与美元的比价是 1 : 2.8，现在是 1 : 8.5。

在那些年，中信因此产生的额外债务高达数亿美元。

在汇率快速变动和国企效益长期不振的双重挤压之下，中信危机乍现，若再不采取断然措施，就真的要出大问题了。

对于中信新一届掌舵者来说，没有正的现金流，是他们面临的最直接、最迫切的问题。

当中信战略研讨会把问题真正摆在桌面上，与会者真正直面中信的痛处时，所有人都意识到：问题已经十分严峻了。中信的资产负债率高达 90% 以上，对于一家金融企业来说，这也许不算什么，但对于中信这个以实业投资为基本理念的大企业来说，只有投入、没有产出，曾经的"利润奶牛"逐渐沦为财务包袱，只能靠不断地发新债还旧债，借新钱补旧窟窿，债务链已经绷得十分紧张，一旦断裂，将是什么样的后果？想起这些，王军晚上连睡觉都会从梦中惊醒。后来王军不止一次说过，从 1993 年开始，他就失眠了，为此他已经把世界上所能找到的安眠药都尝试过了。

值得回味的是，15 年后的金融海啸，正是这个"现金流问题"打垮了以底特律的汽车企业为代表的全球众多大型百年企业。

不客气地说，高速发展的中信公司在相当长的一段时间里，现金流常常是岌岌可危的。如果不是创业之初就始终恪守诚信原则，如果不是中信公司时时尽心维护它的债信，中信随时都有可能走上不归路。但严格自律的债信维护给王军带来了巨大的压力。

谈及此事，居伟民颇为感慨。身为中信的财务总监，居伟民从 20 世纪 80 年代末开始就一直与中信的财务数据打交道，对年报的起起落落感知最深。

"不管国际市场有多困难，国内自身有多困难，我们的债一天也没拖过，一分钱也没拖过。王董事长常常说，我们中信人最自豪的一点就是中信的信誉、中信的品牌，这是国际国内市场上大家都十分认同的一点，中信人是最讲信誉的。"

因为"最讲信誉"，所以在 90 年代中期以前，中信公司大多数时候还能在海外资本市场获得新的资金，并得以借新钱，还旧债。

但是，中信可资对照的反面样本很多，在此不能不提及的就是广东国际信托投资公司（以下简称广信），它几乎是中信的翻版，更是中信的一面镜子。多年来，广信与中信几乎在同一条路上行走，亦步亦趋，直至 1997 年破产崩溃，成了中国窗口企业的另一种样本。

* * *

广信的规模仅次于中信，成立于 1980 年。1983 年 10 月，经中国人民银行批准，广信成为国营金融企业，并拿到国家外汇管理局颁发的经营外汇业务许可证。同年 12 月，广信由"广东信托投资公司"更名为"广东国际信托投资公司"，并成为国家指定的允许对外借贷和发债的"窗口公司"。这一待遇与中信完全相当。

1986 年，广信获得了日本公社债研究所给予的"AA–"信用评级，当年 9 月即在日本成功发行了 200 亿日元武士债券。第二年 8 月又在香港发行 5 000 万美元亚洲美元债券。1988 年 5 月，发行了 200 亿日元欧洲日元债券。1989 年到 1991 年，是中国改革开放以来最为特殊的三年，西方对中国的封锁致使所有外资都止于中国国门之外，但广信仍然从日本获得了 7 000 万美元贷款。1992 年 7 月，广信再度进入日本武士债券市场，发行了 150 亿日元的债券。

1995 年以后，国家更明确规定地方政府不可自行在外发债，政府也不再为窗口公司提供担保，并决定对外债实行全口径管理。但广信倚仗其原有的政府信用，绕过监管，继续不断地举债借钱。到 1997 年底，广信海外融资总计逾 50 亿美元，在中国信托业中排名第二。

与借钱的速度和规模相对应，在过去十数年中，广信的投资迅速膨胀，它参与了 3 000 多个项目的投资，遍及交通、能源、通信、原材料、化工、纺织、电子、医疗、高科技等工业生产的几十个领域，还进入了金融、证券、贸易、酒店旅游、房地产开发领域，广信在房地产倾注巨资，成为广东省最大的"地主"。这数千个项目中，大量的是关系贷款与冲动投资。

但是，广信的大量投资在制造业领域几乎颗粒无收。广东省政府发言人在广信被关闭三个月后对记者说，已经查明收不回的投资、贷款及利息损失达 96 亿元人民币。

亚洲金融危机终于把广信推上了不归路。1998 年是广信的还债高峰年，这一年的偿债额高达 10 亿美元，巨大的支付压力终于让广信不堪重负。它再次筹划在海外发债或贷款，以借新还旧、借短还长。同时严令公司的专员即刻到全国各地催收欠款，但此时广信的子公司也已是坏账成堆，根本难以自保，何来力量千里救主。媒体描述："进入 8 月，资金调度会更成为公司最重大、最紧急，也最频繁的一种高层会议。"

相信上述种种情形对于中信公司的相当一部分老员工来说，一定似曾相识。

广信究竟下辖多少子公司、孙公司、重孙公司，分布在何处，法人代表系何人，连管理层自己也搞不清楚。

1998 年 10 月，广信终因无法支付巨额债务被实施行政性关闭。关闭时，整个集团公司欠外债近 30 亿美元。

中信亦面临同样境地，只是王军更早地意识到了问题的严重性，他要着手自清门户了。

*　*　*

从 1993 年到 1994 年，王军在多个场合强调，当年的工作重点是进一步摸清资产结构，理顺资产关系，防止资产流失；要对投资业务进行调整，压缩投资总量，确保重点；对投资项目要严格挑选，慎重决策，压缩长线投资；要使整个公司一盘棋，避免投资重复交叉。

对王军来说，牢牢抓住钱袋子是他目前的首要目标。王军特别把所有子公司的老总们从全国各地调到北京，耳提面命，要求他们：

——必须坚决完成各自的利润指标！

——必须连本带利偿还向总公司借贷的资金！

王军说："中信公司子公司使用中信名义开展经营活动，向中信公司上缴利润是其应尽的义务。子公司必须按总公司的目标管理核定的任务，将应缴利润按季缴纳到财务部。"

王军还多次提出，各子公司绝不能擅自进行期货、证券及国债业务，所有这类业务一并归入总公司统一管理。

如此咄咄逼人的架势，让中信那些自觉战功赫赫的封疆大吏们真正意识到，当下确已改朝换代，中信公司将发生重大变革。

但是，紧接着上海公司就出事了。1994 年，中信上海公司在伦敦金属交易所（LME）的铜期货交易，因铜价大幅上涨而无法缴纳巨额保证金，造成 4 000 万美元的巨额亏损。此前总公司曾一再要求上海公司总经理高孔谅尽快收手，但高孔谅并未予以理睬，于是酿成大祸。闻听此讯，王军大怒。

1994 年 10 月，在中信工作会议上，王军拉下脸来，表情十分严肃。面对这些来自各地的老总们，王军丝毫不留面子。

公司目前的问题，一是盲目铺摊子，二三级公司膨胀，投资渠道混乱。很多子公司都存在机构膨胀问题，小公司过快、盲目地膨胀发展。资产中负债比例增长过快，甚至将一些没有任何资产关系的企业列在自己名下，小公司也出大问题，实际上今年以来暴露出来的许多问题就发生在小公司身上。

二是个别子公司在经营中严重违犯国家法律和公司的有关规定，任意行事，造成失误和经济纠纷。上海公司高孔谅不顾公司的三令五申，擅自进行国际期货自营业务，并且在公司几次调查和了解情况时，弄虚作假，隐情不报，给公司造成巨额经济损失，为了严肃法纪、以儆效尤，公司已决定对有关子公司当事人追究责任，对子公司领导分别做出免职、撤职、降级等处理。今后，对置总公司明确规定于不顾甚至明知故犯者，一律严格惩处，对造成重大经营损失的，要追究法律责任，在经济上也要进行适当追索。

三是一些子公司不严格遵守国家有关法律和法规，超范围、越权经营，业务交叉重复。一些子公司无视公司的整体利益和自身经营范围，不顾自身在内部资源配置方面的限制，谁都做贸易，谁都炒房地产。还有很多子公司纷纷挤入证券领域，铺摊布点，各自为战，力量分散，难于形成气候。一些子公司领导和有关业务人员不加强学习，法纪观念淡薄，签署写有违法条款的合同，违法经营……

句句戳到了中信的痛处。高孔谅案并不是孤立的。最令人担忧的是，这些案件并非在一夜之间发生，那么在数月甚至数年的裂变中，监管者在哪里？监管的制度在哪里？事发之前，高孔谅一直是中信开拓的排头兵。铜期货亏损事件之前数日，报纸上还热情洋溢地介绍了中信上海公司的事迹，称他们"积极开拓国际金属期货业务"，"业绩一年踏上一个新台阶"，"取得了较好的效益"……余音绕梁之时，却已天降大祸。

其实早在1993年中信期货公司刚刚成立不久，王军就隐约感到了期货业务的高风险，遂责成公司高层率队到上海对期货公司进行考察，考察结果竟让人十分乐观，无论是盈利模式还是公司管理都是上佳的。王军不放心，又让刚刚从澳大利亚回国的秦晓再去上海，再查期货。数日后，秦晓的一席话让王军立刻把心提了起来，秦晓的结论是——潜在风险很大、亏损很大。

但是，已经来不及了……

过去十几年中业务的快速扩张，中信还未来得及更深刻地思考管理和风险控制问题。

秦晓成了王军授命的中信解决铜期货巨额亏损事件的大将。一番极为艰苦的谈判、斡旋之后，秦晓终于把中信公司的损失降到了最低点。

中信在伦敦金属交易所的损失是惊人的，但是大量更多、更小、更不易察觉的工作失误所带来的各类损失同样让中信麻烦重重，贻害无穷。毛细血管淌出的血也同样能让人的机体罹患严重的贫血症。

中信兴业公司的吴明明回忆说，从1994年开始，他花费了近两年时间、耗费上万美元，南下千里去武汉，北上万里赴欧洲，请律师、找证据，到国际法庭打官司。而案子的起因竟然只是因为一个简单的合同失误。

80年代中期，中信曾为武汉冷柜厂从瑞士利渤海尔公司代理进口生产电冰柜的技术和设备。但是不知为什么，在合同中，却将甲方写成中信公司，这就成了"由中信公司购买瑞士方的技术设备，然后委托武汉冷柜厂生产冰柜"。合同规定，"中方每生产一台冰柜，须向瑞士方交纳3.05美元的技术提成费"。

地雷就此埋下，直至8年后，这颗地雷终于被拉响。

合同签署后多年，武汉方面没有交纳过一分钱提成费，因为工厂"从未生产过合格的产品"。瑞士方面多次交涉未果，遂于1994年初向斯德哥尔摩仲裁院提出仲裁申请，要求中信和武汉冷柜厂偿付技术提成费90万美元及利息60万美元。

让中信没有想到的是，当吴明明来到武汉冷柜厂要求共同应诉时，对方拒绝了，理由是："武汉冷柜厂并非合同的主体"。他们甚至拒绝出庭做证。这就意味着全部150万美元的赔偿只能由中信一方独自承担。

中信方面费尽周折奋力反击。斯德哥尔摩仲裁院最终判中信公司需向原告方支付技术提成费及利息5万多美元。

尽管结果还不那么令人沮丧，但是，这本是一个绝不该发生的错误，因为这实在是一个太低级的错误。如果有严密的合同管理制度，如此低级而又如此明显的错误怎么会在延续了8年由于外方付诸诉讼之后才被发觉？再深究一步，对于中信这个有着数百家子子孙孙公司的大企业、每年签署成千上万份合同协议的大公司，怎能没有严格的合同管理制度呢？

而事实上，利渤海尔诉讼案还只不过是中信当时所面对的多如牛毛的案子之一。

在此，不能不认真检讨中信公司自身的问题了。参加中信战略研讨会的同仁十分认真地提出了中信的"大企业病"问题。

大企业病是全球大企业的通病，几乎所有的优秀企业都难逃这一宿命，包括福特、通用等欧美公司，同样包括索尼、三星等亚洲公司。15 年后，由美国次贷危机所引发的全球金融危机，将所有发达国家的大企业拖入深渊，细究起来，损失最惨重直至破产的企业，其大企业病一定早已病入膏肓。

吕哲权说："美国《财富》杂志统计，大公司平均寿命为 30 年，1955 年美国制造业十大企业，到 1984 年仅剩 3 家；日本能连续 30 年保持 100 家大企业地位的仅为 21%。要延长企业寿命，保持活力，必须经常进行结构、方向、管理方面的大调整。特别是以机构重叠、决策缓慢、创新不足为特征的大企业病，是腐蚀企业的致命伤。"

1994 年 9 月，在中信战略研讨会一周年之际，王军破例召开了为期三天的中信工作会议，各子公司的头头脑脑全都应召赴京。按照惯例，这样的会议通常是在岁末年初召开的。但是王军已经等不及了。

与会的大多数人此前并没有参加过中信的战略研讨会，对王军正在酝酿的改革进程尚不甚了解，因此无论是会议的形式还是内容，都"深深地触动"了他们。

"与以前不一样。"

"不讲成绩，专讲问题；务实不务虚；实事求是地摆问题，实实在在地想办法、解决问题。"

王军的讲话开门见山："公司管理工作中存在的问题之所以较集中地暴露出来，不是偶然的。从主观上看，公司内部对这种转变所带来的困难认识得并不充分，没有认识到解决原来在计划经济体制下为求得快速发展而遗留下来的一些问题，已到了刻不容缓的地步。"

要解决这一"刻不容缓"的问题，"中信公司必须把提高管理水平提到重要地位"。

王军特别强调："今后公司要改变过去带有承包色彩的层层下目标、以包代管的做法，在管理上适当集中，加强对子公司的监管和指导，在业务方面也要集中力量优先发展重点业务。"

很多年后，王军回忆起 1994 年的这个特殊的工作会议，内心深处似有一块很柔软的心结被触动了："1994 年，我的很好的助手就是秦晓，是秦晓提出来把对子公司的管理由目标责任制改成经营计划管理系统。"

在王军的工作报告之后，副总经理秦晓做了"关于中信公司内部管理体制改革的若干思考"的发言。他着重介绍了公司将实行的经营计划管理系统的主要内容，提出了公司下一步在内部管理体制改革方面的整体框架思路。王军解释说："经营计划管理最主要的目的就是强化总部的业务和资产的配置能力。"

差不多是从 1994 年开始，《中信人报》陆续刊登了大量谈企业科层制、M 型结构、脱媒化等等关于现代企业制度建设的理论文章，这和他们的副总经理秦晓十分重视经济学理论密切相关。

> 秦晓，1947 年 4 月生，祖籍山西。1975 年毕业于山西矿业学院机械工程系。1983 年获中国矿业大学经济管理硕士学位。2002 年获剑桥大学经济学博士学位。
>
> 秦晓 1976 年起在煤炭部、石油部工作，1983 年担任中共中央政治局委员、书记处书记宋任穷的秘书。1986 年起到中信公司工作，曾任中信兴业公司总经理、中信澳大利亚公司董事长，1994 年任中信公司副总经理，1995 年 4 月仟中信公司总经理、中信实业银行董事长、亚洲卫星公司董事长，2000 年 7 月任中信公司副董事长。
>
> 2001 年，秦晓任招商局集团董事长和招商银行董事长。
>
> 有媒体写道："秦晓面容黝黑清癯，思路敏捷清晰。他被公认为企业领袖中的思想者。"

在中信这个颇为特殊的企业里，秦晓的理论素养日渐渗透到他的工作中。"要掌管这么大的企业，而且是比较国际化、比较前沿的企业，又处于转轨时期，挑战性很大。"

秦晓与王军搭档 5 年，那是中信公司最为艰难的一段时间。秦晓说："老大哥"王军"对我影响很大"。

直到今天，王军回想起那段日子，依然十分感念秦晓的功劳："1993 年秦晓从澳大利亚回来后，弄那些赔本的公司，整顿期货，没有秦晓，还不知道要亏多少。"

1994 年 10 月，在历时一年的战略研讨会充分酝酿、连续数次党委会统一认识的基础上，在中信工作会议取得高度认同的前提下，《中信人报》连续刊登了中信公司副总经理秦晓的长篇文章，题目是"关于中信公司内部管理体制改革的若干思考"。这篇被中信人简称为《50条》的结论性文章，从现代企业制度理论入手，全面分析了中信当前所面临的问题，而问题的症结直指中信"五位一体"的多元化发展战略。

> 中信在成立的初期为了在新旧体制的夹缝中寻求更大的生存、发展空间，确立了投资（生产）、金融、贸易"三位一体"多元化的综合性企业的发展战略。在此以后又增加了技术、服务，称为"五位一体"。它导致了中信的急剧扩张，并带来了相应的"规模效益"。在15年后的今天，我们所处的外部环境已经发生了重大变化，内部庞大机体内的大公司病已经开始滋长。
>
> 多元化经营难以获取信息、技术、人才的有力支持，改善这一缺陷的成本又太高，同时多元化导致的分散化不利于公司在某些专门产业上形成市场规模。
>
> 中信的成长得益于多元化，中信的比较优势得益于多元化，这是不可否认的。同样不可否认的是我们内部产生的问题，特别是结构层次的问题在相当程度上也是与多元化相联系的。首先，我们的多元化缺乏主体业务和核心产业的支持，是一种分散、松散的结构；其次，这个多元化不仅表现在总公司，也同样反映在子公司，甚至孙子公司。这两点是我们当前战略调整中应亟待研究、解决的问题。随着市场的逐步发育，多元化的比较优势也会相应逐步减弱，为了增强公司在国内、国际市场的竞争地位，培育、发展、形成中信的主体业务，引导、扶植子公司走向专业化的道路，应成为我们战略调整的长远目标。
>
> ……

一种难能可贵的自省、自律、自我约束、敢于担当、实干创新、追求卓越的精神跃然纸上。这是王军实施中信公司战略调整的舆论总动员，它统一了思想，明确了目标。当然，这绝不仅仅是纸上谈兵。

＊ ＊ ＊

从 1993 年秋天开始的战略研讨会本打算一季度召开一次，但后来频率明显加快。

第二次会议，王军明确提出：要改变困难局面需要有新的思路和动作。公司要"全面推行经营计划管理，规范各子公司的业务方向，防止盲目进入不熟悉的领域"。

第三次会议，王军再次提出：改革是关系到公司兴衰存亡的大事。"如果不能适应形势变化，公司业务就不能顺利发展，甚至可能无法继续维持下去。如何根据形势要求适当调整，我认为公司的利益是首要考虑的，调整必须有利于公司自身的发展，既要坚持多元化、综合性等重要特点，有些业务也要适当合并、集中。"

在这一席话后面，王军显然是有所指的。要以公司的利益为原则，而不是以某些理念为准绳。为了避免企业付出更高的代价，中信必须稳步调整存量，甚至牺牲部分存量，必须在增量部分做大文章，坚持求实创新的原则，坚持以市场经济规律指导和规范企业的投资行为。因此，对某些业务"要适当合并、集中"。

后来，王军在向国务院提交的《关于汇报"九五"期间主要发展思路的请示》中，坦陈了中信面临的困境和解决思路：

> 1.在资本结构中，非金融性企业负债率偏高，如不计海外部分则更为突出……使运营成本过大，也增大了经营风险，影响了增长的质量。从长远发展来看，有必要逐步改善这个比例。

> 2.在资产结构中，主要是投资比例分散，没有形成具有一定规模和市场份额的核心产业，国内投资的一些工业项目效益不好，股东权益得不到保障。

> 3.……十几年中日元、美元和人民币汇率的大幅度变化使相当一部分国内投资项目承受了巨大的汇兑损失，公司为此付出了很大的代价，这是公司目前面临的最严重的问题。

王军回忆说："公司意识到财务结构不很合理，抗拒风险的能力比较弱。1993年以后基本上停止了零星的投资，下决心控制资本支出。"

正是从这个时候开始，王军逐渐明确了"有所不为、有所为"的中信发展思路。他特别提出："首先是有所不为，才能有所为……很多领域我们都要退出，虽然退出的代价也很大。我们对这些传统产业，不是简单地退出……出让也是一个很好的途径。"

关于上述一系列中信党委组织召开的战略研讨会，王军回忆："参加人员超过300人，对公司发展提出了很多好的建议。公司吸取了大家的意见，制定了'整合、优化、发展'的方针。我是充分沟通、集体决策的。"

温晋平则概括得更简练："既有下面同志的热烈讨论与智慧，更应该看到高层多次会议研究，王军给出定位定向定体的大题目并直接参加讨论，秦晓同志在研讨会基础上集中大家的智慧，写成的《50条》是很经典的，最后才形成了六字方针——'整合、优化、发展'。"

"六字方针"的提出，对中信的战略转型起到了至关重要的作用。

王军治理公司的第一步，是清淤消肿，整顿二级以下子公司。

1994年夏天，中信公司办公厅和综合计划部下达通知，要求中信各单位、各子公司自行整顿小公司，整顿的原则是：对领导班子问题较多、经营不善又无法控制的小公司要坚决清理；对能够守法经营、有一定效益或有发展潜力的小公司，要通过整顿控制经营范围，改善经营状况，提高经济效益。通知还要求"清淤"工作要在当年"第三季度内完成"。

但这显然是过于乐观了，真实的过程要严峻而惨烈得多。很多年后，王军回忆说："1993年我们开始清理非生产性、经营性的子公司，大概一直到1996年才完成，撤销了600多家公司。"

600多家公司绝不是小数目，它涉及上亿资产的沉浮、上万员工的去留。

在四年时间里，中信的清淤工作一步一步由浅入深、由小到大、由外围到中心、由国内至海外。甚至对已经投入大量资金、倾注大量资源和心血的企业，甚至包括曾经为中信创造巨额利润和广泛美誉的企业，也因为竞争环境恶劣、行业景气度式微、市场萎缩或是内部管理不善等等原因，而不得不挥泪斩马谡，不得不悲壮地沉没。

广州标致汽车，曾经是中国汽车人的骄傲，也曾经为中信增色不少。然而到了20世纪90年代，它却难逃倒闭之厄运。

广州标致汽车是中国汽车行业的第二家合资企业，中信持股20%。广州标致计划建设规模为1.5万辆，其中返销5 000辆。1989年9月11日，广州标致505SX轿车投产，并一炮走红，提车的人拿着批条、伸长脖子方有可能提到一辆车。

然而好景不长。从1993年开始，曾经供不应求的标致505轿车突然滞销，产品大量积压、进口配件堆积如山、资金日趋紧张。这个原来的利税大户竟然出现了巨额亏损，到1994年亏损额达6 800万元。1993年积压轿车8 000多辆，日晒风吹雨淋，耗子啃噬，几千辆车很快就成为一堆废铁。到1997年，广州标致整体债务达到29.6亿元，严重资不抵债，光利息每天就是120万元。

1996年4月，广州市政府下大决心，重振广州汽车业，为此他们首先必须让广州标致的法方合作伙伴退出。依照惯例，广州标致早已资不抵债，理应破产。但是由于一系列相关因素——广州标致破产将可能拖垮若干担保企业以及若干银行，包括汇丰银行、巴黎银行、中国工商银行、法国兴业银行等。广州市政府希望法方以1法郎象征性价格转让股权。经过努力，"零收购"方案获得国家支持。法国标致终于在1997年10月31日正式签字退出合资。

广州市政府同样向中信提出了零收购方案，即以1法郎价格转让中信的20%股权。如此一来，中信不但无法获得投资收益，而且作为广州标致股东的原始投资也完全打了水漂。中信不可能接受这一方案。中信与广州方面的艰难谈判持续了一年多时间。1997年10月，双方终于签署了转股协议。

沈阳中山大厦曾经是沈阳人心目中高不可攀的唯一一家高星级酒店，它也同样是中信人的骄傲。曾几何时，它的入住率竟然保持在百分之百，甚至常常不得不让酒店服务员腾房，以满足顾客的需求，大厦附属的中山商场更是宾客盈门、人头攒动。然而，进入90年代，当鳞次栉比的大酒店、大商场在沈阳街头一家接一家出现的时候，身为国有企业的中山大厦风光不再。到1995年，它已经负债累累。

对于濒于倒闭的中山大厦和中山商场，中信的第一个念头是——抢救！因为中信在这里的原始投资就多达750万元，此外还有5 000多万元贷款。中信公司是沈阳中山大厦最大的债权人，一旦企业倒闭破产，所有投资都将沉没，所有债权都将难以回收。

中信兴业公司慎重而认真地制订了新的整改方案，明确岗位责任制，试图改变原来落后的管理模式。然而此举未得到当地股东的支持，流产了。中信兴业又提出第二个方案：引进外资，或将债权变股权，以改善企业的财务状况。但这一方案又落了空。最终，兴业公司不得不寻求接盘者，将中信的股权转让，以最大限度地保全中信公司的利益。

这一工作从 1995 年开始，持续了将近三年，中信最终与当地两家颇具实力的民营公司签订了股权整体转让协议。中信在中山大厦和中山商场的原始投资为 750 万元，股权转让后，实际回收 1 130 万元；对于 5 600 万元的债权，中信兴业公司与中山大厦签订了美元和人民币贷款合同，并办理了以中山大厦价值 8 000 万元的房产作抵押的全部法律手续。

至此，中信公司或者董事长王军可以舒展眉头了，毕竟这已经最大限度地维护了中信的权益。但是这其中不乏丝丝苦味。中信非但没有从这一项目中获得收益，其债权是否能够保全还是悬在半空中的问号。

减少损失，尽力保全公司的利益，这是当时中信上下处理问题企业的原则。现任总经理常振明依然记得当时的那种经历和那种无奈的心境。

"我在中信工作时，中信曾经在一个项目上出现亏损，后来由我负责收尾工作。我的任务就是通过谈判和各方面协调，尽可能使损失减小。"常振明再一次提到了围棋："这就像下围棋，局部已经注定要亏损时，我们要做的是尽快地埋头做好善后工作，然后再把头抬起来。"

从 1993 年开始，中信公司就这样无比艰难地一一剪断了与 600 多家投资企业之间的"脐带"。

这还不够，到后来，王军的"清淤"工作逐渐引向海外。

1994 年 5 月，王军在接受新华社记者采访时，又提出了新的思路。他说："过去公司在海外投资主要以实业为主，现在西方国家搞实业难度相当大，盈利后要被当地政府收走很多，钱拿不回国内，此外搞实业还涉及环保、劳资纠纷等问题。因此，今后公司将侧重在香港投资基础设施建设，如航空、隧道等，这些项目受经济危机的影响也小一些。同时加强兼并、买卖上市公司的业务比重，在融资手段上也将有所发展。"

这为后来中信关闭它在欧洲、美国、加拿大等地的木材厂、造纸厂以及钢铁厂等实体埋下了伏笔。

壮士断腕需要极大的勇气，唯此方能获得新生。中信公司成为中国改革勇敢的先行者，亦是中国企业改革壮烈的试错者。摸着石头过河的改革势必要以先行者的牺牲和不断试错为代价，才能换得全局的胜利。

＊　　＊　　＊

还有一段插曲：

1994 年底，王军的朋友日本大和证券的德地立人带着东京证券交易所副理事长鹤岛前来拜会，谈到中信可否在东京上市的话题，王军眼睛一亮，干脆地说："中信愿意第一家到东京证券交易所上市！"德地当时十分诧异，他怎么这么痛快就答应了？

考虑到中信特殊的性质和背景，王军说，得先请示上面。

德地也马上开始操作，他两次请出了大和证券的会长，到北京与国务院副总理朱镕基会面。会长亲自向朱镕基提出了帮助中信在东京上市的请求。但是朱镕基说，中信公司的主要境外资本市场是香港，就不考虑在东京上市了吧。

王军的战略绸缪铩羽折戟。

也就在同时，德地立人和他的同事们认真地考察了中信公司的整个财务情况，连呼不妙。偌大的中信，除了银行、泰富、波特兰铝厂等几块算得上是优良资产，几乎再也找不出别的什么了，这样的企业，他们怎么能够介绍到日本的资本市场上去呢？

正好朱镕基副总理也不同意如此操作，大和也就止步了。

差不多又过了 15 年，在京城大厦 50 层顶楼，已经成为中信证券一员大将的德地回忆起当时的情形，心情颇为复杂地说："其实如果中信当时真的具备了上市条件，以王军的人脉关系，相信做通上层的工作是不难的。但我们没有想到当年的中信竟是那样一种情况。"

这就是 90 年代中期的中信公司，问题如山，却几近无解。了解内情的人，已经要弃它而去了。

德地后来说，当时没有别的人能够救中信，王军只能靠自己，靠中信人自己一点一点地改。

＊　　＊　　＊

中信终于挺过来了，但它的胜利付出了极大的代价，如此这般的"胜利"显示了中信的生命力，却同样折射出中国企业改革曲折而悲壮的命运。

中信内部的清理整顿，只不过是王军的"止血"工程，但若要发展壮大，此时的中信急需补充元气和新的能量，王军必须在业已成形的框架边缘找到新的生长点，培育新的生长机制。

1994 年春天，王军已经下定了决心。在这一年 3 月召开的董事会上，面对数十位与中信共同走过昨天的董事会成员们，王军明确提出：1994 年，中信公司将"对投资业务，进行必要的调整，压缩投资总量，确保重点，使整个公司一盘棋，避免投资重复交叉，要压缩长线投资"。

关于金融业务，王军坦然直陈："公司要大力发展证券、基金和保险等业务，今年将在各子公司已有证券业务基础上组建中信证券公司，还将组建中信保险股份有限公司。"

这等于宣告中信将改变过去的"五位一体，不涉证券"的方针，中信将布局"金融、实业、服务三大板块"。

相信在场的董事们听了王军的报告，内心肯定百味杂陈。在离任前后，荣毅仁先生不止一次地明确表示反对中信公司涉足证券等金融行业。

黄奇春还记得，1993 年，他到荣府汇报仪征化纤公司股份制改造的有关事宜时，"荣老对当时正在兴起的股市热持十分冷静、慎重的态度"，并再次强调了他一向的观点，那就是中信不能搞投机，只做一级市场，不能做二级市场，不成立证券公司。

"他向我讲了一个故事，大意是在新中国成立前他认识的一个工商界同仁，不踏踏实实做生意、办企业，而沉醉于投机，最后落得个家破人亡的结局。他说，你们年轻，没有经历过这些。然后又语重心长地说，我们要搞投资，不要搞投机；我们要办实业、办实事，不要花心思搞一些虚的东西。"

如此谆谆教诲，像极了一位慈祥的老祖父，其实这时候的荣毅仁先生已经是共和国的副主席了。一生以实业救国、实业报国为己任的荣毅仁无限希望自己亲手创办的中信公司能够继续"搞投资"、"办实业"，为共和国的未来架桥修路、炼石补天。但现实的经济发展早已超越了 20 世纪中叶的时代特征，中信所面对的竞争环境与七八十年代相比，更加复杂多变。"创新"是中信的灵魂，新的环境、新的条件要求中信公司决不可墨守成规，中信新的掌舵者更不可明哲保身，拘形为象。否则，就是对荣毅仁开创的事业的最大不敬。

1993 年后，"当时市场的很多特点已经发生了变化，中信的模式必须随之发生变化"。常振明总结道。

中信公司必须再创出一条新路。

在接下去的若干年中，步履维艰的王军面前出现了一抹亮色，这片亮色后来越来越大，并对中信未来的改革路径设计产生了至关重要的影响。这就是中信证券，它异军突起，最终成为中信公司战略转型、实施根本性变革的一支重要力量。

至此，王军棋下三步已经走了前两步，第三步：中信新的布局开始了。

第十七章　王军布局

进入 20 世纪 90 年代，中国证券市场快速崛起，而中信公司始终徘徊在它的外围。当许多券商大佬在市场上抱得金娃娃的时候，中信若干子公司开设的证券营业部只能分得一点点残羹剩饭。

还有一个更重要的客观因素。1993 年后，中国金融业开始了分业经营体制，在这一体制下，商业银行、专业银行不得涉足信托投资、证券以及保险业务。这意味着中信公司混业经营的状况已经不能持续，中信公司要么彻底撤出证券市场，要么再创出一条新路。

作为中信新科掌门的王军，若不牢牢抓住这一机会，就将失去 20 世纪中信发展的最后，也是最好的时机。王军怎会错过这一时机？抓住机会，快速布局金融领域，王军开始了中信战略调整的第三步棋。

但是，对于已经存在的中信十几家证券营业部来说，尽管只是吃些残羹剩饭，也都是能够揣到自己兜里的真金白银，利益刚性原则注定了王军只能再次用铁腕治世。

　　到 1994 年常振明奉命整合证券业务的时候，中信的各个子公司至少已经开办了十几家证券营业部，分设在中信实业银行、中信兴业、中信上海、中信宁波、中信深圳等子公司下，大家各自为政，争夺客户，抢占地盘。

　　其时，在中国证券市场前沿，以万国证券为首的第一方队已经把持了全部的一级市场，中信的营业部只能在二级市场分一杯残羹。

　　1995 年春天，当万国证券在瞬间破产、上海滩证券大佬管金生银铛入狱的消息传来的时候，王军暗自抹了一把冷汗，如果当初没有当机立断，收回证券营业部的管辖权，不知道这次出事的将会是谁？

*　　*　　*

　　1988 年，上海三大证券公司成立，分别是上海人行的申银证券、交行的海通证券和股份制的万国证券。1990 年 12 月 1 日和 1990 年 12 月 19 日，深圳证券交易所和上海证券交易所分别举行开业典礼。中国证券市场就此建立起来。万国证券迅速发展成为中国最大的券商。

万国起家的时候只有 3 500 万注册资本，1990 年，它的交易量是 19.7 亿元，1991 年上升到 46.1 亿元，1992 年又迅速涨到 89.9 亿元，这一年，万国的利润达到了 7 000 万元。1993 年首批券商信用评比，万国获得国内唯一最高级别"AAA"信用等级。那时候，管金生的目标是做中国的美林证券。在管金生掌印期间，万国证券一级市场承销业务占全国总份额的 60%，二级市场经纪业务占全国总份额的 40%。美国、英国的权威机构评定万国证券为中国第一大证券公司。

然而，就是这样一家证券巨无霸公司，却因为"327"国债事件被彻底葬送。

"327"国债事件

"327"国库券的总量共 240 亿元，票面利息为 9.5%，已经低于当时同期 12.24% 的银行存款利率，管金生坚持做空。但是财政部却对"327"国债保值贴息，致使"327"国债的交易价格迅速上涨。1995 年 2 月 23 日，管金生不得不铤而走险，在收市前的最后 8 分钟抛出价值 1 400 亿元的巨量空单。上交所紧急磋商后宣布上述交易无效，万国证券因此赔了 16 亿元人民币。

* * *

1994 年春节刚过，王军就把各参与证券自营业务的子公司领导召集到北京，他要给他们洗脑，打消他们的侥幸心理。王军说："证券工作要加强集团意识和统一管理。公司准备分两步解决证券业务过散、力量分散、机构重叠的问题，一是在这次会议的基础上完善内部管理机制，规范各种管理制度；二是着手筹建中信证券公司，划清自营资金运用与代理业务。"

王军非常严厉地强调："不能擅自进行自营业务，不能炒股票、炒债券或是用贷款来炒；自营必须经过批准而且要规定严格的制度，实现限额管理、逐级审批、定期报告制度；代客要杜绝透支和信用交易，如出问题谁犯规谁负责，逐级追究责任。"

当年 7 月，公司成立了三人调查小组，对中信系统的证券业务进行全面调研。

小组成员之一的杨明辉还记得，当时中信系统内的证券业务可谓全面开花，一共设置了十五六家证券营业部（见表4）。除此之外，中信深圳公司、中信实业银行大连分行和青岛分行也都获得了开办证券营业部的金融许可证。

表4　中信系统内的证券业务分布

	营业网点	所属机构
1	中信北京证券营业部	中信总公司
2	中信实业银行证券营业部	中信实业银行
3	北京证券营业部	中信兴业公司
4	上海证券营业部	
5	天津证券营业部	中信天津公司
6	上海证券营业部	
7	上海证券营业部	中信上海公司
8	上海证券营业部	中信宁波公司
9	武汉证券营业部	中信国安公司
10	深圳证券营业部	中租公司深圳租赁公司
11	深圳证券营业部	中信实业银行深圳分行
12	上海证券营业部	
13	南京证券营业部	中信实业银行南京分行
14	上海证券营业部	
15	上海证券营业部	中国证券市场研究设计中心（借中信之名）

杨明辉说："这些证券经营机构不是各自母公司的主业，经营管理的方式五花八门，不仅缺乏竞争力，还隐含着很大的风险。"

王军不得不用铁腕排除内部阻力。1994年9月，中信公司下发了《关于重组中信公司证券部的通知》，要求把分散在各子公司的证券业务集中起来，发挥品牌优势和规模效应，实行专业化管理。

1995年2月，中信证券公司获批准筹建。几乎就在同时，"327"国债祸起萧墙。

几个月后，管金生被判处17年徒刑，万国证券的资产被申银证券接管。当中信的证券业刚刚准备上路的时候，管金生案无疑成了最有力的反面教材。

*　*　*

常振明担任了中信证券公司第一任董事长。

常振明，1956年10月出生，北京市人。1983年7月，毕业于北京第二外国语学院。后考入美国纽约保险学院读工商管理专业硕士研究生。

1983年7月，常振明到中信公司工作；1987年6月，任中信实业银行资金部副经理；1989年12月，任中信公司纽约代表处副代表；1992年10月，任中信实业银行行长助理；1993年9月，任中信实业银行副行长；1994年1月，任中信公司协理、中信证券公司董事长；1995年8月，任中信公司常务董事、副总经理、中信证券公司董事长；2002年6月，任中国中信集团公司常务董事、副总经理。

2004年9月，常振明离开中信公司，调任中国建设银行股份有限公司副董事长、行长、党委副书记。

2006年7月，常振明重返中信集团，任中信集团副董事长兼总经理、党委副书记，兼任中信国金副董事长兼总经理；2009年4月8日，任中信泰富集团公司主席及董事总经理。

围棋高手常振明被许多媒体誉为"救火队长"。

2000年，中信嘉华银行濒临破产。次年，常振明接掌中信嘉华银行总裁一职。他采取了一系列大刀阔斧的动作，终使中信嘉华银行起死回生，步入良性经营。

2004年，他从中信"空降"到中国建设银行任行长，带领建行在最关键时刻实现财务重组、股份制改造及海外上市等重大目标，凸显出过人能力。到2006年3月初，建行股票市值突破1 000亿美元，成为第二大港股，市值排在全球上市银行的第七位。

常振明的老同事这样评价他：遇事冷静，给人老成持重的感觉。"作为围棋界数得着的职业七段高手，常振明是一个极有战略的人，时刻注意调整局部与全局的关系，总是走一步就会想到以后几十步的人。"王军评价常振明："什么事也难不倒他，举重若轻。"

＊　＊　＊

整顿上海证券业务是中信证券的第一步。整个中信系在上海设立的证券业务部和营业部差不多有十几家，分属 7 家不同的子公司。1994 年 11 月，中信公司在上海设立了中信公司证券部上海证券业务部，杨明辉任总经理。在杨明辉到任的 9 个月中，他与中信上海公司、宁波公司、天津公司、中国证券市场研究设计中心、中信实业银行南京分行、深圳分行分别签订协议，将它们所属在沪的全部证券业务部及营业部与上级主管机构剥离，合并成立了中信证券公司上海管理总部。实行总部对各营业部的统一管理，对原有交易程序和业务进行清理整顿，坚决禁止自营和透支行为，规范了二级市场的操作制度。

紧接着，上海管理总部又收购了上海建行信托投资公司的三家营业部，从而大大增强了证券公司 B 股的经营实力；并利用中信宁波公司、兴业公司原有的牌照，在宁波和上海又新建了两家营业部。如此这般，上海管理总部的业务得到了全面发展，公司的利润从 1995 年的不足 1 000 万元跃升到 1996 年的 4 000 万元，1997 年利润超过 1 个亿。王军的"整合、优化、发展"六字方针战略迅速见到了成效。

1995 年 5 月，王军接替魏鸣一成为中信公司董事长，常振明担任中信公司副总经理。由此，中信证券的筹建步伐加快。

尽管是在筹备，王军不甘就这么空手等待。"要边筹备边做事，要把中信证券的名声弄响一点。"

1995 年的中国证券市场，华夏、国泰和南方证券已经成了炙手可热的新巨头。它们在证券经纪和股票承销方面的业绩，简直令中信高山仰止。1994—1995 年，全国共有 614 家企业挂牌上市，可中信连一家 IPO 主承销的资格都没捞上。中信证券总经理蒲明书记得，当时他们"只能以'中国国际信托投资公司证券部'的名义，在几个 IPO 项目的招股文件上，尾随其主承销商之后，挂个'分销商'、'副主承销商'或'上市推荐人之类的头衔'，在媒体和证券市场偶尔露露脸而已。在股票发行的盛宴上，人家大块吃肉，中信最多只能分得一杯羹"。

中国证券市场已经有五年历史了，城头变幻大王旗，变来变去竟然没有中信什么事，难怪王军要求常振明得"把中信证券的名声弄响一点"。王军看到了投资银行业务的前景，这是中信未来真正要发展的着力点，所以，必须花大力气。

怎么弄，唯一的路径就是必须担任一家企业IPO的主承销商。

这不仅仅是让中信证券声名鹊起的唯一路径，也是中信证券眼下安身立命的根基。对于一家券商来说，在中国证券市场发育早期，发行股票的承销费是券商最重要的收入。根据1996年12月中国证监会发布的《关于股票发行工作若干规定的通知》，承销费用的收费标准与承销金额和发行方式挂钩，具体标准如下：

1. 承销金额2亿元以内，收费标准为1.5%至3%。

2. 3亿元以内，收费1.5%至2.5%。

3. 4亿元以内，收费1.5%至2%。

4. 4亿元以上，除特殊情况外，收费不得超过900万元（采用网上发行方式）或不得超过1 000万元（采用网下发行方式）。

因此，如果总是别人吃肉，自己喝几口稀汤，那么中信证券今后的生存都会成问题。

常振明手下当时大概只有10个人，他对他们说，我们就是猎人，要手持猎枪，四处奔走，一旦发现目标，就要穷追不舍。

不过，在当时就算你是一个火眼金睛的猎人，就算你发现了目标，也很可能与你的猎物失之交臂而囊中空空。当时的股票发行和上市，国家实行严格的计划管理和计划额度。每年证监会都将制定总的发行盘子，然后分配到各省、各部委，再由它们分派给所属企业。在这个过程中，机会早就被大券商瓜分完毕，根本等不到中信出手。

被逼无奈的常振明对属下说："对于有额度但尚未发行的企业，即使主承销商内定，但不到最后一刻，都有翻盘的可能。"

蒲明书听出来了，这是要抢啊！

让中信证券真正打破IPO主承销商"零"纪录的，绝不仅仅是靠"猎人的眼睛"和敏锐的嗅觉，真正起决定性作用的正是中信强大的人脉和中信的金字招牌。这其实是一种无奈，但也是环境使然。

1995年7月，中信证券部获悉，秦皇岛耀华玻璃已经获准在1996年发行上市，发行额度为4 500万股。

事不宜迟，他们立刻赶到秦皇岛，找到了因渤海铝业合资项目而熟识的秦皇岛市副市长于振珊。

副市长痛快地将中信证券引荐给了耀华玻璃。对方热情而公事公办地答复：

"欢迎中信和其他券商一道来竞争。"

回到北京，常振明布置了下一步工作方向，一是耀华玻璃的上级主管部门国家建材局，二是耀华玻璃的企业领导人。该项目由证券部副主任王东明负责。

国家建材局的关系由中信副总经理魏富海出面接洽疏通。国家建材局副局长杨志远当即表示，中信是家知名度很高的公司，完全有能力做好企业的股票发行工作。杨志远还说，自己跟黄寄春是中央党校的同学呢。言下之意，这个忙是一定会帮的。

几天后，杨志远给耀华玻璃去电，向他们郑重推荐了中信证券。

趁热打铁，中信证券部立刻二赴秦皇岛，正式与耀华玻璃面商 IPO 事宜。

两周后，中信三赴秦皇岛，这次，他们带去了精心准备的《关于中国耀华玻璃股份有限公司 A 股发行与上市及 B 股发行与上市的设想》，这其实是一份竞标书。

这期间，国家建材局还非常有心地安排了中信证券部与耀华玻璃的党委书记张景泰在北京的会面。张景泰说，我们耀华玻璃的许多干部，都是从大连玻璃厂来的。这一下了又拉近了两家的关系，本来嘛，魏富海曾任大连的市长，关系当然不同一般。

所有努力似乎都给中信证券留下了无穷的想象空间，关系到了这种程度，焉能不夺标呢！唯有一点让中信人有些不安，即便到了这个份儿上，他们依然没有见过耀华玻璃的第一号人物——总经理李德芳。

然而，9 月 11 日，坏消息传来，耀华玻璃已选定由华夏证券担任股票发行的主承销商。李德芳避而不见，缘由在此。但猎手常振明可不想就此收手。

第二天，魏富海再访杨志远。

杨志远当场让属下联络李德芳，尽快与中信安排见面。但李德芳居然没有接茬儿，根本就置之不理。

常振明再走一步棋。他令人草拟两封信，分别以王军和窦建中之名，致信河北省委书记及省长。信中回顾了中信与河北省多年的合作关系，希望河北省领导对中信的证券业务给予支持，特别是在耀华玻璃的 IPO 主承销商的选择上予以支持。出差间隙的王军在机场休息室里签发了这两封信。

如此"父母之命"，终于把中信证券与耀华玻璃连在了一起。尽管后来还有那么多的别扭和不协调，但结果皆大欢喜。1996 年 6 月 17 日，耀华玻璃 4 500 万 A

股网上成功发行，募集资金2.87亿元，中信证券因此收获承销费1 000万元；7月2日，耀华玻璃4 050万A股，在上海证券交易所挂牌上市。

中信证券终于实现了IPO项目"零"的突破。

这期间，1995年10月25日，中信证券有限责任公司获批准成立。

1996年当年，在耀华玻璃之后，中信证券再次为鲁北化工、青海明胶、吉林化工担当主承销商，陆续把它们送入中国资本市场。

*　*　*

中信证券发展之初，它所获得的IPO项目，大多是竭全公司之力，相互配合沟通，尤其是公司最高层的鼎力相助才到手的。中信证券的老人们对此印象十分深刻。

1995年底，中信实业银行杭州分行获悉，位于浙江海宁的钱江生化厂上市条件基本成熟，遂把这一消息告知中信证券公司。中信证券立刻派员进入企业，帮助他们设计改制方案和募股上市工作。

钱江生化的前身是浙江省海宁农药厂，成立于1970年10月。

1995年中秋节前，嘉兴市体制改革委员会召集相关企业召开会议，在这次会议上，体改委力挺"钱江生化"等行业规范、效益良好的企业争取上市。当天会议结束回海宁后，厂长马炎当晚就召集班子成员确定目标："争取两年内上市！为了企业的长远发展，产权、资金要多元化！纵有千军万马，也要过'独木桥'！"

马炎所说的"独木桥"，指的是当年中国证监会下达给浙江省的上市指标已经基本用尽，尚轮不到这家浙北小公司。这是任凭马炎如何努力也难以企及的目标。

但就在此时，贵人降临。

中信证券得知浙江另一家计划上市的公司已改变方案，拟放弃上市指标。这一突然出现的额度立刻使多家企业蜂拥而至，争抢额度。中信证券公司马上电话联系中信副董事长魏富海，向他求援，因为魏富海与浙江省副省长柴松岳交情甚好。

魏富海二话没说，当即带着一个文件袋，只身飞往杭州，面见柴松岳。钱江生化终于获得了满足上市最低标准的1 250万股上市额度。1997年4月8日，钱江生化1 250万A股在上海证券交易所上市，募集资金5 000多万元，钱江生化成为浙北地区首家上市公司，也是全国生物化学第一股。

* * *

鞍钢股份，曾名鞍钢新轧钢股份有限公司，是 1997 年 5 月由鞍钢集团作为发起人成立的。它是中国境内第一家同时发行 H 股、A 股的企业，3 亿股 A 股发行是当时流通盘中最大的一只股票。如同一枝最芬芳的花朵，引来境内外采蜜者无数，且个个实力不凡。相比之下，中信证券实在不堪一击，注册资本仅 3 亿元，一级市场承销业绩乏善可陈。

鞍钢新轧是鞍钢集团已经走投无路时的唯一希望。那时的鞍钢已经被三角债拖到了破产边缘，设备陈旧老化、产品积压、销售困难、资金紧缺。公司靠向全体党员借资 7 000 万元买煤才勉强避免陷入停产的绝境，职工工资被拖欠两个月，银行因为鞍钢多年无力偿还 100 多亿元的贷款而拒绝再贷款。此时的鞍钢与邯钢的差距大概有 20 年，与宝钢的差距有 50 年。

刘玠从武钢副总经理的位置上调到鞍钢，担任鞍钢集团总经理和鞍钢新轧董事长。身负重托的刘玠必须对鞍钢进行大手术，进行大规模技术改造。当时测算的技改费用为 210 亿元。刘玠将全部希望寄托在了深、港两地的资本市场。

所以，由谁担任鞍钢新轧的主承销商，决定了鞍钢融资规模的大小，更决定了这家百年老厂未来的命运。对此，刘玠慎之又慎。

从 1996 年 10 月至 12 月，鞍钢新轧共进行了四轮竞标，中信证券从外围进入到第五名、第二名，最终名列第一中标。

杨明辉说："中信证券之所以能在鞍钢新轧项目上成功中标，最关键的原因是来自中信高层领导的高度重视和全力支持。"

两个月中，常振明和王东明两次带队赴鞍山拜会鞍钢集团总经理刘玠，"从本质上改变了中信证券当时的劣势"。

1996 年 12 月 27 日，星期五。按照计划，鞍钢新轧将在两天后宣布最终的中标人选。下午 3 点，杨明辉接到电话，说刘玠希望在周日前与中信最高领导层见面。杨明辉立刻报知常振明，常振明在第二天一大早敲开了王军家的大门。王军不仅推掉了所有的预约安排，还亲自点名要求中信所有相关子公司领导一同前往。12 月 29 日，王军、常振明、王东明与实业银行沈阳分行、兴业公司、中信证券等子公司的领导一行共 20 多人抵达鞍钢。

承销协议就是这样签订的。

这还不是全部。项目执行过程中，为了解决鞍钢遗留的内部职工股问题，中信实业银行给予了8 000万元过桥贷款。中信的协同力量再次彰显，这一力量正是他人难以企及的。

1997年7月22日，鞍钢新轧在香港上市发行8.9亿股H股，1997年11月17日，在境内发行3亿股A股，并在深圳证券交易所挂牌交易，共融资41亿元。此后鞍钢又与两家资产管理公司组建了新钢铁有限责任公司，债转股64亿元。资本市场的强力支持终于解了刘玠的围。

8年后，2005年全球钢铁企业综合实力排名，鞍钢名列第8位。

*   *   *

1997年，中信证券承销上市的股票数达到了7只，业绩排名位列三甲，其后的1998年、1999年两年，也都进入了前十行列。

到了2000年券商业绩排名揭晓的时候，中信证券以主承销27家、主承销金额151亿元分别排名第五和第三，而利润总额更高居第二，成为国内发展最快的券商。

这一年，上证指数和深证综指连创历史新高。2000年8月22日沪深综指分别以2 114.52点和644.62点创历史新高，并分别在11月23日和24日以2 125.72点和656.21点刷新纪录。中国证券市场经过10年努力，上证指数终于站在了2 000点整数关口之上。这成为中信证券高速发展的外部动力。

但是，就在这个时候，总经理王东明却兴奋不起来。

在1999年中信证券工作会议上，王东明提交的工作报告中有这样一段话："并不太长的中国证券发展史，屡次向我们展现了一个可悲的现象，即三年怪圈，一家证券公司的鼎盛期不超过三年，到达顶点后开始滑落。1994年万国证券的市场份额和利润居同业首位，1995年出现'327'国债事件后被迫合并；1997年君安证券利润居首位，1998年整顿，1999年被迫合并等，都成昙花一现。"

古人说，富不过三代。王东明说，我国许多证券公司的鼎盛期不过三年！

中信证券再次自己敲响警钟。

1999年，中信证券在增资扩股时，监管部门屡次要求他们分散股权。中信顶着不办。他们向证监会论证，股权高度分散的国内证券公司，股东往往丧失督导的意愿，同时也会缺失行使督导责任的能力基础。在中国的现实环境下，控股股东的存在是必要的。

王东明说，只要仔细观察那些卷入三年怪圈的公司，你就可以发现两类现象，一是"不为"，股东根本不作为，没有督导公司的意愿，也没有这个能力，董事会形同虚设，形成内部人控制；另一种现象就是"胡为"，股东挪用、挤占公司资源，破坏公司法人财产的独立性。

当中信证券快步前行的时候，一个接一个券商在他们身边倒下，留下血海一片。中信证券焉敢有半点大意？

王东明还很清晰地记得中信证券历年工作报告的基调：

1997年，报告将中信证券定位于30位左右的小证券公司，竞争策略是拼争市场；

1998年，报告提出，尽管中信证券利润排名第三，但综合实力仅在10~15位之间；

1999年，报告提出三年怪圈的警示；

2000年，报告分析了监管机构评价与市场评价的差异，认为"公司目前获得的地位更多地来自竞争对手的失误，而不是我们自己具备了核心竞争力"；

2001年，报告提出市场风险积累在加剧，风险爆发临界点将至；

2002年，报告认为公司近几年来享有的奶酪有的部分在变小，有的在变质；

2003年，报告指出由于公司单项业务的支撑，掩盖了公司业务效率低下和开拓能力不足；

……

时时刻刻的危机意识，让中信证券始终战战兢兢，如履薄冰。王东明说，这大概就是我们的企业文化。这种文化从1994年秋天王军用铁腕收拢证券业务的时候，就已经埋下了种子。

显然，如此文化并不令人轻松。

对于券商们来说，这是一个活着就是胜利的年代，剩者为王。而"剩"下来、"活着"的前提就是规避风险。

多年来，中信证券一直以投行为本，对自营业务和委托理财业务大都保持审慎态度。严格奉行"不坐庄、不跟庄和不操纵股价"的"三不"政策。"公司始终坚持资产配置和业务开拓的几项准则，如资产要保持高流动性，最大限度地降低在不动产、固定资产、长期投资的比例；业务要创新，但一定要集中在证券业务领域，不进入陌生的领域。"这是王东明的经营之道。

如此在旁人看来偏保守的经营之道，终于把中信证券带入了前排行列，因而得以占市场之先。

中信证券稳健而快速的发展，让王军大大松了口气，证券公司不仅陆续为总公司贡献利润，也无须总公司为其承受来自市场或监管部门的压力。此时，正处在大变动之中的中信公司尚在摸索自己未来的整体发展战略，这是一个十分复杂且前景尚不清晰的过程。连续多年的还债高峰压得王军喘不过气来，这极大地牵制了他的精力。

持续开辟新的资本市场，获取更高的资本收益，带领中信走出眼前的窘境，是王军这位当家人无法推卸的责任。

这是王军的使命。

第十八章　钱啊钱

1982 年 1 月，中信公司第一次在日本市场发行 100 亿日元武士债券时，世界主要资本市场利率正持续走高，当月美国联邦基金利率大约为 13.82%，此时借钱的成本较高。进入 90 年代后，利率迅速下调，到 1993 年，联邦基金利率已经回调到了 3% 以内。适时调整债务结构，借低还高，就成了中信在 1993 年伺机动作的重要目标之一。

从 1982 年到 1993 年，十多年过去了，中信公司也渐渐步入还债高峰期，每年连本带利要偿还的金额平均在 5 亿美元左右。而中信公司此前投资建立的绝大多数企业并未产生正效益，现金流已经岌岌可危，必须尽快"输血"。

钱啊钱，就成了王军最大的心病。

　　王军上任之前的十余年中，中信公司在日本、东南亚、欧洲市场陆续发债 40 多亿美元，到 1993 年，中信的融资目标国指向了美国。

　　美国资本市场是世界最大的资本市场，融资成本低，且长期稳定，是当时世界上唯一可以筹措 20 年以上超长期商业资金的市场。

　　但对于中国公司来说，这谈何容易。这是世界上法律制度要求极为严格的资本市场，外国发行体必须接受非常苛刻的调查和评估。其实，当时的荣毅仁对美国资本市场关注已久，早在 1984 年就与专门负责外国发行体在美国发债事务的苏利文律师事务所进行接触。

　　但是，由于中美两国的历史遗留问题，中国发行体的进入资格受到严格限制。这一遗留问题就是"湖广铁路债券案"。

　　1911 年，清政府为修建湖北至广东等地的铁路，向美、英、法、德等国的银行财团借款，签订了总值为 600 万英镑的借款合同。合同规定，上述外国银行以清政府名义在金融市场上发行债券，即"湖广铁路五厘利息递还英镑借款债券"，年息五厘，合同期限为 40 年。

但时局动荡，这一债券从 1938 年起停付利息，1951 年本金到期也未归还。一些美国人认为有利可图，在市场上收购了这种债券。

1979 年，杰克逊等人在美国亚拉巴马州地方法院对中华人民共和国提起诉讼，要求偿还债务。该法院受理此案并向中国政府发出传票，指名由当时的中华人民共和国外交部长黄华收，要求"被告"中华人民共和国于收到"传票"后 20 天内提出答辩，否则将"缺席判决"。中国外交部拒绝接受此"传票"，径直将其退回，并照会美国国务院，声明中国是一个主权国家，享有司法豁免权，不受美国法院管辖。

1982 年 9 月 1 日，亚拉巴马州地方法院做出缺席判决，裁定中华人民共和国偿还原告 41 313 038 美元，外加利息和诉讼费等。

中国政府拒绝接受美国法院的判决，指出：中国政府坚决反对把美国国内法强加于中国的这种有损于中国主权和国家尊严的做法。

1983 年 8 月 12 日，中国通过聘请当地律师特别出庭，提出撤销缺席判决和驳回起诉的动议。同时，美国司法部和国务院向亚拉巴马州地方法院出具了美国利益声明书，表示支持中国的动议。在此情况下，1984 年 2 月，该法院重新开庭，以 1976 年《外国主权豁免法案》不溯及既往为理由，裁定撤销上述判决。

杰克逊等人不服，遂于 1986 年 7 月提出上诉，但被上诉法院驳回。

1987 年 3 月，美国最高法院驳回原告复审此案的请求。至此，湖广铁路债券案终结。

中国进入美国资本市场路上的最大石头被搬去。

但不久之后，由于"1989 年政治风波"，这一工作不得不停止。直至 1993 年，条件渐趋成熟。1993 年初，美国证券交易委员会做出决定：同意中国企业的 B 股在美国上市。

这是一个重要信号。这意味着世界最大的资本市场向世界经济发展最快、政治稳定的中国打开了大门。

在过去的十几年中，中信其实早就在等待着这一天，也一直在为此做着各种准备，因此一旦时机成熟，中信率先抓住了这一稍纵即逝的机会。一年后，中国银行也在美国发行扬基债券，而中行的命就没这么好了，当时美国资本市场已经进入了格林斯潘连续六次提高联邦基金利率的上升通道。

关于首次在美国发债，给中信实业银行行长洪允成留下最深刻的印象是，"公司上上下下雷厉风行、协调一致的工作作风，创造了很高的工作效率，为发行成功提供了重要保证。"

中信公司首先要做的一项最重头的工作是起草债券《发行说明书》，由中信实业银行资金部副经理张铭千负责主持，中信邀请了中美两国共四家律师事务所参与这项工作。

在两个月的时间里，经过所有参与者20多稿的反复修改，这一大部头的说明书终于圆满完成。与中信起草的其他许多文献一样，这部开创性的《发行说明书》也成为日后中国政府或企业在美国市场发债的文献蓝本。

《发行说明书》在7月2日送达美国证券交易委员会，也是在这一天，中信正式向美国证交会提出了发债登记。在通常情况下，美国证交会将在两个月后答复发行体发债登记是否有效。

7月18日，由洪允成率领的中信发债小组一行心情忐忑地登上了赴美航班。临起飞前，小组成员之一的常振明却突然改变行程，留在了北京。

因为美国证券交易委员会打破常规，仅仅在15天后就书面回复中信公司，向中信提出了整整30个问题，所有这些问题必须立即获得答案。于是常振明留下，把所有30个问题全部作答之后，再直接赶往波士顿与小组会合。

应该看一看美国人当初关注的热点是什么：

- 中国改革开放的政策是否能够延续？

- 中国经济是否已经过热？

- 金融紧缩政策对中国经济未来可能会产生什么样的影响？

- 中国政府有没有能力避免经济过热和泡沫现象？

- 邓小平之后的中国将会怎样？

显然，在美国投资者心目中，中信已经不是一家单纯的企业，而是中国政府和整个中国社会的代言者。其实，从中信成立的那一天起，它就始终扮演着这种角色。

1993年，经历了小平南方谈话之后的中国经济或中国企业，其实早已摆脱了1989—1991年连续三年的低迷。但是，对于当时的美国社会，"1989年政治风波"、"人权"依然是绕不过去的话题，唱衰中国也一直是国际媒体的主旋律。因此，美国投资者面对来自中国的发行体，一定疑惑重重。

两天后，常振明将书面答案发往美国，旋即，对方又发过来 12 个新的问题。可见投资者的审慎和不安。

发债小组在美国的 5 个工作日中，横跨美国东西海岸，在洛杉矶、旧金山、芝加哥、密尔沃基、波士顿、哈特福德、纽约 7 座城市举办了 26 场路演，平均一天至少有 5 个会！

小组成员用电视片和幻灯等多种形式向美国各地的投资者介绍了中国改革开放的成果、介绍了中信在各个领域的成就，这引起了与会投资家们的强烈关注，对于他们来说，中信这家红色跨国公司是那么的新奇陌生而又充满魅力。

* * *

1993 年 7 月 28 日上午 9 时 15 分，美国证券交易委员会郑重宣布，中信公司发债登记有效。

发债小组立即赶往华尔街，与高盛公司洽谈细节。高盛为此次中信发债的主承销商。这一天，双方协商确定了此次发行的条件：10 年期限，票面利率为固定利率 6.875%，发行价格为 99.706 美元，投资者收益率为 6.916%，承购手续费为 0.675%。

洪允成回忆说："由于美国官方对中国主权风险评级仅为 BBB，中信债券发行前，美国市场对发行条件的普遍预测是 10 年期国债收益率加上 1.3%，但最终中信所取得的发行条件是美国 10 年期国债收益率加 1.0%。这实际上已经是相当于主权风险评级为 A 的国家的发行条件。"

0.3% 意味着什么？

洪允成说：这 0.3% 意味着中信可以少付 750 万美元的利息！

由于中信外债余额的限制，王军最初决定此次在美国发行 1.5 亿美元公募债。但是美国投资者对中信债券表现出无比浓厚的兴趣和强烈的投资意愿，仅西部基金投资管理公司一家就要认购 7 500 万美元，代理机构收到的买单实际已经超过了 4.5 亿美元。

王军紧急向北京国务院有关部门请示，最终确定把发行额提高到 2.5 亿美元。

《华尔街日报》说，中信债券"成了每个人争先恐后抢购的对象"。

在美国，王军会见了许多美国工商界的知名人士，他们中有不少是中信的老朋友了。所有人都向王军表示祝贺。戴维·洛克菲勒连声说，中信此举为中国其他机构进入美国市场开辟了道路。

1993 年 8 月 4 日，中信公司收到了此次发债的 2.5 亿美元全部现金。

此次发行扬基债的意义在哪里？

当然，它首先帮助中信解决了已经紧绷的资金链，使中信再次避免了支付危机，使中信的一批投资项目获得了继续发展的动力，也使中信在全球资本市场中确立了信誉。

但绝不仅仅如此。"2.5 亿美元"的意义早已超越了中信公司自身。此次举债成功，不仅在融资渠道上改变了过去中国对外商业性中长期资金筹措主要依赖日本和亚洲市场的局面，开拓了一个全新的投资者层面。中信在美国的 26 场路演，更是直观而形象地宣传了中国改革开放的政策，提高了国外投资者对中国经济发展前景的信心，为国家赢得了在国际金融市场上的主动权。发债小组的成员们兴致勃勃地说，下次中信可以发行全球债券了！

*　　*　　*

除了借债还债，对于王军来说，当时正在做的一项重要工作是回收投资收益。

牢牢抓住现金，是王军上任后在相当长时间里始终不敢懈怠的原则。原中萃公司总经理助理裴少军回忆说："搞活存量资产、资产买卖是热门话题。公司领导多次指出，不能光播种而不顾收获，眼下要特别注意抓住时机收回投资效益，尤其是现金收入。"

1994 年 10 月，中信公司在许多员工不解的目光中从中萃公司退出大半权益。而中萃曾一直是中信系效益颇佳的企业。为什么要退出？

1986 年 6 月，中信与美国碧萃斯合资成立了中萃公司，这是中国改革开放以后由国务院特批的第一家中外合资的伞形控股公司。其中中信占股 40%，碧萃斯占股 60%。然而，三个月后，碧萃斯公司被美国几家大公司并购。碧萃斯已然不可能作为投资主体继续注资，中信经过多方努力，与可口可乐公司达成协议，由可口可乐和太古集团在香港成立的一家控股公司接替碧萃斯公司在中萃的股权。这样，三家的股权分别为：中信 40%、可口可乐 30%、太古集团 30%。90 年代后，可口可乐调整在华发展战略，不再参与直接管理。于是，1993 年可口可乐将其在中萃公司的 30% 股份中的 19.4% 转让给太古集团，并且退出了中萃公司董事会。

中萃公司一直是中信系的好公司，效益节节上升。但是，按照约定，中萃公司每年的利润均重新投入生产中或作为留存利润放在厂里作为流动资金。中信作为中萃的股东，每年尽管账面上有不少利润，但始终未从中萃分利。

90 年代初，国家放宽了对国际著名饮料公司在华投资兴办实业的限制。1992 年，可口可乐公司和百事可乐公司被批准在华各建 10 个新的灌装厂。根据协议，可口可乐 10 个新厂中有 3 个将交给中萃公司投资新建。这对于太古集团来说，犹如天赐良机，当时的太古正急于在中国内地扩大业务。但对中信公司而言，却颇为尴尬。

建 3 个新的可口可乐灌装厂大约需要筹资 5 000 万～6 000 万美元，为此中萃将投资 3 600 万美元，其余均由企业所在地中方伙伴投资。按占股比例，中信至少要拿出 1 440 万美元现金投入其中。

但中信此刻根本无能为力。如前所述，中信资本金始终不足，现金流更是十分紧张，且尚有新的项目嗷嗷待哺，到哪里去筹措这 1 440 万美元呢？

徐昭隆向王军建议：索性向太古集团转让中萃的股权。王军责成中信研究部门对国内饮料市场进行认真调查。最终中信公司采纳了徐昭隆的建议。

其要旨如下：中信向太古集团转让中信在中萃 25% 的股权，为此中信将获得 5 700 万元人民币，约合 660 万美元；中信保留在中萃 15% 的股份，仍然是中萃的第二大股东。

这是个一石四鸟的决定。

其一，通过此次股权转让，中信获得了宝贵的 5 700 万元人民币现金，这相当于过去 8 年中信累计投入资金的 3 倍（中信累计投资 1 740 万元人民币和 31.25 万美元）。

其二，由于减少了在中萃的占股比例，这样建新厂时，中信只需动用在中萃的初始投资余额和准备金即可。

其三，中信在中萃仍保留了 15% 的股权（当时评估约值 3 500 万元人民币），并未完全从饮料行业撤出，它仍是第二大股东，这为以后伺机重新扩张提供了基础。

其四，由于汇率变动，饮料行业原材料价格大幅上升，而产成品价格却在下降，如此挤压下的利润空间势必缩减，加之百事可乐和其他国产饮料虎视眈眈，中萃的生存环境势必更加严峻。中信选择在这时候退出，绝对是英明之举。

裴少军算过一笔账，中萃公司1986年在杭州建厂时投资500万美元，第二年净利润即达2 400万元人民币。而当时正在筹建的西安厂投资2 000万美元，预计投产第二年的净利仅为1 800万元人民币。投资的边际效益一直在逐年下降，两家厂的投资利润率相差了5倍。而中信此举则大大规避了尚不可知的风险。

如此安排，中信进可攻，退可守，选择一个最佳时机将股权转让，把中信资产卖一个好价钱，这就让一盘几乎僵死的棋局走活了。

1994年10月，这一股权变更工作全部结束，中信收到了来自香港太古集团的57 063 745.34元人民币。

此案中，中信本应支出1 400多万美元，约合1亿多元人民币，但结果是入账近6 000万元人民币。

在退出中萃之前，中信公司还收到过一笔2 000万元的现金。这是中信从保利集团退出时所获得的收益。

也是在1997年，中信加拿大公司将拥有的塞尔加纸浆厂50%的权益全部转让。该公司控股的升认锯木厂全年实现利润530万加元，已连续5年盈利。在一个高位退出，对中信公司的实际收益十分有利。

类似的案例还有中信从渤海铝业的退出，以及后来从郑州日产的退出。这种退出有的是因为财务原因所致，有的更出于战略调整的目的。但它们都有一个共同点：在企业发展的高位，中信主动选择了退出策略，企业因此获得了不菲的收益。

钱啊钱，开始点点滴滴地进来了，李士林的国安公司准备下的1 500万元人民币，王军最终没有动用。

中萃、保利等等的结局都是皆大欢喜的双赢局面。但这样的双赢在90年代并不多见。

王军成为中信董事长之后，各种因素使然，中信在此前十几年中投资效益低下的问题，在这个时候暴露得越来越多，也越来越严重。追债，几乎成了中信公司的一种常态。

1986年，中信与天津市旅游局、新加坡中美旅游公司、新加坡联合工业公司共同组建了五星级的天津燕园国际饭店。由于自有资本不足，饭店共贷款1 800万美元，其中，中信兴业公司放款900万美元，期限10年，其余部分由天津市旅游局从天津中行借款900万美元。

按照贷款协议，从成立第二年起，燕园饭店每年向债权人偿还当年应付利息和10%的本金。但是，饭店开业不久即遭遇"1989年政治风波"，业绩严重不振。饭店只能靠短期贷款维持生存，遑论还债？

到了1993年，燕园饭店终于摆脱困境，扭亏为盈；1994年更是实现利润380万美元，1995年利润达到了500万美元。到此时，燕园饭店已经欠中信兴业公司贷款本息合计1 400万美元。兴业公司也以为雨过天晴，几次三番催促燕园饭店还款。但是，饭店方面根本不予理睬。

中信兴业公司的冯电波回忆："1996年初，我第一次出席饭店董事会会议。根据公司领导要求，我向董事会提出，饭店应立即偿付拖欠兴业公司的贷款本息。天津及新加坡董事断然否决了我的提议。"

从1996年3月至9月，冯电波数十次去天津。就这样坚持不懈地苦苦追索，到了1996年底，燕园饭店终于向中信兴业支付了200万美元的利息。直到1997年6月，在各方力量的共同作用下，饭店终于向兴业公司支付了800万美元的本金，1997年底又支付全部的本息余额。1 000多万美元就这样回归了中信的账户。

这对当时求"钱"若渴的王军来说，是一次了不起的胜利。

其间，王军还有一次更加了不起的成就：亚洲卫星公司在组建8年后，终于走进了全球资本市场的心脏。

1996年6月，亚洲卫星公司在香港联交所和纽约证券交易所同时上市，发行3.9亿股，每股作价19.80港元，其上市时的市值约10亿美元。上市后，公众持股占31.05%，其余股权为原有三个股东持有。中信出售了10.35%的股份，即4 036.5万股，获利约1.03亿美元。

1997年9月，中信国安也在A股上市，获得了投资者极为热情的追捧，这是中信麾下第一家在A股上市的公司，它的成功上市，使中信系的实业投资终于获得了实实在在的动力。

但所有这些努力，都还不足以解决中信资本金不足的问题。

* * *

1996年，当王军所说的清理小公司的举动暂告一段落的时候，中国宏观经济又进入了新的阶段。始于1993年的经济过热，造成了连续三年的通货膨胀。1994

年通货膨胀率高达 21.7%，1995 年仍然保持了 14.8%。从 1995 年开始，中央采取了适度从紧的货币政策，连续提高存贷款利率。

几年下来，对流动性格外敏感的王军意识到，对中信这样高负债的公司，宏观环境趋紧，中信的日子将越来越不易。

冰冻三尺，非一日之寒。王军的改革同样不可能毕其功于一役。中信公司的外债余额已经突破了国务院规定的额度，再试图用发外债来解决资本金不足的问题，显然很不现实。

王军坦言：资本金不足，是当时"制约中信发展最突出的问题"。

中信公司董事长王军必须立刻找到新的解决方案。

这是 1996 年末，离那个给予亚洲新兴市场毁灭性打击的金融风暴还有 7 个月的时间。王军不是算命先生，但是，在这个时刻，他果断出手了。

第十九章 "最有成就的一件事"

1996 年岁末。

距离香港回归还有不到一年的时间。中央政府关于香港的各项安排、各项准备已经基本就绪，中国内地经济的高速发展为香港带来了勃勃生机。也是在这一阶段，香港恒生指数连创新高，1996 年 11 月，更是突破了前所未有的 13 600 点，人们只是偶尔还会回忆起跌到 2 000 点时的 1989 年的股市。投资者坚信，离"九七"越近，股市一定会越好。

此时，王军决定走一步险棋，以更大程度地解决中信公司的资本金不足问题。王军的目光像鹰一般地盯住了中信泰富的 K 线图。

2006 年初，当王军即将退休的消息传开时，在香港，有记者问他："这些年来您的成就感最大的一件事是什么？"

王军回答说："有人认为我在 1996 年卖掉中信泰富做得很好，但也有人说我做错了，我也不知道这算不算是成就。"

记者顿时瞪大了眼睛。

一个构筑了中信集团巍峨大厦的人，一个在 13 年时间里将中信从 800 亿总资产猛增到 8 000 亿的人，竟然将一次颇有争议的百亿资产转让当作其最具成就感的大事，这一答案令媒体深感诧异。

* * *

1996 年，王军向国务院副总理朱镕基汇报中信公司的情况，他简短而明确地说："中信的问题是资本金不足，负债率太高。"

朱镕基也十分干脆地表示，国家不会给中信一分钱，就这样回绝了王军的念想。当朱副总理追问王军打算如何解决时，王军回答："考虑卖一些资产。"副总理听罢说，这是商业行为，他不会干涉。王军不再详细解释自己的计划，告辞出来了。

*　*　*

回到京城大厦 8 楼的办公室，王军再次盯住了香港股市即时行情表，恒生指数几乎拉起了一根向上的斜线，在不到两年的时间里，恒指涨幅超过 90%，1995 年初仅为 7 300 多点，到 1996 年 12 月时，已经越过 13 500 点高位。

再看中信泰富。

1991 年中信香港公司对泰富发展的收购战结束的时候，中信泰富的股价约 1.3 港元，此后便一路陡升，到 1994 年 1 月 28 日，股价上升到 25.80 港元；到 1996 年下半年，中信泰富迅速跨过 35 港元，直逼 40 港元大关。

当王军向朱镕基提出"考虑卖一些资产"，来补充资本金的时候，他脑海里已经形成了一个完整的方案——将中信公司在中信泰富的部分权益变现，向荣智健及其中信泰富管理层转让这部分股权。

这正是荣智健期盼已久的结果。当中信泰富的股价不断攀升，当"九七"的利好不断显现的时候，荣智健迫切希望增持中信泰富的股权，他曾多次找到王军，希望中信总公司成人之美，而且他认为这是一个于中信、于他本人以及整个泰富管理层都大有裨益的选择。但是，远离中国政治和主流意识形态的荣智健却难以觉察到王军此时的复杂心态。

在成熟的市场经济条件下，通过资本市场的退出机制来获得收益，本就是市场主体惯用的手段。通过这一方式，企业适时调整和重组资本结构，既可巩固前期内部发展和外部交易的成果，又将获得再发展的动力和能量，企业亦可凭借这一方式调整战略，另辟战场。但是，对于中信这样的国有企业来说，如此行为却可能犯了国有资产流失之大忌。

王军作为中信这块巨大的国有资产的当家人，一旦发生所谓的"流失"，他将为此承担重大责任和难以料想的后果，这一后果将不仅仅是撤职查办，甚至可能包括更严重的刑事处罚。

可是，此时此刻，王军已经顾不得这些，他必须当机立断。

1996年岁末，王军终于同意了荣智健的请求。他决定将中信公司在中信泰富18%的股权出让给以荣智健为首的管理层，每股价格为33港元。

多年后，当王军被问及是否希望用这一行动来推动国有企业通过资本市场保值增值的时候，王军言之凿凿地回答：“没有，没有这么想过，就是没钱了，只能这么做。”

“那您当时是否已经考虑了中信金融板块的布局问题？”

“没有想那么多，就是没有钱，要想办法让中信渡过难关。”率真的王军并不想拔高自己。

*　*　*

回到1996年的情境。

得知王军同意出让股权的信息，荣智健大喜过望，中信泰富势头正旺，他一直渴望能有机会扩大其个人在泰富的权益。他即刻派出总经理范鸿龄飞赴北京。

12月26日中午，范鸿龄到了北京首都国际机场。

直到这个时候，王军才把总经理秦晓、副总经理常振明和财务部负责人叫到了自己的办公室，向他们通报此事。王军说，这事已经定了，你们去商量具体条款吧，范鸿龄已经到北京了。

秦晓不安地问：国务院同意了吗？

王军没有正面回答，只是说：“做了就做了，能收回来100亿，我们资本金不足的大问题就解决了。”

王军十分清晰地记得数日前他与朱镕基副总理的那段对话，朱副总理当时虽然明确表示，“卖一些资产”补充资本金“是商业行为，我不管”。但王军心里非常清楚朱镕基当时真实的状态——“他没有想到我会卖中信泰富的股份，我也没说。”

王军深知这是一个一定要被追究责任的天大事情，他决定自己来承担一切后果，于是他做出了在董事长任上“唯一一次独断专行”。

两个小时后，秦晓等人将谈妥的细则交予王军，王军浏览后即刻在上面签下了自己的名字。这是1996年的12月26日，但是王军专门叮嘱秦晓：留在纸面上的签字日期改为1996年12月31日。

七年后，中央电视台记者采访王军："为什么在 26 日签的时候要签成 31 日呢？"

王军丝毫不遮掩自己当时的用心："我们国家有很多规定，而且我们是一家国有企业，如果这么大的资产出让的话，需要有很多的报批手续，也有可能国家的有关行政领导机构让我们停止这笔交易。如果说（此次转让协议）公布了以后却停止交易，在香港就属于犯法行为了，要承担很大的法律责任；在国内你又必须执行政府的这些规定。在 12 月 31 日下午，大家都准备过年的时候公布一下，等到过完年，可能淡漠一点，反应不会那么强烈了。"

12 月 26 日下午，王军签字后对范鸿龄说："你必须在 12 月 31 日下午将协议递交到联交所，切不可上午递。"

王军试图打一个时间的擦边球，"正好过年，公布的时候没人注意，（国务院）想找我麻烦的时候就来不及了。"

王军不是没有过教训。"收购亚洲卫星，写了一个报告，当时的股价才 7 港元，报告折腾了好几次，批下来已经是 5 个月以后了，股价已经到了 15 港元。"

此次买卖股权，现在的价格 33 港元，如果再打报告、再折腾几个月，批下来的时候，股价怕只剩下十几港元了，18% 股权的含金量可能就要缩水 2/3。这是商业机密，绝不能再泄露。为此，王军宁肯冒撤职查办的危险，也要擅自行动一回。

王军的算盘打得很好。但是，兴奋不已的荣智健还是没能遵守诺言。12 月 31 日上午，他兴冲冲地向香港联交所递交了与中信总公司的股权转让协议。

第二天就是 1997 年新年了，整个北京都沉浸在香港即将回归的热烈氛围之中。上午，王军得知消息已经透露出去，他暗暗叫苦，祈祷着北京方面最好没有人关注到此事。

但是到了中午，总经理秦晓桌上的电话就响了起来，电话来自国务院——"这么大的事，为什么事先没有通报？"

他赶紧向王军汇报。

王军说："反正朱副总理有过说法，同意我们出让资产补充（资本金）。"

秦晓于是答复对方："朱镕基副总理同意了……"

王军一听要坏事，赶紧致电朱镕基，称"秦晓在胡说八道"，但电话里百般解释也没能说通。

后来，时任国务院副秘书长的周正庆找王军调查此事。王军依然气势不减地说：“做买卖哪有说股票不能卖啊，我缺钱怎么办？”

此次股权转让，王军收回了108亿港元！这帮他解了大围。

后来有记者问王军：“如果您本人真的因为这件事情而被撤职，您觉得值不值得？”

王军回答：“值得！我给公司做了一件好事。”

＊　＊　＊

再说一件题外事。

在王军出售中信泰富事件过去整整13年之后，2009年，中铝公司195亿美元收购力拓一案在经历了层层审批之后，最终错过了经济最低迷的时刻，缓过精气神的力拓公司已经不再需要中铝的注资，力拓单方面毁约，中铝因此错过了一宗绝好的大买卖。一份由某国家级智囊机构撰写的报告说：“市场机会稍纵即逝，市场环境也时刻变化，这都与复杂的审批程序是相矛盾的。以中铝投资力拓为例，即使澳大利亚方不延长审批期限，单是在中国政府完成所有审批的时间之内，铁矿石市场逆转的情况，也是完全有可能发生的。”

＊　＊　＊

1997年7月，由泰铢贬值引发的亚洲金融危机波及几乎所有的亚洲新兴市场国家，银行倒闭，金融业崩溃，导致整个经济瘫痪。但此时对于中信来说，刚刚到手的108亿港元简直成了王军的定海神针。王军连连称幸。后来他说：“这些年没有发生支付危机，这笔钱起了很大的作用。如果没有这108亿的话，遇到亚洲金融风暴，我们可能会向国家伸手，但是有了这108亿，我们没向国家伸手要钱。尤其是在亚洲金融危机最困难的时候，给了中信嘉华银行、中信泰富资金上的支持，这笔交易起了很大作用。”

2004年，王军受邀在上海举行的沃顿商学院同学会上发言：“经济环境的任何变化，都会给中信带来重大的影响。中信未雨绸缪，及时考虑到经济当中隐含着危机的可能性，而一旦危机到来，公司就要作最坏的打算。因此，我们开始调整日常资本项下的开支，并通过资本市场进行运作。当1997年6月泰国银行发生危机苗头的时候，我们已经把钱留下来了，保证了我们的生存和发展。1997年底金融危机严重危及香港的时候，我们已经提前处理了银行的问题，使中信公司顺利渡过了香港股市危机和银行危机。正是这样有勇气、有调整和有策略的动作，中信才顶住了1997年亚洲金融危机的冲击。"

＊　＊　＊

但是在1997年，"唯一一次独断专行"的王军还是遇到了一连串麻烦。

1996年12月26日王军与范鸿龄签署股权转让协议时，中信泰富的股价在32~33港元之间波动，王军与荣智健的转让协议定价为每股33港元。但是，到了12月31日协议生效那天，香港股票市场上中信泰富的股价蹿到了39港元，一股差了6港元，6亿股就是36亿港元。更令人吃惊的是，过了春节，中信泰富的股价更是高达58港元。

这是亚洲金融风暴的前夜，东南亚本已过热的经济，再次被推到极致。股票一出手就大涨，那一刻，王军的运气看上去实在不算太好。于是，北京就有不止一人打报告向中央告状，把中信泰富股票上涨的差额，算成是"国有资产最大的一次流失"，王军当然是脱不掉干系的罪魁祸首。

还有一组数据应该特别被关注：1995年，中国全年的外汇储备仅为735亿美元，到1996年，刚刚突破1000亿美元。而此次王军出售中信泰富的股权，用居伟民的话说，这是"新中国成立以来国有资产从海外套现最大的一笔"，继而股价又大涨，如果认定这是国有资产流失，那么这当然是一次不得了的"最大流失"，特别是事先又没有跟国务院通报，几重罪名叠加，王军真是凶多吉少。

中央政治局专门在会上讨论了王军的问题。

王军后来回忆说："当时朱镕基副总理受委托跟我谈话，谈话的过程中间，他强调说你认为你有什么错误，我说是无组织、无纪律的错误。他说你为什么不报告？我说很明白，报告了就可能做不成，如果这些消息透露出去的话，那就会造成股票市场的混乱。他说你是真心地认识到了错误？我说我是真心认识到了错误。他说别的你认为有什么错？我说别的我没什么错误。"

谈到这里，朱镕基自己点出了国有资产流失的问题——"那国有资产流失呢，你怎么看？"

王军说："这个您比我懂啊，中信在泰富投入的原始资本就 2.5 亿港元，现在 100 多亿港元回来了，怎么是流失了，当然是增值了。而且我们还保持了在泰富的控股地位。"

朱镕基听到这里顿了一会儿，然后对王军的说法表示了肯定。

虽然在朱镕基这里说通了，但要想平复来自国务院各个口的质询，中信公司不得不连续数次撰写报告为自己"申辩"。这一严峻的形势直到 1997 年底亚洲金融风暴肆虐香港，才渐渐缓解。

这个时候，中信运气来了。王军手中有粮，心中有了底气。手持 100 多亿港元，当亚洲金融风暴袭来之时，中信才得以安然处之。

但风暴眼中的中信泰富就没那么幸运了。从 1997 年 1 月到 1998 年 1 月，泰铢贬值 56.3%，印尼盾贬值 84.8%，菲律宾比索贬值 43.4%，马来西亚林吉特贬值 48.3%，新加坡元贬值 12.3%。周边地区和国家货币对美元纷纷一贬再贬，等于港元对周边货币持续升值，直接伤害香港的贸易和出口。对于中信泰富来说，大昌贸易行的全部业务都受到损失。

香港金融危机的直接结果，是股市和楼市崩盘。1997 年 9 月 30 日到 10 月 23 日，20 天不到的开市时间，恒生指数从 15 049 点跌至 9 767 点，跌幅高达 35%。而红筹股更是一泻千里，极其惨烈。到 1998 年 8 月 14 日，与 1997 年的高峰比较，恒生指数下跌 59%，红筹指数下跌 86%。中信泰富的股价从 1997 年 2 月的 58 港元高点急剧下跌到了 13.2 港元。这是 1998 年夏天，香港资本市场一片肃杀。

1996 年岁末，荣智健曾以自己在中信泰富的股权为抵押向汇丰银行贷款，来受让中信公司转出的 18% 的股权。但是到 1998 年，中信泰富股价骤跌，荣智健的资产严重缩水，银行向他急追贷款，否则极可能自行行权，强行平仓。就在这时，中信公司动用 19 亿港元在二级市场回购中信泰富的股票，再增持 4% 的中信泰富股权。此外，北京方面的现金支持，让荣智健躲过一劫。这一串举动让中信泰富股价回升了 30%，这一信号无疑也在告诉香港投资者，中信公司依然看好中信泰富的前景，这不仅为荣智健带来了莫大的利好，也向香港市场传递了信心。

但是，亚洲金融风暴对香港的强烈冲击，直接拖累了中信嘉华银行。此时中信嘉华银行因 70 亿港元的不良贷款，已经走到了破产边缘。

1997 年亚洲金融风暴初起之时，尚未直接冲击香港市场。1998 年初在香港注册上市的 11 家银行发表的上年业绩报告表明，虽然"香港银行界拆息上升，息差收窄，但仍有单位数字增长，没有出现纯利负增长情况。其中，特别以中资控股的友联银行和嘉华银行增幅最大，分别达到 26.1% 和 26%。此间业内人士认为，香港特区政府致力稳定港元联席汇率及健全的银行法例和严格有效的监管制度，使香港银行业成为全球最能适应国际金融危机冲击的 '绿洲'"。

话音未落，风暴骤起。由于香港红筹、内地国投等各种地方中小型非银行金融机构大面积发生严重的支付危机，加之地方政府还款意愿颇低，从而拖累中信嘉华银行出现严重的坏账。中信嘉华银行的全部贷款才 200 亿港元，不良资产竟高达 70 亿港元，不良资产率为 35%。而当时香港银行一般的不良资产率仅在 4%~8%。中信嘉华银行最少要为不良资产准备近 10 亿港元的拨备，但 1998 年中信嘉华银行拨备前的利润只有 6 亿多港元，直接亏损 4 亿港元。

然而，一波未平，中信嘉华银行又爆出更大丑闻，原董事长金德琴因涉嫌贪污，于 1998 年 4 月 12 日被羁押，同年 11 月 6 日被逮捕。从 1990 年到 1995 年，金德琴往自己的私人账户里共填入 3 932 万港元和 159 万美元。

中信嘉华银行雪上加霜，还能全身而退、渡过难关吗？

中信嘉华银行之侧，号称"红筹之父"的百富勤公司，资产 246 亿港元，35 个办事处遍布 16 个国家，这一《财富》"世界 500 强"之一的庞然大物，在亚洲金融危机来临之时，仅因为 6 000 万美元周转不灵而破产。

这是一个"现金为王"的时刻，银行亏损必然侵蚀银行的资本金。资本金减少，资本充足率下降，标志着银行抗风险和抗破产能力下降。中信嘉华银行的信用危机已经命悬一线。

为了防止出现对银行挤兑而导致银行破产，香港金融管理局提出紧急预案：首先，大股东要增加资本金；其次，大股东要拿出至少 20 亿港元现金作为存款，以应付可能发生的挤兑。

王军毫不避讳地说，这是他治上"最难的一段时间"。

"1997 年亚洲金融危机后，是我们日子最难过的时候。1997 年以前我们公司 70%~80% 的收益来自海外。1998 年合并报表中，国外的收益就反过来，只占了 30%。一是中信嘉华银行管理层出了问题，董事长被收审了。200 多亿港元存款中，不良贷款就达 70 亿港元，不良贷款比例超过 30%……另外，在 1997 年以后，木材价格下降了一半，我们在海外的主要投资林业也非常吃紧。"

曾几何时，中信海外实业的收益给予中信决策层极大的惊喜和信心。但是，与国内实业投资一样，海外企业也同样遭遇低谷，除了市场跌宕起伏，所在国的法律、环保、税收以及人才等等非市场因素也极大地制约了企业的发展。

外汇收益锐减。但是，此时的中信又再次面临外债的偿债高峰。

1997年亚洲金融风暴终于彻底打破了中信公司行进了18年的运营轨道，中信公司再也不能延续原有模式。在这一模式中，生产、技术、金融、贸易、服务五位一体，荣毅仁先生当初设想它们能够优势互补，齐头并进。然而纵览全局，即可发现，除金融业一枝独秀，中信的另外四个产业并没有能够齐步走，甚至直接拖累了中信前行的步伐。

在这一严峻局势面前，王军必须做出重大的战略调整。

在1993年、1994年以来的中信战略大讨论中，中信公司初步确立了"有所不为、有所为"的调整方针，但是，关于退与进的具体方向问题，公司内部还是发生了重大争执，争论各方主要形成了两种观点：

其一，将中信建成以实业投资为主兼营贸易的工贸公司；

其二，将中信改造成以金融服务和金融投资为主的财团型公司。

当初，秦晓详细分析了两种取向的优劣：

> 实现工贸公司的发展战略要求我们形成控股、直接管理、有专门产业背景并占据相当市场份额的企业群结构。从中信的现实基础出发，这一调整跨度和力度都太大，相应的代价也太高。在实施这一战略的过程中产业结构可能会有一定程度的改善，但资本结构会更加恶化，现有资金循环方式所产生的现金流量压力亦会加重……与首钢、二汽、中化这些行业上的巨型公司（相比），在资产的质量与规模、技术水平及其开发能力、管理的专业化程度、人才、市场占有率及进入国际市场能力这些主要因素上我们都不具备优势。

而"金融财团"则大不一样。

> 中信以信托投资立名，其经营活动比较接近金融性公司。在金融领域中我们依然处于领先地位并具有较强的竞争优势。商业银行是公司今年来发展最快、效益最好的业务。国内资本市场的兴起及其与国外资本市场的

接轨，使证券、基金、金融性投资、企业兼并咨询服务成为迅速成长的新型产业；社会保障体制的改革将把保险业和各种类型的投资机构推入市场。中国的金融业被视为本世纪末、下世纪初最大的潜在市场。这为我们调整发展战略、开发金融业提供了一个巨大的空间。

在这样的认识基础上，自1994年以来，中信公司明确将自己的企业战略从"五位一体"调整为"金融、实业、服务"三大业务板块，并开始向金融业倾斜，其成效已经初步显现。从1996年到1998年的三年间，中信公司的整体利润分别为24.7亿、28.5亿和22.8亿元人民币（见表5）。这其中，中信实业银行的利润贡献率最高（见表6），此外还有中信嘉华银行的利润贡献，再加上1996年之后中信证券的利润贡献，中信公司从金融板块中所获红利几乎占据了整个中信全部利润的80%以上。谁都可以就此得出一个结论，金融产业已经渐渐成长为中信公司一柱擎天的力量。

表5　中信公司资产利润（1994—1998年）

	1994年	1995年	1996年	1997年	1998年
资产总额（亿元）	1 355	1 667	1 915	2 208	2 446
资产净值（亿元）	128	170	213	326	347
利润（亿元）	16.7	20.5	24.7	28.5	22.8

资料来源：中信公司年度工作报告。

表6　中信实业银行资产利润（1994—1998年）

	1994年	1995年	1996年	1997年	1998年
资产总额（亿元）	707	865	1 087	1 258	1 336
资产净值（亿元）	40.8	46.5	55.0	69.6	79
利润（亿元）	6.8	10.1	15.8	20	20

资料来源：中信公司年度工作报告。

然而，新的更加严峻的问题再次袭来。

王军十分清楚，中信金融业一枝独秀的格局，并不稳当，体制的障碍将极大地限制中信金融板块的后续发展。原本属于非银行金融机构的中信公司，当银行、证券、基金、期货、信托、保险门类逐渐丰满的时候，立刻就遇到了与现行法律不相容的尖锐矛盾。

因为，至少从法律制度上来说，中信公司似乎已经失去了存在的理由。

1995 年 7 月 1 日，《商业银行法》颁布，常振明认真研习之后深感困惑，他来到中国人民银行"求教"。

《商业银行法》有一条，不能用借来的钱投资，可中信所有的钱都是借来的，国家只给你两个亿，中信的资本金只有 20 个亿，中信银行的资本金是 30 个亿，子公司的资本金加起来有 100 多个亿，远远大于总公司，那肯定是借款啊。我找夏斌、谢平，他们说，你们还做什么啊，你什么都做不了，所有的法规与中信的负债经营模式都是相矛盾的。"

"什么都做不了"，这一灰色幽默太令人失望了。对于中信来说，生存都已经失去了依据，遑论发展？

1996 年 10 月，国务院有关部门包括中国人民银行、证监会、体改委等在内的机构在北京专门召开了会议，讨论中信公司如何尽快解决历史遗留问题，以适应国务院分业管理的政策。为此，国务院专门发布了一个会议纪要，要求中信公司尽快落实。

监管部门甚至提出，撤销中信公司的部分单项金融业务，还特别提出要撤销中信信托业务。这立刻遭到了王军的激烈反对。

王军求见有关领导。王军说："中信信托的业务绝对不能弄掉，我在各方面都让步了，你要把我起家的东西都弄掉，在国际上影响很大。"

……

虽然高悬的利剑并未马上斩下来，但是很显然，对于中信金融板块来说，情势已经陷入危机。如果不能从根本上解决体制问题，理顺关系，创出一条新路，中信金融产业的持续成长就将是沙漠中的楼阁，随时可能从根基上动摇。因此，解决体制矛盾，这将成为王军绕不过去的挑战。而这将是中信十几年发展历史中所面临的又一次重大挑战。

回溯这一段让王军常常难以入眠的日日夜夜，常振明深感艰辛。

"到 1993 年，中信在过去的 14 年经历了中国经济体制的三个阶段，从计划经济到'以计划经济为主、市场经济为辅'，再到建立'社会主义市场经济'。也就是说，荣老板在计划经济时代，做的事大多是突破计划的框框，中信闯出来了。可是到了 90 年代中，中国已经是社会主义市场经济了。什么是市场经济？市场经济就是法治。在这个用法律法规来说话的时代，中信就要适应新的环境，只能试着再闯出一条新路。这个转型期很艰难，海外发债不可能了，《商业银行法》又规定了信托公司是非银行金融机构，投资不得使用借款。中信怎么存在，往后该怎么办，哪条路适合中信？没有人知道，谁也说不清楚，中央也说不清。"

怎么办？出路何在？

* * *

靠卖资产、卖股票、调整产业结构，都还不足以从根本上解决中信的生存问题。在接下来的数年中，王军殚精竭虑，为中信苦苦探寻生存发展之道。一场力度最大、最深刻的公司改革正在酝酿。

此时，跨出国门，整个世界的金融变革风起云涌。这股浪潮必将穿过厚重的长城，进而影响中国的金融界。1996 年底，在日本参加亚洲开发银行年会的王军，从那里感知到了这股完全不同的金融大潮。这是一股令人激动的潮流，它成为王军二次变革的重要参照。

第二十章　王军的"花旗梦"

1997 年，在王军麾下，中信金融业已经具备了银行、证券、基金、保险、信托、期货等全部金融板块，中国没有哪家公司有着中信如此门类齐全的金融业务。

但是，走到 20 世纪 90 年代中期，如此局面却突遭政策之利剑。因为，根据中国法律，从这时候开始，金融业的混业经营已经被严格禁止。中信公司大量的历史遗留问题必须有一个一揽子解决方案，否则，中信公司很可能将从绝大多数领域退出。

这一段历史在王军脑海里的印象极深。他后来曾多次谈及此事："在国务院和各监管部门的要求下，中信寻找生存之道，反复讨论和商议，所提交的中信改革方案，是公司成立以来力度最大、最深刻的一次改革。"

2004 年春末，美国沃顿商学院在上海举办校友会，邀请王军做演讲嘉宾，命题是"中国经济增长的引擎"。在发言中，王军阐述了他对把中信打造成"理财和金融服务合为一体的全方位服务平台"的初衷和构想：

1996 年，国务院要求中信的金融与非金融分业经营，而金融更是严格按分业经营的原则监管。我们在这样的环境下思考公司战略的调整，确定了金融业为主的综合企业集团方向。同时，我们看到混业经营是世界金融业发展的一个方向。能否突破限制，走符合国际潮流的创新之路？

中信金融业门类齐全，使这些金融机构产生合力，可以发挥更大的优势。根据市场的需求随时调整公司战略，是一个公司盈利和运作的基础，市场上更多的是接受理财和金融服务合为一体的全方位服务，中信要朝着这个方向努力。

"我们看到混业经营是世界金融业发展的一个方向。"

这是王军对中国现行金融监管制度的一个大胆质疑。如此质疑来自中信公司对于国际金融业发展趋势的认真观察，更来自解决中信自身所面临问题的求生愿望。

自 1995 年起，中信就开始考察世界金融业，专门组织了对分业经营与混业经营国际比较的课题研究项目组，以考察英国、日本、美国和欧洲大陆在不同法律框架下各自不同的金融业的制度安排。他们有了重要的收获。

英国

伦敦东部，距格林尼治天文台不远处，泰晤士河边，有一个早已被遗弃的码头——金丝雀码头（Canary Wharf）。在过去 20 年间，金丝雀码头发生了巨变：一栋接一栋高楼矗立在泰晤士河畔，楼顶上变幻多彩的霓虹灯闪出汇丰（HSBC）、巴克莱（Barclays）、花旗（Citibank）等世界顶级金融机构的名字。这里被称为伦敦新的"金融城"（City）。

与新金融城相对应的是伦敦老金融城。这里聚集着数以百计的银行和其他金融机构，其中包括英格兰银行、伦敦证券交易所这些如雷贯耳的核心部门。由于体制之"老"，它正面临机构及业务的大量流失。

1986 年 10 月 27 日，撒切尔夫人内阁直接推动了金融城的"大爆炸"改革：解除管制，引入竞争，将此前极为封闭的金融城推向全球市场。改革废除了经纪商和交易商两种职能不能互兼的规定，取消了对证券交易最低佣金的限制和非交易所成员持有交易所成员股票的限制，并使所有的金融机构都可以参加证券交易所的活动。

金融"大爆炸"全面摧垮了英国本土及英联邦国家金融分业经营的体制，促进了商人银行业务与股票经纪业务的融合，促成了商业银行与投资银行的结合，出现了无所不包的多元化金融集团。劳埃德信托储蓄集团、巴克莱银行集团、国民西敏寺银行集团等跨国银行集团就是其中的佼佼者，它们的业务领域涵盖了银行、证券、保险、信托等各个方面。

美国

"分业经营、分业管理"的制度其实亦肇始于美国。20 世纪 20 年代末，美国的商业银行与投资银行几乎融为一体，商业银行在证券市场上扮演着重要的角色。1929 年美国股市暴跌，美国进入了经济大萧条。银行业崩溃，1.1 万家银行破产、合并，银行总数由 2.5 万家减至 1.4 万家，减少约 40%，银行信用几乎全部丧失。

国会议员格拉斯认为，商业银行从事证券业务对联邦储备体系造成损害，这种行为对股票市场的投机、股市暴跌、银行倒闭和大萧条都负有责任。这一言论在国会和整个美国社会都得到共鸣。在这种背景下，《1933 年银行法案》迅速得以通过并立即生效。这一法案导致了商业银行和投资银行的分离，奠定了美国金融分业经营的基本格局。由于上述新的监管方式由议员格拉斯和斯蒂格尔提出，因此人们也将《1933 年银行法案》中有关商业银行与投资银行业务分离的第 16、20、21 和 32款单独称为《格拉斯－斯蒂格尔法案》。

美国的金融分业经营体制，对其他很多国家金融体系的形成产生了巨大影响，包括后来的中国。

但是，从 20 世纪 60 年代开始，无论是商业银行还是投资银行都尝试着突破限制，并且还得到了司法判决的支持。1968 年，为了规避法律的限制，花旗银行走出了重要一步——成立花旗控股公司，以其作为花旗银行的母公司。花旗控股公司下辖 13 家子公司，包括银行、证券、投资信托、保险、融资租赁等多种金融业务。通过这一战略，花旗公司绕过美国法律的限制，走上了多元化金融服务的道路。1984 年，花旗公司成为美国最大的单一银行控股公司。

1998 年，花旗银行与旅行者集团的合并，成为美国银行史上的分水岭，它直接挑战了美国现行银行法案禁止混业经营的规定。以此为标志，《格拉斯－斯蒂格尔法案》名存实亡。

日本

在世界金融变革的浪潮中，日本的改革是最彻底、最具颠覆性的，它通过立法废除了分业经营管制。

1996 年 11 月 11 日，在日本首相桥本龙太郎的授意下，一份题为"我国金融制度的改革——2001 年东京市场的复兴"的改革方案在日本出台。桥本首相引用英国"大爆炸"的比喻，把以 2001 年作为最后时间界限的日本金融制度改革称为"日本式大爆炸"。

此前，日本大藏省对金融界采取了严格的分业管理模式：长期金融业务与短期金融业务由不同的金融机构承担；禁止银行兼营信托业务；限制信托金融机构的业务范围；禁止银行从事证券业务。

如此体制和管理模式以安全为最高目标，在战后资金不足的年代，它为日本经济的复兴做出了很大贡献。但是，随着经济走向成熟化，日本市场的资金由严重不足转为大量过剩，日本必须通过金融机构的自由竞争来达到金融资源的合理配置。日本上下也终于意识到，依靠行政保护的步调一致、和平共处，只会带来日本金融业的"全军覆没"。

桥本首相的"大爆炸"改革有以下主要内容：

1. 实施新的《外汇法》。原来只有经大藏省批准的几家银行才有资格从事外汇兑换业务的制度被废除，内外资本往来将完全自由化。

2. 各金融机构业务可以相互渗透。

3. 股票交易手续费的自由化。1999年末后，不管金额大小，手续费将完全由券商自由决定。这样，证券界将面临激烈竞争的局面，缺乏实力的中小券商将有可能被淘汰。

4. 设立证券综合账户。综合账户将集银行清算与投资理财两大功能于一身。客户的工资、退休金等收入能够自动转账汇入该户头，水、电、煤气、电话等日常生活费用及信用卡消费能通过该户头自动汇出支付。同时，该账户的富余资金将被自动投资于各种短期公共债券基金，其收益远高于银行存款利率。

5. 开设私人银行业务。

……

"日本式大爆炸"涉及银行、证券、保险等各个金融领域，并且把一般企业也卷入其中，因此，它的影响远远超过了英国的"大爆炸"。

* * *

1996年秋天，当桥本首相的改革推出的时候，在日本引发的震动不亚于一场大地震。但在一衣带水的中国，并没有多大动静。当时中国各金融机构正在积极贯彻"分业经营"的政策，外有巴林银行倒闭，内有"327"国债事件，中国金融监管部门严厉要求所有境内金融机构努力构建防火墙，规避潜在的金融风险。

中国金融业前进的路径与世界其他地方正好相反。1993 年之前，中国实行的是混业经营，商业银行是中国证券市场创立的初始参与者。

1992 年下半年开始，投资过热导致房地产热和证券投资热，银行大量信贷资金通过同业拆借进入证券市场，导致了金融秩序的严重混乱。在当时的上海，一张股票认购证从 30 元涨到了 8 000 元；海南、北海、珲春等地房地产泡沫几乎在一夜之间被迅速吹大。

中央政府不得不从 1993 年 7 月起开始大力整顿金融秩序，"分业经营""分业管理"的规定就是在这个时候被提出来的。1993 年 11 月 14 日，中共十四届三中全会通过了《中共中央关于建立社会主义市场经济体制若干问题的决定》，明确提出"银行业与证券业实行分业管理"。

1993 年 12 月 25 日，《国务院关于金融体制改革的决定》对"分业经营"做出了进一步规定："国有商业银行不得对非金融企业投资。国有商业银行对保险业、信托业和证券业的投资额，不得超过其资本金的一定比例，并要在计算资本充足率时从其资本额中扣除，在人、财、物等方面与保险业、信托业和证券业脱钩，实行分业经营。"

1995 年 7 月 1 日开始施行的《商业银行法》第 43 条明确规定："商业银行在中华人民共和国境内不得从事信托投资和股票业务，不得投资于非自用不动产"，"商业银行在中华人民共和国境内不得向非银行金融机构和企业投资"。

当中国正在严厉地对金融部门实施分业监管的时候，美国与中国的学术界并非无人反对。其中无情抨击分业经营的最著名的学者就是 MM 定理创立者、诺贝尔经济学奖得主默顿·米勒。1996 年，米勒在一篇提交给中国金融学会会议的文章开头就说，"如果说黄河是中国的悲哀，那么美国的银行体系就是美国的悲哀。"他直接呼吁"中国应避免美国银行业的错误"。

国内也有一些学者谈到"分业经营"的弊端，时任外汇管理局局长的周小川思虑极深。1995 年他发表文章指出，实行分业经营最大的伤害是不利于商业银行专业化的改革，因为改革的第一步是清理负债，第二步是补充资本金，这些都是"分业"做不到的。

不过，也许这些声音过于专业艰深，中国刚刚从计划经济走向市场经济，一切都不那么熟悉，金融更是最陌生的领域，应和者很少。

1997 年爆发的亚洲金融危机，促使中国政府推出了更加严厉的监管政策。整顿金融秩序、化解金融风险成为中国金融监管当局的主要工作。1997年11月，中央召开第一次金融工作会议，明确提出用三年左右的时间，建立适应社会主义市场经济的现代金融组织体系、金融市场体系和金融调控监管体系。

从这时候开始，中国金融业分业经营、分业监管体制逐步形成。

* * *

但是，中信公司因此面临窘境。正如王军所说："中信长期以来属于非银行金融机构，后来又搞了银行和其他业务，这在国家金融体系没有规范、有关法规不健全的情况下是可以的，但1994年金融改革以后，就遇到了体制性矛盾。"

1996年10月4日下午，国务院专门召开会议，要特别解决中信公司的"历史遗留问题"。会议由国务院副秘书长周正庆主持，中信公司总经理秦晓汇报了中信此前的发展概要以及"九五"规划。

但是，直至1997年4月22日，《会议纪要》才发至中信公司，共八点，其中第一点就直接谈到了中信必须尽快解决历史遗留问题，尽快实现分业管理。

《会议纪要》认为，"中信公司目前的经营管理体制是在我国经济体制改革初期逐步形成的，当前应该按照社会主义市场经济体制的要求进行改革，依法经营，逐步实行分业管理，目前首先要尽快将银行、信托、证券分业管理方案报国务院审定。"

这对中信公司意味着什么？

严格的分业导致了一个问题，就是金融企业的生存能力极其微弱，尤其是银行业。

以中信实业银行为例，存贷利差收入是银行的主要利润来源。但是，"贷出去找死，贷不出去等死"。由于企业普遍效益低下，商业银行的利润被限制在一个狭隘的空间内，成为名副其实的"窄银行"。在经营范围过窄、收入来源单一的情况下，银行承担了极大的信贷风险。

再以保险为例，保险公司把未来的钱拿来投资，但没有资本市场，没有有效的投资渠道，只能把钱存在商业银行获取利息收入或购买债券。在通货膨胀的环境中，如此手段怎能保障保险资金的保值增值？

其实，中信公司有着他人永远难以望其项背的优势，并且是一种绝不可能复制的优势。比如，中信实业银行拥有庞大的客户群体，它能够准确了解掌握企业的生产经营状况、资金筹措与使用情况，也能够迅速、快捷地获得其他客户的相关资料。而这些正是中信证券公司将来发展可遇而不可求的。但在严格分业经营、分业监管的体制中，所有这些已经形成的先发优势都有可能被捆住手脚。

国务院《会议纪要》还提到了中信公司的资本金以及债务结构问题的解决思路，这恰恰是中信最致命的问题，也是王军最为关心的核心问题。《会议纪要》第七条指出：

"考虑到中信公司现有规模和发展需要，以及国际同类公司资本金和资产负债比例，'九五'期间可适当增加注册资本，但不能由国家财政拨款解决，可由该公司历年税后利润和调整境外资产充实，中信公司上交国家的税收要争取逐年增加……"

在那些日子，朱镕基副总理不止一次对王军表示不会给任何财政支持。

王军早已对所谓国家财政拨款不抱任何希望。因为，除了1979年之后的2.4亿元拨款，国家就再没给过中信一分钱。

到了90年代中后期，不仅是国家财政不给一分钱，就连向来十分青睐中信公司的国际资本市场也对中信紧紧关闭了大门。

那么，中信怎么办？王军怎么办？

生存还是毁灭，这是一个迫在眉睫的问题。

对王军来说，在强大的外部压力下，他不能束手待毙。

＊　＊　＊

1996年底，王军正在日本参加当年的亚洲开发银行年会，在这里，他看到了桥本龙太郎的报告。王军立刻敏感地领悟到世界金融业变化的潮流趋势，他迅速派出了以副董事长张肖为首的考察团，赴日本和欧洲考察。

中信国际研究所副所长皮声浩回忆说："日本金融改革的结果是产生一批金融控股公司，为客户提供综合性的金融服务。中信公司领导对日本考察后认为中信公司可参照国际金融业的发展方向，设计自己的金融业体制。"

王军在回答记者的提问时说："日本的金融'大爆炸'之所以立刻引起了中信的关注，是因为在中国的企业中，中信公司是第一个在国外发债的，这就注定中信必须密切关注国际金融市场的所有变化……可以说，中信是靠发外债才得以在 80 年代赢得了比国内其他公司更大的发展空间，打下了今天的基础，也使中信一直与国际金融市场保持了近距离接触，对国外金融企业的管理趋势比较了解。"

没有人比王军对这一趋势更加敏感、更加关注，因为他发现原有的通路都被堵死了。

倚靠外债起步并发展的中信公司，到了 90 年代中后期，已经处在高额外债的偿债压力之下。从 1996 年至 1998 年的三年间，中信公司共偿还外债本息 16.7 亿美元，其中支付利息就高达 4.5 亿美元。如此沉重的压力迫使王军必须有一个全新的发展思路，王军必须源源不断地找到新的财源，否则，总有一天，中信的债务链定会戛然绷断。

但是，如前所述，中信公司在过去投资实业的资金效益上存在严重问题，大多有去无回。如此，中信公司靠什么还债？

不管怎样，1997 年以前，中信公司还是国际资本市场的主要发行体，中信振臂一呼，总是有相当多的投资者和投资机构愿意购买中信发行的债券，因为中信的债信极高，从不违约。

但是在亚洲金融危机到来之时，在广信破产的阴影下，穆迪对中信公司的评级骤降，已经降到了"非投资"的级别，加之国家对海外发债有了更加严格的新规定，从 1997 年之后，中信公司已经完全没有可能在海外继续靠发债融资了。

那么，中信怎么办？到 1998 年底，中信的外债余额依然高达 21.9 亿美元。

未来三年，即 1999—2001 年，中信仍将有 12.29 亿美元的债务需要偿还，其中，1999 年为 3.27 亿美元，2000 年为 3.15 亿美元，2001 年为 5.87 亿美元。不仅如此，为这些债务，平均每年还需支付利息 1.3 亿美元，三年就将近 4 亿美元。因此，三年必须偿还的外债本息就高达 16.2 亿美元！

到了 1997 年，传统的偿债方式已经难以解围。这一年，王军费尽心机，也只是从国际市场筹到了 30 亿日元，合 2 608 万美元，相较于 16 亿美元，这 2 000 多万美元实在是杯水车薪。

在一份给中央的报告中，王军下笔很沉重，他写道："预计近期内中信重返国际债务市场大规模融资的可能性不大。"

借不到钱，自己挣？这更不可能。尽管国务院《会议纪要》明确指出要中信公司以"历年税后利润充实"资本金，面对如此要求，王军只有苦笑。

事实上，在上一个三年，中信公司利用自我积累偿付外债本息 6.01 亿美元，占同期还债额的 36%。这 6 亿美元来之不易，它并不主要来自中信在中国内地的上千家投资企业，而是来自中信境外业务特别是香港地区业务的利润。但是到了 1997 年，这一来源也基本被堵死。中信公司是承受亚洲金融危机冲击最大的企业，中信在香港地区的业务利润出现大幅下滑，中信香港的业务利润占中信总体利润比重由 1996 年的 49.4% 下降到 1998 年的 16.1%；中信嘉华银行为中信贡献的利润份额从 1996 年的 5.6% 下降到 1998 年的 2%。中信已无法依靠自有外汇收益来偿还外债。

在过去三年中，中信一直在过"紧日子"。中信决策层一致同意要"将保持流动性，维护对外偿债信誉作为公司工作的主要内容"。为此公司采取了多种措施：

• 严格控制货币资产投资和新增贷款。自 1997 年以后，除了战略重点业务以外，中信公司已不再开展新的投资和贷款；对于子公司极缺的流动资金，封闭投资。

• 加大增收节支的力度，富余人员下岗分流。中信几乎在一两年中分流了 1.2 万人，占整个中信员工总数的 20%。

• 严格控制行政费用，逐年下降 10%。

• 拓宽融资渠道。对于符合中信发展战略、对改善中信财务状况有重要影响的资金需求，原则上采取项目融资，发行人民币债券。

• 研究资产转让套现方案。过去三年，中信公司将部分资产套现，换回了宝贵的现金。

多管齐下，包括委托其他机构筹资，用人民币购汇，到 1998 年底，王军总算将未来三年的外债偿还事宜做出了妥善的安排，他终于能暂时喘口气了。

但是三年后怎么办？长此以往，中信公司将一直给洋人打工，好不容易挣到的钱全部用来还债也还不够。如此被动的局面要延续到什么时候？戴着镣铐长征，中信公司怎么可能远行？怎么可能展翅高飞？

在给国务院的报告中，王军写道：

> 采用国内机构代筹资金偿还到期债务的方法，只是在时间上暂时推迟了偿债的期限，不能从根本上解决中信公司的偿债压力，如果仅着眼于调整债务结构，则 2001 年后中信公司仍将面临较大规模的偿债压力。

大量购汇回收贷款，严格控制固定资产投资和新增贷款，在有助于调整债务结构和债务余额的同时，也抽走了中信公司继续发展的资金，使公司难以形成新的利润增长点，无法形成新的优良资产，影响中信公司的长远发展。

中信公司必须找到其他路径，必须找到一个根本的解决方案，否则中信公司永无出头之日。

1997 年，在不断地探索各种路径之后，王军终于意识到中信公司的问题可以有另外的根本性的解。

* * *

多年后，不断有记者问王军，中信实施体制变革，是不是考虑到了加入世界贸易组织（以下简称 WTO）的大背景？

但是，王军很泄气地回答说，当时主要考虑的不是什么 WTO，就是出于对中信还债的忧虑。这种答案实在不那么提气，却是实实在在的理由。

"那时候加入 WTO 的压力还不是那么大，更大的压力还是来自对中信未来发展出路的考虑。

"1997 年，中信公司的实业比重下降，金融业务在整个公司中占到很大的比重。但无论是中信实业银行还是中信证券，它们在各自的领域都还没有进入第一方阵。那时我们就意识到，拼规模，我们肯定拼不过人家国有商业银行和大型证券公司。也就是从那时起，我们开始寻找中信公司独特的竞争力。金融控股便是当时我们摸索的重要方向之一。"

* * *

王军以个人名义向朱镕基总理写了一封信，特别提出了筹建金融控股公司的设想。

王军回忆说："1997 年张肖从日本考察回来后，我们领导班子讨论了好几次，认为金融控股的确可以作为中信的发展方向。1998 年，我本人便给朱镕基总理写了封信，提出了在中国建立金融控股公司的设想。其实，在信寄出去之前，我心里并没有底，甚至非常担心朱镕基总理会把那封信'枪毙'掉。但是，他不但没有枪毙（那封信），反而还让人民银行和财政部去研究。听到这个消息，我就放心了。我第一次和人民银行领导就此事进行沟通是在深圳，和副行长肖钢谈了一次。回到北京以后，我跟人民银行各个层面的人解释我们的想法。"

对这一段特殊的历史，常振明如是说：

"在当时的情况下，从中央到国务院，各层人士都希望借中信金融控股的事情将中国的金融产业模式往前推进一步，无论出发点如何，一种合力促成了这件事。中国就是这种情况，中信怎么发展，中央也不知道。但是中央有一个共识，中信是中国改革开放的窗口，是邓小平亲自提出建立的，我们不能让中信倒了。中央说我要帮助你，但是怎么帮助你，你得自己说。王军提出这个，到下面监管部门行不通；提出那个，又行不通。最后我们提出一套方案，成立金融控股公司，先在下面做工作，与各个法律都不相冲突了，然后我们再往上报，寻求中央的帮助与支持。"

到1998年，关于中信金融控股的设想已经跃然纸上。

1999年5月，中信公司在反复与有关部门进行讨论磋商之后，审慎行文，向国务院、证监会递交了《关于中信金融业务重组及境外上市的请示》。请示提出：

"当务之急要解决困扰中信公司的外债压力，进一步发展中信资金来源的问题。"

而上述问题的根本解决之道在于：

"重组中信公司金融业务，组建中信金融控股有限公司，并在境外上市融资。"以此彻底解决中信的外债以及资本金不足的问题。

请示中写道：

90年代以来，国际金融市场出现了一系列重大变化，金融创新与信息技术革命结合在一起，全球金融界出现了一体化趋势。国际金融机构从抢占下世纪制高点战略出发，通过收购兼并资本市场运作等方式，积极调整业务架构，重新配置资源，其竞争力越来越强，已呈现出一种进攻态势。

在上述情况下，特别是中国即将加入WTO，如何应对国际同业的挑战，已成为中信公司必须高度重视的政治问题。在未来的国际竞争环境中，中信公司既有机会又有挑战，及时调整，适时而动，就能抓住机遇跃上新台阶；准备不足，调整不力，就有可能丧失机会，处于不利地位。

培育核心业务，转变负债经营模式，提高国际竞争力的目标，客观上都要求中信公司加快其业务重组及经营业务调整。实际上中信已进行了一段时间的调整，基本架构已初步显现。就其金融业务而言，目前已形成了分工有序、界限分明的格局，符合国家关于分业监管的政策要求，但是又有加快培养公司的核心业务、提高竞争能力，以应对实力强大的国际同业的挑战。

巩固现有的工作成果，中信公司尚需进一步深化重组，立足于中信公司的实际情况，经过反复探讨，我们拟将中信公司的现有业务，按产业分成三大业务，即金融业务、实业投资、服务业，并相应设立三家控股公司，其优势在于：

① 理顺机制及体制的同时，完善公司治理结构，奠定现代企业制度的基本框架；

② 有进有退，突出金融主业，迅速形成核心竞争能力；

③ 在此基础上，提高专业化经营管理水平，奠定中信公司长远发展的基础。

从目前看，要达到上述目标，当务之急要解决困扰中信公司的外债压力，解决进一步发展所需的资金来源问题。

我们认为重组中信公司金融业务，组建中信金融控股有限公司，并在境外上市融资，是一个较好的解决办法。通过这一途径，可以突出并加强公司的核心竞争力，转变负债经营模式，从根本上解决外债问题，建立符合当今世界发展潮流的现代金融管理体制，改善内部治理结构，拓展融资渠道，为中信公司的调整和继续发展赢得时间。

按照这一设想，中信公司将分步骤实施：

第一步，组建一家中信公司全资控股的子公司——中信金融控股有限公司，并将中信公司拥有的各金融子公司的股权一次或分步注入中信金融控股公司；

第二步，以中信金融控股为上市主体，向境外投资者发行 25%~30% 的股权；

第三步，上述重组框架中，不符合上市条件的金融业务，将暂留在中信公司，待条件成熟后再注入上市公司；

第四步，由于发行规模相对较大，中信考虑将以香港为主上市地，并考虑运用美国存托凭证（ADR）、全球存托凭证（GDR）方式在伦敦上市。

上述方案的要点在于：将中信公司业已开展的商业银行、证券、信托、保险注入管理型金融控股公司中，在这一框架下，各子公司将共享中信商誉的无形资产，按照有关法规独立运作，并接受相应监管部门的分业监管。中信金融控股将充分利用中信公司已有的资源和声誉，从资本运作、战略引导等方面对下属子公司进行管理，探索中信金融控股公司的运作模式和经验。

上述操作方案的优势在于：不仅使中信公司各项金融业务成为相互支持的有机整体，发挥其综合优势，如保险公司可以最大限度地利用商业银行的分销网络，而且有利于提高中信公司的国际知名度，同时有利于提高发行价格，扩大筹资规模。

按照王军的匡算，到 1998 年底，中信公司金融业务净资产合计 185.07 亿元人民币，折合 22.84 亿美元，当年实现利润总计 27.91 亿元人民币，折合 3.37 亿美元，如果按照市盈率方法估值，总市值估价为 57.29 亿 ~62.18 亿美元。如果成立金融控股公司，在保持国家绝对控股的前提下，该公司上市发行规模不超过其股权的49%，首次发行规模为 25%~30%。这样，首次上市即可募集到 14.32 亿 ~18.84 亿美元。

这是一个多么振奋人心的数字！有了这笔钱，中信公司就能一举解决外债的偿还问题。不仅如此，剩余部分还可用于补充中信实业银行和中信证券公司的资本金，以提高资本充足率，还可以为新的金融业务（如合资保险公司等）提供资本金。

重要的或许还不仅仅是十几亿或几十亿美元的筹资，而是为中信找到了一条可持续发展的道路。将中信金融控股公司上市，就可以改变过去单一的债务融资模式，把工作重点由债务融资转向股权融资，以此改善资本结构，降低负债率，为中信公司的未来发展奠定良性基础。

中信金融控股亦可以海外资本市场为平台，通过一系列金融手段，源源不断地汲取海外资金，以供中信公司在即将到来的新世纪从容应对。

在请示的最后，王军写道：

综上所述，中信将其金融业务重组发行上市，既是其自身发展需要，也是国际金融业竞争所迫；既能使中信公司的改革发展迈出新步子，又能保证改革的平稳性；既能有效缓解偿债压力，降低金融风险，又能壮大其资本实力；既能减轻国家财政负担，又能使国家增强对国有资产的控制力和影响力。是现有条件下一条可行的途径。

鉴于此，恳请考虑将中信公司作为试点，将其金融业务进行重组并予境外上市，以奠定中信公司可持续发展的基础，提高其国际综合竞争能力，从而为中国经济的发展做出新的贡献。

* * *

但是，这个宏大而缜密、兼顾中信公司与中国金融业发展的方案，在国务院遭遇了完全不同的两种意见。

王军说："当时，人民银行的肖钢副行长，包括戴相龙行长在内的不少领导都支持我们。但是，在接下来的国务院各个部门的审议过程中，意见并不一致，特别是在监管机构的确立上，分歧比较大。"

说服、解释性的工作整整持续了两年。对于中国金融业的决策者们来说，关注的远不可能是一家公司的命运，而是整个国家金融业的未来发展。

在中国建立和完善"分业经营、分业监管"的金融体制过程中，一起重大的事件将改变中国金融业的原有格局：2001 年 12 月 11 日，中国加入 WTO。中国政府承诺，五年后中国金融市场将全面对外资开放。这一前景令人无限担忧。

时任国务院总理的朱镕基直斥金融业是中国经济的"阿喀琉斯之踵"。朱镕基总理说，他最担心的就是入世后国外金融业的冲击。

按照协议，我国加入 WTO 两年后，外资银行可办理中资企业人民币业务；五年后允许外资银行对所有中国客户办理人民币业务，不再有地域和客户限制，享受国民待遇，银行业的所有业务将彻底对外放开。这将意味着外资银行从业务领域到空间范围将与我国商业银行展开全方位的竞争。外资银行大多实行混业经营，往往集商业银行、投资银行以及证券、保险于一身。对于那些只能从事银行、证券、保险中的某一单一领域的国内金融机构来说，狼，真的要来了！

在这样强大的竞争对手面前，踽踽独行的中国金融界何以为抗？为此，中国决策层和监管层为中信公司的改制问题不断进行着反复而细密的斟酌。

* * *

两年中，王军没有停下脚步。

中信证券已经发展成为中国证券市场第一家上市公司；

中信嘉华银行开始了收购华人银行的大动作；

中信期货经纪公司也开始了新的业务；

中信信托公司重组完成；

中信公司与英国保诚集团合资的信诚保险公司也已组建完成；

中信专门聘请 IBM 公司设计了"中国国际信托投资公司网络金融平台"，以应对即将到来的业务大融合；

……

所有这一切，昭示了王军的决心，显现出中信公司正坚定地朝着既定目标前行。

2001 年，中信公司调整方案再次上报中国人民银行，人行在请示了国务院领导审核之后，终于在 2001 年 12 月 3 日，向中信下达了完整的批复意见——《关于中国国际信托投资公司经营体制改革的通知》(以下简称《通知》)。

在这一《通知》中，将中信公司改制的详细方案附着于后。《通知》针对中信公司的经营体制与我国现行规定不一致的矛盾日益突出，为了更好地贯彻执行 1997 年中央金融工作会议和国务院办公厅转发中国人民银行整顿信托投资公司方案的通知的精神，使中信公司在我国改革开放中发挥更大的作用，根据公司实际情况和国际发展趋势，提出中信公司应按下述方案调整经营体制：

① 改变中信公司性质，实行集团化经营，中信公司今后不再作为信托投资公司保留，也不再作为金融机构，而将其明确为非金融的投资控股型集团公司，更名中信集团公司。经国务院批准，中信集团公司可以成为国家授权投资机构，并与有关部门办理具体手续，允许中信集团公司对境外子公司发放股东贷款；中信公司原有境内外债权债务由中信集团承接。

② 重组中信公司的信托业务，收回中信公司的信托投资公司的执照，将中信兴业信托投资公司更名，改制为中信信托投资有限责任公司，由其承接中信公司的信托业务、资产、负债及业务，并按照整顿信托投资公司的要求处置原有资产负债；条件具备时，逐步转让中信公司所持中海信托投资公司 40% 股权，中信宁波

信托公司予以撤销。

③ 设立中信控股香港公司，中信公司所持嘉华银行的上市股份改由该公司持有。

④ 设立控股子公司，理顺集团内管理体制，中信集团公司下属中信控股公司和中信投资控股公司分别行使金融企业股权和非金融企业股权的管理职能。中信控股公司投资控股中信实业银行、中信信托、中信证券公司、中信期货公司、信诚保险公司和中信控股香港公司等机构。中信控股公司不是金融机构，不得经营金融业务；中信控股公司监管问题另行研究，其所属子公司按现行监管分工分别接受相应监管机关的监管。中信投资控股公司为普通工商企业，投资控股中信公司境内外现有的实业类、贸易类、服务类公司，这些子公司分别按照有关法规经营并接受监督。

⑤ 对中信公司关于将境内部分金融类公司的部分股权注入中信控股香港公司在境外上市及上市所得偿还外债的设想可做进一步研究，具体方案另报国务院审批。

⑥ 改制后的中信集团框架是中信集团下设中信控股公司和中信投资控股公司，分别持有金融和非金融机构的投资股权，中信控股公司在香港全资设立中信控股香港公司，持有中信原持有的 55.25% 的嘉华银行股份。

上述方案与王军原来的设想已经发生了相当大的变化，将原方案中金融控股公司的"金融"二字取消，这是经过与国务院诸多监管部门反复协商和妥协的结果。但无论怎样，如此设计下的中信集团，其新体制与现行分业监管制度已经不再直接冲突和矛盾了。

对于王军来说，这固然是个退而求其次的方案，但已经完成了重组的第一步，将中信的全部金融业务统在一个平台上，接下来即可用优良的金融资产做进一步的股权融资，以获得再发展的动力。

这样一个结果在王军心目中的分量很重很重。

2001 年岁末，中信公司办公厅照例要准备年度工作会议报告。报告的初稿对于金融控股公司的批复一事是这样表述的："为解决公司的经营体制与现行法规要求不符的问题，经公司与人民银行以及证监会、保监会多次研究，制订了中信公司体制改革方案，并征求了 8 个有关部门的意见。"

但是，王军立刻否决了这一报告。他认为，如此表述"太过平淡"，没有"揭示出公司经营体制改革积极的、正面的重大意义"。

　　几经修改，报告终于被王军认可，关于"金融控股公司"这一段，报告这样写道："这是公司几年来不懈努力的结果，体现了国务院及有关部门的支持，在中国加入世贸组织之际，备受海内外广泛关注的成立金融业控股公司这一大事终于取得重大突破，不但从根本上解决了经营体制与现行法规不相适应的矛盾，而且为公司的发展提供了新的契机，这将有利于公司发展主业、扩大规模、加强管理、防范风险，特别是有利于增强民族金融业的竞争力，对加入世贸组织后金融机构参与国际竞争将发挥至关重要的作用。"

　　中信公司将改制为中信集团公司，中信的历史将翻开全新的一页。

　　在中国金融业大变革的前夕，中信，无疑又走在了历史潮流的前面。

第二十一章　戴着镣铐的雁阵

中信控股四部曲
○建立统一的数据库和信息中心、建立统一的风险控制系统、发展金融交叉产品
○内部整合，组建中信资产公司，处置不良资产
○收购华人银行，改组中信嘉华银行，组建中信金融控股海外舰队
○金融核心业务上市

2002 年 12 月 5 日，中信控股公司在北京挂牌成立。中信控股给出的描述是：
"公司接受中国中信集团的委托，对中信旗下的金融类子公司行使股东权力。"

董事长王军对中信集团和中信控股的性质有如下描述：

• 中信控股是中信公司在解决发展中遇到问题时寻求到的解决办法。
中国国际信托投资公司的名字不要了，改成中国中信集团。中信集团本部
不再是一个金融机构。集团下成立中信控股，集团（在国内）的所有金融
子公司由中信控股公司管理，在中信内部我们把它叫作"金融控股"。

• 它只是一家控股公司，本身不从事具体业务的金融机构，只负责
管理。

这是个令人眼前一亮的信号——中国金融业正由严格的"分业经营、分业监
管"过渡到"法人分业、集团融合"。无论如何，这是中国金融体制改革的一个重

大突破，在中国特有的国情下，金融业的战车事实上已经驶向了另一条轨道——绝对的分业经营模式将损害金融机构的整体效率，而彻底的混业模式又与现行的法律制度相悖，因此中信控股公司的成立和运作，成为一个最好的实验室：打破绝对分业模式，积极探索混业方向。

评论界认为，"王军指挥下的中信控股的成立，不仅是中信在金融控股集团道路上迈出的重要一步，还是中国金融业寻求出路所在的改革的重要一步。中信控股创新的改革思路将成为我国金融改革的重要实践经验。"

＊　＊　＊

金融控股，只是在制度层面提供了一种混业经营的可能性，但并不会自然而然地带来协同效应。

中信控股注册资金5 000万元，下辖7家金融公司：中信实业银行、中信证券、中信信托、信诚保险、中信期货、中信资产以及在香港上市的中信国际金融控股公司（0183.HK）。而且几乎所有这些子公司都早于母公司出生。中信控股的董事长是王军，副董事长是孔丹，总经理为常振明，这与中信集团的权力架构大部分重叠。如此安排显然有其深意，唯此方能平衡中信控股头重脚轻的权力架构，否则谈何全方位整合所有金融类子公司？

但是，整合从何处着手？7家子公司除了品牌基本一致，各有各的渠道，各有各的产品，各有各的治理结构，尤其是各有各的监管机构，千头万绪，纷繁复杂。其整合跨度之大、难度之艰，根本无先例可循。到底该从哪里下手呢？

2002年，在中国国际信托投资公司改制为中国中信集团前夕，王军破天荒地花了近三个小时接受了《财经》杂志主编胡舒立的专访。这次高调亮相，显然来自王军对金融控股和中信集团未来战略的设想。他提出了金融控股第一战役的完整思路，其中包括三点：

> 一是建立统一的数据库和信息中心，统一整个网络系统，建成中信金融网，实现各金融机构的资源共享。现在花最大的力量构建这部分基础设施。将来，每个金融子公司就不再设独立的电脑后台系统了。
>
> 二是建立风险控制系统。我们准备把下属金融子公司的主要稽核力量

上调到金融控股公司。整个稽核的流程也要调整，可以做到实时和事后监控。

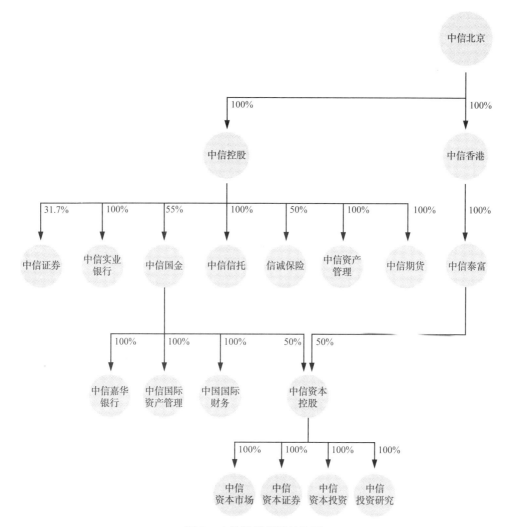

图 5　中信控股组织结构图

三是发展金融交叉产品。搞交叉产品最大的好处就是可以提高销售额，降低成本。在这方面，现在国家各监管机构都走得比较快，规定大大放宽了。我们的机会是很多的。

三三归一，没有高效便捷的信息技术平台，就绝不可能有金融业的产品创新，更谈不上风险控制。所有这三点，信息技术平台是至关重要的。中信控股公司的路径选择，就是从技术平台切入。

2002年11月28日，"IBM总包中信控股、中信实业银行统一信息平台"项目签约仪式在北京举行。清晨的北京，天空灰蒙蒙的，太阳遮遮掩掩，看不清全貌。初冬的北京大多是灰黄的色调，很难让人打起精神。其实，在当时一部分人看来，IBM与中信控股公司的合作前景也呈现这种模糊的灰色调。

新闻稿说："这项合作标志着中信实业银行成为中国首家整体引进国际先进核心业务系统，实现软硬兼备的完整数据大集中的银行。"

这话过于晦涩，要想理解这幅后现代的图景，去一家花旗银行的营业部就可以了。

＊　　＊　　＊

史密斯先生走入花旗银行大厦，他怀疑这是银行还是一家五星级酒店。前台小姐走上前来询问他的需求，他来开户，因为女儿去伦敦读书，他需要办一个网上银行的账户。然后他坐下来喝了一杯咖啡，他想知道银行还能为他做什么，但他也说不太清楚还有什么特别的需求。然后他被带入二楼一间幽静的房间，一会儿，一位西装革履的清瘦男子走了进来，这是花旗的理财顾问。

这一天晚些时候，史密斯已经成了花旗的一名铁杆客户，花旗为其提供的除了开通网上银行之外，还开通了网上的理财金账号，此外史密斯还有一笔遗产——在南加州一处上千平方米的房产也委托给了花旗作为信托管理。于是此后每天，史密斯先生随时可以通过自己的电脑进入花旗的网站，处置自己的财产。

花旗集团是美国第一家集商业银行、投资银行、保险、共同基金、证券交易等诸多金融服务业务于一身的金融集团，它真正做到了客户到任何一个花旗集团的营业网点都可以得到储蓄、信贷、证券、保险、信托、基金、财务咨询、资产管理等一站式的金融服务。全球金融业的潮流直指这一目标。

中信控股梦寐以求的，也正是这一模式。

王军梦想着："目前股市交易量下降，证券营业部盈利有限。可不可以考虑把中信实业银行的300个网点都放上证券终端进行交易呢？如果这样，就等于以极低的成本搞了300个营业部。再比如，我们在广州和英国保诚集团合资成立的信诚保险，这几年发展很令人满意，将来也可以通过银行和证券的网点销售保险。这样面更大，效率也更高一些。"

王军说："在现在的情况下，人们要求的不光是借钱还钱一件事情，而是要求综合金融服务。那么在金融服务里头，我们有多少武器能够让这些客户来接受，而且是很自愿地去接受，这是我们面临的一个很大的问题。"

要解决那个"很大的问题"，中信控股公司还不单要求所有的营业网点实现物理意义上的资源共享，比如在中信实业银行的营业部，我可以买信诚的寿险，买华夏基金……这一模式实现起来并不难。王军所期待的是要尽快完成中信控股统一信息平台的构建，将中信控股下的银行、证券、保险、基金、信托等信息统一到一个平台之上，然后在这一平台上建立一个庞大的数据中心，包括产品数据、客户数据及其他相关数据。对任何一位客户，数据中心将给出一系列相关信息，收入、偏好、住房、家庭、教育、子女、宠物、汽车……真正以客户为中心，而不是以产品为中心。

这就是王军的"花旗梦"。

金融产品的可复制性，使金融企业很难凭借某种产品获得长久的竞争优势，但个性化的金融服务却能为银行获得长久的客户，且这类客户的忠诚度之高，是传统银行所不能想象的。德鲁克说过："商业的目的只有一个站得住脚的定义，即创造顾客。"

如果中信控股公司能够借此次改制真正实现上述目标，那么在未来全球化的竞争中，中信的金融业务或许将占尽优势。

＊　＊　＊

一边是花旗所展示的完美图景，另一边则是邻国日本为此目标所耗费的巨大成本。看日本的道路，王军渐渐找到了自己的切入点。

"在日本，金融控股公司建立的初期并没有合并电脑系统，它们是自上而下的合并，即先是由几家合并的金融机构的一把手轮流当控股公司的董事长，每家干一年；然后是机构合并；接下来是业务合并；最后才是电脑系统合并，但合并起来很艰难。结果在这个过程中，由于长期缺乏统一的信息技术平台，给日本的金融控股公司带来很大问题。最主要的是无法给客户提供综合金融服务，因为很难在内部整合银行、证券等不同金融机构的客户资源和产品资源。"

哈军工毕业的王军，他的教育背景以及他在"文革"中追随中国数学大师华罗庚推广优选法的特殊经历，在这个时候再次发生了奇妙的反应。王军决定，中信控股首先从信息技术系统强行切入。也正是在这个时候，中信实业银行提出来要建立第三代银行核心业务系统，这是一个集中与规范相结合的新系统，简称"三代"。

"最后我们决定，就借实业银行第三代系统往上推控股公司的信息技术系统，这样做成本最低。如果我们照搬国外的做法，银行、证券、保险各做各的然后再拼接的话，一方面难度太大，另一方面至少要花三四亿美元。"王军说。

于是就有了中信实业银行与IBM的合作。在这一信息平台项目中，IRM将担任总包商，为项目提供总的项目管理和项目开发。项目中将使用国际知名的金融解决方案提供商Fiserv公司开发的ICBS系统，以及IBM前端渠道整合产品WSBCC，主要硬件包括IBM eServeri系列服务器、打印机和存储设备等，这也是IBM在中国最大的服务项目之一。

王军在项目签署仪式上致辞称："这个系统建设的主要目的，就是为了更好地满足越来越严峻的竞争和推出金融新产品的需求。此次合作，不仅仅局限于一个系统性能的提升，更重要的是希望通过引入像IBM这样的国际企业的参与和国外先进的金融系统，把国外银行业的先进管理理念和最新的产品机制带进来。"

目标很美好，但如果忽视了过程，结果就可能完全走样。中信的新系统要靠中信人来做，但并不是所有人都喜欢新东西，于是执行过程中有人就想先拖着，中国的事情往往是这样的，拖着拖着就可能黄了。

不过要想在王军这里打马虎眼却不那么容易。

"集团当时为此开过三四次沟通会，有的金融子公司坚持做自己的系统。于是我做了一个决定，宣布中信证券一定要与实业银行的三代系统对接，不能再自建新系统。中信证券是我们集团的第二大金融公司，它进来后，信托和保险公司也就陆续都进来了。"

有记者故意挑事："目前有没有顶着三代系统不上线的部门？"

这真把王军的气势挑了起来："到现在还没有。如果谁顶这件事，现在大家都讲市场化嘛，那他就可以离开中信集团。我们决心上三代系统，这也是一场赌博。这场赌博，只能赢，不能输！"

这表明了王军的决心。王军发话："一年半以后中信所有金融行业里的子公司电脑系统都要换成新的，连成一体。"

中信控股首先从这里开始了内部整合。与"三代"同时在建的还有中信统一的金融风险控制平台。

随时随地防范风险，这是中信骨子里的 DNA，这么大一摊子金融产业，无论哪一个环节出事，都有可能波及整个集团公司。建立一个全面、垂直、集中的风险管理体系就成了当务之急。

为了提高集团整体抗风险能力，中信集团把下属金融子公司的部分稽核力量上调到控股公司。集团中，稽核审计部规模最庞大，人数占到了整个风险控制板块的一半以上，到了 2006 年，这一部门再次大规模扩编，从原来的 35 人扩张到 100 人。控股公司总稽核可以根据业务需要，调动各金融子公司的稽核人员，交叉办理控股公司的内部稽核工作，以实时监控，并对内部稽核负最终责任。

在子公司配置方面，要求各个一级子公司必须成立内部（稽核）审计部。集团的稽核审计部与子公司的内部稽核审计部是垂直关系，子公司稽核部门负责人全部由集团稽核审计部委派，对中信集团稽核审计部负责。

✻　＊　＊

内部整合还包括处置不良资产。

2002 年 11 月，中信资产管理公司成立，注册资本 3 亿元人民币。中信资产的使命首先是成为中信集团不良资产的处置服务商。集团通过资产划拨的方式将分属于各子公司，特别是中信实业银行的不良资产划至中信资产名下，并对其进行债务重组、资产置换或其他手术。这一举动让中信实业银行等公司减轻了包袱，轻装前行。

有先例可循。

1999 年，为处置中、农、工、建四大行的不良资产，东方、长城、华融和信达四家资产管理公司获批成立。四家公司以财政部提供的资本金、央行的再贷款及金融债券，向四大银行收购了 1.4 万亿元不良资产。于是，四大国有商业银行资产负债表上的不良资产变成了债券资产，财务报表渐渐从丑小鸭蜕变成白天鹅。此后数年中，工行、中行和建行终于达标并成功进行财务重组、引入战略投资者直至上市。

中信资产管理公司成立后的第一大业绩就是受托处置中信实业银行本金约 142 亿元的不良资产。

* * *

中信控股交叉产品的设计也在紧锣密鼓地进行中，但前提是严守分业经营的原则。2004年1月2日下午，中信控股的第一项金融交叉产品——中信金融通在上海推出。记者们在采访中得知，"交叉产品是在破除一个个'混业'疑点后，才获得银监会批准"，过程甚是"曲折"。

这是一张以中信实业银行借记卡为基础的金融服务卡，它保留了中信借记卡的所有功能，还将中信控股旗下金融子公司的业务"串联起来"。凭借这张卡，持卡人可以进行转账、证券交易等涉及商业银行、保险、信托、证券等不同金融机构的多项业务。

终于有了一款终端混业产品，无论其市场营销效果如何，这款旗帜性的产品让客户们真正体会到了与其他金融机构不同的服务。其实，在最初几年，中信金融交叉产品的交叉点大多是浅层的，并没有真正体现有机的协同效应。但是，作为一名探路者，中信控股的设计和实践，却成为中国金融业前行的宝贵经历。在此应该再次回顾一下这些最初的"交叉"：

• 中信实业银行与中信证券联合主承销中信公司在全国银行间债券市场发行的100亿元"中信债券"；

• 中信实业银行代理销售信诚人寿保险公司推出的保险产品；

• 中信实业银行和中信证券联合代理销售中信基金管理公司发行的中信经典配置证券投资基金；

• 中信实业银行代理销售中信信托公司发行的中信大榭开发公司美元贷款项目集合资金信托计划、玉泉新城房地产贷款项目集合资金信托计划；

• 中信实业银行和中信嘉华银行共同推出中信STAR双币种信用卡；

• 中信实业银行和中信证券联合营销企业融资项目；

……

其间的问题和矛盾也时时暴露出来，作为领军人，王军感到"最头疼的事情，就是如何平衡各个机构之间的利益分配"。

2003年，中信证券发了20亿元企业债券，中信实业银行承诺包销6个亿，两个星期完成。但是，四个工作日过去了，实业银行才卖了5 000多万元。王军急了，给中信实业银行行长窦建中打电话，要求他紧急发文，"必须按时完成包销任务！"

王军还亲自给各分行行长打电话。王军有自己特有的招数，他在电话里十分干脆地说："今年年终考核，不考核你们各行的存款余额，只考核哪个分行卖债券卖得多。"结果，在两个星期期限到来之前，6亿元承销额全部完成。

尽管有这样那样的麻烦，中信控股的棋局依然在按部就班艰涩地往前走着。对于王军来说，这是希望与失意交替的过程，路途曲折，而且到处都是路障。坦率地说，在现有制度框架内，中信控股在国内的混业经营还无法取得实质性进展，王军的愿景——理财和金融服务合为一体的全方位服务，仍难实现。

*   *   *

东方不亮西方亮，走出中国南大门，在香港这片土地上，中信国际金融控股公司却已是旌旗在握，且麾下粮草兵马日渐充裕。对创业者来说，这是一个令人兴奋的开端。

1997年，王军在提出建立中信金融控股的设想时，同时提出了在香港建立中信国际金融控股公司的方案。这一方案的基点就是以中信嘉华银行为平台，整合中信在海外的金融业务，打造中信海外的金融舰队。由于监管制度不同，这一方案本应很快获批。但是，此时的中信嘉华银行屡遭劫波，甚至几乎关张。

1997年后，在亚洲金融危机的冲击下，中信嘉华银行的盈利大幅下滑，加之后来金德琴东窗事发，中信嘉华银行被累至近乎破产。

先是蔡重直，然后是常振明被紧急空降到中信嘉华银行，几番调整，各项财务指标迅速回升。这时，中信嘉华开始寻找收购对象，他们认为，体量太小的银行抗风险能力同样弱小，因而必须采取扩张策略。

2001年6月中旬，中信嘉华银行发表通告，称"计划发行十年期次级债券作收购合并之用"，并公告希望"寻求收购香港一家资产总值与其相若或较少的银行"。恰在此时，华银控股（0655.HK）的股东调整内部投资结构，急需套现。而华人银行是华银控股重要的全资子公司。华人银行是一家在香港经营已超过45年的老牌银行，其主要客户为中小企业，以零售为主，在港埠拥有21家分行。这正是中信嘉华所需要的。

11月1日，中信嘉华正式宣布以42亿港元收购华人银行全部股本，这笔钱大致为华人银行有形资产净值的1.26倍。这项收购于2002年1月17日完成。此番收购使中信嘉华的资产从 591 亿港元增至约 800 亿港元，扩大了 37%。中信嘉华提升至香港第七大注册持牌银行和第四大上市银行，规模和业务大幅扩大，在香港的分行由 26 家增至 47 家。

分析师认为：收购华人银行有诸多好处，比如中信嘉华的信用卡业务刚刚起步，而华人银行已有成熟的信用卡业务，并且还刚刚收购了金融财务机构，双方合并后可以使用同一平台、管理及品牌，有利于中信嘉华加强偏弱的零售银行业务和信用卡业务。

关于中信嘉华收购华人银行，一些国际评级机构前后给出了截然不同的评价。2001 年 11 月 1 日，标准普尔将中信嘉华银行的评级展望列为"负面观察"。但仅仅四天后，标普将评级展望调整为"稳定"。标普解释说，此项收购在短期将会对公司有负面作用，但就其长远结果看，将产生积极影响。

2002 年 7 月 19 日，《中信嘉华银行有限公司合并条例》出台，根据该条例，大部分中信嘉华的资产及负债，将于指定合并日 2002 年 11 月 25 日转移至华人银行。于合并日，华人银行更名为中信嘉华银行有限公司，继续经营整合后的银行业务。而中信嘉华则成为一家金融控股公司，更名为中信国际金融控股有限公司（以下简称中信国金），并继续在香港联交所上市。中信集团持有中信国金 55% 的股份。

中信国金的主要人事安排有：中信集团副董事长兼总经理孔丹任中信国金董事长兼中信嘉华银行董事长，常振明任中信国金行政总裁兼中信嘉华银行常务副董事长。五位董事总经理有中信嘉华银行总裁兼行政总裁陈许多琳、中信嘉华银行替任行政总裁江绍智、负责财务及发展业务的李永鸿、负责投资银行业务的张懿宸及负责资产管理业务的卢永逸。

1997 年王军提出建立金融控股公司的梦想，在五年后的香港得以实现。陈许多琳解释："中信国际金融控股公司的银行业务和资产管理业务受香港金管局的监管，投行业务则受香港证监会监管，两者是综合类的混业管理模式，不存在障碍。"

此时，在中信国金旗下，汇聚了三支力量（详见图 6）：

1. 投资银行板块；

2. 资产管理板块；

3. 商业银行板块。

围绕不同的业务板块，构建了不同的公司架构。中信国金的一个重要使命，就是借助中信集团内外兼修的庞大网络，促进中国内地与境外地区之间的双向资金流通。在中国资本项目还未开放的时日，中信国金就拥有了一个成就自己的特殊机会：让那些在中国内地、香港及中国台湾从事投资和经营活动的企业成为中信国金的重要客户，并利用中信国金的金融控股平台以及与内地中信金融企业的协同效应，为这些客户提供一站式金融服务。

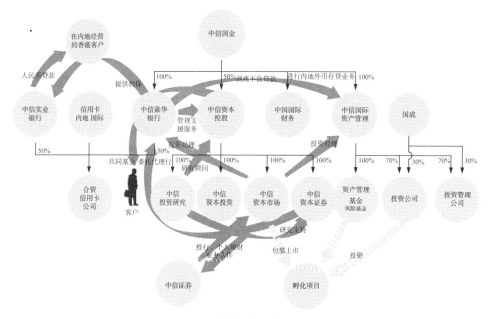

图 6　中信国金渠道平台

有了中信国金，在中国金融业的国际化战略中，中信集团凭借制度优势和组织优势，已经抢先一步。

*　*　*

2002 年 2 月 4 日，中信嘉华银行与其母公司中信公司共同成立中信资本市场控股有限公司（后改为中信资本控股有限公司，简称中信资本）。这是中信国金麾下主司投行业务的公司。王军认为，有必要在香港成立一家跨境的投资银行，作为中国企业前往海外上市的桥梁。

张懿宸出任中信资本总经理，这是王军亲自点的将。但张懿宸说自己的理想是将"中信资本"做成中国的"黑石"。彼时，美国黑石集团作为全球最大的私募股权基金公司，管理着数百亿美元的资产，业务包括企业私募股权基金、房地产基金、组合基金等。

中信资本的跳台始于 2004 年收购重组了哈药集团。中信资本的资本金不过 2.5 亿美元，此次它却撬动了与其等量齐观的巨额资本投资于一家大型国企。这是当时国内规模最大的国企股权投资案例，也是中国私募股权基金市场中的一笔标志性交易。

2006 年 6 月，中信资本完成了资产及业务重组，其投行业务发生了重大改变，直接投资成为公司的业务重点，以便更深层次地挖掘客户价值，更大范围地拓展利润来源。中信资本网站对自己的描述是："一家主攻另类投资的投资管理及顾问公司。我们的核心业务包括直接投资、房地产基金、结构融资及资产管理。"

中信资本的基金管理规模已达 30 亿美元，其中 80% 来源于海外。

* * *

2002 年 6 月，中信嘉华银行将 8 亿多港元不良贷款转移至中信国际资产管理有限公司，此前，这一公司名为嘉华资产管理有限公司，后来中信嘉华银行将其风险资产管理部及嘉华资产管理公司合并改组为中信国际资产管理有限公司（以下简称中信国际资产管理）。

这一年，当中信国金搭建平台的时候，中信国际资产管理就成了它的全资附属公司，其核心业务集中于管理及盘活不良贷款，特别是集中处理及追收不良贷款组合。

因为此举，中信嘉华银行的不良资产率降为 6%，比香港平均水平 5% 略高。而 1997 年底，这一数字为 36%~37%。

2002 年岁末，中信国际资产管理的不良贷款下降到 6.7 亿港元，到 2003 年岁末，这一数字又变为 5.26 亿港元，同比减少了 21%。对不良贷款的成功追讨，使 2003 年成为中信国际资产管理发展的里程碑之年。

中信国际资产管理的"整体目标是减轻不良资产侵蚀公司盈利，并为集团开拓新的业务范畴，策略性目标则是要配合集团成为金融超市的使命"，并提出三年期目标是成为一家国际市场认可的主攻中国的直接投资公司。

到了 2006 年，常振明说："过去数年间中信国际资产管理成绩卓著，并正按计划迈向完成其解决不良资产的历史任务。我们相信，现在是适当时机让中信国际资产管理将发展重点放在直接投资业务之上。"

这意味着中信国际资产管理公司正在转型为一家直接投资公司。

＊　＊　＊

商业银行业务是中信国金的第三大业务板块，它集中了中信嘉华银行和华人银行的银行业务，由"新"中信嘉华银行经营管理。

2002年11月25日，中信嘉华银行宣布重组，将原中信嘉华银行的资产和负债注入华人银行，香港金管局收回原中信嘉华银行的银行牌照，华人银行改名为中信嘉华银行。新中信嘉华银行在香港的分行由26家增至47家。

陈许多琳担任了新中信嘉华银行的行政总裁。她给中信嘉华银行的定位是：做香港本土最出类拔萃的中资银行。但事实上，陈许多琳的目光却牢牢盯准了高速发展的中国内地市场。2003年，中信嘉华银行与中信实业银行合作推出中信STAR信用卡，这是一种双币卡。她发现当时中国内地流通着2亿张借记卡，却只有50万张信用卡，显然信用卡市场才刚刚起步。

2004年2月，中信嘉华银行完成了对中国国际财务有限公司（深圳）的收购。收购完成后，中国国际财务公司正式成为中信嘉华银行的全资附属公司，并成为国内首家由外方机构独资拥有的财务公司。

这项收购始于2003年，中信嘉华银行共斥资90万美元。

这项看似不起眼的收购，却蕴含了中信嘉华银行老谋深算的布局。

2003年，在《内地与香港关于建立更紧密经贸关系的安排》（以下简称CEPA）的大背景下，香港银行业有了进军中国内地的通道。但是，根据CEPA的规定，香港银行资产规模达到60亿美元，持续盈利两年，即可在内地设立分行。中信嘉华银行资产规模符合要求，但沉疴已久，其财务状况尚未达标，若按程序走，尚不知何时能获得人民币牌照。但此番收购中国国际财务公司，中信嘉华银行将直接进入中国内地市场，可以开展几乎所有人民币业务，这比通过申请设立分行获得人民币业务牌照要快得多。更具优势的是，中国国际财务公司可以进行直接投资，这等于为中信嘉华银行增加了新的盈利点。

到了2005年6月，终于传来好消息，中国国际财务公司获得中国银监会批准经营人民币业务，中信嘉华银行因此成为 CEPA 措施下首家取得内地人民币牌照的香港银行。

＊　＊　＊

三足鼎立，中信国金这支中信海外的金融舰队已经稳健地扬帆于世界金融大海之上。

记得在 2002 年冬天中信国金挂牌时的记者招待会上，孔丹说：中信国金的成立将是"本集团发展史上一个重要的里程碑"。回望数年中信国金的道路，孔丹所言不虚。截至 2008 年底，中信国金总资产约 1 500 亿港元，较成立时上升 97%。

在那个记者招待会的第二天，当地媒体引用专业人士的话说："此次中信嘉华重组华人银行以及中信国际金融控股公司的成立对于中信来说，绝对是一个转折点，除了标志中信对港澳业务的重组完成，也意味着中信可以集中精力对其国内业务进行重组。"

＊　＊　＊

"重组国内业务"，正是王军当下面临的主要问题。

中信试图将集团持有的各金融企业股权划拨到金融控股公司，但几年下来，王军在中国境内的金融控股布局举步维艰，他的"花旗梦"尚未实现，就连王军刻意在中信实业银行的技术平台上开发适合金融控股公司管理、渠道整合之用的"三代技术"，亦未能按期上线。

王军发现，其实他的腿被绑着，他几乎很难按照自己已经设计好的路线走，金融控股公司在中国还没有非常清晰的法律和监管定位，现行的法律法规和监管制度还来不及与他驰骋的思路相配套。没有控股公司与母子公司法律制度，更没有在此基础上以特别法的形式制定的金融控股公司法。

如同一群大雁，原本是设计好了要按照人字形雁阵一起往南飞的，但后来在途中才发现山东有山东的入境规定，江苏有江苏的监管规则，雁阵不得不做出调整，于是，单个放飞就成了中信新的选择和尝试。

孔丹评述这一选择时说："王军放弃了把中信控股作为一个经营实体的努力，

这个努力为什么不能实现，因为没有形成金融控股集团监管环境和经营许可的制度安排。没有制度安排，你把所有金融机构的权益放在中信控股的努力是不能实现的，也达不到目标。"

很多年后，已经是中信集团总经理的常振明回忆起这段日子时，很豁达地说："其实这就是中信，不断地求变。中信一直在尝试各种模式，千万别以为有一劳永逸的模式，总得变。"

话虽如此，但是我们今天再来揣摩当时王军的心境，总能感到那种遗憾、不甘、不忿和无奈的情感。

面对中国加入 WTO 后的金融困局，王军对中信的设计原本可能成为一条以低成本快速突围的道路，这条道路一旦打通，将为整个中国金融改革提供一个重要的样本。但是，还没等中信迈开步子，一道道红灯就把王军卡在了路上。

由于信息不完全、不对称等等原因，自由市场不能有效实现资源配置时，必须由政府实行监管，以解决市场失灵问题。但是，这样的监管大多带有"一刀切"的特质。刀斧下，无论王军怎样申辩，也无济于事。王军必须立刻找到其他变通模式。

于是，将中信集团旗下的核心金融业务做大做强，直至推入资本市场，就成为中信金融控股战略的又一步棋。

第二十二章　金融大雁单飞

虽然中信集团几乎拿到了全部的金融业牌照，但是，真正能为集团贡献价值的部分在当时仅限于中信实业银行和中信证券。

中信实业银行的总资产占整个集团公司总资产的 80% 以上，不夸张地说，在过去相当长的一段时间，对于中信公司来说，银行兴则中信兴。2002 年，中信实业银行却成了王军最大的心病，270 亿元不良资产，每天都在困扰着王军。

令人欣慰的是，证券和信托业终于快速成长起来。中信集团"以金融业为主"的企业战略迅速见到了实效，集团向上述两个行业的政策倾斜在最关键的时刻成了它们的助推剂。王军说："信托成立的时候 2 亿资本金，我们很快增到了 10 亿，15 亿，三次增资。中信证券一开始也是 2 亿资本金，后来补充到了 10 亿。10 亿才能做全国的业务。没有总公司的帮助，它们也不能这么顺利地开展业务。"

2002 年底，中信证券顺利上市，充实了资本，改善了公司治理结构，成为中信集团投资银行业务的龙头，并快速成长为中国证券业当之无愧的第一。

从 2004 年起，王军实施了再造信托的工程，短短三四年中，中信信托急速发力并跃升至行业龙头。

2000 年起，信诚保险成为中信金融新的模块。

如此阵容的形成，剖析它们的基因图谱，大都能找到它们的偶发因素。但是将这一阵容变成一个有机整体，并迅速形成中信的核心竞争力，这是王军的非常人能比之处。

　　1999 年，常振明开始筹划中信证券上市的大戏，其中，公司改制是第一步，要将中信证券有限责任公司改为中信证券股份有限公司。为此，中信证券必须进行一轮私募。中信证券选择了雅戈尔、中粮、两面针等大企业做私募对象，计划按照每股 1.6 元溢价增发股票。但这引起了投资者的不满。

　　那时候的上证指数已经从 1997 年 5 月的 1 510 点跌至 1999 年 5 月的 1 047 点，历时 24 个月，最大跌幅达 30%。市场低位震荡，不死不活。大量券商基本靠天吃饭，或者钻监管的空子挣灰色收入，大盘起不来就肯定吃不饱饭。就算中信证券出身名门、大家闺秀，举手投足都透着贵族气，绝对不干偷鸡摸狗的勾当，但在当时那种情形下，谁又愿意去买券商的股票呢？何况还得溢价购买。中信人登门拜访遇到的大都是一张张冷脸，公司只好采取了重奖激励的办法，将业绩与收益挂钩。最后，上下一心，终于把股票硬是卖给了雅戈尔等 44 家企业，最少的一家只买了 100 万股。

显然，要溢价卖出去这些股票，没有常振明等人从上面做工作，业务人员再怎么拼也难以完成。那时候李如成的雅戈尔衬衣卖得还不错，只需要拿出 3 亿元就能当中信证券的第二大股东，常振明来求，他不能不应允。

10 年过去了，中信证券成了中国最大的券商。

* * *

1999 年 10 月，证监会批准了中信证券改制的报告。中信证券资本金增至 20.8 亿元，净资产扩充至 31.73 亿元。2000 年末，证监会发布《公开发行证券公司信息披露编报规则》第 1~6 号，证券公司直接上市的政策障碍被清除，中信证券上市计划随之正式启动。2001 年 6 月，中信证券开始上市辅导期。2002 年 9 月 25 日，中信证券通过了中国证监会发行审核委员会的发行审核。

证券公司上市，在 10 年前还是件新鲜事。中信证券的董秘谭宁回忆说：那时候"监管者常疑问，券商主要是靠人脑提供中介服务，你要太多资金应属多余。券商经营者也习惯当时的模式，并认为：企业现有太多方式可赚钱，若成为上市公司，要公开信息，会很不方便"。

"不方便"的意思并不难理解。

但是，常振明看得更远。

在 WTO 的大背景下，中国券商资本金过低、实力不强的问题立刻凸显出来。近观 2001 年的中国券商，其资本金平均规模不超过 5 亿元人民币，国内所有证券公司的总资产加起来还不足 2 000 亿元人民币，而仅仅一个美林证券的总资产就已经超过 2 000 亿美元。对于券商来说，资本金是最重要的经营基础，也是抵抗风险和扩张资产的最重要因素。

将目光移向海外，在金融混业经营趋势下，证券公司的创新业务往往属于资本消耗型，业务的规模和风险承受能力与净资本规模紧密相关。如果缺乏从正常渠道获得稳定、必要的资金，特别是补充净资本，证券公司的盈利能力和业务创新能力将无从谈起。

与境外券商不同，国内证券公司资本积累的进程缓慢，投融资渠道狭窄，短期拆借、抵押贷款、发行债券等财务工具大多受限，财务杠杆倍数极低；盈利模式单一，经纪收入几乎占了整个券商收入的3/4。所以，一旦熊市来临，券商的收益将急剧受挫，而如果这一熊途过于漫长，长到三年、五年，那就一定会有大量券商活不下去。此时，若想融资扩充实力，IPO就成了最直接、最关键的一步。

从微观治理层面看，常振明说："公司既需要有大股东的责任管理，也需要有行业主管部门的指引和监管，更需要有社会公众的监督，外力加内力才能促使中信证券规范发展并建'百年老店'。"

在外界环境最恶劣的时候谈"百年老店"，没有职业理想和信念的人多半做不到。其实那时候常振明为了处理中信嘉华银行危机，长期待在香港。但他常抽空回北京见证监会的人，并最终让证监会认同了这样一个观点："鼓励符合条件的优秀券商利用资本市场进一步发展壮大，用市场的手培育有真正竞争力的大券商。"

在香港的时候，常振明还干了一件不大不小的事：把大和证券亚洲部总裁德地立人挖到公司来。当时，常振明约德地在香港半岛酒店的大堂谈话，德地问："常总，中信证券明年要干什么？"常振明说·"我们要上市。"这句话给德地带来了系列遐想。就这么着，德地来到了中信证券。此前他在大和证券工作了近20年，其中包括在美国10年的华尔街学习和工作。可以说，常振明此番挖人之举是中信证券国际化战略的一个前奏。

在困难时期，现金为王。如果还能从外面募集资金，已经令人羡慕不已了，而这些资金还是从成本极低的证券市场里来，这简直是中了头彩。很奇怪为什么当时只有中信证券看到了这一点。

但这个时候，市场走势十分不妙。上证指数从2001年6月的2 245点直线下跌至2002年1月28日的1 359点，在6个月内跌了886点，跌幅近40%。中信证券在这个时候选择IPO上市，面临极大的市场压力，但也实属无奈。基于对大盘走势的分析，公司管理层希望加速上市进程，尽量有一个"好收成"。

这件事情还是拖了下来，股市日益降温，常振明的期望值一点一点被摧毁，他耿耿于怀的发行价格从8元多跌到6.9元，还在继续跌，直到这一年岁末，最后的发行价才水落石出。

2002年12月13日至25日，中信证券向社会公开发行人民币普通股4亿股，每股发行价格确定为4.50元，募集资金18亿元，扣除发行费用4 002万元后，实际可用资金为 17.6 亿元。

2003 年 1 月 6 日，中信证券在上海证券交易所挂牌上市，成为国内第一家以 IPO 形式上市的证券公司。但二级市场并不买账。有一项纪录让 2002 年申购新股的投资者难忘，那就是中信证券上市首日均价涨幅创 2002 年发行新股之最低，仅为 14.22%。显然，几乎没有人看好这只股票。分析师们纷纷亮相发言："证券公司远没有银行类公司的收益稳定，行业风险不可小视，国内券商普遍存在靠天吃饭的现状，一旦出现行情不景气而上市公司业绩又普遍难以出现转机的情况，证券公司的投资风险就一览无余；此外，国内证券公司的业务根本体现不出'特质性'或称'差异性'，这些都使证券类公司不如银行类公司具有投资价值。"

＊　＊　＊

中国证券市场最漫长的熊市持续了近五年，到 2005 年 6 月 6 日，上证指数跌到最低的 998 点。几乎所有券商都进入了黑暗期，无论是经纪业务还是投行业务，抑或自营和受托理财业务都陷入了前所未有的困境。许多券商为了生存，不得不铤而走险，重大违规事件不断发生。大连、富友、鞍山、佳木斯、新华、汉唐、辽宁、闽发、云南、大鹏、南方、亚洲、北方等大小券商遭遇了灭顶之灾，或被撤销，或被托管，或被关闭。

霎时间，中国股市哀鸿遍野。但在王东明眼中，这不就是遍地黄金吗？正是在这个时刻，只属于中信的股权融资渠道是那样耀眼夺目，它为中信的低成本扩张提供了充裕的资金。这就是残酷的现实：抢先一步，你就能吃掉对手，否则将被对手吞噬。

从这一刻起，中信证券发起了强大的逆市收购战。

第一个目标是青岛万通证券。

万通证券是青岛市唯一一家专营证券业务的专业证券经营机构，公司主要股东是青岛市财政局和青岛弘诚信托投资公司。万通证券的注册资本仅为 5.519 8 亿元，规模不大。2001 年，因运行机制呆滞、市场恶化，万通证券江河日下，不良资产日高，成了青岛市政府的"心病"。是年 7 月起，青岛市政府与中信证券互送秋波，你来我往后双方商定，中信证券以出资控股方式对青岛万通增资。

万通证券当时共有 24 个营业部，山东省境内有 14 个，另在北京、上海、深圳等大城市有 10 个营业部。而此前中信证券在山东省境内只有 4 个营业部，收购万通对中信的意义不言而喻。

2002 年 2 月 8 日，中信证券与万通证券的股东签署了《万通证券有限责任公司增资协议》。根据该协议，中信证券拟向万通证券增资 8.68 亿元，出资包括中信证券所属山东管理总部、山东投资银行部等中信证券的一系列资产 1.9 亿元和现金 6.78 亿元。

此后，增资方案进行了大幅调整，收购成本大为降低。2004 年 4 月，证监会批复中信证券增资控股青岛万通方案，万通证券资本金扩充至 8 亿元，其中，中信证券持股 73.64%，万通证券易名"中信万通证券有限责任公司"。

兼并整合的效果在当年就令人骄傲地显现出来。2004 年，中信万通证券实现营业收入 1.66 亿元，利润总额 3 240 万元，在全国 132 家券商中，分列第 47 位、第 18 位。在同类券商中，中信万通净利润、净资产收益率分别位居第四位和第一位。有媒体称："这显示了中信证券很强的整合、创新和管理能力。"

接下来，2004 年 9 月，中信证券展开要约收购广发证券的计划。一个月后，这场股权争夺战以中信证券失利告终。对此结果，王东明实在不甘心，他迅速转移战场。

2005 年，中信证券在北京和浙江同时摆开阵势。

这注定是中国证券市场悲喜交加的一年。年初，中国证券业协会完成的 2004 年度证券公司会员经营业绩排名显示：受市场行情及会计政策变更的影响，2004 年度 114 家参加排名的证券公司实现营业收入 169.44 亿元，利润总额为 –103.64 亿元，扣减资产减值损失后利润总额为 –149.93 亿元，全行业处于亏损状态。

穷则思变，这一年，股权分置改革全面拉开大幕，证券公司重组亦大戏连台。中央汇金公司和建银投资成为此次重组的主导力量。外资军团也悄然入市，瑞银以 20% 的持股比例收购北京证券，成为首家直接入股中国证券公司的外资机构。在这种大势面前，对于中信证券来说，已是时不我待。

2005 年 6 月 16 日，中信证券董事长王东明和浙江国信控股董事长孙永森联合签署了股权转让协议，中信证券以 7.96 亿元人民币的价格，接手金通证券 70% 的股权。

公开资料显示，金通证券股份有限公司前身是浙江省国际信托投资公司证券管理总部，创建于1991年。金通证券于2001年获证监会和浙江省人民政府批准设立，并于 2002 年 2 月 6 日正式成立，注册资本 8.85 亿元，净资产 9.89 亿元。在 2004 年，金通证券股票基金交易总金额为 991 亿元，在券商中排名第 17 位；手续费收入 2.04 亿元，在券商中排名第 24 位，规模中等。

中信证券显然看中了金通的 19 个营业部，其中 16 个在浙江省内，包括 10 个在杭州市，此外还遍及湖州、嘉兴、宁波、绍兴、金华、台州等 6 个浙江城市。而中信证券在浙江只有 5 个营业部。金通证券的网络和丰富的客户资源，如同江南水乡旖旎的风光，极大地诱惑了中信证券这位北方汉子。

收购了金通，中信证券就把一只脚牢牢地楔入了中国经济最活跃的长三角地区。

数次增持之后，2006 年 11 月 21 日，中信证券发布公告，公司已顺利完成对金通证券 100% 股权的收购工作，金通证券股份有限公司已正式变更为中信金通证券有限责任公司。此前五天，中信金通证券获得了浙江省工商行政管理局颁发的企业法人营业执照，注册资本为 8.85 亿元人民币。消息传出，中信证券当日收报 17.19 元，涨 5.46%。

几乎与收购金通证券同时，2005 年 8 月，中信证券联手建银投资重组华夏证券。

在华夏证券的网站上，无比张扬地挂着一张中国地图，上面用不同的颜色标出了华夏证券在中国各地的分支机构，除了内蒙古、新疆、西藏、青海等地，差不多让华夏证券占满了。华夏证券的扩张野心可见一斑。

华夏证券、南方证券和国泰证券三家老牌券商组建于 1992 年。三家公司的注册资本金均为 10 亿元，这在当时可谓是顶了天了。三家公司的注册地分别为北京、深圳和上海，分别由工商银行、农业银行和建设银行牵头组建，是内地首批成立的全国性证券公司，并称为三大中央级证券公司。

那时候的中信证券还啥都没有。北京人讲话——"我们在叱咤风云打江山的时候，你还穿着开裆裤玩泥巴呢，小样儿！"但是，仅仅在 6 年后，国泰于 1998 年 8 月与君安合并；2004 年 1 月，根正苗红的南方证券被证监会行政接管；华夏证券则在政府数次出手相救后，好死赖活地挺到了 2004 年，但终于灯枯油尽。此间，王军曾数次表示要收购华夏证券，但都遭有关部门拒绝。

截至 2004 年 6 月，华夏证券挪用客户保证金 16 亿元。邵淳说："证券公司成立初期大部分人都是从银行系统出来的，当时就把客户保证金看成是银行存款，公司是可以用的。"邵淳来自工商银行，曾任华夏证券董事长。相当一段时间以来，挪用客户保证金几乎成了天经地义的事情。此外，包括委托理财、股票市值缩水、自营投资亏损、经营性亏损等等项目在内，华夏证券的亏损合计约为55亿~60亿元。

当时不断有方案提出让华夏证券破产，但前提是央行先拿出60亿元替它还债。华夏证券就这样"绑架"了政府，继续苟延残喘。

2004年6月25日，北京市副市长翟鸿祥来到华夏证券，正式宣布"全力挽救华夏证券"。

华夏证券首轮重组进程在这时启动。中国信达资产管理公司最早开始与华夏证券接触，但谈判无果。10月，中信集团董事长王军直接拜访了北京市市长王岐山，希望北京市政府能够支持中信集团参与重组华夏证券。

王军和王岐山之间的对话向来不需要任何客套。"我去见王岐山，对他说，你干了那么多年，人行、建行，你还不知道吗，政府出手相救怎么可能管好，我要早收了，就没这么多事了。王岐山说，你别说了，我支持你。"

华夏证券有27家分支机构及90个营业部，网点遍及中国各省，而中信证券只有58个营业部。华夏证券研究所拥有众多优秀的分析师，华夏证券的经纪业务在行业中也当数翘楚。

在风雨如磐的股市冬季对早已千疮百孔的华夏证券进行收购，不仅能以低成本实现中信证券的扩张，亦不会重蹈兵败广发证券的覆辙。如此机会，可遇而不可求。

2005年1月7日，北京市专门召集华夏证券重组会议，会议决定成立两个小组，北京市方面的重组领导小组由主管金融的副市长翟鸿祥亲任，中信方面的重组小组由中信证券董事长王东明挂帅。

同时，重组方案也在不断的否决和修订之中。

中信证券方面给出的初步重组方案是：由中信集团和北京市有关方面共同出资60亿元。但仅过了1个月，中信证券调整了方案，承诺以现金20亿元注资华夏证券，但前提是北京市有关方面能够与中信集团合力争取到央行40亿~60亿元再贷款。

但王东明内心对这样的拯救思路极为反感。"简单地给钱，只是'续命'，无法救命。五年前，南方证券的事情出来了，却一直拖到今天才解决，原因很简单，'Too big to fail'（大而不倒）。事实证明，这种理解错了，南方证券没有活下来，最终还是倒掉了。而且，五年时间，增加了多少社会成本？"

从 2002 年起，在政府高层的决策下，央行先后向鞍山证券、新华证券、南方证券发放了 15 亿元、14.5 亿元以及 80 亿元再贷款，以期避免这些证券业大佬的破产。华夏证券又何尝不是如此，连续不断地输血，耗费了巨额公帑，谁该为此担责？

时任国务院发展研究中心副主任的李剑阁说："目前一家证券公司垮掉，中央银行动不动拿出基础货币 70 亿、80 亿去救，这是无法向人民交代的事情。"

在付出高额学费后，高层决策者的认识终于得到提高，用再贷款救助券商的方案基本被否定。因为大量现实摆在那里，如此做法几乎等于肉包子打狗，券商的公司治理结构不会因此发生变化。与中国改革一同走过来的学者对"软预算约束"从不陌生，这一制度弊端时时会跳出来作祟。中国人民银行行长周小川终于可以明确表达自己的立场："我们必须建立这样一个机制，使差的金融机构，特别是最差的金融机构能够被淘汰出局！"

2005 年 7 月，央行表示，"将支持中央汇金投资有限公司和建银投资通过注资与市场化财务重组方式，解决部分重点券商的流动性与资本金不足问题。"正是在这种背景下，建银投资与中信证券携手，进入了华夏证券重组的序列之中。

2005 年 10 月，国务院终于批准了华夏证券最终的重组方案：

> 中信证券与建银投资共同出资筹建中信建投证券有限责任公司。中信建投注册资本金为人民币 27 亿元，其中中信证券出资比例为 60%，出资额 16.2 亿元，建银投资公司出资比例为 40%，出资额 10.8 亿元。中信建投证券有限责任公司成立后，将以受让华夏证券股份有限公司现有的全部证券业务及相关资产为基础，按照综合类证券公司的标准进行经营。

> 同时，中信证券与建银投资共同出资筹建建投中信资产管理公司。建投中信注册资金为人民币 19 亿元，其中中信证券出资 5.7 亿元，出资比例为 30%，建银投资出资 13.38 亿元，占 70%。建投中信公司设立之后，将受让华夏证券现有的非证券类资产，以资产管理公司的标准进行经营。

2005 年 11 月 2 日，中信建投证券挂牌。

中信证券重组华夏证券，意义非同凡响。此次重组虽然也是国家注资，但引进了中信证券作为重组收购方，第一次在券商重组中引入市场化的力量。这因此成为一次极有价值的尝试。

一路走来，中信证券横扫六合，攻城略地，所向披靡。借助一系列收购行动，中信证券一举确立了其行业龙头地位，营业部数量迅速增加到 165 个，总资产从 2003 年底的 118.1 亿元增加到 2006 年底的 636.3 亿元。中信证券的"大网络战略"大见成效。

扩张的结果也迅速在年报中显现出来。

2006 年 8 月 16 日，中信证券公布半年报。报告显示，2006 年上半年，中信证券实现营业收入 18.2 亿元，同比增长 865%，其中，手续费收入 12.27 亿元，同比增长 901%，占营业收入的 67%。

细心的人还可以从上述报表中读到一个现象：中信证券新增并表子公司当期贡献手续费收入已超过 9 亿元，为母公司经纪业务收入的 3 倍。国信证券金融分析师朱琰曾做过一个测算，通过一系列收购，中信证券经纪业务的市场份额已由原先的 3.02% 提升到 6.73%，翻了一番还多。

*　　*　　*

低吸的同时，还要高抛，这才是为商之道。

2006 年，中信证券的股价一路向好，已经比发行时的价格差不多翻了一番。公司期待着在这个时候能够再次融资，以获得宝贵的现金。5 月 7 日，中国证监会公布了《上市公司证券发行管理办法》（以下简称《办法》）。这真是及时雨，第二天，中信证券立刻召开董事会，当场审议通过了非公开增发股票的预案。预案指出，中信拟非公开发行不超过 5 亿股人民币普通股（A 股），发行对象不超过 10 名机构投资者，股份自发行结束之日起，12 个月内不得转让。

这是《办法》公布之后的第一笔增发，当时中信证券对于融资前景并没有太大把握。

德地带队先去了中国人寿集团。"我们是人寿的主承销商，所以他们的财务情况我们很清楚，他们太有钱了。"

在会议室，人寿董事长杨超亲自接待。杨超很自然地问了一句："哎，你们的市盈率怎么样？"

"嗯……这个……"德地的首席财务官支吾应诺着，手里赶紧打开公文包，紧赶慢掏，试图从包里掏出个财务报表什么的。

德地一眼就看出了她的窘态，赶紧接过话茬儿说："杨总，你买中信的股票，主要是你对中国 A 股市场走势的看法。你如果看好中国股市，那么买中信证券的股票肯定不错；你如果认为 A 股不行，那么你就不该买。我们离市场最近，也最敏感，现在是一个机会，对你们、对我们都是一个机会。"

这话终于给他的下属解了围。德地后来说："当时我们的财务数据实在是拿不出手，因为我们上一年的全部盈利只有 1 亿元左右，到人寿这样财大气粗的公司面前，怎敢亮相？"

关于此次增发的价格，中信证券内部有两种意见，一是按照《办法》所规定的融资底线，即发行价不低于定价基准日前 20 个交易日公司股票均价的 90%，也就是每股 8.37 元；但德地坚持，一定要以最高价发行。因为大牛市已经启动，而且动力强劲，在这个时候，中信证券的股票将很快成为稀缺资源，决不可自轻自贱。

第二天·早，中国人寿的电话就打到了德地的案头，对方的表态令他咋舌。中国人寿明确要求：买下中信增发的全部 5 亿股！其中，中国人寿股份有限公司认购 3.5 亿股，中国人寿集团认购 1.5 亿股。但人寿方面希望价格能够有所优惠。

德地对王东明说："东明，咬住，切不可松口，一定要坚持最高价！"

人寿方面不再坚持。最终，此次增发价格为每股 9.29 元，大大高于最初设定的每股 8.37 元。中国人寿因此获得中信证券 16% 的股权。仅仅在一年后，这部分股权在账面上的价值已经蹿升到 400 多亿元，涨了 10 倍。

2006 年 6 月 27 日，中信证券宣布，规模达 5 亿股、金额总计 46.45 亿元的定向增发圆满完成。由此，中信证券实现资本金突破 100 亿元。

2007 年 8 月，在上一轮牛市几乎走到最高时，中信证券第二次增发股票 3.34 亿股，募集资金总量约为 250 亿元，增发价格为每股 74.91 元，是一年前中国人寿进入价格的 8 倍。中信证券此次的增发价格刷新了上市公司再融资的最高发行价，融资额创下了公开增发融资额的新纪录。

仅仅 1 个月后，中信证券再次令投资者目瞪口呆，经过四轮收购，中信证券最终实现了对华夏基金 100% 的控股。华夏基金在合并前资产管理规模已超过 1 800 亿元，管理着 16 只证券投资基金、1 只亚洲债券基金及多个全国社保基金委托组合和企业年金委托组合，并获得国内首批 QDII 业务资格。此前，中信证券旗下已有中信基金，按照国家相关规定，中信基金与华夏基金将合并为新华夏基金，掌控资产规模超 2 000 亿元。

自 2003 年上市以来，中信证券的市值急剧增长，由 2003 年末的 193.81 亿元增长到 2007 年末的 2 959.51 亿元，成为当时亚洲最大的券商和全球第四大券商，就市值来说，它已经把雷曼兄弟、贝尔斯登等老牌投行都抛到了后面。

对每一位从那时候起相偕相伴走到今天的中信人来说，这是一种多么巨大的成就感！

* * *

2002 年，几乎与中信证券在上海证券市场鸣锣登场的同时，常振明主持召开了中信信托重新登记后的第一次会议，此时他兼任着中信信托公司董事长。

在会上，常振明做了长篇发言，他一开口就说："信托是一项事业。但究竟该怎么做，我们都没有实际经验。现在是需要大家一起探索的时候，谁也说不清'一定应该怎么干'。"

但是那天常振明很坚定地说："我们中信信托业务全面展开之前，找准定位，转变思想观念，是非常重要的……90 年代的美国，是服务革命。"显然，如果不能将"二银行"的观念转变到"受人之托、代人理财"的服务观念上来，信托公司的前景依然不妙。

此时的中国信托业，经过六次大清洗，已面目全非。

1979 年中国第一家信托公司中信公司成立，80 年代初，从中央银行到各专业银行及行业主管部门、地方政府纷纷办起各种形式的信托投资公司，到 1988 年达到最高峰，共有 1 000 多家。此后，信托业内"事故"迭起、全行业先后遭受五次大整顿后，仅有 50 多家公司幸存。这就是中国信托业在最近 30 年走过的路。

谁也不能否认，在整个 80 年代，信托业对于推动中国金融市场化改革、弥补传统单一银行信用的不足、促进证券市场的形成和发展、完善金融功能、引进外资和技术等，做出过积极的贡献。可以说，信托业是中国金融体制改革最先突破的领域，但是，这一突破的过程，伴随着巨大的代价：

1995 年 10 月，中银信托投资公司因资不抵债被广东发展银行接管；

1997 年 2 月，中国农村发展信托投资公司因到期债务不能偿还被勒令关闭；

1998 年 6 月，中国新技术创业投资公司因资不抵债被清盘；

1998 年 10 月，受东南亚金融危机拖累，规模仅次于中信的广东国际信托投资公司因负债累累和支付危机被关闭。

随着广信宣布破产，各地信托投资公司就像多米诺骨牌一样纷纷倒下，爱建信托高管被捕，金新信托、伊斯兰信托、庆泰信托被停业整顿……直至最后，2002 年 6 月，财政部所属的中国经济开发信托投资公司亦难逃厄运，轰然倒地。

但是，板子不能仅仅打在信托公司身上。曾担任过央行副行长的刘鸿儒回忆说，经他手批准的中国第一批信托公司，都是在银行管得太死、经济发展又确实需要的背景下出现的"金融机构"，其实质就是"二银行"。

在相当长的时间里，银行该做的，信托几乎都做了；银行没有做的，信托也做了。而且可以说，信托公司除了信托业务没做之外，什么都做了，或者说除了该做的没做之外，什么都做了。

在这一过程中，成立于 1988 年的中信兴业信托投资公司也历经波折，但终于挺了过来。到 2002 年，按照中国人民银行对中信公司经营体制改革的批复和对信托投资公司重新登记的要求，中信集团公司将中信兴业信托投资公司重组、更名、改制为中信信托投资有限公司（以下简称中信信托），并承接中信集团公司信托类资产、负债及业务。中信信托注册资本为 50 773 万元。

* * *

2005 年 1 月 1 日，蒲坚从中信海直总经理任上被调往中信信托，担任总经理兼党委书记。蒲坚的调任是常振明提议的，并在 2004 年 5 月 14 日的公司董事会上通过。不久后，常振明离开中信赴任中国建设银行，由中信集团财务总监居伟民接替他担任中信信托董事长。

蒲坚回到北京，王军见他并嘱咐说："能不能用五年左右时间，咱们能够进入全国的前五名？"显然，王军说这话的时候底气不足。但是，王军却很大气地提出，由集团公司注资，将中信信托的资本金补充到 10 亿元人民币，因为资本金只有上了 10 亿的水平，才有资格做全国市场的信托产品。

到 2004 年结束的时候，中信信托受托管理的资产规模为 85.05 亿元，当年实现金融信托业收入 5 746 万元，当年净利润 2 660 万元，净资产收益率 4.85%，信托报酬率 0.63%，人均利润 32.05 万元，在行业内的排名约在 15 位以后。

这一局面来之不易。

这一年，德隆崩盘导致新疆金新信托血本无归，影响极坏。银监会很快采取了一系列措施，进一步加强对信托投资公司的监管。在业务方面，对信托投资公司开展异地集合资金信托业务、证券投资和关联交易等提出了更严格的要求。这些政策的执行直接导致自 2004 年二季度开始的全行业集合资金信托业务规模大幅滑坡。

也是在这一年，金融同业竞争日趋激烈，商业银行获准发起设立基金公司，证券公司正在积极运作资产证券化业务，集合理财产品也进行了试点，传统的信托业务正在被其他金融机构侵蚀。而在信托业内部，各公司所开展的信托业务大同小异，门槛低，谁都可以轻易复制模仿，于是，价格战频发。

在中信信托公司内部，李子民这样描述当时自己的工作状态：

"我们原来有两三个部门，一个以股权类业务为主，一个以企业年金业务为主，一个以集合信托的资金计划为主。当一个客户有新的需求产生，但他的业务不是落在这三个部门的任何一个业务盘子中，那我们可能就推了。客气的说法是：'您这个业务我建议您找谁谁谁。'但客户不这么想，客户会说：'我有一个问题，希望你帮我解决，我很喜欢你的做事风格，我只想跟你打交道。'但我们没有人接，我们是外推型的。不仅如此，明明这个部门的人很清楚虽然自己的部门不能做某个业务，但推开隔壁那扇门，那里的人可能就能做，他也不一定会接这单活儿。"

这种模式太眼熟了，极易让人联想起"大锅饭""国企""计划经济"等等字眼。

如果听任这种组织模式延续，公司业务只能越来越萎缩。

2005 年 1 月，在公司董事会上，蒲坚建议，在不改变原有组织架构的前提下，成立综合金融服务小组，以应对客户的综合需求。公司董事会批准了这一建议。

很快，公告栏里贴出了这一会议纪要，上书："公司董事会同意在适当时候成立综合金融服务小组，对综合类业务进行创新试点。"这将是蒲坚进行改制之前的第一次试验。

两个月后，小组成立，李子民中选。

为什么是李子民？他没有任何行政职务，名片上印的是中信信托公司信托事务管理专家。

"他们可能需要一个对很多业务都很熟悉的人进行试验。我从 1994 年到公司，几乎经过了公司所有的部门，贸易、投资和金融，干过五六个不同的岗位，还被外派到外面的公司做财务部总经理。领导分配我去，我就服从了，我算是公司的老人，对公司文化很了解。可能这种种原因，我被选中了。我那时候三十出头，也希望有一个机会……"

公司领导戏称他"开创了公司的历史"。什么历史？一个人小组的历史。因为，既称为"组"，就至少在一个人以上，但现在是特殊时期，小组是特区，搞创新、搞试验，人肯定不能多，万一失败，成本不高，也不会对现有机制和公司业务产生重大影响。

几天后，组长兼组员李子民上报 2005 年经营计划：本年度本组将完成的收入额为 180 万元。这可是李子民咬了半天牙、壮了半天胆才报上去的数字。但很快这一数字让蒲坚打了回来。太少，不行！

李子民左转右转，踌躇半天，终于硬着头皮把数字改成了 300 万。

9 个月后，这一年年末的时候，这个小组的业绩完成额是 1 080 万元，远远超出了他以前所在部门的整个年度收入！李子民在 2005 年岁末所获得的年终奖励更是高达 50 万元！

这一数字惊动了整个京城大厦。甭管是谁，只要脸熟的，都嚷着让他请客吃饭，那些从原来兴业公司分出去的老同事更不忘记狠宰他。他既兴奋又有些诧异，奖金不是应该保密的吗？不过他还是心甘情愿地认"宰"，这笔奖金是他去年一年全部收入的五倍。

为什么会有这样大的变化？人还是原来那批人，市场环境还是原来那样的环境，但是激励机制变了，包括薪酬支付和晋升制度的改变，带来了人的大脑和心灵的变化。

* * *

2005 年，凤凰集团委托中信信托担任财务顾问，每年的顾问费为 20 万元。李子民接受了这个项目，虽然少点，但这是现金啊，没有风险，而且通过担任财务顾问，你才能真正了解这家企业的真实情况，才有可能产生新的项目。要在过去，有这 20 万元稳健的收入，李子民已经可以踏实待着了。

了解了凤凰集团的基本情况后，李子民发现这家民营企业有着极大的潜力，在

13 亿人口的中国、在中国的人均 GDP 已接近 2 000 美元之时，健康行业前途不可估量。

李子民眼前闪过了 HCA 的影子。HCA 是全球最大的医院运营商，始建于1968 年。经过 40 年的发展，HCA 在美国拥有 200 多家大型医院和近百家诊所，在英国伦敦拥有 6 家顶级医院，另有 2 所医院位于瑞士。

那么凤凰集团可否成为中国的 HCA？如果可能，通过一系列投融资安排，中信信托也将获得巨大的财富回报。于是，当北京燕山石油化工集团职工医院改制的机会出现时，李子民与凤凰集团牢牢盯住了这个项目。这就成为凤凰集团与中信信托之间的第二个、第三个和第四个合作项目：中信信托首先作为战略投资者进入燕山石化集团层面；其次，中信信托为凤凰集团收购燕化医院作融资安排；第三，中信信托为解决收购过程中职工持股问题做了详尽而周全的股权信托方案，并全程参与这一方案的执行和谈判。

一个 20 万元的项目被大大延展了。直到今天，中信信托对凤凰集团的关注依然持续，中国资本市场创业板的开启很可能将催生它们之间合作的第五个项目，一旦这个项目完成，将是一笔数十倍于 20 万元的大买卖。

有一个榜样在一旁闪耀着光芒。2006 年 7 月，贝恩资本、KKR 和美林全球私人股权投资公司三家联手，以总价 330 亿美元的价格收购了美国最大的医院运营商 HCA，成为当年全球规模最大的收购交易。到 2008 年，HCA 的市值已经超过 730 亿美元。

* * *

李子民小组的试验结果昭示了一个道理：综合服务将产生数倍于分业服务的价值，综合服务小组也将创造远远超出以往的利润。这一结果直接催生了中信信托内部组织结构调整的"举手制"：无论是谁，乳臭未干也罢，无名小卒也罢，只要你认为你有能力承担更大的责任、开辟更大的市场，那么你就可以"举手"站出来。经过审核合格后，你就可以自成一个部门，可以调兵遣将，可以创新项目。当然，如果失败了，你依然可以回到原点。中信信托的公司结构逐渐形成了一个扁平化结构，蒲坚希望借此来打造一个更高效的公司运营体制。

在这一过程中，蒲坚全面总结了中信信托的服务模式，简练地写下了中信信托的经营理念：

> 服务境界＝无边界服务＋无障碍运行；
>
> 无边界是一个贯通边界的动态过程，清除障碍，满足需求，创造价值；
>
> 对外无边界，对内无障碍，逻辑一脉相承，流程一气呵成；
>
> 实现无边界需要创新，实现无障碍需要协同；
>
> 服务和运行的关键在于态度和艺术，服务和运行以"客户满意"为最高宗旨。

什么叫无边界服务？

"实际上在理解经营理念时，你可以把它提高到哲学层面，什么都不能做，从哲学上说就意味着什么都能做。比如'把鞋卖给海岛上的渔民'这个命题，就有两种理念，一种人说这里的人根本不穿鞋，怎么可能把鞋卖给他们？另一种人则欣喜若狂，这里的市场心根本没有开发呢，大得很！无边界服务深刻的含义就是一种境界，我们信托公司的人要达到一种服务的境界，为了客户的无限的、日益增长的需求，我们需要以不断的、持续的创新来满足这种需求。无边界服务暗含了两方面内容：（1）创新，打破边界就要创新；（2）价值，银行、证券、保险之间有边界，但这是人为地把事物切断了后产生的边界，这个过程也同时把价值链切断了。我们的无边界服务，就是要把有边界的事物、把切断了的价值链连起来，并从中创造价值。

"通过两个'无'，就可以推出信托经营的规则和做法，我们就有了另一句话：'中信信托是综合金融解决方案的提供商'。金融行业的各个部门都是提供专业化的服务，我们信托没有专业，所以就要有综合性的方案，我们要为客户解决综合需求，为客户综合地解决需求。"

这一描述依然太过抽象、太过诗化。在此，暂且将中信信托的经营理念分类，给予界定，设置虚拟的边界，并尝试给予注释。

所谓无边界服务，首先是产品的无边界。

中国所特有的分业经营和分业监管制度为银行、证券公司界定了各自的领域——或信贷市场或资本市场（特别是权益类证券市场）。信托公司则具有天然的优势，可以打通两个市场。中信信托公司所发行的产品进入了直接股权投资、产业基金、房地产投资信托、不良资产处置投资、证券市场无风险套利等领域，从而"显著提升了公司信托业务的附加值"。

以锦绣系列为例。2007年4月10日，中信信托开始推介"中信锦绣一号股权投资基金信托计划"。这是中信信托与中信银行合作推出的产品，它的最大亮点在于：以集合资金信托计划参与金融机构上市中的战略配售和上市后的定向增发。

一个月后，项目资金募集完成，共10.03亿元人民币。委托人由7个机构和7个自然人组成。项目对受益人进行分层，其中优先受益权9.53亿元，次级受益权0.5亿元。次级受益权由中信信托认购，优先受益权预期收益率为20%。

如此高额的收益率靠什么保证？

有数据显示：中国上市银行在"十五"期间净利润年均复合增长率达28.41%，预计"十一五"期间也能保持在20%左右；中国保险业和证券业也将保持一定的增速。不远的将来，还有大批计划上市的银行、保险、证券公司。因此，"锦绣一号"作为国内第一个投资于境内金融机构股权的信托计划，抢占了投资先机。

说白了，一般的证券投资信托主要在二级市场获取价差收益，而"锦绣一号"的投资领域却放在了一级市场或一级半市场，通过所投资企业的上市，即可实现更高的变现和退出。

从中不难看出，中信集团强大的资源优势和协同效应为中信信托构筑了一道难以超越的竞争高度，中信控股也为旗下的金融机构搭建了互补的平台，因此，直到今天，类似产品在其他信托公司还难以复制。

2008年3月，"锦绣一号"的账面净资产已经达到17.40亿元，账面净收益为7.37亿元，受益人大会通过议案，决定提前分配收益。2008年5月，中信信托向投资者提前分红4亿元，此时的收益率竟高达40%。作为管理者，中信信托亦提前收取相应管理奖励，约为4 000万元。

无边界的第二个含义是信托客户的无边界。

通过开发银信合作产品，中信信托可将银行理财产品开发为自身的客户；通过推动保险资金投资于基础设施项目等领域，又将保险公司开发为自己的客户；通过推动企业年金业务，将企业年金开发为自身客户；高端个人或机构客户更是其天然的私募基金客户；中信集团内部丰富而优质的资源本身就为中信信托提供了宝贵的集团成员客户资源。此外，集团对旗下银行、证券、基金、保险、信托等金融产品营销的整合也为公司打通了客户边界。

无边界的第三个含义是服务内容的无边界。

"在股权投资、房地产信托投资、信托贷款、收益权投资等信托项目中，中信信托联合中信集团内其他子公司，通过更专业、更高程度地介入项目管理来提升项目的附加值，尽可能地提高信托计划的收益。"谈到此话题，银河证券分析师的评价颇高。

2006年，中国信托行业总体排名，包括固有业务和信托业务的五项指标，加总得分，中信信托位列季军。

2007年，中国人民大学信托与基金研究所集合了公布年报的所有50家信托公司的数据，按各项指标分类排名，中信信托以1 961.93亿元的信托资产总规模、213.80亿元的信托收入和192.51亿元的信托利润获得了三项全国第一。其中，信托资产总规模超过行业平均水平10倍以上，占全国受托资产总量的1/5。

"我们可能能提前实现王军董事长当初为我们制定的目标了。"蒲坚松了一口气。

表7 中信信托公司2004—2009年主要业务指标情况　　　　　（单位：亿元人民币）

主要指标	2004 年	2005 年	2006 年	2007 年	2008 年	2009 年
营业收入	0.81	1.39	3.97	14.66	20.05	20.75
其中：手续费收入	0.36	0.61	1.68	6.37	13.91	11.05
利润总额	0.34	0.79	2.17	10.69	12.27	12.55
净利润	0.27	0.58	1.3	6.58	9.33	9.59
受托资产规模	85.05	140.83	385.51	1 961.93	1 607.79	2 067.81

资料来源：中信信托公司。

第二十三章　银行攻坚战

金融业放单飞的计划让王军悬着的心一点点放回原位。但是，中信集团最大的　块资产——中信实业银行还在步履蹒跚地喘息。中信财务部与商业银行双重角色的困扰，银行与其他中信子公司之间大量关联交易的存在，270亿元不良资产，中信实业银行已经成为中信集团最大的难题。

金融业开放的倒计时日历一张张飞速翻过。无论从金融业监管的角度，还是从自身竞争力提高的角度，都要求中信实业银行必须走扩张实力、改制上市的道路。

这将是一场长时间的攻坚战，需要极大的勇气和决心，更需要无与伦比的耐心和毅力，中途不得有半点动摇，不能受丝毫诱惑。若不是王军像座大山一样仡立其间，目标明确，坚定不移，很难想象中信银行将会有怎样的结局。这场攻坚战将影响整个中信集团未来的发展路径，对于它的残酷性和持久性，在这场战役开始之时乃至整个过程中，中信上下，并没有几人真正了解，甚至绝大多数人的心中充斥着不平和抱怨。

但是王军已经完全不为所动。

2003年10月24日，王军罕见地在中央电视台《对话》栏目中亮相。向来不善言辞的王军，此次面对主持人进攻性的问题几乎有问必答。

当问到中信实业银行时，王军坦率地说："中国的银行存在的问题我们都存在，我们觉得有信心能够按照国际标准，三到五年内彻底改变中信实业银行的面貌。"

主持人："那您很有信心。能不能告诉我们您到底有多少把握让这件事得以成功？"

王军："我现在只能说我们有51%的把握。我们希望中国的民族金融在世界的金融竞争市场能够站稳地位，也能够发挥它独有的特长。"

……

什么是"中国的银行存在的问题"？

1997年亚洲金融风暴肆虐中国近邻之时，中国国内的金融风险主要来自众多中小型金融机构和工、农、中、建四大银行。中国人民银行向地方政府提供了1 400多亿元再贷款，用了三年左右的时间，初步化解了中小型金融机构的金融风险；但对于四大国有商业银行而言，它们的风险更大，困难更多，化解起来所花费的时间也更长。

由于受到政府行政干预较多，风险管理不力，内部控制松散，四大银行虽正在由国有专业银行向国有商业银行转变，但这种转变是不彻底的，并且已经积聚了严重的金融风险。这主要体现在资本金严重不足和不良贷款比重过高上。当时国内外媒体和经济学家的关注点都聚焦在这同一个问题上——如果按照国际会计准则衡量，四大银行早已破产。正是由于中国政府的信誉支持着它们免于倒闭。但是，银行的风险已经危同累卵，它们正在成为中国金融业乃至整个中国经济的最大风险。

从1998年开始，国家开始对濒于破产的四大银行实施第一轮拯救。具体做法就是：中国人民银行将存款准备金率从13%下调到8%，为四大银行释放出大约2 700亿元资金；四大银行以这2 700亿元资金定向购买财政部发行的2 700亿元30年期特别国债；财政部再将这2 700亿元作为资本金注入四大银行。1998年3月，该方案由国务院报请全国人大常委会审议，获得通过。6月，这项改革得以完成。

1999年，为处置中、农、工、建行的不良资产，国务院分别对口成立了东方、长城、华融和信达四家资产管理公司，从四大银行和国家开发银行剥离了总额近1.4万亿元的不良贷款，使四大银行的不良贷款率下降了10个百分点。四大银行因此免于破产，国有银行的下一步改革也因此上了一个新的台阶。

2002年底，中国证监会主席周小川调任中国人民银行行长，国有银行改革成为周小川任上考虑的第一大问题。周小川说："我们如果能够通过改革解决历史遗留的一些问题以后，最综合、最有效的激励机制，就是巴塞尔监管委员会1988年所公布的《巴塞尔协议》。它以资本充足率作为最综合的目标，既是监管目标，同时又是银行自己的经营目标和约束机制。"

2003年9月，国务院国有独资商业银行股份制改革试点工作领导小组成立，黄菊任组长，国务委员兼国务院秘书长华建敏任副组长，小组成员包括中国人民银行、财政部、国家税务总局、国务院研究室、中国银监会、中国证监会、中国保监会（涉及农行股改时还包括农业部）等十多个相关部委机关的负责人。领导小组下设办公室，负责国有银行股改的具体政策制定、协商和相关协调。办公室设在中国人民银行，行长周小川任办公室主任。

此轮改革的主旨就是：利用外汇储备注资，"采取多种措施处置不良资产，充实资本金"。

2003 年 12 月 16 日，中央汇金公司成立。12 月 30 日，450 亿美元外汇储备注入中行和建行，国有银行股份制改革的大幕终于拉开。

这一举动的意义和价值，无论怎样褒奖都不过分。

* * *

就在同一时刻，股份制商业银行改革也拉开了大幕。

2003 年，刘明康担任新设立的中国银监会主席，唐双宁任副主席。这一年 7 月，银监会召开股份制商业银行监管工作会议，新官上任，刘明康、唐双宁发表了措辞颇为严厉的讲话：

> 未按规定上报准备金计提及核销规划的，或未按规划提足准备金的，或对 2001 年以来新发生贷款未提足贷款损失准备的股份制商业银行，从 2003 年开始不得进行利润分配，否则，银监会将依法进行处罚。
>
> 各股份制商业银行应当在 2005 年末以前达到 8% 的最低资本要求，并从 2004 年起对上市银行按季考察，必须在所有时点上都满足 8% 的最低要求，否则，银监会将暂停它的机构和业务市场准入……

中信实业银行的处境又如何呢？

王军说过，"中国的银行存在的问题我们都存在"。到 2002 年底，中信实业银行的资本充足率为 5.85%，核心资本充足率仅为 4.93%，不良贷款 270 亿元，按五级分类计算不良资产率为 10.35%。并且，虽然按照五级分类来确定不良资产，中信实业银行却还没有按照国际标准计提准备金，否则报表会更难看。

但是还有比中信实业银行更不好看的数字。

尽管国家采取了一系列措施，但由于并未建立起资本金补充的长效机制，到 2003 年底，国有银行的平均资本充足率又降至 4.61%。不仅如此，在 1999 年剥离完 1.4 万亿元不良资产后，国有银行的不良贷款总量又有反弹。

在 2003 年 7 月银监会的会议上，王军虽然表达了不满，但还是对刘明康说："你给我三年时间，如果到时候还没达标，任你处罚。"

最终，银监会还是据实延长了这一过渡期。

2004 年 2 月 27 日，刘明康签署了银监会 2004 年第 2 号令，发布了经国务院批准的《商业银行资本充足率管理办法》（以下简称《办法》），并从 2004 年 3 月 1 日起执行。《办法》对商业银行资本充足率达标设定了三年大限。《办法》规定，各商业银行资本充足率不低于 8%，核心资本充足率不低于 4%，达标的最后期限为 2007 年 1 月 1 日，且商业银行资本充足率的计算必须建立在贷款损失准备足额提取的基础之上。

就在这一时刻，中信实业银行的资本充足率不过 5.2%，更糟糕的是，这个数字是拨备前的数字，而此时中信实业银行的不良资产竟然高达 270 亿元，相比之下，中信实业银行的资本金不足百亿，换言之，若足额拨备，则中信实业银行的资本充足率为 0，中信实业银行的净资本为负数。

更令监管部门担忧的是，中信实业银行与中信集团及其下属公司的关联交易依然庞大，这种关联交易蕴含着极大的风险。一旦母公司把经营风险转嫁给银行，就将造成银行难以填补的巨额不良贷款。

关于这段历史，很多年后，王军以他特有的叙事方式，三言两语就说完了："21 世纪，银行是最大的问题，资本金只有 60 多亿。（19）98 年找麦肯锡来查不良资产，以前给总部的报表我没怎么管，按'一逾两呆'算，到底是多少，找麦肯锡来，我也同意了。不良资产 200 多亿，资本金 60 多亿。"

所谓"一逾两呆"，是 1998 年以前，中国的商业银行一直按照财政部 1988 年金融保险企业财务制度的要求，把贷款划分为正常、逾期、呆滞、呆账，后三类，即"一逾两呆"，合称为不良贷款。

当 270 亿元的数字出来的时候，中信集团整个决策层都惊呆了。怎么竟会有如此高的不良贷款！中信实业银行行长窦建中有苦难言，实业银行年年保驾救主，奋不顾身，自己却已伤痕累累。绝大多数利润都合并到了总公司，自己却无力增加资本金。

无论有多么多的苦水，这样一家银行不就只剩下两条路了吗？要么向国家伸手，让中央汇金注资，要么关门大吉。

但王军还希望走出第三条路。

其实，这时候正是王军最为头疼的时候。金融控股公司的结构性调整刚刚开始，就遇到了银行的不良贷款问题。而且，资本金、不良贷款、关联交易等一揽子问题在过去并非不存在，但在相当长一段时间内，监管法规对此没有明确的监管措施，在资本充足率计算方法上也放宽了标准，致使在此基础上计算的资本金和资本充足率难以反映银行的真实风险状况，也难以有效控制商业银行的资产扩张。当然，近年来也不具备补充银行资本金的内外部条件，客观上导致商业银行的资本充足率明显偏低。但今天不同了，同样的问题在此时此刻已经成为一个无法逾越的大问题，成为一个关乎中信实业银行生存的大问题。如果不予理睬，三年后银行势必关张。

因为，这里有一个死限：2006 年底是中国对世界贸易组织承诺的开放金融业的最后期限。

这还不是最坏的结果。

按照银监会《商业银行资本充足率管理办法》，将监管对象分为"资本充足的商业银行"、"资本不足的商业银行"和"资本严重不足的商业银行"。此时，中信实业银行似属于第二类。对这类银行的监管政策包括："要求商业银行限制资产增长速度；要求商业银行降低风险资产的规模；要求商业银行限制固定资产购置；要求商业银行限制分配红利和其他收入；严格审批或限制商业银行增设新机构、开办新业务；除前款所列的纠正措施外，根据商业银行风险程度及资本补充计划的实施情况，银监会有权要求商业银行停办除低风险业务以外的其他一切业务、停止审批商业银行增设机构和开办新业务。"

这几乎是一个悖论，相当于戴着镣铐进行百米赛跑，选手自己根本无法迈腿，必须有人在背后推着才能前行，而且速度不能慢，更不能摔倒，还必须按时冲刺，否则将立刻被罚下场。王军知道，硬着头皮也要往前跑。

但是，怎么跑，向哪个方向迈步？

中信决策层此时面临三种选择：

其一，挤进由中央汇金公司注资的工、中、建银行改革模式的盘子，让"水"流进来，把"分子"做大，以此改善中信实业银行资本金过低和不良资产过高的局面。此前，中行、建行改革的成功，已经让世人看到了汇金公司注资模式的夺目光彩。为此，中信找过汇金探讨此事。但是，如果汇金进入中信实业银行，一定会极大地稀释中信集团在中信实业银行的权益。这一深层担忧后来在光大银行的改制模式中终成现实。

其二，将中信实业银行转手，由其他公司接盘。正在这时，平安集团不失时机地向中信表达了零收购的愿望，也许在他们看来，中信实业银行真的已经山穷水尽。艰苦奋斗 20 年打下的江山就这样拱手相让？中信在情感上虽然十分抵触，但还是与平安方面一遍遍地进行沟通。

其三，"将中信实业银行和香港嘉华银行进行整合，从股改到香港上市一步到位。"但这一最佳方案却让香港金管局打了回来，原因也是中信实业银行坏账太多，不符合香港的监管标准，按照这一标准，香港的上市银行资本充足率须在 12% 以上。

上述三条路都未能走通。

山重水复，中国经济发展的整个宏观大局此时只给中信实业银行留下了最后一条路——自费改革。没有来自财政和央行的注资，全靠自己"采取多种措施处置不良资产、充实资本金"。关于这条路的表述只需要八个字——先注资，再股改上市。

孔丹分析道："中信实业银行的盈利能力是没问题的，拨备前的盈利是好的，每年至少有几十亿的盈利。它的问题是历史遗留的窟窿，要解决历史问题就要核呆，去打销坏账，这就一定会侵蚀资本金。所以，唯一的办法就是拿钱注入，增加资本金。如果钱进来了，它的前景就非常好了。"

可是，钱从哪里来？

2003 年，中信集团承诺，集团将在 2006 年以前全额返还中信实业银行的税后利润，以补充银行资本金。这意味着在今后若干年中，中信实业银行这块资产非但不能再向中信集团输血，反而成了巨大的海绵，绵绵不绝地吸噬中信集团母体的血液。

中信还要过紧日子。王军自打 1993 年当上中信总经理、1995 年担任中信董事长以来，几乎总是在过紧日子，几乎总是勒紧裤带，几乎总是只能吃个半饱。"我们资金紧张，从 1994 年一直紧张到了 2005 年、2006 年，到 2006 年都特别紧张。"常振明说。

尽管在中信集团内部依然有不少反对意见，但王军还是决意咬紧牙关往前走。"银行垮了，总公司一块儿垮，银行活了，总公司就好了！"王军一针见血地说。

但是，把左边兜里的钱放到右边，再从右兜放回左兜，总量并没有增加，问题还是得不到根本的解决。王军必须有全新的思路。

2004 年 1 月 30 日，全国人大为十届人大二次会议温家宝总理的《政府工作报告》召开征求意见会，一些大国企的老总都参加了会议并发表意见。关于金融体制改革，《政府工作报告》中写道：要加快国有独资商业银行改革，重点做好中国银行和中国建设银行股份制改造试点工作。股份制商业银行进行适度调整……

看到这里，王军的神经绷紧了，显然，中信实业银行属于"适度调整"的范围。发行金融债的方案提上了日程……

*   *   *

为探讨发行金融债的可能性，2003年冬天，孔丹前往国家发改委拜见主任马凯，希望发改委支持中信集团发行人民币债券的方案。

马凯有些犹疑。"不行啊，你是金融机构。"

"我们早不是金融机构了，已经改制了。"

"我批准企业发债都是要做项目的。"

"没错，我们的项目就是拯救中信实业银行。"

发改委最终批准了中信的方案。一如五年前，当王军向国务院提出建立金融控股公司的想法时，同样得到了有关部门的高度认可。因为这不仅仅关乎一家公司、一家银行的存亡，这其实是整个中国金融业的突围之战，中信公司这个永远的开路先锋此次将再次扮演勇士的角色。国家决策层也希望看到，除了中行、建行的道路，还有没有另一条路也能走得通。

2003年12月8日晚上，星期一，中信实业银行在中国大饭店举行"中信STAR"信用卡发布会，王军将首张中信STAR白金卡发给了新浪网总裁兼CEO汪延，然后王军匆匆离去。但是，临走前他爆出了一条大消息："中信集团本周五将发债100亿元，其中60亿元将用于给中信实业银行补充资本金。"

窦建中一边护送王军离开，一边笑逐颜开地继续对尾随着的记者们说："中信公司今天已经公告，发行100亿元债券。"

四天后，中信集团在全国银行间债券市场发行100亿元人民币债券的签约仪式在北京人民大会堂举行。这是中信集团历史上单笔金额最大的一次融资。

王军在致辞中说：中信集团在业务经营活动中，始终积极参与中国资本市场的建设与发展，在利用国际市场的同时，进一步拓宽融资渠道，积极利用国内市场改善债务结构。此次发债募集的资金，部分用于补充中信实业银行资本金，部分用于调整公司债务结构。

当记者问及此次发债能否达到预期效果时，中信实业银行副行长刘志强说：

"中信前两次发债都获得了超额认购，我们据此认为中信此次发债也能获得预期的成功。"刘志强表示，此次若能成功募集 60 亿元资金，中信实业银行的资本充足率将可以达到 8% 的监管标准。

但刘志强还是想得过于简单了。因历史遗留原因，中信实业银行资产质量实在不佳。截至 2003 年末，按五级分类，其不良贷款余额和比例虽比上年末下降了 2.74 个百分点，但仍达 212.7 亿元和 8.12%，高于股份制银行的平均水平。还有，尽管中信实业银行按照五级分类来确定不良贷款，却没有按照国际标准计提准备金，这就使该行的拨备覆盖率只有 14.7%，贷款损失准备金远不能抵偿因不良贷款而造成的损失。因此，因 60 亿元资金的注入而提升的 8.90% 的资本充足率依然是个虚幻的数字。如果按照新版《金融企业会计制度》编制年报，并且用所有者权益来完全弥补呆账准备金缺口，中信实业银行的净资本仍接近于零。再加上银行近年来快速增长的信贷规模，新增坏账的可能性极大，因此银行继续补充资本金的压力仍然巨大。

2003 年 12 月 31 日，抢在当年度的最后一天，全部 100 亿元资金入账。

2004 年 4 月 1 日，银监会批复同意中信实业银行增资至 140 亿元，比原来的 68 亿元增长了 106%。

2004 年，中信实业银行发行 60 亿元人民币次级定期债务，继续补充其附属资本。

2004 年 12 月，中信集团向中信实业银行拨付资本金 25 亿元。

2004 年，中信集团再次将其 2003 年度可供分配利润的 12.58 亿元全额转增中信实业银行资本金。

2004 年岁末，中信实业银行资本充足率终于上升到 6.05%，实现了资本充足率三年达标规划的阶段性目标。

2005 年 3 月 25 日，银监会批准中信实业银行增资至 177.9 亿元。

但这依然不够。

2005 年第四季度，中信集团再次启动发债程序。

这时，出现了与 2003 年几乎相同的场景。在中央经济工作会议上，发改委主任马凯对孔丹说，中信发债的报告上面已经批了，但是文件还要在各个部门走一圈。孔丹一听就急了，他一把拽住马凯："千万不能再让公文旅行了，再耽误几天，我们的银行就有可能关门！"

2005 年 12 月，中信集团终于获准再次发行 90 亿元企业债券。12 月 31 日，中信集团将其中的 86 亿元资金注入中信银行[①]，用于补充银行的资本金，使中信银行的资本充足率达到 8.18%，越过了 8% 的监管要求。

中信银行终于在大限来临之前，完成了惊险而漂亮的一跃，并因此摆脱了关张之虞。

＊　＊　＊

"我们是倒着来的。"孔丹说。究竟应该注资多少，是根据 8% 这个坎来定的，集团原定向中信银行注资 80 亿元，后来担心不够，于是努力又增加 6 个亿，才使中信银行的资本充足率最终越过了 8%。按照五级分类标准，2005 年底，中信银行的不良贷款（不含核销因素）比上年末下降了 3.64 亿元，不良贷款率为 3.88%，比上年末下降了 2.08 个百分点，首次实现了不良贷款余额和不良贷款率（不含核销因素）的双下降。

这是怎样的三年啊！从 2002 年开始，集团每年从中信实业银行获得的十几亿元利润分红就全都没了。集团所获得的全部收入、从境内境外子公司的分红，也几乎倾囊而出，一股脑儿投入了中信实业银行补充资本金。除了银行以外，中信集团其余的投资几乎完全停滞，其他各子公司只能依靠自身的力量生存发展。有些项目可以压缩，但有些就不能压缩，比如援藏、比如治沙、比如解决中信机电公司数万人的吃饭问题……整个集团上上下下都算着小钱，把一分钱掰成两半花。

2003 年的工作会议上，王军特别强调："控制成本的问题必须引起各级领导高度重视，成本节约最直接地反映在利润上，节约一块钱的成本就可以产生一块钱的利润，各单位要认真考虑压缩成本，别人能做到的我们也应该做到。"

王军发了命令："实业银行对集团来讲是重中之重，关系到整个集团的成败，必须下大力气做实、做好。对于资本金不足和不良资产等问题，集团和银行要上下团结一致，全力解决，使实业银行尽快实现三年达到监管要求的规划。三年时间很短，必须紧紧把握时机，积极调整业务结构，努力推进体制创新、经营创新和技术创新。"

[①] 2005 年 11 月 25 日，中信实业银行正式更名为"中信银行"。——编者注

这是令人难忘的三年，是对中信人坚忍和韧性的一次千日大考验。需要倾力而为的不仅仅是咬紧牙关、勒紧裤带为中信实业银行输血供氧，还包括倾全集团之力，合力清收不良贷款的攻坚战。

根据《商业银行资本充足率管理办法》，商业银行资本充足率的计算公式如下：

资本充足率＝（资本－扣除项）／（风险加权资产＋12.5倍的市场风险资本）

因此，银行若要改善其资本充足状况，有两个途径——或调整分子，通过充实资本金来提高资本充足率；或调整分母，降低风险资产的规模。不良资产带来的巨额拨备需求侵蚀了银行利润，损耗着有限的资本，更限制了业务的扩张。

以2004年为例，中信实业银行的利润总额为9.24亿元，如果剔除对部分历史不良资产核销和拨备的影响，实际经营利润达到49.80亿元，比上年增长50.54%。但当年仅核销部分不良资产和拨备，就"吃"掉了原本可以计入资本金项下的40亿元利润。

因此，清收不良贷款同样是中信实业银行的当务之急。

事实上，中信实业银行不良贷款的清收，早在1997年就在集团的统一指挥下开始了。

中信实业银行数额巨大的不良资产，绝大部分以逾期债权或抵押物的形式存在，如何使这些逾期债权或抵押物得以回收，成为王军十分关心的问题。他责成集团法律部把这项工作作为头等重要的任务，拿出对策。

法律部领命后，多方寻求良策，将所有逾期不能执行的案件进行梳理，王军据此亲笔给国务院副总理朱镕基写报告，反映这一困扰中信实业银行乃至中信集团的经济案件执行难问题。经过数年努力，绝大部分不良债权得到法律部门的有效执行，其中不乏经典案例。

* * *

2003年7月，一笔9 789.36万元的款额终于回到了中信实业银行的账上，这笔钱的回归之路隐含了多少艰辛和磨难。

时光回溯到1987年。中信实业银行向黑龙江省政府贷款2 500万美元，其中550万美元由黑龙江桦林集团使用，此外，实业银行在桦林集团还有650万元租赁款。桦林集团是原化工部的四大轮胎生产基地之一，是中国第一大轮胎企业，堪称计划经济体制下轮胎行业的"龙头老大"。

时间很快地过去，到了 1999 年，中信实业银行在桦林集团的全部贷款只收回了 500 万元，桦林另归还了租赁款 540 万元。在此过程中，桦林轮胎股份公司已经在 A 股上市。

中信实业银行派出资产保全部的工作人员来到牡丹江市催款。但是，桦林集团领导的态度令人啼笑皆非。在他们看来，第一位是工人的工资，第二位是原材料采购，第三位是上缴国家利税，至于银行贷款，没什么说的，一分钱不还！

银行当然不能默许如此结果。半年中，中信实业银行资产保全部的三位年轻人九上牡丹江，入情入理，反复做工作，使对方终于同意将占总股本 44.43% 的 15 107 万股押给中信实业银行。据说，就在同一时间，桦林集团在工行、中行、交行和光大银行还有贷款约 13 亿元，桦林集团各项债务累计近 20 亿元。中信实业银行终于再次抢占了有利位势。

但是，到 2000 年，光大银行终于觉醒，它对桦林集团拖欠的 1 亿元贷款发起诉讼，并同时把中信实业银行作为第三人追加起诉，要求实业银行让出 15 107 万股中的 4 000 万股给光大银行。

事情到此发生了戏剧性转折。

24 小时内，中信人员两次往返北京—哈尔滨，与桦林集团协商后，迅速在北京市第二中级人民法院起诉桦林集团，要求法院判决被告桦林集团确实"欠"原告钱，"股权质押有效"。这根本就是"周瑜打黄盖"，官司极其顺利地结束。2001 年 7 月 16 日，法庭判决桦林集团向中信实业银行偿付 9 541 万元借款本金及利息，中信实业银行对桦林集团"桦林轮胎"国有法人股享有优先受偿权。

但是，光大银行并不甘于这一结果，黑龙江省高院应光大银行要求，冻结了桦林集团已经质押给中信实业银行的全部股权。中信不得不继续坚韧而顽强地做各方的工作，并同时尝试更有创意的途径，帮桦林解开死结。这时，重组桦林可能就是一条求生之路。两个月时间，桦林集团先后与包括上海轮胎、青岛轮胎在内的 20 多家轮胎企业洽谈合作，从中物色出 8 家，最后只剩下新加坡佳通公司。佳通公司早在 8 年前刚刚进入中国市场时，就有投资桦林轮胎的意向，中国市场的巨大容量，一直被佳通集团看好。

2003 年，相关各方开始了桦林公司的重组谈判。新加坡佳通轮胎公司作为竞买人与中信实业银行接触，对方提出，佳通公司的底价是 5 000 万元人民币，超过这个价格免谈。但世界上没有什么是不能变通的。2003年7月13日，北京平谷渔阳饭店上演了一出产权竞拍的好戏，牡丹江桦林轮胎的1.5亿股国有法人股，经过此前的两次"流拍"，第三次拍卖终于一锤定音，新加坡独资企业佳通轮胎（中国）投资有限公司以9 700多万元的价格拍得牡丹江桦林集团44.4%的股权。这笔钱最终回到了中信实业银行的账上。这是外资企业通过司法拍卖方式并购中国国有上市公司的第一例，也是中信实业银行通过资本市场处理不良资产的第一次尝试。

值得再书一笔的是，佳通入主桦林集团的第二年，桦林实现利税1.7亿元，拉动牡丹江市工业经济增长10个百分点。

* * *

而万宝一案则更显出中信集团的综合应急能力和协同效应。

这又是一笔近10年的呆账。1994年10月至1996年4月，香港万宝国际集团下属北京万恒通电子有限公司与北京宝通燃气供应工程公司在中信实业银行北京分行陆续开立了总额近1亿美元的多笔远期信用证。很快，中信实业银行就发现两家公司已经因经营失误陷入困境。银行方面立即成立清收工作小组。但这时，两家公司已经给实业银行造成信用证垫款9 361万美元，从而形成了中信实业银行成立以来的最大一笔不良资产。

清收工作自此开始。

第一步，1996年5月，在银行的力争之下，万宝集团及其关联公司与中信实业银行签署"付款协议书"。

第二步，1996年6月和1997年1月，万宝集团分别将北京永乐花园和上海万宝国际广场等房地产项目进行债务抵押。

第三步，在王军的亲自过问下，中信集团统一协调中信实业银行和集团法律部、国华公司、中信资产管理公司、武汉建筑设计院等，排除各种干扰，各自发挥优势。他们将各种已经出现的法律问题一一解决，将抵押的地产项目上海万宝国际广场改变设计，大大提升其价值。

第四步，转让。一个原本说不清是谁家的丑丫头，经过几年的收拾打扮，已经出落成一位美丽的大家闺秀，终于要找一个正经婆家了。2003年8月，中信实业银行开始启动转让程序，经过反复研究修改后拟定的"代偿债务撤销抵押协议书"

和"股权转让协议书"最大限度地维护了中信的权益。消息传出后，多家颇有实力的公司纷纷找上门来，表达了自己最大的诚意。最终，中信实业银行与上海精文公司签署了价值5.4亿元的转让协议书。

2003年12月23日，全部5.4亿元款项按照协议如数打入了中信实业银行的账上。

2004年，中信实业银行清收现金约30亿元；2005年和2006年，银行又分别清收现金20.8亿元和24.5亿元。正是清收工作成效显著，为银行"腾出了释放隐性不良贷款和弥补审计隐性缺口的空间"。

*　*　*

清收之余，更需扎紧篱笆，严防形成更多新的坏账。

无论是王军、孔丹还是刚刚空降到中信实业银行行长位置上的陈小宪，对此都有极高的警惕性。对中信实业银行管理上的漏洞，陈小宪很不客气地指出："内部管理相当薄弱，案件频发。内部管理与现代商业银行相比有巨大差距。"

这是2005年1月，上年的数据大致已经出来，这些数据原本可以让在座的大小领导松一口气，但是，把中信实业银行放到全国背景下的时候，问题就被清晰地透视出来。陈小宪用了很多数字来论述自己的观点：

"在集团的帮助下我们核销了30亿的不良，自己也清收回来30亿，清收力度超过了往年，不良率下降到了5.73%，确实是个不小的进步。但若把这样的不良率放到中国银行业里比较，无疑是不够的。12家股份制商业银行平均不良率接近5%，我们在平均线之上，是5.73%。若以上市银行平均3%为参照，差距将近1倍，这5家中还主要是由于深发展高达8%~9%的不良率，如果剔除深发展，另外4家在2.6%左右。因此，我行目前5.73%的不良率，对我们全行员工、全体干部和集团都是心腹大患，也说明了我们竞争力是不够的。"

革命尚未成功，同志仍须努力。

陈小宪提出了中信实业银行"一二三四"的公司金融发展战略：一个目标，即在特定区域内成为中小股份制银行中对公业务的主流银行；两级管理，即强化总分两级对公业务的管理；三级营销，即总分支三级营销；四个平台，即公司理财、投资银行、产业金融和中小企业金融。

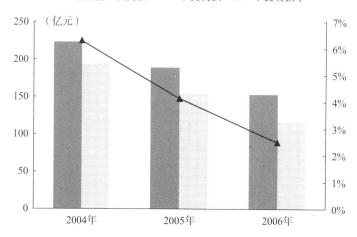

图7　2004—2006年中信银行不良贷款变化

资料来源：公司招股说明书；国信证券经济研究所。

在那天的会上，陈小宪还提出了发展零售银行业务的目标：2005年个人储蓄存款增长达到200亿元，2006年达到400亿元，2007年达到600亿元，三年实现1 200亿元的累计增长，这就是"三年三步走"的零售目标。

进入21世纪，中国国民的个人财富迅速增加，这为中国银行业尤其是此前以对公业务为主的股份制商业银行的业务转型提出了新的课题。

陈小宪说："在各家银行公司业务产品单一、新产品很容易被同业复制、对公业务增长乏力的情况下，我行要将重要战场逐渐转移到零售业务上来……只有当零售业务的占比达到20%或者25%以后，才能促进业务的自然增长。"

* * *

2005年11月25日，中信实业银行正式更名为中信银行。谁都能读出取消了"实业"二字后的含义，中信银行决意在零售银行业务上实现大的突破。

2005年末，中信银行的储蓄存款实现了230亿元的增长。

2006年底，储蓄存款余额突破了1 000亿元大关，是第二家跨过千亿元大关的中小股份制商业银行；储蓄存款占比从2004年底的不足10%上升到2006年的17%。

2007年底，全行零售客户管理资产余额达到近1 900亿元，为2004年末的4.3倍；储蓄存款占比达到19%，比2004年末提高近10个百分点。

"三年三步走"的发展目标已经超额实现。

再次将中信银行放在整个中国银行业的背景下透视。

到 2005 年末，12 家股份制商业银行的平均不良贷款率为 4.2%，5 家上市银行的平均不良贷款率是 3.6%。而中信银行的不良贷款率为 4.14%，总水平已低于 12 家股份制商业银行的平均水平。

2003 年、2004 年、2005 年、2006 年 6 月及 7 月，中信集团共计向中信银行以现金注资逾 250 亿元，使中信银行的资本充足率和核心资本充足率都达到了监管要求。切勿小看这几个百分点的变动，它为中信银行在激烈的竞争中赢得了极为难得的发展机会。

资本金的不断递增，才使中信银行的继续扩张成为现实。要知道，从 2003 年到 2005 年的三年间，按照银监会的要求，未达标的银行是没有资格扩张规模新建分支机构的。而对当时的中信实业银行来说，其利润 95% 靠信贷创造。不扩张，毋宁死。这就需要不断地补充资本金才能抓住发展的机遇，如果缺乏资本金的注入，就意味着放弃市场，在竞争中败下阵来。

上述局面从 2006 年起发生了根本性的改观。有业内观察家评价："今年以来中信银行各项经营指标上升得很快。"与此同时，民生银行、福建兴业银行等因为受资本金约束，业务增长明显不如中信。在 2006 年，中信各月同比的贷款增速都达到了 20%~30%。"

2006 年，当王军即将退休时，交出的是这样的成绩：当年 6 月，国际金融界的权威杂志英国《银行家》（ *The Banker* ）在北京首度发布了"中国银行业 100 强"排行榜，中信银行凭借 213.4 亿元的一级资本位居中国银行业第七位；同时在资产排名、最新平均资本利润率排名中亦位列第七。尤为可喜的是，中信银行的最新实际利润增长率排名位居所有上榜银行的第二位，成本收入比指标在所有上榜的股份制商业银行中表现最好。

铺垫了整整五年时间，把银行的基础夯实再夯实，直到这个时候，中信银行的 IPO 之路才真正驶入快车道。

孔丹曾经放话："实业银行在三钱不值两钱的时候不能谈上市。"到了 2006 年，整个中信决策层都认为，中信银行的资产价值已经到了"三钱能值五钱"的时候了，现在应该是中信银行上市的绝佳窗口期。必须抓紧一切时间，把中信银行推向海内外资本市场。

＊　＊　＊

2006 年春天，中信银行正式启动股改上市工作。

3 月 28 日，中信银行董事会、监事会第一次会议在北京召开。王军、孔丹、王川都参加了会议。王军在会上说："此次会议是中信银行改革发展关键时期的一次重要会议，是中信银行完善公司治理机制的重要标志。"

三天后，中信集团与中信国际金融控股公司签署了框架协议，后者向前者收购中信银行 19.9% 的现有股本权益。很显然，这是中信银行 IPO 之前引入战略投资者的第一步。

从这时候开始，中信银行的改制、引资和上市三个步骤同时进行。

事实上，从 2005 年岁末起，中信集团及中信银行就开始陆续接触潜在投资者，2006 年 5 月开始正式启动引资程序。两个多月，中信从一长串候选者中选出了西班牙毕尔巴鄂维茨卡亚对外银行（BBVA）、日本瑞穗金融集团、法国巴黎银行、西班牙国家银行、通用金融五家，而 BBVA 正是其中的重点谈判对象。

中信集团还有一个条件，此次引资要"两边投，三角凳"，意思是战略投资者要在中信银行、中信国金两边入股，确保中国内地、中国香港和战略投资者本身三方的稳固发展。

BBVA 是一家总部设在马德里的国际性综合性商业银行，在欧元区商业银行中，按市值排名第四，2005 年其股本回报率达 37%，财务表现上佳，曾被评为欧洲最佳零售银行。但是 BBVA 在亚洲区总资产仅 200 亿港元，刚刚起步，此次若能同时入主中信银行及中信国金，无疑是一个难得的机会。

2006 年 11 月 23 日，中信集团发布公告，称"中信银行与 BBVA 已就战略合作事宜达成一致并签署最终协议。根据相关协议，BBVA 将认购中国中信集团公司持有的中信银行 5% 的权益，从而实现对中信银行的股权投资"。

应该特别注意的是，中信银行此次是以 2006 年预测净资产的 3.3 倍高价向 BBVA 转让股权的，从而创下了国内银行引入海外投资者的最高价格纪录。BBVA 的"慷慨"之举已经说明，中信银行早已今非昔比，它的身价已经是"三钱变成十钱"，这一价格直接为中信银行的 IPO 增色添彩。

12 月 18 日，中信银行召开股份公司创立大会，选举产生了第一届董事会、监事会成员。

12月31日，由中信集团与中信国金作为发起人，将中信银行整体改制为中信银行股份有限公司，一举完成中信银行上市至关重要的一步——股改。

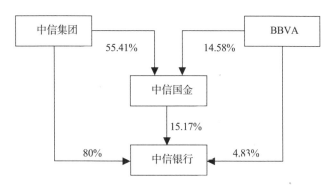

图 8　中信银行 A+H 股发行前股权结构

资料来源：中信银行招股说明书。

仅仅 10 个月，中信银行已经完成了股改和引进战略投资者的全部工作。

陈小宪说："这些工作的完成，标志着中信银行的财务数据水平已达到国际会计准则的要求；标志着中信银行的公司治理结构迈上了历史性的台阶；标志着中信银行真正进入股份制商业银行行列，并为最终成为公众持股的上市银行奠定了体制基础。"

2007 年春天，当孔丹再次见到马凯时，与四年前的情形完全不同。孔丹面带轻松和笑容，他再次提到了中信银行的发债问题："马主任，你放心，我们借的钱绝对安全，我 1 元钱现在变成了 3.3 元，等上市了就变成 5.5 元了。"

* * *

2007 年 3 月 28 日晚，中国证监会的网站终于挂上中信银行招股说明书的申报稿，中信银行将发行 23.02 亿股 A 股及 49.5 亿股 H 股，中信银行 A+H 股 IPO 将筹资逾 400 亿元。

4 月 10 日中午，香港万豪酒店嘉宾云集，中信银行董事长孔丹及行长陈小宪与他们的 IPO 承销团向约 400 名各大国际财团代表（来自银行、基金、对冲基金等机构）进行了推介，这是中信银行 IPO 海外路演的第一幕。H 股招股价下限为 4.72 港元，上限为 6.17 港元；A 股招股价区间为 4.66~6.1 元人民币。该价格区间要略高于市场估计的 4.5~5 港元的水平，但是机构投资者反应热烈，路演第一天已获 5 倍超额认购。

中信银行敢于高价招股，实乃天时、地利、人和皆备。业内人士评价，近期市场资金充裕且中国概念少，因而"上市时机比任何时候都要好"。再看金融股的市场表现，2006 年已公布业绩的银行平均净利润同比增长 30%，预计 2007 年仍将保持这一增长势头，因此国内银行股普遍出现强劲的上涨趋势。在这一机会面前，中信银行巧借东风、顺势而为，前景大好！

接下来的一周，路演团队主要分成两队，分别由孔丹和陈小宪带队，在美国、日本和欧洲各地进行路演推介。孔丹说："我已经是小六十的人了，一天五六场，拼着老命呢。"

路演团队在旧金山终于累瘫了，孔丹说要找地方喝酒。找了半天，才找到一家摩托车俱乐部，啤酒、红酒，这里什么都有。这是提前喝中信银行上市的胜利酒。孔丹醉了，他忘记了自己是在哪里，居然高声唱起了陕北信天游《山丹丹花开红艳艳》。

此时，距中信集团新科董事长孔丹 60 周岁生日还有 1 个月时间。来自全球投资者对中信银行的空前热捧，无疑是送给孔丹最好的生日礼物——发行市净率高达 2.84 倍，市盈率高达 39 倍，发行估值水平超过此前已上市的所有中资银行，创下了最低的价格敏感性、最高的定价水平和创纪录的市场需求。中信银行公开认购及国际配售部分分别获得 230 倍及 90 倍的超额认购，发行认购倍数居中资金融类 H 股发行第一。A 股网上网下共冻结资金超过 1.4 万亿元，创 A 股市场纪录。

陈小宪说："为实现成功上市，抢占有利的市场机遇，我们抢时间、追进度、死守关键时间点。从全面审计、资产评估到撰写招股说明书、争取有关部门批准、组织分析师大会和全球路演等等环环相扣，终于以最快的速度完成了全部工作，所有参与上市工作的同志都付出了难以想象的超负荷劳动。"

孔丹就一句话："人努力，天帮忙。"

2007 年 4 月 27 日，中信银行在上海和香港两地同时挂牌上市，这成为继中国工商银行后第二家以"A+H"模式同步发行上市的中国企业。

是日，上海、香港两地交易所吸引了大批记者，他们记下了几个重要时刻：

4 月 27 日 9 时 30 分，随着中信银行行长陈小宪敲锣鸣响，上海证券交易所的大屏上跳出数字：9.21！现场一阵惊呼，高过预期了！

10 时，中信银行董事长孔丹、副董事长常振明等人步入香港联交所交易大厅，敲响了上市开盘的大锣，H 股开盘集合竞价时段报 7.08 港元，涨幅为 20.82%。

中信银行 A 股开盘半个小时后大幅快速拉升，最高报 12.19 元，最低报 8.88 元，全天报收于 11.37 元，涨 5.57 元，涨幅为 96.03%，换手率为 72.42%，成交 84.37 亿元。

中信银行 A 股发行价格确定为每股 5.8 元，96.03% 的涨幅亦创下金融类新股首日上市交易的涨幅纪录。与此同时，中信银行总市值接近 4 200 亿元，其中 A 股总市值 3 799.29 亿元，成为 A 股市场第五大权重股。

H 股的发行价格为每股 5.86 港元，4 月 27 日当天，H 股收盘时报 6.68 港元，涨幅为 13.99%。

仅仅五天后，《华尔街日报》刊登消息，中信银行股份有限公司表示，首次公开募股联席全球协调人已行使了超额配股权，该行因此额外筹集资金 42.9 亿港元。

由于认购踊跃，中信银行启动了绿鞋机制，增发 15% 配股权，从而使得此次 IPO 规模最终达到 59 亿美元。

此役中信银行大获全胜。近 500 亿元的融资，对于中信银行究竟意味着什么？

2008 年 1 月，回首过去的一年，陈小先列数了那些令人自豪和兴奋的数字（见表 8）。

表 8　中信银行 2004—2009 年主要财务指标状况　　　　　　　（单位：亿元人民币）

主要指标	2009 年	2008 年	2007 年	2006 年	2005 年	2004 年
总资产	16 771.49	11 878.37	10 112.36	7 068.59	5 949.93	4 934.02
存款总额	12 590.64	9 433.35	7 799.99	6 184.12	5 305.73	4 350.20
资本充足率	10.14%	14.32%	15.27%	9.41%	8.11%	6.05%
核心资本充足率	9.17%	12.32%	13.14%	6.57%	5.72%	3.33%
税后利润	137.42	133.20	82.90	37.26	31.49	24.51
不良贷款率	0.90%	1.36%	1.48%	2.50%	4.14%	6.29%

资料来源：中信银行。

A+H 股成功同步上市，标志着我行实现了股权多元化、国际化，公司治理实现了根本性改变。

总资产规模跨过万亿元大关，比上年增长 43% 左右；资本充足率达到 15%，资本实力在中小股份制银行中跃居第一，为下一步的发展打下了坚实基础。

在机构发展上，我们摆脱了多年没有设立分行的局面，新筹建 3 家一级分行、1 家二级分行和 40 余家同城支行，全行机构网点总数接近 500 家。新设机构对我行综合实力的提升将发挥重要作用。

在外部评级上，国际评级机构纷纷调升我行评级，穆迪公司将我行财务实力评级由 D– 调升为 D，评级展望由负面调升为稳定，位于其他股份制银行前列；长期存款评级由 Baa3 上调一级到 Baa2，是国内存款评级最高的股份制银行。在银监会监管评级中我行上升到第二类（第一类空缺），成为监管评级最高的国内银行之一。这充分表明我行的综合实力显著提升，获得了市场和监管机构的高度肯定。

更应该问一句，中信银行上市，对中信集团意味着什么，对于集团的昨天、今天和明天都具有怎样的意义？

在过去五年中，面对国内银行业的激烈竞争，中信集团没有向国家伸手，而是依靠自身力量，承担了巨大的财务成本，共向中信银行注资 212.5 亿元，累计提取拨备及核销不良资产 248.7 亿元，使中信银行净资产大幅提高，资本充足率提前达到监管要求。在此基础上，中信银行顺利完成了银行的重组、改制、上市工作，开创了中国国有企业依靠自身力量完成商业银行改制上市的成功范例。

这足以证明中信集团的改革探索获得了极大成功！

比较表 9，就不难发现中信银行上市为集团带来了极为重要的正效应。

表 9　中信集团 2006—2009 年主要经营数据　　　　　　　　（单位：亿元人民币）

主要指标	2006 年	2007 年	2008 年	2009 年
营业收入	806	1 094	1 545	2 087
利润总额	100	265	259	350
净利润	65	159	142	186
总资产	9 272	13 188	16 316	21 399
净资产	456	985	1 094	1 348

资料来源：作者根据中信集团历年工作报告制作而成。

在过去相当长的时间里，中信集团的净利润始终在 20 亿元左右徘徊。但是，到 2007 年，中信集团一举翻身，净利润从上一年的 65 亿元直线拉升到 159 亿元！

在经历了从 2006 年中信银行改制、引入战略投资者直至 2007 年上市这样一系列接连不断的大动作之后，中信集团已经基本收回了对中信银行的全部投资，并依然保持了对中信银行近 70% 的绝对控股地位。

可以比较一下光大集团在光大银行的权益：6%。

同样可以比较一下招商局在招商银行的权益：19%。

很难想象，如果当年王军、孔丹不是咬紧牙关自费改革，如果中信银行也走上了光大银行之路，让国家出手，那么中信集团在中信银行的权益势必被严重稀释，中信集团的实力也将因此被大为削弱，中信集团就绝无可能像今天这般从容、这般主动、这般雄心勃勃！

如果没有自 1993 年以来的战略转型，如果不是抓住过去 10 多年来每一次机会进行改革的探索，如果没有缜密的方案并强力实施中信金融业大船的大计，特别是，如果不是上下齐心、共赴时艰，共补银行资本金之缺，那就根本不可能抓住 2007 年转瞬即逝的大好机会，中信银行甚至中信集团一定会遭遇前所未有的火顶之灾。这绝不是危言耸听，因为 2008 年 10 月，中信泰富"澳元门"事件带给整个中信集团的震动，绝不亚于又一场 8 级地震。

*　*　*

100 亿元净利润，对中信集团来说，曾经是一座难以逾越的高山。在王军的工作报告上，曾经将这一高度作为中信集团在"十一五"期间的终极目标。当机遇突然降临，早有准备的中信集团牢牢抓住了这一机会，"咬紧牙关、卧薪尝胆、背水一战、艰苦努力"，终于提前三年跨过了这曾经高不可攀的巅峰，走向又一个新的高度。

第二十四章　凤凰涅槃

在中信银行艰难爬坡的时候，王军的主攻目标十分明确，尽最大努力，集中兵力推动中信金融板块腾飞。进入新世纪的最初几年中，在中信集团的利润版图上，金融与非金融是两个严重不相称的板块，它们大致的比例是 9∶1。而且，中信公司的非金融产业大都不具有行业优势。

如此格局，要不要继续发展中信的非金融产业？是像光大那样，砍掉几乎所有的非金融枝干，仅仅在形式上保留金融一枝？是像招商局那样，三条主线极为明晰：金融、房地产与远洋航运，除此之外一律下重手废止？

比较中信与上述两家企业的发展路径，王军面对的局面显然要复杂百倍。

王军背负着 541 厂（后更名为中信机电）、洛阳矿山机器厂（后更名为中信重工）两个庞大的国有企业，两厂的工人及家属合起来超过 10 万人。王军不可能像甩包袱一样把他们甩给社会。

王军麾下还有中信国安、中信戴卡、中信特钢、中信地产 ⋯⋯ 等等，已经具有一定实力与深刻影响力的企业。

中信的海外战略始终走在了国家大政方针的前面，面对中国开放、国力迅速提升的大背景，中信走出去的步子只能加快，而绝不是停止。

如此大势面前，王军怎么可能轻言放弃？

如果答案是肯定的，那么在中信集团的平台上，而不仅仅是某个实业企业的平台，中信实业的优势在哪里？中信实业能够借助的大势是什么？处于追赶者角色的中信实业应该奉行什么样的发展策略？一句话，中信实业具备的发展依据和发展动力究竟是什么？

对于今天的中信来说，上述问题的分量已经很轻了，因为结果已经十分明朗。但是在 5 年前、在 10 年前，如此问题对于王军来说，没有答案。

2007 年 12 月 12 日，河北香河"第一城"内，第三次中美战略经济对话会在这里召开。中国国务院副总理吴仪和美国财政部长保尔森作为两国元首的特别代表出席会议。

上午 9 时 15 分，吴仪致开幕词。

保尔森财长，各位同事：

我非常高兴在庄重典雅、具有中国古典建筑艺术风格的"中信国安第一城"欢迎保尔森财长和各位美国同事，并在此举行第三次中美战略经济对话。

……

不止一家媒体注意到了开会地点的特殊性，香港《大公报》记者披露说，是吴仪副总理亲自选定的会场。

此前，第七届 G20 财长和央行行长会议也在这里举行。会后，国家财政部向国安集团发来感谢信，称此次会议的组织堪称"天衣无缝，完美无缺"。

数月后，举世瞩目的 2008 年北京奥运会盛大开幕，来自哈萨克斯坦、乌兹别克斯坦和白俄罗斯的三位总统指定要住在这座"第一城"。

这是怎样的一座城？在远离天安门 55 公里远的地方，国安创始人李士林究竟做了什么？

李士林，1950 年 1 月出生，河北省香河县人。

1969—1973 年，在中国人民解放军某部服役。曾任北京市政工程局干部、市政机械技术开发公司主任、市环城工程公司科长等职。

从 1987 年 4 月创办北京国安宾馆至今，李士林历任中信兴业信托投资公司副总经理、中信国安信息产业股份有限公司董事长、中信海洋直升机股份有限公司董事长、中信建设有限责任公司董事长、中信天津工业发展公司董事长、中信华南（集团）有限公司董事长、中信房地产公司董事长、中信国安集团公司董事长、中国中信集团公司常务董事、副总经理等职。

2007 年 1 月 26 日，李士林被第四届中国经济发展论坛暨第四届中国经济人物组委会评选为"中国经济十大新闻人物"。

2007 年，李士林荣获世界华人协会授予的"世界杰出华人奖"。

2007 年，李士林被美国西亚拉巴马州大学颁授荣誉博士学位。

在经历了从 1994 年以来的战略调整之后，中信国安几乎成为中信境内子公司中硕果仅存的综合性公司。能打硬仗，能在最复杂的环境中带领企业走出困境，李士林过人的意志和才华让国安走到了今天。

李士林的同事对他有一个总结性评价："是谋企业发展的专家，凡是士林总分管的企业都得到了发展；是抓住机遇的专家，他所做的任何事情总是能让市场突然眼前一亮；是处理危机的专家，任何麻烦事情，只要士林总出面，一定就解决了。"

* * *

1987 年，北京朝阳门外一片低矮的胡同边缘，新建的国安宾馆煞是抢眼。以此为基础，中信公司在兴业公司下面注册成立了北京国安实业发展总公司[①]，李士林任总经理。

可那时候中信的决策者们还拿不准国安的未来，因此国安公司成立之初只能叫"北京国安"，而不能冠以"中信"的名头。有一年，北京国安下面的一家子公司在自己的礼品袋上标上了"中信"两个字，或许还用了"CITIC"的 LOGO，身为中信总经理的徐昭隆大为光火，大家都把"中信"两个字看得比天还大，怎么能任由下面的人随意滥用？后来这家公司的老总就因此被撤了职。

但是，北京国安很快就表现出与众不同的路子。

1989 年，国安宾馆竣工开张。春夏之交那场风波的余波一直没有完全平静，北京旅游业遇到了最萧条的一年，国安宾馆生不逢时。但是，就在这个时候，宾馆却迎来了几位极其特殊的客人。

1989 年 11 月 17 日，已是夜色朦胧时分。这一年的冬天来得特别早，11 月的夜晚已经有了浓浓的寒意。邓小平与夫人卓琳、女儿毛毛等人在王军的陪同下，来到了国安宾馆。今晚，李士林请客，请小平一家吃涮羊肉。后来就有话传出来说，这是小平同志晚年在外享用的唯一一次私宴，那天一同来到国安宾馆的还有国家主席杨尚昆。

一次家宴而已，但这看似不经意的举动，在中国当时格外敏感的政治环境下，就一定会有人使劲儿揣摩其中可能包含的特殊含义。

---

① 1994 年正式更名为"中信国安总公司"，1999 年正式更名为"中信国安集团公司"。——编者注

*　*　*

岁末年初，政治形势渐渐回暖，北京市政府开始了忙碌的亚运会筹备工作，国安宾馆积极争取，终于成为第九届亚运会合作伙伴。还不仅仅是提供宾客的住宿服务，一个更加重要的机会也在这个时候出现了。

正值世界通信革命前夜，为了满足亚运会期间的通信需要，北京建成了以光纤传输为主，以程控电话交换机为核心的通信网，此外还迅速扩建了公用移动电话网，移动电话用户容量增加了 1 倍，无线寻呼网更是大幅扩容。

这些迅速增加的通信需求为成立不久的国安公司找到了新的业务增长点——代理移动电话的销售，并在国安宾馆的九层设立了寻呼台。第二年，这样一个移动通信网和相同的运营模式被国安直接复制到了武汉。国安建网、建基站、卖手机，这些业务越做越大，更重要的是，它们为国安提供了充沛的现金流。20 年后，国安集团的领导依然不无得意地回忆说："我们那时候卖一台大哥大能挣 1 万多呢！"

这向李士林传递了一条明确的信息：无线通信网络的商机以及有线电视传输网络的市场容量将迅速扩大。但是，电信行业的高度垄断是尽人皆知的，要想挤进去并获得发展，谈何容易。

"八五"、"九五"期间，在中国电信"八纵八横"、大气魄、大手笔横行天下的时候，中国有线电视网却像野孩子似的没人待见。意识形态的惯性使然，尚无更多的资本敢于进入有线电视产业。没有大资本的进入就不可能产生大的整合，因此到 90 年代末，中国有线电视网络传输环节相对于其他环节仍然明显滞后，网络干线光缆勉强达到 2 万千米，总光缆里程达到 10 万千米，远远低于中国电信 21 万千米的光缆长度。

各种因素作用下的中国有线电视网从一开始就是散网，各个省市各自为政，互不连通，带宽、技术水平或其他标准都不尽相同，亦不尽如人意。比如在湖南，长沙的网绝不可能连到湘潭，而湘潭与浏阳又分属不同的网络。在整个产业链上，相对于上游的节目制作或内容提供、相对于下游的客户需求端，有线电视网络传输环节迅速形成了瓶颈，但也正因为如此，这就成了信息服务产业价值链的利润区。

1992 年的时候，李士林敏锐地盯住了沈阳市。沈阳正在建设有线电视传输网，苦于资金紧张，不得不向机构内职工集资，但是这点钱既不够建网，也不足以撬动银行的资金，左右为难之时，中信国安来了。国安持股 49% 与沈阳有线电视台合作投资建设经营沈阳有线电视传输系统，这是东北地区最大的城市有线电视网。以此为发端，中信国安悄然攻占了唐山、承德、沧州、秦皇岛、荆州、武汉、周口、长沙、湘潭等地市的有线电视网。

当然，在最初几年，李士林的动作还没有那么大，他的实力还很有限。但是，到了1997年，王军狠狠地推了他一把。

1997年，中信总公司获得了一个宝贵的IPO名额，将名额给谁？王军几乎没有犹豫，他舍弃了如日中天的郑州日产汽车，当即决定将中信国安的有线电视网络业务以及其他通信增值服务业务剥离，成立中信国安信息产业有限公司，他要利用当年这唯一的名额，将中信国安送入资本市场，募集资金，迅速扩张国安名下的信息产业。王军坚信，信息技术革命将使得这一产业成为金娃娃。

开饭馆、卖野味起家的国安公司，没有几个人懂什么是IPO，也几乎不清楚资本市场的魔力。但这并不妨碍他们在不到半年的时间里走完了所有历程。

9月28日，中信国安股票获准发行，发行价7.09元。

10月31日，中信国安在深交所挂牌上市。与王军有着同样信念的投资者将中信国安的股票捧到了极致。上午9时30分，李士林兴奋地接过铜锤，敲响了当日开市的钟声，刹那间，巨大的电子屏幕上跳出了耀眼的红色数字：22.09元，这是中信国安的开盘价！全场爆发经久不息的热烈掌声。这一天，中信国安创造了深市开市以来的奇景——开盘价、涨幅、成交量三个第一！

利用上市募集的资金，中信国安开始以更大手笔整合有线电视网络，但它很快就遭遇政策阻击战，有人手举红头文件，试图逼中信国安退出，这些手段中信人都曾见识过。

2001年，中信国安与湖南岳阳、益阳、郴州、永州签订了合资建立有线电视网的协议，此事却引起了电广传媒的勃然大怒。电广传媒的第一大股东是湖南广播电视产业中心，其持股比例高达50.31%，是湖南省广电局下属的一家全资子公司。自家后院出了叛徒，这是电广传媒所不能容忍的。当时，电广传媒已经与长沙、湘潭、衡阳、常德、娄底、吉首、怀化、株洲等10个地级市达成协议，改造、合并这些城市的有线电视城域网，它不能眼睁睁地看着岳阳等地的市场流到中信国安的囊中。

于是，有关部门很习惯地祭起了政策大棒。

《21世纪经济报道》刊文说："作为湖南省广电系统主管部门的湖南广电局，

看在眼里、急在心上，欲挥舞'政策大棒'将外地的资本诸侯清出湖南，好让电广传媒一统三湘……"

2001 年 5 月 28 日，湖南省广电局在《中国证券报》头版发布声明："凡从事有线电视网络传输业务必须报请省以上广播电视主管部门的审批同意，对未经我局审批擅自在我省、市、县有线电视网络部门组建网络传输公司从事广播电视网络传输业务的违规行为，将按照国务院 82 号文件精神和国家广电总局的规定，会同有关部门予以坚决清理。"

此举矛头直指中信国安。

湖南省广电局负责人说："遭遇政策的重击，中信国安能量再大也无济于事，它必须立即停止在湖南省内有线电视网络方面的'跑马圈地'，不然，就麻烦了，没有好果子吃……"

但是，凡此种种手段并没有奏效。行政部门所惯用的行政命令手段加上象征性的低价收购战术遭到了市场的强烈反抗。以岳阳为例，当地人称："电广传媒坚持要占控股地位，且想揽得人事权，而且电广传媒对岳阳市有线网络的资产评估也过低，我们很吃亏，双方谈了几个月都没有达成合作意向。相反，中信国安开出的价码更让岳阳市广电局心动。按照协议，中信国安参股 49%，而岳阳市有线电视宽带网络公司则控股 51%，双方没过多久就成功联姻。"其结果就是让中信国安再次扩大了在湖南的领地。

市场竞争环境的逐渐向好，来自电信部门 IPTV（交互式网络电视）的虎视眈眈，诸多原因使广电部门某些人已经不能随意用行政力量驱逐资本力量。

截至 2008 年末，国安公司共投资了 18 个有线电视项目，其中有河北、安徽、江苏 3 个省网，武汉、长沙、承德、秦皇岛、唐山、荆州、十堰、浏阳、威海等 15 个地市网，有线电视网络跨全国 7 个省区，覆盖 2.4 亿人口，为 2 028 万入网用户提供服务，其中数字电视用户达到了 873 万户，有线电视网络规模及管理水平居同行业上市公司领先地位。

所有这些，为投资者带来了稳健的收益。

＊　＊　＊

2004 年 4 月，中信国安发行了 15 亿元企业债券。作为央企的二级企业，国安此举是空前的。债券发行公告声明："募集资金将用于柴达木盆地盐湖资源综合利用基地项目。"

这还不够。紧接着，李士林又将青海国安的柴达木盐湖项目装入上市公司。

当年12月，中信国安股东大会通过了公司以3.6亿元收购青海中信国安科技发展有限公司51%股权的议案。又一个"金娃娃"被植入中信国安名下，这让当时的资本市场欣喜若狂。坊间评论："这意味着中信国安将成功地以高起点进入稀缺资源行业。"

此前，在中国大西北青藏高原的永久冻土层上，李士林已经用重金砸开了一个"缺口"，财富之门即将洞开。

2003年3月12日，青海省人民政府与中信集团公司在北京举行了合作开发青海省资源的签约仪式。根据此次签署的三项协议，国安集团将投资22亿元与青海合作开发西台吉乃尔盐湖资源，投资20亿元与青海合作开发柴达木团结湖镁资源。

青海省累计探明盐湖矿产总储量3 464.20亿吨，潜在经济价值167 433.83亿元，占全省矿产潜在总价值的97%。在资源为王的今天，盐湖的价值怎么估量都不过分。李士林又怎么能够不对此格外钟情？一个大胆而瑰丽的想象空间在他眼前迅速绽放。

大西北这片赭红色的高原和那白色的晶体也同样吸引了王军热辣的目光。

但那时候的中信，还远远谈不上有多么强大的实力，金融控股的报告迟迟没有获批，许多大大小小的实业项目基本上没有好看的业绩，还债压力日增，中信嘉华银行正在走背字，海外投资业务陷入低谷。那时候的王军竟然还能越过眼前如山一般的麻烦，将目光投向大西北的荒原上。胸中若无雄兵百万，又怎能运筹帷幄？

中信国安集团终于获得了西台吉乃尔湖570平方千米的盐湖采矿权。

柴达木盆地中部，三座湖泊像三块晶莹剔透的蓝色宝石——一里坪、东台吉乃尔湖和西台吉乃尔湖。它们形成于更新世晚期。气候的剧烈变化，冰川的前进和退缩，形成了寒冷的冰期和温暖的间冰期的多次交替，发生强烈的新构造运动，导致湖水四次收缩，三湖与察尔汗湖逐渐分离，那棱格勒河水系产生四期冲积扇，三湖形成相应的扇前湖。从距今约15 000年前开始，三湖演变成盐湖，沉积了上、下盐层。

国安所获得的西台吉乃尔湖有着丰富的以锂为主的矿床，这些矿床均以卤水矿为主，埋藏浅，品位高，水文地质条件简单，容易开采，为钾、锂、硼、镁资源的综合利用提供了最为优越的资源条件。西台吉乃尔湖的卤水中氯化锂含量高达2.2~3.12克/升，位居全国盐湖前茅，比美国盐湖中锂含量高出10倍；硼的含量仅次于柴达木盆地的小柴旦湖和大柴旦湖的硼砂床。利用该盐湖的卤水，可以提炼生产钾镁化肥、硫酸钾、硼酸和碳酸锂等重要农业和工业产品，潜在经济价值高达1 700亿元。

仅仅在一年后，中信国安的硫酸钾镁肥首先下线，并迅速占领市场。

2007年1月11日，国安万吨级碳酸锂项目亦开始投产。

新华社消息说："……相对矿石锂开发，从锂盐中提取锂开发成本更低。西台吉乃尔湖占柴达木盆地盐湖卤水锂的储量一半以上，11日万吨级碳酸锂项目的投产，使这个湖成为中国最大的锂盐生产基地。"

国安的资源战略才刚刚开始。

* * *

2007年，中信国安入主新天酒业。北纬44度线上有全球公认的三个最佳葡萄酒产区：美国加州的纳帕溪谷、法国波尔多和新疆天山脚下。天山天池的冰山融水浇灌着新天十几万亩晶莹剔透的葡萄，这里已经成为中国独一无二的最高端葡萄酒的种植基地，现在，它属于中信国安。

2008年，李士林的西部棋局又添一子。

10月24日，甘肃白银。白银有色集团股份有限公司在这里隆重揭幕。新成立的白银有色集团股份有限公司（以下简称白银有色）由中国中信集团、中信国安集团与甘肃省政府国资委、甘肃省国有资产经营公司共同出资设立，注册资本50亿元，净资产66.6亿元。中信集团及中信国安集团对白银有色增资扩股投入资金人民币32.6亿元，国安成为白银有色最大的股东。

站在中信这块高台上，白银有色的视线瞬间穿越了国界。这个国家最大的有色金属公司在经历了破产清算的窘境之后，突然发现自己变得牛气十足。在刚刚过去的2009年，因为中信入资30多个亿，各级银行所给出的授信就达到了300亿元。白银有色正在与海外十余个项目进行洽谈。在乌兹别克斯坦，他们收购了一家英国的上市公司，这是一个每年有着200吨开采量的金矿；他们与首钢签订协议，即将收购首钢的一家铜矿；这样的项目还有不少。背靠中信，投资银行的大门才第一次对白银有色打开。

有关白银有色合作的三个重要协议，是甘肃省人民政府与中信集团在中信国安"第一城"签订的。此前，五矿集团、湖南有色等等行业大佬都对这个项目虎视眈眈，但国安的坚持不懈最终让白银有色花落中信。据说，李士林还有一个妙招，但凡与合作伙伴谈判签约遇到问题的时候，他常常会把客人拉到50千米外的中信国安"第一城"。于是，转机立现。

"千载难逢今盛世，天下难得第一城。"

"第一城"的精妙建筑令人惊艳，"第一城"的恢弘气势令人震撼，"第一城"的旖旎风光令人迷醉，那座复活了的皇家园林犹如魔城，进去的人们都会为她的魔力倾倒——这难道就是国安的作品？能打造这一浩荡宫城的企业还有什么叫人不放心的呢！曾经犹豫不决的客人们在讶异之后面展笑靥，谈判的进度大大加速。哈萨克斯坦的油田、伊朗的地铁北延工程、安哥拉社会住房等等大项目最终都在这里签约。

这一结果是李士林无论如何也没有想到的。

1992年10月18日，当李士林在香河安平镇的旷野里铲下第一锹土的时候，他脑海里的"第一城"还只是明清两代北京城的旧貌，他计划将其建成旅游观光园区。但不久后，李士林就对原有设计进行了颠覆性的变更。经历一番山重水复，"第一城"最终定位于"以会展、度假为主，旅游观光为辅的酒店式园林景区"。李士林将内外城墙掏空，改建了307套酒店客房，并建造了27洞的高档高尔夫球场，随即他又瞄准耗资巨大的会议会展休闲度假酒店产业，兴建了6座星级酒店、4万多平方米的会议设施以及近5万平方米的健身娱乐设施。数年间，投资额滚雪球一般越过了30亿元。

这一架势让许多人替李士林担心，如此巨额的债务什么时候能够还清！万一播下龙种，只收获跳蚤，怎么办？更有不少古建筑、古文化专家捶胸顿足长吁短叹，好容易精心复制的古城墙，怎么就狸猫换太子变成了酒店？这还是内九外七的老北京吗？这还是老祖宗的老城垣吗？

李士林没有在意这众多杂音，他按照1∶1的比例，将22座错落有致的城楼镶嵌在5千米长的空腹城墙之上，将圆明胜景、王府宅院点缀在城池之中，将前门酒肆安放在古墙之下，古色古香、富丽堂皇的正安宫大酒店是"第一城"的标志性建筑，中华佛教艺术博物院、金色艺术大厅、高尔夫草坪式花园构成了"第一城"

风姿绰约的万千画卷。

2005 年 10 月 15 日，第七届 G20 财长和央行行长会议在这里举行。这是中国首次作为 G20 会议的轮值主席国主办这一最高规格的财政金融会议。150 多个中外媒体的 500 多名记者云集"第一城"，是他们首先注意到，如此高级别的国际会议竟然交由一家企业来承办，这是中国的第一次。

好莱坞六大电影巨头之一的派拉蒙公司向李士林提出了收购"第一城"的意向，北京永拓会计师事务所对"第一城"作了审计评估，结果表明："第一城"价值 200 亿元。

国安公司的历史到今天，差不多有 23 年了。150 万的资本金是中信公司拨款的，到 2009 年年中，国安的总资产已经达到 420 亿元人民币，净资产 137 亿元。

20 多年中，中信国安跨越式发展的意义绝不仅仅囿于国安的一亩三分地。国安坚守在中国信息产业和资源产业的最高端，以其"永远争第一"的企业精神，顽强地撬动了铁板一块的僵硬体制。这一格局始终让中信集团高层对中信的非金融产业没有失去信心。虽然经历了从 90 年代中期以来中信大踏步地从实业领域的退出，但是今天，实力大增的中信集团终于可以腾出手来，收复失地，再建伟业。

*　　*　　*

就在这个时候，中国重化工业的最好发展时机也终于到来。

在国家振兴装备制造业和世界制造业产业转移的重大战略机遇降临的时候，王军终于卸下了他身上最沉重的包袱之一——中信重型机械公司，这个包袱王军已经背了十几年，现在它即将迅速成长，成长为云层之上的高峰，藐视所有竞争对手。

中信重型机械公司，原名洛阳矿山机器厂。这个"一五"期间建立起来的大型企业，90 年代初时，全部账面资产只有 9 亿元，设备老旧，冗员和社会负担沉重。1993 年，时任国务院副总理的朱镕基在治理了经济过热之后，开启了财政、税收、外汇和银行体制一揽子整体性改革。紧接着，国企的深度改革终于被提上议程。

许多与洛矿命运相同的大型国有企业，绝大多数濒临破产，要挽救这些企业，第一步就是从主管部门剥离出来，再进行重组。用当时的话就是"找婆家"，分背包袱。洛矿从国家机械委剥离出来后，曾经被河南省接管，但很快省里就把这个包袱甩给了洛阳市。丑媳妇没人待见，但他们自己心里很清楚，如果再嫁，新婆家必须找个有钱的。选来选去，他们选中了中信公司，自己主动找上门来。后来国务院批准了这一方案。1993 年 12 月，经国务院"保媒"，洛阳矿山机器厂成为中信麾下一员，后更名为中信重型机械公司（以下简称中信重机）。16 年后，中央政治局常委、原河南省委书记李长春再访洛矿，总经理任沁新不忘对他提了一句："当年还是您帮我们协调的。"

这是政治任务，中信接下了这个辉煌不再的包袱。

过了 1994 年元旦，王军去洛阳考察，到了厂里听汇报，他禁不住倒吸一口凉气。"固定资产去掉折旧以后呢，只有 7 000 多万元了。"

1996 年，中信重机年亏损近 7 亿元，其后的局面更糟。中信集团的审计报告对 1997—2003 年中信重机状况的描述是："资产质量差，累计亏损大，或有负债多，管理基础薄弱，社会负担沉重，抗风险能力脆弱。"

进入中信豪门若干年中，中信重机仍然是洛阳国有大型企业乃至全国重机行业中困难程度最大、持续时间最长的企业，濒临崩溃。最长的时候，一度拖欠职工工资达 15 个月。那时候的企业，"各种矛盾尖锐突出，整个工厂到了病入膏肓的地步"。

任沁新当时是分管财务的副总经理，他那几年"大多在做三件事，找国家要政策、跑银行贷款、跑法院打官司"。

中信重机的转机出现在 2002 年。

2002 年 12 月初，国家经贸委等 8 大部委联合颁布了《关于国有大中型企业主辅分离辅业改制分流安置富余人员的实施办法》，从政策上鼓励有条件的国有企业通过主辅分离、辅业改制分流。王军回忆说："当时中央有下岗分流政策时，我们抓住了时机，下了很大力气，解除劳动合同，维护稳定。给重机一人 7 000 元，而且连工厂内的非法集资都承担下来了，劳动保险也都承担了。这一点是朱镕基特别赞扬我们中信的。"

《关于国有大中型企业主辅分离辅业改制分流安置富余人员的实施办法》及配套的其他文件的出台，为国企改革提供了强有力的政策依据。

对于中信重机来说，"抓住时机"，意味着可以着手让这一大型国企减少冗员，轻装上阵。

*   *   *

用差不多一年时间解决了企业的冗员问题，2004 年，中信集团领导斟酌再三，最终做出了更换中信重机领导班子的决定。任沁新担任总经理一职，中信集团副总经理王炯任董事长。此前，王炯已多次前往重机调研，对此次调整深有感触："我一直觉得毛主席的话说得特别对，政治路线确定之后，干部就是决定的因素。"

进入中信大家庭 11 年，任沁新终于等来了最好的时机，他带领他的班子成员发誓要重整河山。

第一步，中信重机以"前所未有的决心和魄力"，大规模实施技术改造。

从 1990 年到 2002 年这 12 年间，重机公司在技改方面的有效投资只是增加了一台 6.3 米立车。2004 年到 2008 年，公司技改投资达 39 亿元。39 亿用在了哪里？任沁新作了如下解释：

• 完善、扩大热加工能力，形成了以大型铸钢件、大型铸锻件、高附加值锻件、大型有色件为主线的重型铸锻厂四大生产主线，巩固和提高了企业作为中南地区铸锻中心的地位；

• 扩大铆焊能力，使公司铆焊构件厂迅速成为重机行业屈指可数的大型、重型金属构件基地；

• 扩大热处理能力，从世界最大的 5 米井式渗碳炉到国内最大的 5 米 × 15 米台车炉，再到 4 台 9.5 米井式炉，一批现代化程度高、代表了行业最高水平的热处理炉承载起了中信重机作为中南地区热处理中心的实力；

• 扩大冷加工能力，购置安装了包括全世界仅有 3 台的瑞士玛格重型梳齿机在内的 60 余台大型数控机床。

不必拘泥上述枯燥的专业术语，大可一扫而过。但有些"关键词"不应该错过："中南地区铸锻中心的地位""重机行业屈指可数的大型、重型金属构件基地""行业最高水平的热处理炉""全世界仅有 3 台的……"等等。这才是中信集团的目标——进入行业最高端，构筑最高的竞争门槛，获取最高的势能。

任沁新不失时机地提出了他的"云层理论"，这是应该进入 MBA 课堂的竞争理论：

"海拔高度超过云层，在人们眼中不过几座山峰而已，你只要紧盯这几座山峰，就会永远位居全球市场竞争的第一方阵。云层之下，山头林立，极易被激烈的竞争所淹没。因此，要保持云层之上的优势必须不断地进取和创新。"

云层之上的竞争，让中信重机从当年开始就发生了重要变化。到 2006 年，中信重机销售收入突破 50 亿元，比 2003 年增长了近 4 倍。企业跨上了一个新的发展平台。

登高远望，视野所及处，山头已经日渐稀少，市场中血拼后的红色也越加淡去。完成大跨越后，企业何去何从？

在对国家产业政策、国内外市场需求和结构性调整方向反复研究后，公司决定实施建厂 50 年来投资最大的系统性工程——"新重机"工程。"干别人干不了的产品"是保持自身优势、引领未来市场的关键。铸钢件、铸铁件、锻件、铆焊件的大型化已经成为全球趋势，并正在成为一种稀缺资源。

围绕世界规格最大、技术最先进的 1.85 万吨自由锻造油压机，构建一个包括重铸铁业工部、重型锻造工部、重型热处理工部等六大工部在内的全新制造、工艺体系——这就是"新重机"工程。

中信重机将一举成为世界一流的高附加值大型铸锻件生产基地。国家发改委领导来到重机，看到这个巨无霸的 1.85 万吨油压机，兴奋地对王炯说："你们居然都能造 1.85 万吨了，一重、二重，国家给了那么多钱，怎么到现在也还不能上这个设备！"

经过持续大规模、高起点技改，中信重机形成了整套现代化、高水平的工艺加工制造体系、成套能力和工程总承包能力。

中国科学院院士闻邦椿教授曾如此评价："这样一个制造体系和生产制造能力，在全球范围内都是极为稀缺的资源，这使得中信重机能够自由掌控生产工期，在大型装备市场竞争中，立于明显的优势地位。"

2008 年 1 月，中信重机改制完成，重组成立了中信重工机械股份有限公司（以下简称中信重工）。

2008 年底，在金融危机局势最为混乱、最看不清楚方向的时候，新华社如同发现宝藏似的，派了多人的记者组来到中信重工。他们在报道中写道：中信重工让"一些海外投资者感受到这里有'全球罕见的春风暖意'"。

2009 年是任沁新的接待年，中央政治局九位常委，有四人在这个时候视察了中信重工。4 月，习近平到河南视察，第一站就是中信重工；5 月，贺国强冒雨视察中信重工；7 月，李克强顶着酷暑走遍了中信重工的各个车间；11 月，在漫天大雪中，李长春回到河南，一下飞机，第一站依然是中信重工。

四位常委中，李长春、李克强都曾经担任过河南省委书记，他们对中信重工过去的面貌十分了解，也曾费尽心机帮助过重工。因而当他们再次来到这里，看到这里焕然一新的面貌时，感慨无限。

李长春的表情格外欣慰，他对任沁新说："你们这三条路子走对了。一是洛矿进入中信这条路子走对了。国有企业兼并、重组、联合，这是一条正确的路子，孤立地去奋战、去改革发展，往往是比较难的。经过和中央企业搞联合，装备制造业成为中信集团的一个板块了，中信重工企业发展了、面貌改变了，也为河南、为中国装备制造业做出了贡献，这是双赢。二是你们从原来一个生产型台车炉企业变成一个研发型的公司，这个路子走对了……三是你们统筹两个市场、利用两种资源的路子走对了。"

李克强赞叹说："中信重工发展得相当快，我看了之后很受鼓舞……你们的发展出乎我的预料，令人振奋。"

习近平也用了"振奋"这个词，他临行时说："看了以后我感觉很振奋、很触动，这里代表了国家和世界先进制造业的水平。"

国务院副总理张德江更加干脆地说："这是我见过的最好的企业！"

"最好的企业"所带来的"中信重工效应"不仅让中央高层信心倍增，也给中信集团的实业突围绘出了无限瑰丽的前景。这不仅是中信重工的单兵作战，更是中信集团的集群行为。

＊　　＊　　＊

2001年11月8日，王军出席了在广东东莞召开的中信公司首次房地产座谈会。参加会议的有总经理孔丹、副总经理李士林以及中信综合计划部、中信实业银行、中信证券、深圳集团、华南集团等等中信系内各大子公司的头儿。阵势宏大。

在会上，王军提出，要抓住时机，认真研究，"努力把房地产业培育成公司一个新的利润增长点"。

此时，距离中信公司在京城建立第一座商业地产巧克力大厦，已经过去了22年，距离中信公司成立全国第一家房地产公司，也已经过去了15年。据说中信房地产公司的第一份营业许可证，编号竟然是001号，这意味着中信地产是新中国第一家房地产公司。

但是，在相当长的一段时间里，荣毅仁对房地产业颇有顾虑——是投资还是投机？如果是投机，那么中信公司坚决不予染指。房地产在中信的发展战略上始终是旁门左道之业。除了地处北京的中信房地产公司之外，中信集团内另外两家以房地产为主业的公司——中信广州公司、中信深圳公司也大都只能依靠自己的微薄力量谋求发展。

此间，经过了1992年以海南、北海为代表的房地产业突进的时期，也是在这一年，中国房改全面启动，住房公积金制度全面推行。1998年，福利分房政策终于走到尽头，各个机关企事业单位倾囊而出，把所有积压的、在建的房源全部抢购一空。从这一刻开始直至今天，中国房地产投资进入了一个长期快速发展时期，房地产业终于成长为中国经济的支柱产业之一。

在这样内外冷热反差极大的环境下，李康从东南一隅的小城汕头起步。作为中信广州公司下属汕头分公司的老总，他在这座小城呼风唤雨，将这座城市中最好的地块都建成了以"中信"命名的花园洋房。20年中，他竟然建了30多座中信小区，在市区最繁华的中心地段形成了"中信区"城市景象。

汕头公司迅速成为当地首屈一指的利税大户和具有广泛影响力的大型综合性国有地产龙头企业。汕头也成了灰蒙蒙的中信房地产业的最亮点。1999年的时候，李康鹊巢鸠占，成为母公司广州公司的老总，后来广州公司更名为中信华南集团，为中信集团一级子公司。

但是，无论李康做得多么出色，那时候华南集团的净利润也只有1 200万元。只要把视线挪到中信之外，会场上所有的人都应该感到汗颜。1991年，万科地产已经上市，十几年来，万科凭借在资本市场获得的源源不断的资金支持，在中国大地四处开花，保持了超常的发展态势，始终站立在中国地产第一的位置；2001年1月，同在广东的金地集团也已经在上交所挂牌交易；就连曾经是中信小兄弟的保利集团下属的保利地产也是异军突起，攻城略地，毫不手软。

王石、潘石屹、冯仑，还有很多很多国字头企业，还有更多的民企，都在大步前行，借中国房地产业的浩荡东风，快速垒建自己的基业。好风凭借力，送我上青云。这让王军很是不忿。以中信的实力、以中信的品牌、以中信的资源，王军绝不相信自己玩不过那些个青云直上的地产商。

2001年东莞会议，王军的目标非常明确，就是要整合中信公司资源，助中信地产二次腾飞。李士林甚至提出，希望在中信建立一个百亿规模的房地产发展基金，以应对目前大发展的局面。

但是紧接着，中信实业银行的困局出现。

王军权衡再三，终于决定舍弃所有其他目标，倾中信之全力拯救中信实业银行。

这是一个无比痛苦的过程。鱼与熊掌，全都展现在王军面前，熠熠生辉、活色生香，可是，当二者只能取其一的时候，王军还是决绝地把房地产业暂时放下。一旦决定中信实业银行要自费改革，不要国家一分钱，那么，所有的不屑、所有的不忿全都要服从这个大目标。这是毋庸置疑的。

东莞会议确立的战略目标被延后了。在此后三年中，地处北京的中信房地产公司因为实力不济，终于从一级资质降为三级资质。这期间，他们从别人手里拿到了北京市最大的危改项目——宣武区大吉片危改工程，却无力推动。

三年间，远离北京的中信华南集团和中信深圳集团继续在华南等地扩张实力。它们进入了广东省更多的地市，还进入了江西、四川、湖南等地，实力所限，它们拿到的绝大多数项目都不在大城市的中心区域。如果不能进入中心城市，拿再多的边边角角，都不可能让中信地产再上新的台阶。可是，眼看着一块块好地被别人一次次举牌收入囊中，自己却因囊中羞涩，不敢走入房地产的首席俱乐部，李康急啊！

就在这时，机会终于出现。深圳红树湾项目从天而降，原地主泰华公司因财务问题将转让这一项目。李康不敢多耽搁一分钟。他北上京城，敲响了王军办公室的门。

红树湾地块占地16.3万平方米，三面被红树林自然保护区、世界之窗主题公园和沙河高尔夫球场环绕，并与规划中的港深西部通道相接。自然与现代高速连通，这是再理想不过的宜居环境，红树湾因此成为深圳最值钱的地块之一。当年，泰华就是以14.55亿元的天价购得此宝地，创造了当时国内单宗地块拍卖的最高纪录。

泰华出让土地的消息一传出，万科、招商等大地产商都涌了过去。但近15个亿的大盘，对谁都不是一个小数字，于是有人提出只拿其中一部分。

王军在北京听取了李康的汇报，并立刻动身来到深圳，他要亲自去看一看这块地，以判断红树湾对于中信之价值。当王军身临红树湾，扑面而来的是令人陶醉的气息——东面是华侨城欢乐海岸，西面沙河果岭葱绿一片，北部塘朗山山峦起伏，面朝碧蓝无垠的深圳湾，海风阵阵拂面……

王军发出了志在必得的讯息，而且要拿就全部拿下！2003 年 3 月 18 日，中信击败所有竞争对手，终于与泰华正式签订了转让红树湾地块的协议书。

中信公司为华南集团提供担保，融资 3 亿元，华南集团东莞公司及汕头公司再筹资 1 亿多元，总共 4.365 亿元首先打入项目公司账户，这是 14.55 亿元总款项的 30%。有了这 30% 的实际投入，华南集团即可获得建行 12 亿元的贷款额度。两笔资金共计 14.55 亿元迅速支付给泰华公司，中信终于获得了红树湾的开发经营权。

红树湾项目成为中信地产的转折点。李康推翻了泰华全部原有设计，不惜千万重金聘请澳大利亚和香港设计师，重新定位重新设计。半年后，李康完成了红树湾 65 万平方米的整体定位、设计和开发，勾画出"比肩全球的湾区蓝图"。此役过后，中信华南集团一跃成为深圳一流的品牌地产商。

这一结果让王军甚感欣慰。超越红树湾，王军脑海里已经形成了新的目标。

2005 年，一旦中信实业银行初步达到了三年整改的阶段目标之后，王军转过身来，立刻开始了中信地产业的整合。

王军整合的第一步就让中信上下所有人瞠目结舌。

2005 年 7 月 21 日，中信集团发文，决定将原中信一级子公司中信房地产公司降级，并入华南集团管辖，李康兼任中信房地产公司董事长，原中信房地产公司总经理调华南集团任副总经理。

中信公司不是一家简简单单的企业，它是中央企业，是部级中央企业。还没有哪一家央企，能将一个局级机构直接降格为外省子公司的孙子辈公司。只有王军，面不改色地将事情办妥了。这给了中信所有人员一个明确信号，连总公司的大员都可以连锅端外放降级，还有什么是不能动的？这也体现出王军的决心——中信地产已经到了非整合不可的地步。别人都在大步往前走，中信却在原地踏步甚至倒退，王军焉能容忍如此局面延续？

两家公司合并的大动作从这一年春天已经开始。大吉危改项目一期拆迁、拆除、评估委托书在 2005 年 5 月正式签订，李康任项目公司——北京国信地产公司董事长。

李康要进北京了。他起头，公司所有的人唱起了"我爱北京天安门"。

这是许多人在童年时都会唱的一首歌，欢快而热情。但是，当"五一"节后，李康第一次以董事长、总经理的身份面对他在北京的下属时，那种欢快的情绪再也找不到了。

"我印象很深，那是 2005 年 5 月 10 日，我第一天正式上班，士林总和温总带我和大家见面，我们在四楼会议室里，两位老总向我介绍会场上的人。我注意到，几十个人的中信房地产公司，却有 8 个局级干部、24 个处级干部，当官的加一块儿比兵还多。而且，中信房地产公司的行政架构是'处'，而不是企业所常用的'部'，这不是公司，是机关，他们也不是公司的经理职员，是领导。每个人的工资都很低，一般干部才 1 400 多元，处级干部才 2 000 多，总经理才 3 000 多。但是工资那么低，却没有人调走，为什么？他们离市场很远。这样做企业，怎么可能做成呢？"

李康哭笑不得地开始了他的北京生涯。他紧急从华南调了一支 14 人的团队，直接进入了大吉危改项目部，从拆迁开始，李康迈出了第一步。

这是北京最大的一个危改项目，地处北京宣武区。

大吉片南北长约 600 米，东西宽约 700 米。东起福州馆小学、高家寨胡同、福州馆前街、粉房琉璃街；西至菜市口胡同、官菜园上街（菜市口大街）；南到南横东街、南堂子胡同、红土店胡同、珠朝街南口；北临骡马市大街。共有胡同街巷 32 条，总面积约 44 公顷，约 1 200 个院落，8 000 多户居民。

北京南城历史幽远而厚重，南城百姓的生存环境却极为窘迫，无比复杂的情境让李康深感畏难。在百姓的渴盼、不舍与其他各种难言的情绪中，中信加快了拆迁的速度。在大吉片的废墟上，一座恢弘的中信城将矗立其间。

2005 年 7 月 6 日，王军就大吉项目的营销策划方案提出了明确的目标——"在北京乃至全国真正打出'中信地产'的品牌"。王军坦率地承认："作为中国房地产业开拓者的中信公司，近年在北京的房地产开发滞后。"王军寄希望于大吉项目让中信地产一举翻身，"使'中信地产'的品牌与中信的整个品牌相匹配"。

2007 年岁末，孔丹接替王军为中信房地产业的整合再烧一把火——将中信集团内部所有房地产公司及项目万宗归一，成立中信房地产股份有限公司，变更后的股份公司注册资本为 60 亿元人民币。仅仅在一天之中，中信集团签发了 8 份文件，处理各个公司剥离整合的各种相关事宜。

从 2007 年上一个房市的最高端一路下滑，2008 年是中国房地产商最感阴冷的一年，中信地产也立刻感受到了来自银行的紧缩气氛。大吉片上的中信城就在这样的时候开建了。

2008年7月26日，就在北京奥运会开幕前十几天，中信城开盘，均价1.78万元/平方米。开盘当天，300多人涌进售楼处，中信城卖出了整个一期项目的20%还要多。

2009年12月，中信城第二期开盘，开盘价2.3万元/平方米，随后房价陡然拉升为一条直线，迅速越过3万元。

2010年1月15日，中国不动产研究中心"2009年北京住宅销售十强"出炉，中信城以44.95亿元摘得2009年北京楼市项目销售金额排行榜桂冠。

李康对中信地产的未来信心十足：

"2007年公司合并的时候我们的资产150亿元，现在将近600亿元了。2007年销售额46亿元，2008年58亿元，2009年213亿元，我们跨越式地进入了200亿元俱乐部。今年我们的销售额将超过300亿元……我们有中信的实力作保证，有中信的品牌影响力，这就能大大提升中信地产的价值。"

进入200亿元俱乐部，标志着中信地产终于走到了行业前列。

＊　＊　＊

同样走在产业最前沿的还有中信戴卡，这是从20世纪80年代存续至今的中信投资企业。2008年，戴卡庆祝了自己20岁的生日。在历经30年岁月的中信大家庭中，这样的"老"企业所剩不多。

今天的中信戴卡轮毂制造股份有限公司是中国目前规模最大、品牌知名度最高、技术最先进的世界级轮毂制造基地。

2004年，戴卡轮毂自主研发出亚洲第一条锻造铝合金车轮生产线。戴卡的产品涵盖低压铸造、铸造旋压、锻造三大类型千余个品种。

戴卡轮毂目前已经稳固地占领国内近乎全部高档汽车市场份额。

2001年，戴卡率先进入世界级汽车生产商全球采购体系，为世界排名前12家汽车厂配套。生产轮毂主要供应德国奔驰、宝马、大众、奥迪，法国雷诺，美国通用、福特、克莱斯勒，日本本田、丰田等汽车公司。已形成以欧洲、北美、日本为主的三大海外市场体系。

中信戴卡轮毂制造股份有限公司连年被国内外各主机厂评为A级供货商。

2005 年，公司通过美国福特公司最高级别 Q1 质量体系认证，随后美国福特和通用公司相继公布戴卡公司为其全球战略合作伙伴。2007 年获得美国通用公司 2006 年度全球采购特别贡献奖，2007 年 4 月被德国大众公司评为全球优秀供应商。

之所以在海外有如此之多的拥趸，是因为中信戴卡研发中心有着强大的自主开发、同步开发能力。它在海外设有欧洲研发中心、北美研发中心和日本技术中心，它是中国第一家能与国外主机厂进行同步开发的轮毂企业，同步开发项目已延伸到 2012 年。

还有中信大榭，从 1993 年到 2008 年的 15 年间，大榭累计引进项目 270 余个，外资项目总投资额 14.85 亿美元，内资项目 147 亿元，实现生产总值 588 亿元，基本形成了港口物流、临港石化和能源中转三大主导产业。宁波市委书记巴音朝鲁说："历史选择了大榭，大榭没有辜负历史。"

还有：

中信泰富特钢集团的特殊钢产量销量居全国首位；

中信建设形成了独特的商业模式，连续两年入围国内十强行列；

亚洲卫星公司是亚洲地区具有领导地位的区域性卫星公司；

中信海直在海洋石油飞行作业服务和通用航空维修业服务的市场占有率居同行业首位；

中信集团投资的锰、铅、锌、铜、铁矿石等矿业将成为国家重要的原材料生产基地；

中信金属公司的铌铁进口和中博世金的铂金进口量占据国内最大的市场份额；

中信出版集团在财经类出版物市场上名列前茅，有着巨大的影响力；

……

与 20 多年前的中信实业相比，今天这些企业，已经有着完全不同的面貌和实力，正在跻身行业一流水平。

中信重工以设备和创新获得市场优势；中信国安以资源优势奋力闯荡；中信地产凭借中信品牌优势大步跨越；戴卡轮毂以产品优势和成本优势成为行业老大；中信建设顺应时代发展，以综合优势同样抢夺市场先机；大榭岛则以自己独特的区位优势和先行者优势获得了令后来者极为仰慕的市场地位……

面对中信实业板块中的若干优势企业，可以总结出多种商业模式。但所有这些成功企业都有一个共同点——它们找到了自己的利基，并成功实施了利基战略。

所谓利基战略，是企业根据自身所特有的资源优势，通过专业化经营来占领市场，从而最大限度地获取"高边际收益"。与"高边际收益"相对应的是"高总量收益"，它通常属于类似中石油、中石化、中国移动这样的行业寡头或垄断者。中信从成立之日起，就注定了不可能成为这一类寡头或垄断者。利基企业只有通过"归核化"的战略成为细分市场上的领先者，并构筑各种进入壁垒，才能逐渐建立起持久的竞争优势。

这或许就是有别于20多年前中信"五位一体"竞争战略的关键所在。曾几何时，中信秉承"实业报国"的理念，在多个产业广泛出击。但面对工业基础单一、经济总量赢弱、市场规则混乱、行业壁垒林立的中国经济大环境，中信几乎在所有的非金融产业都不具有竞争优势，从而导致了90年代中后期中信公司的战略大转型，从"五位一体"逐渐转向"以金融业为主"。

但是，30年磨砺、30载自我革命、30个冬夏春秋的坚持，犹如凤凰涅槃，中信的非金融板块终于走上复兴之路，在各自的细分市场上，筑起了他人难以企及的竞争高度。

当上述契机出现的时候，中信决策层终于下定决心，中信的企业战略将做出重大调整。

* * *

能够让中信集团确立新的战略目标的依据，除了在中国境内的实业突围，还有来自海外更大规模的开疆拓土。

2008年6月，中信集团召开海外工作会议，这是中信"出海"20多年来最大、最隆重的海外工作会议。会上，孔丹把新时期下中信"稳步推进国际化进程"提高到"中信集团做大做强的必然选择和实现集团愿景的必经之路"的重要高度。

这与国家的开放之路是同步的。

随着国力的不断增强，特别是随着中国政府的海外资源战略的深入推进，"南南合作"终于不再只停留在政治家口中，也不仅仅是为了"我中华天朝，四夷宾服"的无偿支援。按照国际惯例，建立在资本、资源合作层面的新"南南合作"中，中信集团再次首先获得了"芝麻开门"的钥匙。

第二十五章　总统一号工程

数十年来，海外战略是中信公司做强做大的重要支撑力。但是，经历了从1997年开始的亚洲金融风暴，中信海外实业投资遭遇重创。

曾几何时，中国企业，包括中信在内，"走出去"的目标所及和路径设计都是通向西方发达国家。诚然，这里的购买力更强，资金更雄厚，市场风险更低。但是，东道国的法律、环境、人文、市场饱和度都不利于刚刚走出国门的中国企业，无休止的具有强烈政治色彩的经济摩擦更是令中国人饱受折磨。在西方国家"反倾销""反垄断"的大棒下，中国企业四处碰壁，屡遭挫折。面对此情此景，中信公司终于将目光转向了第三世界。

凭借其在海外20多年的力量积蓄，凭借其从70年代末就开始在海外抢滩登陆的宝贵经历，中信公司的先发优势无人能及。

中信公司走入第三世界，对外工程承包成为中信公司"走出去"的一个重要突破口。从20世纪90年代初开始，数个来自西亚和非洲的"总统一号工程"，串起了中信"走出去"的另一条成长之路。

　　1991年10月，时任中国国家主席的杨尚昆来到德黑兰。这是继三个月前李鹏总理访伊后，中国领导人再访伊朗，此前不久，全国人大常委会委员长万里也曾来过这里。在同一年里，中国三位国家最高领导人先后造访一个国家，在外交史上十分罕见。在国际政治评论家眼中，20世纪90年代初的中伊两国至少有一点是相似的：西方世界对它们实施经济制裁，致使两国领导人有了更加密切的接触。

　　杨尚昆与伊朗总统拉夫桑贾尼的会谈很顺畅，两人还当面谈及了中国援建德黑兰地铁的项目。后来，得知此讯的王军立刻将他的兴趣点聚焦到了这条近50千米的地下长龙。

　　其时，持续近8年之久的两伊战争刚刚结束，这场没有胜者的战争给伊朗带来了高达3 000亿美元的直接经济损失，整个国家民不聊生、百废待兴，大量人口涌入首都德黑兰。面积仅为香港1/2的德黑兰却拥有1 200多万居民和300多万辆汽车，交通动脉瞬时凝固，汽车尾气为这座美丽的沙漠绿洲罩上了一层黑云。"公交向地下发展"很快被列入市政建设规划，并成为国家重点工程。

1992 年，拉夫桑贾尼总统回访北京，他特意参观了北京的地铁系统，对中国的机车十分满意，认为这正是德黑兰地铁所需要的。

1992 年 3 月 5 日，中国地铁专家考察小组来到德黑兰，在那里进行了 10 天左右的考察交流。他们还拜会了中国驻伊商务处官员。商务处一秘路长金说："西方国家的制裁正是中国公司的机会。"

经过一年多的艰苦谈判，中信公司作为总承包商，与法国、俄罗斯等国家的大公司共同参加投标，伊朗方面终于接受了中国的一揽子技术方案和初步报价。1993 年，在中国政府的大力支持下，中信公司终于脱颖而出，王军亲赴伊朗参加授标仪式。1995 年 3 月 26 日，中信公司与伊朗德黑兰城乡铁路公司代表正式签署了伊朗德黑兰地铁一号线、二号线工程的总承包合同，合同总金额 3.28 亿美元。

在这个一揽子交钥匙合同中，中信承担了"保证机电系统性能满足中国制造的车辆在线路上的运行"的总体目标责任。此项目的分包商为北京城建集团总公司、中国电工设备总公司和中国铁路通信信号总公司。中国的 14 家商业银行组成银团，为其提供 2.93 亿美元的买方信贷。

在那个时代，德黑兰地铁项目对中伊双方都有着重要的示范意义。伊朗把德黑兰地铁称为"总统一号工程"，因为这条地铁修建成功后将使伊朗成为中东和海湾地区第一个拥有地铁交通系统的国家，在国防、经济建设和国家现代化方面意义巨大。对于中国而言，德黑兰地铁项目将是新中国成立以来最大的综合性民用机电产品出口项目之一，也是中国公司在海外承建的第一个地铁项目。这是中国企业走出去拓展海外工程市场一次质的飞跃。

2000 年 2 月 21 日，德黑兰地铁二号线一期工程终于开通。伊朗总统哈塔米和中国外长唐家璇共同参加了开通庆典。德黑兰市民从四面八方涌来，他们扶老携幼，以至于站台上、车厢里全都挤满了盛装出行的男男女女，人们高颂《古兰经》，表达心中的欢悦和感激之情。

从这一刻开始，"中国"就成为德黑兰人常常挂在嘴边的一个词，在此后六年间，德黑兰地铁一号线、二号线共举行了六次开通庆典，每修上七八千米，就要庆祝一次，这是德黑兰人民生活中的大事。2006 年 3 月，一号线、二号线项目全线建成开通。后来，中信国际合作公司再次签下了德黑兰地铁一号线北延项目，全长 8.1 千米。

德黑兰地铁项目直至今天依然没有完工，它还在不断延伸，中信公司在这片土地上的耕耘还远未结束。从表面上看，这条被誉为"新丝绸之路"的工程似乎并没有给中信带来特别丰厚的直接利益。但是，它意义非凡。

德黑兰地铁成为中国对外合作的典范。它是中国公司第一次按照国际惯例实施的海外工程，第一次以总承包的方式，聚集了中国国内最强大的工程力量；第一次通过买方信贷的方式将国内数百家机电设备出口到海外。德黑兰地铁一号线、二号线工程所需85%的设备由中国厂家制造，它因此拯救并强壮了中国的许多企业，包括长春客车厂（以下简称长客）。20世纪80年代末，中国地铁市场一片萧条，造了20多年地铁客车的长客面临停产的威胁。毫不夸张地说，如果没有德黑兰地铁项目，长客很可能早已破产。不仅是长客，中国几十年建立起来的强大的重工业和一些高技术产业都需要向外寻找市场。于是，德黑兰地铁模式就成为最好的示范。

值得人们回味的是中信公司的又一次创新。因为直到2003年——中信进入伊朗10年后，有关部门才明确提出——"国家鼓励境外投资重点项目"，支持央企在包括"能弥补国内资源相对不足的境外资源开发类项目"，"能带动国内技术、产品、设备等出口和劳务输出的境外生产型项目"上的海外扩张战略。

在德黑兰地铁的一次通车仪式后，有政府部门领导对王军说："我真佩服你们（19）93年就敢去干这个工程！"

还有一个细节令人回味：1993年，当王军决定与伊朗签约的时候，中信所要负担的不仅仅是土建工程和电气设备，还有钱。有人提出了境外融资计划，当即让王军否决了。

"机车车辆等是国家银行出，银行不同意出土建的钱。后来我们组织了国内银团贷款。"王军说。

在复杂的国际形势面前，在敏感的地域投资，王军要顾及的绝不仅仅是投资收益等单纯的经济指标，还有多变的国际政治风云。这是"出海"已经10年的中信公司所获得的宝贵经验。同样，这10年还让中信洞悉金融资本与实业资本合作之道，唯此方能解德黑兰地铁之围。

伊朗已成为中国企业在海外最大的工程承包市场之一，"没有任何外国企业能撼动中国的领先地位"。德黑兰地铁成了中国在中东的一张名片，因为这是中东的第一条地铁。德黑兰地铁项目给其他周边的发展中国家带来了极大的震撼力。摩洛哥、利比亚等国已对中国承揽地铁建设表示出浓厚的兴趣，而这些项目的市场潜力同样高达百亿美元。

对于中信来说，几乎是从零起步的中信国际合作公司（以下简称中信国合）已经成为中信海外承包工程的一支重要力量。

在中信国合之外，中信的另一支建设大军——中信国华也进入了最好的发展时机。

＊　＊　＊

1986 年，国华公司即宣告成立。但是，蹒跚 20 年，国华的日子依然不宽裕。2003 年洪波走马上任国华总经理时，国华对中信集团的利润贡献基本可以忽略不计。那时候的国华也能接到一些工程项目，但名气不大，年产值不过两三亿元，利润更是少得可怜。因为没有自己的施工队伍和设备，被同行们取笑为"皮包公司"。

国华在成立近 20 年后，局面发生重大转折。

2005 年 11 月，国华中标乌干达小城镇供水项目，该工程是在 Apac、Nebbi 和 Pakwach 三个小城镇建造水厂、水塔、水井和管线等供水设施，合同总金额为 906 万美元，工期为一年。

这只是 2005 年的开胃小碟。

2005 年 12 月 15 日，国华公司与巴西电力集团热力发电公司正式签订了坎迪奥塔二期火电厂 EPC（设计—采购—施工）工程总承包协议，项目合同总额 4.28 亿美元。这是目前巴西最大的火力发电厂项目，也是中国公司在巴西最大的工程总承包项目。项目采取"EPC 交钥匙"方式进行建设，电厂全部的发电设备和技术将从中国直接出口到巴西，带动了中国境内 17 家一流电力厂商参与工程建设。

2005 年 11 月，国华与委内瑞拉住房部签署 2 万套社会住房项目的工程总承包合同，合同金额 10.98 亿美元，合同工期 15 个月。这是我国采用 F+EPC（融资—设计—采购—施工）承包的同类项目中单项合同金额最大的项目，也是中国在委内瑞拉正在施工的最大工程承包项目。项目由中国国家开发银行提供贷款，委方以石油贸易方式还贷。由于这一项目，中联油在委内瑞拉的石油贸易由每天 7 万桶增长到每天 20 万桶，为实施国家"资源战略"提供了重要的通道。

*   *   *

2005 年的盛宴在北非大漠上开幕。

2005 年 10 月，阿尔及利亚东西高速公路向全球招标。

阿尔及利亚，这个地中海南岸的美丽国家，在过去的半个世纪里，经历了长时期的动荡。经过残酷的独立战争，阿尔及利亚于 1962 年结束了法国 150 年的殖民统治。但 20 世纪 90 年代，内战又导致近 10 万阿尔及利亚人丧生。1999 年，阿卜杜勒－阿齐兹·布特弗利卡当选阿尔及利亚总统，他开始了第一个五年计划（2000—2005 年），这一计划的实施使这个国家的经济得到了全面改善，阿尔及利亚的年均经济增长率接近 5%。

阿尔及利亚有着丰富的石油和天然气资源，这成为它的经济支柱，大约占其总收入的 60%、GDP 的 30% 和出口收入的 95%。英国石油、埃尼集团（ENI）和阿纳达科（Anadarko Petroleum）等石油巨头觊觎阿尔及利亚 410 亿桶的石油储备，纷纷前来投资。在阿尔及利亚全部石油出口中，几乎全部销往欧美国家，因此欧美市场对于阿尔及利亚的重要意义不言而喻，欧美商人也从不怀疑自己对于阿尔及利亚的影响力和操纵能力。

但是，布特弗利卡正在努力设法带领他的国家摆脱对石油和天然气出口的依赖。

于是，东西高速公路再次提到了国家战略的高度。

阿尔及利亚在布迈丁时代就提出过修路的计划，但战乱和财政的极度窘迫没有给它留下空间。今天，当布特弗利卡的第一个五年计划大见成效的时候，阿尔及利亚政府提出了一个宏大的、价值 1 900 亿美元的能源和基础设施项目规划，东西高速公路正是这一计划的序幕。

东西高速公路全长 1 216 千米，贯穿阿尔及利亚东西全境，东连突尼斯，西接摩洛哥，是连通马格里布五国约 7 000 千米沿地中海跨境高速的组成部分，具有十分重要的地区战略意义。

身为中国最大的综合性公司的董事长，王军再次明察秋毫。2004 年 8 月，应王军邀请，阿尔及利亚宪法委员会主席贝贾维来到北京。在双方的交谈中，贝贾维代表总统邀请中信投资阿尔及利亚的基础设施和其他项目。在"第一城"，李士林就此问题与贝贾维进行了深入探讨。

一个月后，洪波带着她的团队第一次来到阿尔及利亚。临走时，她向阿尔及利亚公共工程部承诺，将用三个月的时间为阿方就东西高速公路项目制作一份完整的项目建议书。此前曾有西方公司提出过采用 BOT 模式为其修建其中部分路段，如首都阿尔及尔与奥兰之间的高速公路。奥兰是离摩洛哥、意大利最近的港口城市，其地位相当于中国的上海、印度的孟买。这对投资者来说，显然风险最小、收益最大。

东西高速公路将穿越阿尔及利亚首都、最重要的港口城市、最主要的经济带和最重要的自然保护区。如何通过这条公路最大限度地带动当地的经济发展？如何最大限度地解决民生问题？如何最大限度地保护当地的生态环境？这都是国华当时要考虑的问题。除此之外，另一个更重要的内容是为此项目作融资安排。

为业主创造项目招标的全部条件，没有哪一家工程公司是从这里开始工作的。洪波把工作重心大大提前了，她希望通过这一揽子安排，中标这一世纪工程。

项目书在 2004 年底交到了贝贾维手中，并通过他转交给了布特弗利卡总统。2005 年 1 月，王军亲自来到阿尔及尔。就此项目书，中信方面与阿方所有相关政府官员进行了充分沟通。在比较融资模式的优劣时，洪波特别提到了中国上海。

20 世纪 90 年代，上海市政府在财政十分紧张的条件下，采用 BOT 模式迅速修建了数条横跨黄浦江的大桥和隧道。中信泰富成为其中的主要投资者。但是，当天堑变通途的时候，政府才发现，浦东并没有按照预期的节奏快速发展，其重要原因就在于所有的通道都是收费的，这大大提高了浦东开发的成本。于是，市政府果断做出决策，用市财政赎买大桥及隧道的权益，拆除所有收费闸口。2003 年，中信泰富以大局为重，转出延安东路隧道、打浦路隧道、南浦大桥、杨浦大桥、沪嘉高速公路及徐浦大桥的全部权益。但若不是中信泰富，而是一家西方公司，那么这一权利是不是能够轻易易手？这一大动脉掌握在别人手里，浦东开发开放的脚步是否将受制于人？这都是可能的结果。

洪波提到这一例子，诚恳地告诫阿尔及利亚人，这条公路切不可采用 BOT 模式修建，"这是你们的战略通道，也是你们的经济命脉，不应掌握在别人手中。"在项目书中，国华再次设计了以石油换工程的融资安排。

但是，王军没有料到的是，国际市场石油价格正在翻筋斗。从 1999 年布特弗利卡上台至 2003 年，尽管有"9·11"事件的波动，但国际市场石油平均价格仅为 28.8 美元 / 桶。可是到了 2004 年，原油期货价格一举突破 50 美元 / 桶，2005 年突破了 60 美元 / 桶，并继续以年均近 30% 的速度看涨。

腰包迅速鼓胀的阿尔及利亚政府已经不需要别人为它作复杂的融资安排了。2005 年 10 月 31 日，阿尔及利亚政府决定，由国家财政出资，以现汇方式对东西高速公路进行 EPC 招标。

于是，全球顶级的工程公司蜂拥而至。这时，洪波傻眼了。国华本希望通过综合性一揽子安排来扬长避短，扬融资所长，避工程建设之短。然而眼下，业主不需要这一安排。业主把自己的需求纯粹到甲方掏钱，乙方干活。甲方希望越简单越好、越快越好！

洪波决定立刻向后转，总不能拿鸡蛋去碰石头啊！

然而，王军不干了。

拿到招标公告的第二天，洪波垂头丧气地来到王军办公室。

洪波："老板，这个标我们投不了，这明明是鸡蛋碰石头。'鸟巢'当时是 PPP（政府、民间资本合伙制）模式，所以我们中信有优势，我敢干，如果是纯工程，肯定不是我的。这次就是一个单纯的工程，我们肯定不行。"

王军："为什么不行？"

洪波："我们是小弟弟的小弟弟，连名都没有，我们从业绩上就刷下来了。我们国华干过什么呀？"

王军："你告诉我中国哪个公司干过？"

洪波："嗯？没有，中国从来没中过这么大的工程。"

王军："那不就对了。"

洪波："什么对了？"

王军："你和他们不都是一样了吗？你们不是在同一条起跑线上吗？"

……洪波哑口无言。

王军接着说："我们志在必得，赔几个亿也要拿下！我们可以低价中标，你先进去，我后面还有别的考虑。"

王军所"考虑"的是阿尔及利亚的石油和天然气。到 2005 年的时候，王军的目光所指皆为世界重要的资源要地。王军希望通过工程承包进入世界资源的大市场。为此，他要不惜一切代价拿下东西高速公路项目。

但是，当鸡蛋真的要与石头比强度的时候，一定要事先做大量的艰苦工作。

一支百人的编标队伍迅速组建完成，李士林亲自上阵督战。中信的竞争对手是由来自全球64家顶级工程公司组成的7家投标联合体，其中包括"全球最大承包商"排名第一的法国万喜公司、排名第五的美国柏克德公司、排名第七的日本大成建设、排名第八的日本鹿岛建设、排名第二十二的德国贝尔芬格伯格公司和排名第四十一的意大利IMPREGLIO公司等国际建筑业巨头。强手如林。

前后不到三个月，国华的法文版标书全部完成，在机场过磅，足足有760公斤。全部标的有东中西三段，标书也有三段，每段还分成技术标书与商务标书。商务标书里包含最绝密的竞标价格，公司不敢托运，要求员工随身携带。国华公司安排了8名员工，分成两组，乘不同航班抵阿。随身行李，每人两大皮箱，全部是标书核心部分及备份文件，连带洗漱用具的地方都没留。至于标书核心的核心——记载着中信—中铁建联合体真正出价的调价函，则有不同的24封，由互不相识的人携带。连送信人自己也不知道，身上这份是虚是实。

2006年1月23日，阿尔及利亚高速公路管理局收到了中信—中铁建联合体关于东西高速三个标段的全部标书。

一个多月后，中信—中铁建联合体顺利通过技术标的评审。在东、中、西三段，每一段至少有四个竞争者。

3月28日，经济标开标。此前，参与竞标的各大公司的母国政府均有所动作，一向傲慢的欧美政府也不敢怠慢，纷纷致电致信阿尔及利亚政府，以助力自己国家的企业，希望从这块大蛋糕中分切利益。

第二天，2006年3月29日，阿尔及利亚《晚报》和《邮报》报道：

中国人处于攻势和十分有利的位置，法国人感到羞愧

昨天在国家高速公路局，在十分透明的情况下，由负责项目的委员会委员公布竞标承包商的财务标。中国和意大利投了东、中和西段三个标（东段，399千米；中段，169千米；西段，359千米）。由Razel Vinci Bilfinger组成的法国集团只投了中段一个标，然而，由于缺乏标书所要求的投标文件，如投标说明和保证书，而被拒绝了。葡萄牙通过Lusgroup公司投了中、西两段，而美国则由Bechtel公司投了东、西两段，日本的Coojal公司投了东段。总计七个外国承包商集团参加了2005年由国家高速公路局发出的国际招标。

从财务角度看，中国人提交的标书很有吸引力。

对于东段 399 千米来说，由 Chec-CSCEC 组成的集团报价近 1 760 亿第纳尔；而由 Italia 集团代表的意大利报价近 2 270 亿第纳尔；对于同一标段，美国 Bechtel 公司的报价就较低，为 2 000 亿第纳尔；日本 Coojal 公司的报价为 1 230 亿第纳尔。

对于中段 169 千米来说，由 Chec-CSCEC 组成的集团报价近 270 亿第纳尔；而 Italia 集团报价近 330 亿第纳尔。

最后西段，中国的报价近 450 亿第纳尔，同样的标段，美国公司的报价近 600 亿第纳尔。

其实，全篇文章，虽然一直在谈中国公司如何竞标，但这并非指"中信—中铁建联合体"，而是另一家中国著名的建筑公司——中国建筑总公司。至少在中、西两个标段中，中国建筑总公司都报出了最低价。东段，日本鹿岛联合体以无可争议的低价脱颖而出。

几乎没有人去关注"中信—中铁建联合体"。在三个标段中，"中信—中铁建联合体"的报价均位居第二，比最低价高出近 20 亿美元。洪波的心被提到了嗓子眼儿，王军提出的"赔几个亿、低价中标"的策略显然没有奏效。洪波沮丧透了，她不知道如何回家向王军交代。

然而，形势急转直下。

4 月 14 日，阿尔及利亚高速公路管理局公布了东西高速公路项目的临时授标结果："中信—中铁建联合体"中标高速公路项目中、西两个标段 EPC 工程总承包；日本鹿岛联合体中标东段。

这是一个让所有人震惊的结果！

洪波根本不能相信事态竟然发生了如此根本的改变，她不敢去见王军、李士林，万一搞错了怎么办？这是一个周五，在周末的两天中，她一直在打越洋电话，通过不同渠道核实这一消息的可靠性。在此之前她绝不敢贸然惊动两位领导。直到星期一上班，她才将这一特大喜讯报告给中信最高层。

但这依然不是最后结果。

所有未中标公司都质疑这一结果："中信的价格那么高，为什么他们能够中标？"阿尔及利亚境内媒体也同样对结果抱有深深的怀疑。

在一片质疑声中，项目的公示期被大大延长了。10 天，没有结果；20 天，依然没有结果；30 天，还是没有结果！那是在火上烤啊，一天天的期待都化成了一天天的煎熬，让每一个身在其中的人感受着巨大的精神折磨。

整整 32 天后，2005 年 5 月 16 日北京时间午夜 12 点，阿尔及尔当地时间 17 点，阿尔及利亚高速公路局代表公共工程部正式对外公告："中信—中铁建联合体"以技术、商务综合评分第一，中标阿尔及利亚东西高速公路中、西两个标段工程。标的总额 62.5 亿美元。

前方代表在第一时间给洪波的手机上发了两个字："拿到"。

……

王军当即下令：对圆满完成阿尔及利亚东西高速公路投标任务的相关人员予以表彰。

在阿尔及尔，阿尔及利亚公共工程部部长阿玛尔·顾勒接见记者。他回答记者们对此的疑问：

> 我们之所以把这一伟大的工程授标给中信联合体，是基于三重考点：
>
> 第一，中信集团是中国国内最大的综合性公司，有着很强的综合实力。它虽然不是单一的最大的工程公司，但是，它的综合能力最强大。我们认为在这么大的世纪工程中，涉及的资源不只是工程，而是综合的。
>
> 第二，任何专业工程公司都不可能在所有的专业上达到最优，但是中信有着最强的整合能力，中信在中国国内和国际上都有着崇高的信誉，它们能整合最优的资源来完成这个项目。
>
> 第三，中信是一个负责任的企业集团，它有强烈的社会责任感。中信承诺，如果中标，它们将作五项社会回报……基于以上考虑，我们才慎重决定，选择中信。

阿尔及利亚东西高速公路项目的成功中标，标志着中国企业正式进入国际工程承包高端市场，而这曾经一直是由日本人、法国人、韩国人所把持的。这一项目是新中国成立以来中国在海外承包的同类项目中合同金额最大的现汇国际招标项目，此前，中国国际工程承包单项合同，尚没有超过 20 亿美元的。这是中国勘察、设计单位在海外第一个采用欧洲规范、欧洲标准进行设计的公路项目，是中国施工单位在海外采用国产施工设备和国内劳务最多的项目，是中国在海外实施的公路等级最高、工期最短、地质状况最复杂的项目。这标志着，中国国际工程承包"技术集成"能力有了质的飞跃，真正进入了国际第一梯队。

这一项目的实施，将帮助中国近百家勘察、设计、施工、物流企业和设备供应商进入阿尔及利亚市场，带动中国近 6 亿美元的机械设备出口和约 1.3 万人的劳务输出，同时也为阿尔及利亚提供近 10 万人的就业机会。

在强手林立的国际市场，国华凭什么能赢？曾经如鸡蛋般脆弱的国华公司，凭什么能够击败泰山级的对手？

用管理大师迈克尔·波特的 SWOT 理论作一简要分析：

优势：中信集团的品牌优势，中信集团的资源配置优势，中信集团的资本运作能力，中信集团的人才高地效应，国华公司强大的凝聚力。中信集团的整体资源优势能为国华公司开拓国内外市场提供广阔的舞台；中信集团多元化的金融产品可大大增强国华公司的融资能力，极大提升项目运作的灵活度和多样性。

劣势：没有业绩，没有队伍，没有品牌。长期的低层次竞争策略极大地影响了国华的品牌形象和整体实力。

机会：中国企业"走出去"战略已经成为国家战略，所有的金融、税收等等配套政策为国华提供了绝佳的试水机会。

挑战者：从世界 225 强的列强公司到跃跃欲试的地方建筑公司，国华处于双重挤压之中。

但是国华的挑战者大都只是工程公司，它们不具备中信集团的综合能力，特别是资本运作能力，而今天的国际工程承包市场，融资能力已经成为最主要的考量要素。

很显然，国华遇到了最好的时机，但它的劣势和它的优势那么黑白分明。基于上述分析，国华公司提出了自己的差异化竞争战略——"通过发挥中信集团的综合优势与整体协同效应，以投融资筹划和为业主进行前期服务为先导，取得工程总承包，带动相关产业发展。"

常振明总结道："这就是中信的管理模式，自己的队伍并不大，但能找到最好的合作伙伴。这是创新，也是做大做强的重要原因。"

洪波在谈起国华这些年的经历时，常常会说到一些似乎早已过时的话，比如"军民鱼水情"，比如"发挥党组织的战斗堡垒作用"。

什么是新时代的"军民鱼水情"？什么是中国建设大军与非洲人民的"军民鱼水情"？

东西高速公路项目开工三年多，高速公路之外的奉献更让当地居民感动。

• 组织中国医疗专家小组，建立诊所，为项目周边的民众提供义诊服务，并多次在阿尔及尔、奥兰、特莱姆森省的阿密尔镇和纳德鲁玛镇的诊所为当地居民进行内科、中医科和针灸等专业医疗服务，还与当地医院合作，建立巡回医疗诊所。

• 在项目沿线开挖水井，并对井水进行去矿化处理，解决了一直困扰工地附近居民的缺乏优质水问题。

• 组织中国农业专家为当地进行农业技术培训以及良种的引进、培育和示范。

• 免费为高速公路旁的村子修筑公路，连接"最后一公里"。

• 分层对阿方公路运营管理人员进行培训，目前已接收百余人来到中国参加培训，并捐资 1 000 万欧元为阿尔及利亚建造一所大型项目高级管理学院。

• 吸纳当地劳工并培养他们成为阿方机械操作手和维修人员。

……

在此应该特别提及中信国华的党建工作。

在中信国华向国内建筑公司的招标条件中，特别规定一点：所有建筑公司必须建立党委，从上到下，从项目部到施工班组，都要有党组织，每家公司还必须配备专职书记。

各级党组织在北非沙漠上发挥了巨大的作用。1.2 万中国人，来自 9 个局、几十家公司，还有那么多供应商，还有设计人员，还有外国雇员，多国、多文化、多企业、多制式、国营、民营、外资……无比繁杂的结构，无比繁杂的环境和从未有过的艰苦条件，中信如何当好牵头人？

《阿尔及利亚新闻》记者采访项目总经理华东一："很多阿尔及利亚人，尤其是一些政治人物，指责政府选择了一家外国企业建造阿尔及利亚东西高速公路。他们的理由是：阿尔及利亚企业从技术上、人员上都能够胜任这样的项目，而且还能够创造就业机会，并且获得此类项目的工作经验。您对此有何评论？"

华东一回答："中国中信—中铁建联合体承建此项目的目的，是'建东西高速公路，铸中阿两国友谊'。为了达成这一目标，联合体专门配备了一个最优秀的施工管理团队，有超过 1 万名中国员工，聘用和培训了超过 1.3 万名阿籍员工。投资近 6 亿美元购买大型施工设备，而且以 24 小时不间断的速度昼夜施工。有很多中国员工有超过一年的时间没有休假，这也包括我本人，从 2005 年这个项目的前期筹备工作直到现在，我都没有休过一天假，一周工作 7 天，每天工作 12 至 14 个小时。"

在阿尔及利亚人看来，中国工人 3 个人只需要一张床铺，因为他们每天都工作 16 个小时，轮着睡觉就可以了。

党组织的带头作用、班子的带头作用成为阿尔及利亚工地的定海神针。

1927 年，毛泽东在三湾改编时提出了"支部建在连上"的政治原则，将党的领导重心下移，将党组织建成真正的战斗堡垒。从此，人民子弟兵以所向无敌的气概，夺取了一个又一个胜利。令人不可思议的是，在北非大漠上，在安哥拉内战的废墟上，在巴西高原的工地上，中信人将思想政治工作的法宝应用到了极致，真正将自己的建设大军建成了一支摧不垮、打不烂，特别能吃苦、特别能战斗的铁军。他们绝不仅仅是干一天活、挣一天钱的机器，他们胸中树立起了一面旗帜，那就是为祖国荣誉而战的旗帜！这面理想主义的旗帜高扬在每一个工地上。对很多中国人来说，这面旗帜似乎已经丢失很久了，已经失去了价值。中信人拾了起来，树立了起来，高扬了起来。有了这面旗帜，这支队伍就有了彼此认同的价值观，这支队伍就是不可战胜的。

他们有着最勇敢的青年突击队，每天要升国旗、唱国歌，逢年过节要举行革命歌曲大合唱，大会战开始前要进行战前动员，休息的时候要开交心会。共产党员是他们中间的模范，以至于有台湾来的劳工竟提出了加入中国共产党的请求。

汗水净化了灵魂，歌声升华了理想。这一切离我们那么遥远，却曾经是长久激励中国人民的战斗激情。原来曾经被视为教条的概念和命题其实许多都表达着真理，原来曾经被嘲讽讥笑的人物和故事其实许多都充满了魅力。中信集团总经理常振明说，到我们阿尔及利亚的工地上，你就知道中信究竟意味着什么。

切不可小看了"讲政治"的威力。

2009 年 9 月 12 日，一条来自阿尔及尔的消息让中国工人瞪圆了眼睛。阿尔及利亚公共工程部因为东西高速东标段施工进展缓慢，未能按期达标，对中标方日本鹿岛联合体进行了严厉制裁，将项目经理等 9 名高管驱逐出境，并将东标段剩下的 144 千米标的全部移交给"中信—中铁建联合体"。

这一结果足以震惊整个国际工程承包界。

为什么会有这样的结果？

日本鹿岛联合体汇集了日本 15 家全球顶级的工程公司，但此次败走麦城，洪波说："首要的原因就是它没有把这一工程当作一项政治工程来完成。"

何谓"政治工程"？它与"经济工程"有什么样的关系？

2006 年冬天，中信集团总经理常振明第一次来到阿尔及利亚工地，他做了第一次战前总动员。常振明说："东西高速公路是政治工程，是总统工程，是中阿两国的友谊工程。因此，工期第一、质量第二、成本第三，确保工期是我们的最大目标，最后才是我们挣不挣钱的问题。如果按期完不了工，你就根本没有资格去跟阿尔及利亚政府谈钱，只有保证了工期，满足政治需要，企业利益的问题政府一定会给的。所以，我们的措施就是，没有条件创造条件也要上，变被动为主动，帮助政府解决问题。"

整整三年，几乎在每一个环节上，从设计的审批、征地、排雷、供水供电、沙石材料水泥供应……都是中国人强行推着阿尔及利亚政府往前走，否则，甚至可能今天也开不了工，甚至可能也落到日本人的下场。用洪波的说法，按照阿尔及利亚的法律，单单一个设计审批就要通过 9 个部门，每一个部门需时 3 个月，9 个部门就是 27 个月。还有排雷，这也是白纸黑字写在双方的合同之中的。但是，当中国项目公司进入雷区之前，曾 36 次致信相关部门，均无任何反馈。不打扫干净雷区，就不能进现场勘察，不能勘察当然不能设计，不能设计谈何施工？没有施工又拿什么说工期！

因此，当 2006 年 9 月 18 日开工典礼之后，工地上却长时间一片冷冷清清，一年之后依然无法获得开工的法律许可。成千上万名中国工人窝在工棚里，价值数万美元的设备风吹日晒，工程却没有丝毫进展，开工许可更是遥遥无期。

工期是最大的政治，讲政治就要敢于承担责任。洪波被逼无奈，只有下令强行开工，在数百里的工地上开展大会战，强行将工程往前推进。

天道酬勤。到 2009 年金秋，当中信人隆重庆祝中信 30 岁生日的时候，阿尔及利亚东西高速公路的工地上已经响彻了"大干最后 100 天"的口号，由"中信—中铁建联合体"承建的东西高速中、西标段即将全面竣工。

阿尔及利亚总统布特弗利卡在出席北京"中非合作论坛"期间向中方联合体表示："东西高速公路是阿尔及利亚建国以来实施的最大的现汇工程项目，它不仅是你们在阿尔及利亚的一张名片，更是你们在整个非洲的名片。"

这张名片终于把中信人又带入了非洲西海岸的安哥拉。

自 1975 年独立以来，安哥拉在近 30 年中一直饱受内战困扰，被视为全球最蒙昧和最贫穷的地区之一。然而，现在它正在获得另一个标签。石油财富与对基础设施的巨额投资，已使安哥拉成为在非洲寻求投资机遇的企业炙手可热的目的地。

石油给安哥拉带来了巨额财富，2004 年，安哥拉政府启动了前所未有的建国大业。驻该地区的一位西方高级外交官表示："人们普遍认为，如果我们在未来 5 年内不进入安哥拉市场，那么我们将错失在非洲的最好机遇。"

不久，一位美国商人找到中石油公司，向他们提出了一个商业模式——中国人为安哥拉建房子，安哥拉政府用石油支付。嫌过程过于烦琐，中石油拒绝了。但这一信息马上传到了张极井耳朵里，他心动了，立刻给正在大榭岛的王军打电话。电话那头，王军毫不犹豫地表态："我要马上见那个美国人！"

王军迅速赶回北京，面见美国商人，当场就草签了安哥拉工程换石油的战略合作协议。

国华公司奉命，几乎是在第一时间就赶往安哥拉首府卢安达。

2007 年 6 月 13 日，安哥拉国家重建委员会主席、总统军事办公厅主任维埃拉·迪亚斯·科佩里帕（Vieira Dias Kopelipa）将军访华，他与中信集团董事长孔丹在北京签署了《安哥拉社会住房及基础设施谅解备忘录》（MOU），中信集团作为总承包商将参与安哥拉的重建和开发。

凯兰巴·凯亚西社会住房项目是要在约 9 平方千米的区域内建造 20 000 套公寓式住宅，以满足安哥拉战后国民极其高涨的住房需求。这是一个采用 EPC 交钥匙工程总承包模式的现汇工程，因而吸引了全球众多强有力的承包商。

但最终中信国华再次胜出。

他们靠的是什么？

还是"讲政治"。

"国华建设的工程品质远远超过一般社会住房水平，这个项目建设是我们整体化设计的'城市概念'。除了住宅，我们还将配备建设 24 所幼儿园和 9 所小学、8 所中学，还有自来水厂、污水处理厂、变电站等基础配套设施。为确保项目按期交工，国华公司将为此项目先行投资建设工程专用码头、年产 120 万吨的水泥粉磨工厂、砖厂、沙石厂等 11 个投资项目。在使用一段时间后，国华将会把这些设施无偿捐赠给安哥拉人民，为安哥拉带来持久的收益。此外，考虑到当地转业军人安置难题，国华还计划筹建一所培训学校，为退伍军人进行培训……"洪波说。

安哥拉打了 27 年内战，幸存的军人大都没有受过任何职业训练，战后军队安置成了政府最头疼的问题。中信国华利用中国军转民的经验，提出为安哥拉成建制培训军转人员，直接参与项目建设，将来可服务国家的生产建设。这一构想极大地震撼了安哥拉政府。

2007 年夏天，中信的安哥拉大单失而复得。

安哥拉社会住房项目是我国海外工程承包的又一里程碑，工程总造价 35 亿美元，可以带动中国产品出口 10 多亿美元。

政治工程与经济工程的关系就是这般微妙、这般紧密。

2008 年夏天，常振明总结了中信海外 20 多年的发展历程——"集团海外业务逐渐形成以境外资源能源投资、国际工程承包、机械产品出口、金融服务业等为主要内容的业务格局。2007 年底，集团对外直接投资余额 76 亿美元，对外直接投资形成的资产总额 269.5 亿美元；累计对外承包工程合同金额 123 亿美元，累计实现对外工程承包营业收入 16 亿美元。集团海外业务分布于全球 20 多个国家和地区。"

这一成果令他深感骄傲。

*　　*　　*

金融、非金融，海内、海外，中信集团各个板块都发生了巨大变化，取得了长足进步。也只有在这个时候，中信集团对其长远战略的调整才有了充分的依据。

跨过 2007 年新年，中信集团在"第一城"举行了年度工作会议。中信集团总经理常振明在会上做了长篇报告，他历数了上一年中信集团取得的成就。会场上的每一个人脸上都洋溢着兴奋的笑容。

细心的人或许可以从常振明的报告中读出一些其他含义。他没有再提："以金融业为主"，而是变成了打造"若干领域领先、综合优势明显、具有核心竞争力的国际一流大型企业集团"。

显然，已经攀越了高原屏障的中信集团将要在诸多领域同时发力。

撇开在商的因素不谈，如果在路上，视野里没有了嶙峋山色，那么走在路上的人该多么寂寞。这或许就是中信的魅力。回顾中信历史，它不仅有众多商业价值，不仅有历史价值，而且还有……审美价值。

"鸟巢"，可以证明这一点。

第二十六章 "鸟巢"博弈

其实直到今天，依然没有多少人知道，"鸟巢"的建设者是中信集团。

当 2002 年秋天王军决定要参与"鸟巢"建设的竞标时，他当时的表现很难用商人的标准考量。王军甚至发话：即使赔本，也要中标！

"鸟巢"担负的风险与其承载的意义、期待、希望一样宏大而厚重，以至于许多商人落荒而逃，甚至已经中标者也寻找了各种借口悄然遁去。

在这一时刻，中信却主动迎了上去。这与在商言商的原则相去十万八千里，但我们肯定可以从中感受到责任、奉献、牺牲或目光远大等等美好的境界。

而且，几番挫折之后，当北京市政府真的决定与中信联合体签约"鸟巢"的时候，王军和孔丹并不在场，甚至根本不知情。李士林"擅自"做了一回主，因为他知道，当国家民族需要中信的时候，王军怎么可能退缩？国家和民族大义在什么时候对中信人来说，都是最重要的。

2003 年 7 月 30 日下午 6 时，伊朗德黑兰。会议桌前，洪波正在与她的中信国华竞标团队讨论伊朗国家铁路项目。几天前，她刚刚收到来自北京奥运办的"未中标通知"，得知中信没有拿到"鸟巢"项目，但她已经没有时间沮丧，眼前的铁路项目是更加现实的问题，她今天已经跟伊朗人谈判了一整天，现在必须把工作做个安排。

屋外有声音传来："洪总，电话，北京长途。"声音很急。洪波赶紧往外走，匆匆上楼，拿起听筒，这时候电话已经断了。

洪波抬头看了一眼秘书，秘书赶紧说："是士林总的秘书打来的。"

她拨回去，对方说："洪总，不是我找您，是李建一找您。"

洪波似乎猜到了什么，她的心怦怦直跳。

电话里传来一个熟悉的男声："洪波，你要沉住气啊，跟你说个事……"这是李建一的声音，颤抖着，几乎说不出话来。

"快说，什么事？"

"'鸟巢'，咱们中标了！"

"……你说什么？不可能，我们不是已经落选了吗！"

"是真的，市里的人刚走，刚刚跟士林总谈定的。"

……

那一瞬间，洪波的眼泪涌了出来，她不相信这是真的。她在房间里转着，手足无措，激动得不知道该如何表达，她想喊，嗓子哽咽了，喊不出来。

她冲到楼下，要把这个巨大的喜讯立刻通知她的团队。她推开会议室的门，没头没脑地说：

"'鸟巢'，我们中标了！"

会议室的全体人员都呆住了，随即就有人喊着跳着，滚作一团，整个房间沸腾起来。

在这个伊斯兰国家里，没有酒，可洪波已经醉了。她实在想不出怎么庆祝这个时刻。突然，她语无伦次地大声说："你们都去上街，看上什么买什么，所有的东西我来埋单！"

会场上的人一愣，随即爆发出哈哈大笑。

"领导，这里是德黑兰，所有的商店都关门了。"

洪波自己也愣了，然后就像个孩子似的笑得眼泪都流出来了。

……

8 天后，在经历了 10 个月艰难而曲折的招投标历程后，北京市政府最终与中信联合体正式签署了国家体育场"鸟巢"的 PPP 建设合同。

此前 50 天，中信人度过了怎样的日日夜夜？

* * *

2002 年 10 月 25 日，北京《国家体育场（2008 年奥运会主体育场）建筑概念设计方案》举行国际竞赛。经过对参赛设计单位或联合体的资格审查，来自中、美、法、意、德、日、澳大利亚等十几个国家和地区的 7 家独立参赛单位和 7 家联合体参赛单位参加了概念设计方案的角逐。

2003 年 3 月下旬，由 13 位来自国内外的著名建筑设计大师、建筑评论家、体育专家、结构专家、奥运会组织运行专家以及北京市政府和北京奥组委代表组成的评审委员会评出了 3 个优秀设计方案，其中，"鸟巢"方案以其特立独行的风格居三甲之首，成为评审委员会的推荐方案。

2003 年 4 月，经过严格的评审程序和群众投票，"鸟巢"方案最终中选。

但此时的"鸟巢"仅仅是画在纸上的一幅漂亮的图画，甚至连稍微详细一点的功能设计图都还是零。并且瑞中联合设计体给出的造价概算令人咋舌——38.9 亿元人民币，用钢量 13.6 万吨。

与"鸟巢"设计招标同步，北京市还有另一个招标程序也在进行之中。

2002 年 4 月，北京市计委成立了"奥运项目办公室"，专职负责奥运场馆和相关设施建设项目法人招投标的组织、协调，制作各类招标相关文件，积极向国内外推介奥运场馆项目法人招标。

2003 年 1 月至 2 月，评审委员会完成了 7 份国家体育场项目法人申请文件的评审推荐，并报北京市政府批准。

此时，每一个竞标者其实都不知道将要建造一个什么样的体育场。

北京奥运办将在 7 家投标体中选出最佳者，由中标者负责整个"鸟巢"的工程设计、项目融资、整体建设，并以此获得"鸟巢"30 年的经营权，期满后将"鸟巢"完好无缺地交还国家。这就是标准的 BOT 模式。此次北京奥运会的 7 个场馆项目是采用这样的方式招标的。但是"鸟巢"又有所不同。

由于"鸟巢"的特殊意义，北京市政府在此项目还引入了 PPP 模式。"这意味着由政府与民间资本合伙，完成过去单纯由政府完成的项目。"

北京市政府承诺，将为"鸟巢"工程投入部分资金，以此来保证"鸟巢"的高品质和安全性。北京市计委领导强调："作为标志性建筑，'鸟巢'能不能达到世界最高水平，是关键问题。"若要保证达到"最高"，政府当然不能仅作壁上观。

2003 年春寒料峭之时，第一阶段招标结束，奥运办从 7 名竞标者中选出了 5 名合格申请人进入项目法人招标的第二阶段。北京市向它们发出了正式标书，规定截标日期为 2003 年 6 月 30 日。

上述 5 名入选者中，就包括以法国万喜集团为首的投标联合体，该联合体的其中一家公司为中信集团。2002 年 9 月，中信集团研究决定，同意中信国安集团代表中信集团联手法国万喜集团、法国布依格集团、北京城建集团、美国金州控股集团共同组成项目投标联合体的方案。洪波说："作为一个建筑工程师，能为中国、为子孙后代建造这样一座卓越的建筑，我和我的团队时常为这样的梦想激动着。"

但是，就在这时，坏消息突然传来，4 月 1 日，法国万喜集团与布依格集团宣布放弃联合体牵头方资格并退出联合体。主帅退场，这意味着整个投标联合体顷刻间就将瓦解。

为什么是这样的结果？

原来，在送达的标书中，北京市政府承诺，按照 PPP 模式，北京市将为"鸟巢"项目投入总投资 51% 的资金，这远低于法国人原来 62% 的设想。极大的资金风险打击了高卢人的勃勃雄心，经再三核算后，法国人决定退出。

法国人走了，我们也要撤？不甘心啊！为什么我们中信人自己不能做投标联合体的牵头人？洪波把自己关在屋子里反反复复想了一整天，算了一整天，然后得出一个结论，我们自己也能干。

其实今天回过头看参与竞标的那个时刻，中信人完全可以有这样的自信。在中国，没有哪家企业有着中信这样庞大的企业集群，中信的触角几乎伸向了所有领域，它拥有全部的金融牌照，它有着强大的体育文化产业，它可以整合世界上最优秀的资源力量来为"鸟巢"建设服务。

但是那个时候，什么都不缺的中信集团其实最缺乏的就是土建的实力和经验。

数日后，国家体育场投标小组郑重地向李士林递交了一份报告，报告详细论证了中信由"跟庄"到"坐庄"之后的经营要点、技术关键、施工关键以及今后 30 年运营的构想。洪波说，这是一份请战书，是一份军令状。

李士林将报告转交给王军。他知道，以王军的性格，中信此次志在必得。果然，王军很快批准了他们的设想。李士林向投标小组转述了王军的话："这是我们国家和民族的大事，也是中信集团的一件大事，一定要全力以赴地做好。既然是国家的大事，我们中信就有义务、有责任去做这件事情。中信集团和中信国安在联合体中股份比例占到 70% 都可以。你们要坚定信心，中信集团将调动所有力量支持你们！"

王军还撂下一句话："为了'鸟巢'，赔钱都行！"

* * *

这注定是一个不寻常的 5 月。北京，一种无比凶残的病毒已经悄然蔓延开来，在那个月季花绽放的日子，SARS 病毒成为全社会最凶猛最致命的大敌。中信投标联合体就在这个时刻诞生，生不逢时。

2003 年 5 月 11 日，在北京市发改委规定递交投标申请函的截止日期的前一天，中信集团牵头北京城建集团、美国金州控股集团组成新的投标联合体方案，上报北京市政府，当天便得到批准。

2003 年 6 月 10 日，中信集团再次提出申请，联合体三家公司股权由此前的中信集团、北京城建、美国金州三家平均控股变为中信集团绝对控股，中信集团在投标联合体中占股 65%。这一方案也被迅速通过。

中信投标联合体的编标工作由中信国华公司全力承担。

北京市发改委公布的"鸟巢"评标办法，共含 8 项评标因素：（1）建筑设计优化方案（含投资估算），权重 10%；（2）建设方案，权重 15%；（3）融资方案，权重 20%；（4）运营方案，权重 25%；（5）财务分析，权重 5%；（6）保险方案，权重 5%；（7）移交方案，权重 5%；（8）对合同文件的响应，权重 15%。

其中，最重要的两项因素分别是运营方案（25%）与融资方案（20%），两者比重之和将近一半。由此可以看出，在招标人的心目中，投标联合体的融资能力及今后的运营能力分量很重。

按照常规，一部标书的编制，首先必须优化建筑方案，然后才能制订工程建设方案，继而才能有财务核算，它们一环扣一环，是一种线性关系。而且在 BOT 模式中，还必须有详尽的运营方案，它制约了建筑方案的优化设计，这又是一个多点控制的系统。因此，在 8 个环节中，其中任何一个环节的调整将牵动整个系统，全部数据都将再次调整。

最致命的是，给中信留下的时间只有 25 天。

编标团队按照上述 8 个方面分成了 8 个小组。洪波租用了国际大厦整个二层，她必须打破常规，让全体人员在一个作业面加班，随时沟通，随时调整。王军没有食言，编标组要动用集团内的资源，王军一路绿灯。

在最后的时刻，编标组成员围坐在电视机旁观看已经浓缩完成的 DVD 标书时，心中涌起阵阵惊喜和自豪。这是我们做的吗？实在太棒了，太优秀了！

"我们这个编标团队是创历史纪录的，我们把方案优化了很多，特别是钢结构设计的优化，用钢量从原来的 13 多万吨优化到 4.5 万吨。我们在功能上做了很大调整，充分考虑到了残疾人的要求，也为后奥运的经营留下了很好基础……"

洪波还是过于自信了，她甚至没有想过要去跟评委们进行事前"沟通"。尽管有不少人事先多次告诫她，评标的过程不一定是完全公平的，更何况你的竞争对手还有北京市政府的嫡系北建工，该做的工作一定得做……云云。

截至 6 月 30 日，北京市发改委收到了 4 份标书。初评后，由于其中一份未通过符合性审查，竞标者减少为 3 家，它们是中信联合体、北京建工联合体和中建集团联合体。

17 位来自世界各地的专家在海南封闭评标。

很快就有消息传出，中信得分仅排在第二位，且远远低于北京建工联合体。洪波脸色大变，让人说中了！

这真是残酷的一刻，中信人还没从那种自信自豪的状态中回过神来，就立刻被抛入冰窟，凉彻肌髓。这是一场零和博弈，永远只有一位胜者。

李士林只有两句话："别泄气，这是我们最好的一次真枪实弹的大练兵。最终结果还没有出来，只要还有百分之一的希望，就要作百分之百的努力。"

还有一轮答辩，这也许是最后的机会了。洪波紧急致电参与编标的法国专家，力邀他即刻动身，到北京参加答辩。

20 个小时后，法国人转了三趟飞机，终于在次日早晨到达北京首都国际机场，随后径直赶到答辩现场。但是，尽管作了最大努力，每一位参加答辩的中信人似乎都感觉到了评委们显而易见的敷衍和倾向性。败局已定。

7 月 18 日，北京建工集团投标联合体收到了发自北京市发改委"'鸟巢'工程中标通知书"的传真件；7 月 19 日，他们从北京市发改委拿到了盖红印章的中标书正本。北京建工奥运投标办的工作人员说："那时我们以为大事已定。"

但所有这些，洪波完全被蒙在鼓里，她压根儿不知道对手已经在开香槟庆祝胜利了。中信在 7 月 20 日当天还接到了北京奥运办的通知，要求他们把标书的多媒体短片再浓缩一半，尽快上交奥运办。

7 月 20 日晚上，洪波重新召集部下，逐个把短片的改编工作安排好，她再三强调："最后的结果没出来之前，我们一定要尽最大的努力。"晚上 10 点，她从办公室直接去了首都国际机场，她此行的目的地是伊朗德黑兰。两天后，她在德黑兰看到了发自北京奥运办的"未中标通知书"。

按照要求，在"'鸟巢'工程中标通知书"发放之后的 5 天之内，中标方必须和发标方签署正式协议。但是直到 7 月 23 日 24 点，北京建工联合体与北京市发改委奥运办的相关协议仍没签署。

北京建工联合体由 15 家境内外投标单位共同组成，其中 4 家外方投标单位分别为美国美洲集团公司、澳大利亚 GHD 公司、阿姆斯特丹运动场公司和美国西埃集团。联合体的原主角是美国美洲集团公司。因为非典肆虐，所有外方人员不便来京，联合体的主导权转给了北京建工。有消息称，对于如此巨额投资，外方的风险评估要严格得多。

形势在 7 月 28 日出现转机。

招投标双方原定于这一天在人民大会堂举行隆重的签约仪式，而后又推迟到 7 月 29 日，但依然没有结果。

7 月 30 日中午，北京市发改委做出重大调整，鉴于与第一中标人谈判未果，北京市发改委将改与第二中标人中信联合体谈判。7 月 30 日下午，开了整整一下午的会。夜幕四合，北京市发改委一位领导匆匆离开北京市政府的会场，迅速赶到了国安大厦。

不料扑了个空。

忙忙碌碌的李士林此刻正在主持一个宴会。

李建一说："士林总现在抽不出身，您有什么事先跟我说行吗？"

"不行！"对方很干脆地回答，"我要立刻见到士林总。"

李建一只能去宴会厅通报。

李士林觉得很奇怪，这个时候找我能有什么事？他忙得顾不上这许多，让李建一转告对方明天再来。李士林其实这会儿心里还窝着火呢，中信的标书本来就是最棒的，居然没有中标，现在又找我干什么！

过了一会儿，李建一又来报说，人家不走，说是市委、市政府的领导都在等我们的回话，是关于"鸟巢"，有可能又让咱们干。

李士林心里咯噔一下，他加快节奏，匆匆结束了这次宴会。他没有马上见对方，而是回到办公室，自己静一会儿。

"怎么谈？干还是不干？这么大的事，几十亿资金的大盘子，王老板也没在家，我自己怎么做主？"

已经是夜里 10 点多钟了，在那个时刻，中信集团董事长王军远在非洲，总经理孔丹在欧洲。李士林没有人可以请示。

奥运会是中华民族百年期盼的大事，作为一个中国人，能为奥运尽力，是无上的荣耀。中信国安已经拿下了奥运村和国家体育馆的项目，但是哪一个都不如"鸟巢"分量重。建设"鸟巢"，对于国安、对于中信集团、对于我们国家都是建功立业的大好事。

李士林拿定了主意。

他面见对方，却依然心存疑虑。李士林半开玩笑地说："你要是想让我帮你压标，就直接说，别绕弯子。这是国家大事，不是闹着玩的。"

"都什么时候了，我没事跑这儿来跟你闹着玩。现在刘敬民副市长就在电话旁边等着我的消息，你如果同意了，我们立刻就可以签。"说着对方拨通了刘敬民的电话，让他亲自和李士林谈。这是夜里 11 点。

刘敬民在电话里说："士林啊，咱们这么多年关系了，你也是老北京人，国安为北京市的体育事业贡献了重大的力量。奥运会是国家的大事，你们是国家的大公司，要有全局观念。"

李士林还清晰地记得当时他的回答：

"刘市长，你别说了，这不单是北京的事，这是国家的事，是国际的大事。我们肯定义不容辞。"

等候了一夜的刘敬民终于如释重负，松了一口气："士林，我就知道一找你准行。"

后来才知道，那天晚上，不仅是刘敬民，还有王岐山等一干北京市政府的官员都在等中信的答复。

李士林郑重地告诉对方："我没有联系上王老板，也没有联系上孔总，他们都在国外，但从我这里，是没问题了。"

对方很清楚，李士林说没问题了，中信就没问题了。

于是李建一要在第一时间通知洪波。他拨通了德黑兰的电话，让赶紧找洪总，等在电话机旁，他自己的心脏激动得都快跳出来了。线路不好，电话断了。终于，洪波的电话回拨过来……

从 8 月 2 日开始，北京市发改委奥运办与中信联合体进行了整整三天的谈判。

北京市市长王岐山面见王军，谈起"鸟巢"，他竟有些动情。

"我们这代人总是应该给国家留点什么……"王岐山说。

* * *

2003 年 8 月 9 日，国家体育场项目法人招标签约仪式在人民大会堂举行，中国中信集团联合体作为项目法人合作方招标的中标方与北京市政府草签了《特许权协议》，与北京市政府和北京奥组委草签了《国家体育场协议》，与北京市国有资产经营有限责任公司签订了《合作经营合同》。

根据谈判结果，修建"鸟巢"的出资比例是，北京市政府出资58%，中信联合体出资42%。在中标联合体中，中信占65%，北京城建占30%，美国金州占5%。在全部承包工程中，北京城建为52%，中信国华为48%。中信国华承包"鸟巢"A区部分。A区包含"鸟巢"1/3混凝土结构工程、1/2钢膜结构、70%装修工程、全部强弱电及整个辅助训练场。

国安集团代表中信集团作为投资方，最终取得了银行的支持，完成了对"鸟巢"9.5亿元的融资任务。

王军亲自挂帅，担任中信集团国家体育场建设领导小组组长，李士林为副组长，孔丹为小组成员。如此阵容在中信集团从未有过先例。

* * *

12月底的北京，萧萧北风吹落一树苍黄，在北京正北方这片悠悠的旷野中，湛蓝的天宇下，竖起了一块鲜红的背板，四盏喜庆的大红灯笼高高挂起，数十台施工车辆和机械排列整齐。全国政协主席贾庆林手持扎有红绸的铁锹，为"鸟巢"培上了第一锹土。2003年12月24日，国家体育场"鸟巢"正式奠基。

皮尤新是被洪波从病床上拽到"鸟巢"工地的。洪波没有别的人选，因为这是"鸟巢"，它的意义首先是政治上的，这个项目经理必须有高度的政治敏感；它还是完全创新的，这支建设队伍所遇到的技术难题将完全超出世界建筑史的先例；它还是一个联合体，将面对一系列完全不属于中信系的合作伙伴，甚至是十分难缠的合作伙伴。所有这些要素叠加，洪波认为，项目经理非皮尤新莫属。

关于"鸟巢"的建设，已经有大量媒体给予热情的讴歌，在此不再赘述。

"鸟巢"的诞生

2003年12月24日上午9时15分，"鸟巢"破土动工。

2004年1月18日，"鸟巢"基础桩工程开始施工。

2004 年 5 月，"鸟巢"看台结构和钢结构屋盖下的约 1 500 根基础桩施工全部完成。一个月后，完成了基础工程施工的"鸟巢"进入混凝土结构施工阶段。

2004 年 7 月，为了进一步实现"节俭办奥运"，"鸟巢"暂时停工。

2004 年 11 月下旬，有关单位完成了"鸟巢"的设计优化调整方案。优化调整后的方案维持了"鸟巢"的设计概念，取消了可开启屋盖、扩大了屋顶开孔，与原设计相比，钢结构用钢量减少了 22.3%，膜结构减少了 13%。

2004 年 12 月 28 日，经过专家精心设计与重新评估，"鸟巢"工程正式复工，建设进程进入高速发展期。

2005 年 7 月，"鸟巢"内部看台混凝土结构全部完成。

2005 年 10 月 28 日，重达 300 吨的 C13 柱脚钢构件准确落位，中信人亲手成就了"鸟巢"钢结构第一吊。

2005 年 11 月 15 日，"鸟巢"混凝土主体结构提前封顶。

2006 年 8 月 31 日，钢结构主体工程完成合龙。

2006 年 9 月 17 日 11 时 30 分，"鸟巢"钢结构卸载中第 7 次 35 步的最后一次卸载完成。在整个钢结构与支撑点完全脱离的那一瞬间，真正的"鸟巢"宣告诞生！中共中央总书记、国家主席胡锦涛视察奥运工程时，称赞"鸟巢"钢结构卸载成功"谱写了中国建筑史上光辉的一页"。

2007 年 4 月，"鸟巢"的两位瑞士设计师来到工地。看着拔地而起的这座巨大的钢铁"鸟巢"，他们说"这太令人震撼了"。这次他们的目的是要确认"鸟巢"的颜色——与灰、黑色的钢梁相对应的"中国红"。艺术家艾未未是"鸟巢"的视觉顾问，他觉得红色在这个场馆是谨慎又谨慎的事情，因为它很大，颜色又很单纯。因此选择什么样的厂家，才能达到这一效果？招标就成了至关重要的问题。

2007 年 4 月 30 日，"鸟巢"红颜色开始对外招标，竞争激烈程度超乎想象，海内外数十家企业参与竞标。第一轮资格审查，众多厂家中，只有三家通过，分别是深圳的中华制漆厂、上海的卡谱乐尔公司和北京的一家公司。

5 月 11 日至 16 日，中信国华与北京城建共同组织的招标小组先后对三家企业进行实地考察。

"中国红"将要喷涂的墙面十分特殊，它的墙体是钢结构的，是用一块块钢板拼接而成的，施工时，考虑到北京的气候特点，钢板之间预留了 5~7 毫米的缝隙。

但是，设计方苛刻地要求工程完工后，所有的墙体必须是平整的，像镜子一样平整，不能暴露丝毫缝隙。

上海企业的德国专家多次来到"鸟巢"现场勘察墙体材料与施工效果，并提出了覆盖石英纤维布，然后再次喷涂的方案。但这种布要从德国进口，因而成本肯定会大大提高。

几乎所有的考察小组成员都对这一方案留下了很深的印象，它不仅解决了表面平整的问题，更是彻底解决了墙体材料之间的防污、防锈的问题。但是北京城建的项目负责人立刻就想到了它的成本，他当场就不客气地对厂方说："如果考虑到经济成本，你这套体系是不可取的。"

北京那家企业在第一轮竞标中就被淘汰。剩下深圳与上海两家，它们将进入经济标的角逐，按照招标法，价格低的一家中标。

5月17日，在"中国红"开标的前一日，考察小组又坐在一起讨论第二天的招标原则。中央电视台记者忠实地记录了讨论会上双方针锋相对的一次争执。争执发生在"鸟巢"总承包部副总经理郑中与中信国华商务部经理张彬之间，一口一个"我们国华"的张彬让人看到了中信人的一种特殊气质。

郑中首先发言："充分竞争的情况下我们也约定了，就是经过多轮PK，直到最终有一家最低价中标。"

张彬："就像刚才您说的，这两个方案都行，这家要贴布，这家不贴布，那你怎么来比较呢？"

郑中："这两个方案肯定有差异，这个是90分，那个是100分，那不算什么。但如果这个是90分，那个是50分，那不行，这里有一条及格线。及格线就是我们的技术门槛，过了技术门槛的就可以接受，过了门槛，好一点和差一点，那我们就不再去考虑了，没有说一定要追求最好。"

张彬："如果说质量60分和85分的方案在比价，你们一定取那个60分的，这就是你们总包的原则，是吗？"

郑中："对，这就是我们定的原则。"

张彬："那你们和我们国华有区别。我们国华，如果一个是85分，一个是60分，就算在价格上有点差别，我们肯定选85分的。"

郑中："我们城建也没说一定要用60分的，但是你这个技术的合格线一定要定得合理，如果说你认为60分没有过线，那就应该把合格线提高到70分，但是如果说你认为过了线了，那就都是我们可接受的。"

张彬："都是你们可接受的？可是过了线了，60分和优良还是有区别的。"

郑中："是有区别，但是造价上也有区别。"

张彬："对呀，坏价钱没有好货。我们不是地摊价，能用大商场的就用大商场的，因为国家体育场不是地摊。"

郑中："这只能说明当初的技术标准定得不合适。"

张彬："就算两家都过了线，那有一个85分，有一个60分，而它们的差价，在咱们能够承受的范围之内，你肯定用那60分的，那我不同意。"

郑中："要是你认为如果我们这个项目的标准高于国家标准，那你就把整个标准拉高。"

张彬："已经拉高了！"

郑中："既然已经拉高了，这些厂家又都过了，就说明它已经符合我们的高标准了。那你为什么还要拿标准来限制这个造价呢？"

张彬："我们不冒这个风险，我们担不起这个责任。"

这个晚上，他们的争论无果而终。

第二天上午是开标的日子，但争论还在继续。北京城建的一位女经理央求张彬："这种方法你同意了不就完事了吗？就能把价格降下来。"

张彬毫不让步："为什么我们要同意啊？这样质量没有保证，原则问题绝不能同意。"

双方最终没有达成一致，开标被推迟了。在那样一个特殊时刻，绝大多数人会选择妥协方案来追赶工期、降低造价，但是张彬还是选择了坚持。

这一推就是半个多月，直到6月5日，"中国红"才进行了最后一轮竞标，上海卡谱乐尔最终中标。

"中国红"只不过是中信四年"鸟巢"建设的一个镜头而已，这样的镜头绵延不断，它们连在一起，构成了中信不寻常的"鸟巢"历程。类似的镜头，在洪波脑子里也还有很多。

*　　*　　*

2007年5月1日，洪波拉着国华的所有中高层领导来到"鸟巢"工地。围着国华承包的"鸟巢"A区，他们走了整整五个小时。看着皮尤新疲惫的眼神，看着人困马乏的"鸟巢"工地，洪波觉得"脊背一阵阵发凉"。

2007年5月，北京奥运会主要场馆建设基本都进入了收尾程序，唯独"鸟巢"的建设还是一个巨大的未知数。此时，距离北京奥运会正式开幕的日期只有15个月的时间，距离北京奥组委规定的好运北京"鸟巢"场地测试赛的时间不到一年，距离北京奥组委规定的关门日期只有半年时间了。

而此时，"鸟巢"砼主体及钢结构工程刚刚完工，膜结构工程才刚刚开始，装饰装修工程正在备料阶段，奥运会开闭幕式最为关键的环节——机电工程连最基础的供电条件还没有达到。这其中，国华公司要承担一半膜结构工程、近七成装饰装修工程、全部机电安装与调试工程。

袁绍斌说："国华公司必须在不到半年的时间里，完成比前三年工程总量还要多的活儿。"

这是一个巨大的考验。但这个时候，洪波十分清楚，无论她说什么、无论她做什么样的决策，都要十分谨慎。上帝没有给她留出纠正错误的时间，她必须保证接下来的每一个决定都能踩到线上，而只有这条线才能通往胜利，线外就有可能是雷区，随时都有可能引爆。

洪波不再开会，她请所有的同志们到酒店吃饭。端起酒杯，面对一双双疲惫的眼睛，洪波仔细斟酌着自己的祝酒词：

"我想说三点，第一，我确实觉得我们国华人太伟大、太了不起了。今天在现场看到宏伟壮观的'鸟巢'，我真为我们国华人骄傲。"

洪波喝干了杯中酒，接着说："第二，我觉得这个工程实在太难了，当初要是知道会遇到今天这么多问题，这么多开先河、创第一的问题，说什么我也不参加，打死我也不干了！第三，我们现在是开弓没有回头箭，大家都说钢结构很难，但我们做了，做好了，而且是最好的。可是后头的路更难，而且我们没有时间了，工序交叉那么多，施工量那么大，时间、技术、施工干扰更是大问题。我们现在有两个选择，要么投降，把'鸟巢'交还给北京市政府，让他们组织更强大的力量；第二个选择，我们咬紧牙关，坚持到底，一定保证在2007年底完成工程。中信品牌保卫战在此一搏！"

饭后，洪波留下皮尤新和袁绍斌。这时，她已经做出了一个新的决定，她要把袁绍斌派上去，驰援"鸟巢"工程，这时候的袁绍斌已经是中信国华的总经理。但是，要取得 1+1 大于 2 的效果，她还有一个重要的工作要做。

洪波先与皮尤新单独谈话，他们搭档多年，深知彼此。

"'鸟巢'已经不是你个人的问题，完成不好，也不是中信能承担得了的，是北京市政府、是国家承担责任。我现在要加强力量，我要把绍斌派给你，但这样一来肯定会出现以谁为主的问题。绍斌是专家，因此在下一阶段，要以他为主。可是在国华，绍斌是你的下级，你能不能接受这个事实？"

"当然，完全可以！"

"但你预料到会发生什么吗？你肯定会有心理波动，绍斌用人会和你不一致，他有他的判断，如果没有使用你的人，这个人就会有怨气，就会抱怨，说泄气的话、挑拨的话。你要有心理准备，你要经得住下级的挑唆，要随时保持清醒。绍斌的决策可能跟你不一样，甚至是颠覆性的修正，你如果没有心理准备，你的情绪会受影响，威信会受到挑战。如果你处理不好，那么 1+1 就一定会小于 2。但是如果处理得好，1+1 大于 2，'鸟巢'顺利完工，那么无论对奥运、对中信、对国华，更是对你自己，都是一个最佳的结果。"

接下来洪波与袁绍斌谈话。把两个最优秀的项目经理放在一个工地上，洪波说，我这是在冒险，如果不是对他们有充分的了解和信任，我不敢这么干。

洪波对袁绍斌说："这个项目干不好，真被北京市收走了，你总经理我董事长，都是要承担巨大责任的。现在不要再计较个人名利，把心态调整到最低，你现在就是现场管施工的角色。你要尊重皮总，他为项目付出了巨大的代价。但你要敢于决策，敢于承担责任，承担起项目经理的责任，决策时以你为主。我们要一起画一个圆满的句号。"

那年"五一"是"鸟巢"工程的一个转折点，以大局为重，皮、袁二人配合默契，很快开出了加快工程进度的"药方"："大干 80 天劳动竞赛"、"每周二、四、六晚上亲自带队夜查、解决现场问题"、"与各分包签订责任状"……

都说"鸟巢"是创造奇迹的地方，绝不仅仅是在 2008 年 8 月 8 日之后，更是在那之前。

全部的辛劳带来了前所未有的回报。2008 年 8 月 8 日，"无与伦比"的北京奥运会终于华丽开幕。关于那个晚上，无论怎样光辉的赞誉都不为过；关于"鸟巢"，无论怎样华美的颂词都嫌逊色。"鸟巢"为 2008 年北京奥运会树立了一座独特的历史性标志，它终将成为我们民族最令人骄傲的标志。"鸟巢"亚金色的钢梁反射着太阳的光芒，一根钢柱上镌刻着"鸟巢"工程百余名当代鲁班的名字——洪波、皮尤新、袁绍斌、李文标、朱景明、陈晓佳、李欢……

中信集团董事长孔丹在为"鸟巢"工程建设者举行的颁奖大会上说："伟大的时代造就伟大的事业。中信的事业依靠全体中信人的团结拼搏，共同奋斗。国家体育场项目部不负祖国和人民的重托，做出了无愧于时代的贡献，他们是全体中信人学习的榜样。"

第二十七章　最可贵的资产

2007 年 4 月 28 日，王军在《荣毅仁》画册出版、荣毅仁同志生平暨中信公司发展陈列室揭幕仪式上，做了一个简短的发言，这是他自退休后，头一次对中信人公开讲话，语重心长：

"虽然现在中信公司已经步入健康发展阶段，资产规模不断扩大，各方面建设取得了很大成就，但我认为公司更宝贵的财富却是中信的无形资产，它包括了：中信风格、中信精神、中信文化和中信良好信誉。

"中信'32 字'风格是荣毅仁老董事长亲自制定的，'勇于创新、多作贡献'和'开拓创新、勤勉奋发、办好中信'的中信精神是党和国家两代领导人亲笔题词确立的。

"'既有统一目标意志，又注重发挥每个人聪明才智、发挥创造性'的中信文化，是荣毅仁老董事长在创建中信公司过程中逐渐形成的、富有中信特色的无形资产和宝贵精神财富，这是我们中信事业能够更好、更快发展的根本保证和法宝，丢弃它就会遭到挫折和失败。"

"既有统一目标意志，又注重发挥每个人聪明才智、发挥创造性"的中信文化，被王军反复强调为"是中信最可贵的资产"。然而，这无形资产和宝贵精神财富对外界来说，却依然抽象。

2006 年 7 月 27 日晚，北京国安宾馆宴会厅。今晚，这里有一个特殊的晚宴。所有中信集团高层领导者和各子公司的老总们将在这里为他们的老董事长王军举行送别宴会。

其实这是大家早已知悉的事，王军已年届 65，按照中组部的划线，谁都知道王军服役结束的时间到了，但是当这一天真的来到的时候，每一个人内心都极为复杂。一个时代就要结束了，一个令人无限怀念、激情澎湃的时代。王军是这个时代的标志。

孔丹宣读了中组部的决定通知，读着读着，他哽咽了，所有在场的人都欷歔不已，常振明已是情难自抑、热泪盈眶。

大家举起了酒杯，说着动情的话。酒后的孔丹略有失态，他突然大喊一声："中信，是个谜啊！"

这是孔丹发自内心的慨叹。

此时的中信已经走过了 27 年历史，辅佐王军已经整整 6 年，孔丹作为第四任董事长即将接掌大印。此前，他在光大集团 14 年，被称为四朝元老，十数年的光大，起起伏伏，始终没能达到预设的目标。来到中信，他看着中信一步步发展壮大，他眼中的风光越来越辉煌，越来越迷人。作为学者出身的企业领袖，孔丹常常会问自己这样一个问题：

中信凭什么走到今天？

中信遇到了那么多的麻烦，遇到了那么多的高山险阻，几经挫折，为什么能够走过来，为什么能够越走越远？而那么多与中信同时代的企业，与中信同样根正苗红，甚至比中信还要红、还要财大气粗的公司，却没能走到今天，在途中早已折戟沉沙。当年的五大公司，还剩几家？当年的信托公司，还剩几家？当年的窗口企业，还剩几家？就算活下来的，又有几家是靠自己的力量活到今天的？并且活得如此风光、如此昂扬、如此激情四溢？

这一切都是为什么？究竟是什么使中信区别于其他公司，它那无可比拟的独特性究竟是什么？

很多年来，中信内外的许多人都试图解答这个问题，有"基因说""领袖说"，也有"运气说""环境说"，每一种说法亦各有其道理和内涵。

今天，站在 30 年的门槛上，再次探讨这一问题，又能得出什么样的结论？

*　　*　　*

当然，一家企业的成长之道首先取决于它的"基因"。

翻到中信历史的第一页，是在邓小平、叶剑英、王震等中共领导人的积极倡导和鼎力扶持下，才有了中信公司，才有了中信长达 30 年始终在前排站立的发展动力。如此起点，既给予了中信高位势能，又使中信身负极为特殊的使命。正如邓小平所说："中国国际信托投资公司可以作为中国在实行对外开放中的一个窗口。"

窗口是双向的，从外向内，透过中信公司，就能看到中国改革开放的大势和路径；而从内向外，又可以中信的轨迹为坐标，继而设计和规划中国改革开放的蓝本。如此历史机遇已成绝唱，再无人可以复制。

王军也试图找到中信的 DNA：

"改革开放之初，中信公司的建立，因为有荣毅仁领导，给全世界建立了信心，中国有这么一个可以跟他们对话、能说得通的公司，在全世界建立了非常良好的信誉，这是荣老板给公司的无形资产，是中信最可贵的资产。

"由于中信公司选择的发展模式与当时的计划经济体制格格不入，创业的艰辛是今天所难以想象的，曾有人预言中信搞负债经营必定会失败。但荣毅仁同志顶住各方压力，带领中信公司广大员工排除万难，开拓创新，使中信公司在经济变革和转轨的极其复杂和困难的局面下经受住严峻考验，取得了发展，走上了一条成功的道路。"

在1979年那个混沌初开的年代，荣毅仁开宗明义地将自己的企业宗旨确定为"按照经济规律办事，实行现代化的科学经营管理"。而这正是中信的基因。

荣毅仁确信，只有按市场经济规律办公司，按照国际惯例管理公司，坚持对外开放，中信才能够在计划经济的坚硬阵营中打开一条血路。在这一问题上，荣毅仁与邓小平等中共高层领导人达成了一致共识。这就决定了中信与其他传统国有企业、与其他行业垄断企业之根本不同。市场化、国际化、确定现代企业管理制度——如此高度的起点也决定了中信在发轫之初就有别于同时代的其他所谓窗口公司。

如此基因造就了一个结果：中信虽然是国有企业，却是在国内国际市场的激烈竞争中发展起来、具有强大生命力的真正企业。

如此企业的基因还造就了中信文化的特质——诚信、创新、凝聚、融合、奉献、卓越。

如此特质成为中信30年铸就恢弘基业的根本要素。

＊　＊　＊

1979年，中信草创之初，在和平宾馆那几间陋室中，荣毅仁首先规定了几条简单的工作规范："有信必复、有问必答、有客必见"，这正是中信企业文化的最初诠释。中信中信，冥冥之中，"信"字成为中信企业文化的核心价值观。

到了1986年，荣毅仁亲自拟定了中信公司的"32字"风格：

"遵纪守法，作风正派；实事求是，开拓创新；谦虚谨慎，团结互助；勤勉奋发，雷厉风行。"

姚进荣还记得，那是1986年11月的一天，他走进荣毅仁办公室，发现董事长正在纸上写着什么，见他进来，忙打招呼说："唉，小姚，你来看看，这是我拟的几条，总觉得还缺四个字。"

姚进荣走到桌前，看到了后来被称为中信风格的"32 字"，但当时纸上只有 7 句 28 个字。中国人讲究凡事成双，7 句显然不太合乎习惯。姚进荣略加思索，突然大有感悟地说："您看加上'雷厉风行'，好不好？"

"好，好，就是雷厉风行。"

后来姚进荣说，这并不是他想到的，而是他亲身感受到的，相信绝大多数与荣老有过直接工作交往的下属都会对此有强烈的感受。荣毅仁要求全体员工，今天的事情绝不可以拖到明天。无论多晚，只要工作没有处理完毕，荣毅仁都会在办公室里等着，并且会派秘书直接催办。日子长了，也就谁都不敢懈怠。这一作风在此后相当长的时间里直接影响了中信公司的决策和管理。

中信这一组织看似庞大无比，但同时又是一个高度扁平化的机构。扁平化保证了政令畅行和决策高效。这与长期计划经济体制下的官僚主义、拖拉扯皮的经营作风形成了鲜明对比。1998 年 8 月，澳大利亚波特兰铝厂股东之一维多利亚铝业希望出售股份，中信立刻决定要行使优先购买权，同时决定购买的还有日本丸红铝业。但澳方当时并不太愿意将股权转让给中国，遂提出苛刻条件：两个星期之内必须签订协议，并由母公司提供担保，一个月内到款。中信则提出，母公司担保不可能，但是我们可以在两周之内把所有款项付清。澳方不相信刚刚经历了亚洲金融危机的中信公司有这样的支付能力。但就在几天之内，中方的融资安排已经全部结束，而日本方面则颇有难色："我们可能安排不过来。"张极井痛快地建议："要不让我们的银行替你安排？"日本人闻听此言深感羞耻，遂紧急在内部协调，紧急筹款，方办妥此事。

"中信 32 字"之首是"遵纪守法"。这似乎很有点"小儿科"，很少有企业或组织把这四个字作为自己所遵循的最重要的价值理念。无论如何，遵纪守法，今天看起来这本身是对国家公民和一切社会组织最基本的要求。

但是，在荣毅仁随身携带的公文包里，永远放着两本书，一本是《中华人民共和国宪法》，一本是《中信公司章程》。每当公司事务需要决策、需要决断的时候，荣毅仁就会打开这两本书，以至于书都已经毛了边。他要求自己的行为和中信公司的行为完全囿于这两本书规定的范围。

1986 年 11 月 8 日，在中信公司举行的全体职工大会上，荣毅仁第一次正式提出了这"32 字"中信风格。荣毅仁说:"这 32 个字,我们每一个职工都应当牢牢记住,并作为我们的准则。"

*　*　*

20 多年过去了,中信所处的外部环境已经大不相同,中信公司作为一个企业组织,其内部也已发生了巨大的更迭,无论是硬的组织架构,还是软的管理制度及氛围,每天都在变化着。作为一家国际性大型企业集团,中信的触角伸向全球五大洲,它的经营范围涉及绝大多数行业。如何凝聚全体中信人的力量?如何激励全体中信人再创业的激情?如何不折不扣地贯彻中信集团在未来的公司发展战略?所有这些目标的实现,如果没有一个系统而深入人心的企业文化建构,如果没有一个共同的价值取向和企业愿景,又如何能够持之以恒。

王军说过:"企业文化对集团公司意义非常重要,因为中信公司是一个综合性公司,更需要有整体意识和凝聚力。"后来王军提出了具体目标——"在'十一五'时期必须下大功夫解决公司企业文化问题。"

中信公司的《"十一五"发展规划纲要》中明确提出了企业文化建设的指导思想、总体目标和重点工作,要求公司在"十一五"期间,"建立起适应社会主义市场经济发展趋势和现代企业制度要求,符合集团发展战略,具有鲜明的时代特征、丰富的管理内涵和中信特色的企业文化体系,形成为广大员工所认同的价值体系、企业精神、经营理念和行为准则。"

中信公司常务董事温晋平具体负责此事。

温晋平首先要求他的部下认真翻阅企业文化理论创始者的经典著作,比如威廉·大内的《Z 理论——美国企业界怎样迎接日本的挑战》《追求卓越》《企业文化——现代企业的精神支柱》等等。他自己更是反复阅读这些名家经典。

名家们的思想极大地影响着这群探究中信企业文化的人,他们对此印象极为深刻:

- 每一个企业,事实上都有文化,有时它是支离破碎、外界难以辨认的,无论是软弱的文化还是强有力的文化,在整个公司内部都发挥巨大的影响。
- 企业文化的功能有六种:一是导向功能,二是激励功能,三是约束功能,四是凝聚功能,五是纽带功能,六是辐射功能。

- 企业文化对企业的经营业绩和长期发展具有非常重要的影响，甚至是决定企业兴衰成败的关键因素。

- 对每个员工来说，当他们选择一家公司时，往往是在选择一种生活方式，文化以一种强烈而微妙的方式影响着他们的反应。文化能造就他们成为敏捷的或迟钝的工人，暴戾的或友好的经理，合作者或单干者。

边读书还要边行路。温晋平决定认真地到境外去看看，看看日本人、韩国人、新加坡人是怎么做的。他们将拜访众多公认的"高瞻远瞩企业"，他们坚信，这些同处儒家文化圈的国际大企业的实践，一定会对中信的企业文化建设大有裨益。对于中信下一个 30 年的开端，对于中信集团的基业长青，如此兴师动众显然是十分必要的。

在日本，他们考察了资生堂、丰田、松下等企业。东方传统文化的儒家思想，曾深深地影响了这样一批企业，对客户、对企业、对组织的"信""和""忠"成为这些企业管理的思想基础和文化观念。

在 20 世纪七八十年代，日本经济快速起飞，几乎是 400% 于美国经济增长率的发展模式，促使美国学者开始潜心研究日本奇迹背后的文化及管理模式。在反复对比考察研究之后，美国人终于有了一个重要发现：日本企业与美国企业最大的不同是管理理念和方式的不同。东方的管理是一种以人为中心的情感式、民主式、开放式的文化管理，能够将员工的价值取向、心理因素与企业的生存发展联系起来。相对于西方那种传统的刚性管理，这种文化有很大的优点。

温晋平同样也看到并听到了触目惊心的反例。

索尼。索尼成功 50 年，却在一夜之间输掉亚洲龙头宝座。2005 年，索尼市值仅为 410 亿美元，三星市值则突破了 1 000 亿美元大关。年营收 600 亿美元的索尼从 2000 年开始急转直下，3 年时间股价下跌 92%。2000 年，索尼 CEO 出井伸之被国际媒体评为"全球最佳经理人"，而在 2003 年他则被戏剧性地评为"全球最差 IT 业经理人"。一直以创新和发明为代表的索尼，为何会突然一筹莫展？

《绩效主义毁了索尼》，这是曾经担任索尼公司常务董事的天外伺郎 2007 年发表的一篇文章。他认为，索尼失败的根源是从 1995 年开始从西方引入绩效管理开始的。最后导致的结果是，业务部门相互拆台，都想方设法从公司的整体利益中为本部门多捞取好处。激情集团消失了，挑战精神消失了，团队精神消失了。考核绩效花费了大量精力和时间，而在真正的工作上却敷衍了事，出现了本末倒置的现象。索尼精神的核心即挑战精神消失了，人人追求眼前利益。

还有安然公司。安然是世界上最大的天然气和能源交易商，2000 年"世界 500 强"排名第 16 位。但也是在这一年，安然公司因一系列假账问题败露而轰然破产倒地。安然公司为了获得快速发展，在企业中积极倡导"赢者获得一切"和"压力锅"文化，推崇进攻性战略而不是稳步发展战略，采取具有强烈刺激作用的薪酬措施，助长了员工中的风头主义与唯利是图。内部的荒唐竞争带来一系列混乱、谎言、欺骗，甚至演变成上层主管中的内战，互相倾轧。美国《商业周刊》2002 年 2 月 25 日撰文指出，安然的失败"应归咎于它的企业文化"。

综上所述，说企业文化决定企业兴衰成败，这话没有夸大其词。

学了很多，看了很多，如何指导中信的企业文化建设？

2007 年 4 月，已经从中信集团董事长位置上退下来的王军主持了"荣毅仁同志生平暨中信公司发展陈列室"的揭幕仪式，他说："在荣毅仁同志领导下所形成的中信风格、中信精神、中信文化和中信良好的信誉是富有中信特色的无形资产和宝贵的精神财富。"

王军的这番话是探究总结中信企业文化体系的一个完整的坐标系。

2007 年 9 月，在前往韩国、中国台湾考察的路上，在机场候机大厅里，温晋平向他的团队谈出了自己的想法：

"可否将中信核心价值理念归纳为'诚信、创新、融合、奉献、卓越'10 个字？"

回到北京，企业文化部将这 10 个字以及关于它们所涵盖的意义、缘由等撰文上报，报到集团老总们那里征求意见。王军首先有意见了，他在这 10 个字上又加了另外两个字——"凝聚"。

2008 年 1 月 23 日，中信集团总经理常振明在中信集团工作会议的工作报告中，正式提出了中信企业文化的精髓，那就是——诚信、创新、凝聚、融合、奉献、卓越。

为什么是这 12 个字？

诚信。2 000 多年前，在泗水之滨，弟子问孔子如何治国，孔子说要做到三点：要"足食"，有足够的粮食；"足兵"，有足够的军队；还要得到百姓的信任（"足信"）。弟子问，如果不得已必须去掉一项，去哪一项？孔子回答，去兵。弟子又问，如果还必须去掉一项，去哪一项？孔子说，去食，民无信不立。

"信"字也注定成为中信企业文化的核心价值理念之首。

姚进荣从 1985 年起担任荣毅仁的秘书，整整 20 年，他亲眼目睹、亲身感受到了荣毅仁秉承实业救国的理想，诚实守信、严于律己、恪尽职守、鞠躬尽瘁的精神风范。

荣毅仁有相当严重的哮喘，身边总是携带着喷雾装的药瓶。在国外，他常常一天参加七八场活动，而且几乎在所有的场合，他一定是第一主角。他身材高大，精神饱满，思路敏捷，始终笔直地站立在每一个讲台上，每一次讲话都博得了参会者热烈的掌声和积极的拥戴。

但是没有人知道荣毅仁是在忍受着巨大的痛苦强撑着身体站立着讲话、微笑。活动刚一结束，姚进荣就必须立刻让荣毅仁喷药、喝水，稍稍缓过神来，下一场活动又开始了。那是荣毅仁的舞台，他代表的是中国，他不能倒下。

这一形象曾经给中外政界、商界人士留下极深的印象。二三十年前，许多人来到中国、在中国投资都是冲着这样一个人来的。来者的话语非常简单——我们不了解中国，但是如果是中信让我们投资，如果是中信的项目，那么我们就愿意做。

荣毅仁离开中信后，相当长的时间里，继任者王军的一个重要工作就是安排偿债事务。从 1982 年中信第一次在日本发债，10 年后，所有债务陆续到了偿还期限。平均每年 3 亿美元的债务与平均每年仅 20 亿人民币的公司利润，像两块巨石压得王军难以喘息。

在中信最困难的时候，在亚洲金融危机之中，在国际上再也借不到钱的时候，在中信公司账面上的钱只够发一个月工资的时候，王军从没有将债务拖延过一天。为此，中信曾不得不将最优良的资产出售，以换取现金。王军骨子里的傲气让他决不伸手。而曾经与中信同行的众多大企业、大红筹企业却终因各种疑难杂症而不得不等待国家救援。

30 年，诚信，已经成为中信上下共同坚守的原则。

2008 年夏天，汶川地震。在那些个举国哀恸的日子里，中信海直出动了 12 架装备最为精良的直升机，直接参加了地震救援行动。整整 53 天，占整个公司运力 60% 的飞机全部飞赴四川灾区，但中信海直却没有丝毫懈怠自己的商业客户，所有执行海上石油平台作业的飞机只能加班加点，它们承担了数倍于以往的工作强度和工作压力。"坚守商业信用，这是企业的底线。"

这一行为赢得了客户的极大尊重。中海油公司一分不少支付了全部租金，并为从灾区凯旋的全体飞行员举行庆功宴。

创新。在荣毅仁写下"32字"之前三年，邓小平同志就已经为中信写下了"勇于创新"的题词，这是一个托付、一种要求、一个目标，也是一种鞭策。在中信30年的跋涉中，"创新"是贯穿其全部发展历史的精神和从未改变的生存方式。

对于"创新"，王军反复说："中信的魂就是创新……中国经济增长的引擎是什么？要我说，是中国人的创新精神。中信的成功来自人才，人才是公司创新的发动机，那些老一辈如荣老板那样的商业巨子、熊向晖等革命家60多岁不辱使命来贡献自己，使得中信人有了不同于其他公司的精神。今天的中信如同中国一样，有骄人的成绩，有大的家业，不过，要是光想着躺在前辈人身上守业，丢失了创业和创新精神，懈怠了，不进取，不创新，就没有前途。"

在任何时代，特别是在禁锢已久的大变革来临之初，创新需要极大的勇气。唯此，中信才能创造众多的第一：中信公司第一次在海外发债，第一次"走出去"，第一次投身房地产业，第一家企业办银行，第一家融资租赁公司，香港资本市场第一家红筹股，第一次进入国际商用卫星市场，第一家金融控股公司，第一次进入海外高端工程承包市场……中信有多少个第一次，就反映了改革开放30年的多少次突破。

还远不仅仅如此。在中信的历史上，第一部《中信公司章程》是一件重要的历史证物。在这部《章程》中，"按照经济规律办事"就已经堂而皇之地记入了中信大典。也就是说，当后来的中国人为市场经济姓"社"姓"资"纷争不息长达十数年之初，荣毅仁就已经要求他的组织严格按照市场规律办事。

正是在这样一个大框架下，中信公司开始了一系列制度创新和体制创新。其实，从某个角度说，如此创新的意义绝不亚于上述中信的数十个"第一"。

中信创建初始，就设立了董事会，实行董事长负责制。董事会为公司最高权力机构，对公司重大方针做出决策。在董事会闭会期间，由董事长全权负责公司工作。14年后，《公司法》才终于颁布，规定了国企以公司制为核心的企业制度改革方向以及一系列关于建立股东大会、董事会、监事会、经理层等相互制衡的企业组织机构及其运行制度安排。

关于中信的财务制度。中信公司实行经济核算，自负盈亏。在充分借鉴吸收国外企业财务管理制度的基础上，改变了国内传统的按资产支出设立财务报表的做法，根据公司资产的不同来源，建立资产负债平衡制，这一崭新的财务管理制度对后来国家改革财务管理体制起到了重要的示范作用。

关于中信的人事制度管理。早在1979年2月，荣毅仁在给邓小平的第一封信上，就已经明确提出了量才录用的原则，实行聘任合同制。

关于中信的投融资制度。中信公司率先打破了国家计划大一统的投资体制，率先用银行贷款来建造新中国第一座高档写字楼；中信用企业债券来投资仪征化纤，彻底将投资主体由国家财政拨款转变为市场主体；中信利用海外资金投资海内外能源、资源、交通、航空、卫星等关乎国计民生的重要领域，早已打破了高度一体化、高度行政化的诸多产业垄断。

关于中信的产权制度建设。中信最早成立了自己的子公司，从单一的经济实体转变为综合经营的企业集团，明确界定了母公司与子公司的产权关系和经营权责。双方各为独立的法人实体，母公司不干涉子公司的生产经营，子公司依法自主经营、自负盈亏，对股东负全责。中信率先成立的物业管理公司则首次将母公司的部分所有权和经营权真正分离，从而为母公司资产的保值增值提供了有效的保障。

凡此种种，将表面上看似熟人公司、同仁公司的中信公司真正打造成了一个市场导向、具有完备的现代企业管理制度的国际化综合性大型企业集团。

凝聚。如何理解"凝聚"二字之于中信的意义？

温晋平说："中信集团的凝聚力很突出地体现在集团领导班子上。"

"既有统一目标意志，又注重发挥每个人聪明才智、发挥创造性"的中信文化，是中信集团领导班子的最好描述。每位领导都有自己的特点，有的什么事都难不倒，举重若轻；有的审慎持重，举轻若重；有的极为机敏，精明过人……发挥各自的创造性，却都凝聚在中信旗帜下，集体决策。

这是一个什么样的班子？"没有内耗、没有纷争，更没有山头、没有宗派，大家精诚团结，互相帮助和支持。这个领导集体中的领袖人物，在全体员工中拥有很好的口碑，得到大家的一致拥戴。"

如此班子，在中国的企业中几乎是孤本。

许多位从部长、市长位置上退下来的干部，来到中信任职，他们曾经都是一方诸侯，统兵百万，位高权重，占据无数优质资源。熊向晖，原中央统战部副部长；魏鸣一，原电子工业部副部长；杨光启，原化工部副部长；魏富海，原大连市市长……来到中信，每一个人都是从头开始，兢兢业业。因为荣毅仁树立了一个标杆和一面旗帜，有荣毅仁在前，中信领导层几乎无人敢于放纵自己，无人敢有稍稍懈怠。

还有王军，这位曾经在中信任职最长的中信员工，同样博得了全体中信人的高度信赖和由衷钦佩。2006 年王军退休的消息披露后，《南方人物周刊》采访中信的干部员工，并引用了他们所说的一段话："王董事长非常低调，而且善良、实干、仁慈、敬业，退休了很可惜。不过，他退休前建议的接任班子很成功，各方面都很强。"

2009 年，有媒体采访孔丹，记者提出了一个问题："请您比较一下中信与此前您长期服务过的光大有什么不同？"

孔丹在光大前后经历了四任董事长——王光英、邱晴、朱小华、刘明康。除了王光英，几乎所有的一把手都是外来人，而且常常是紧急被空降到光大。实际上，如此走马灯似的领导人更替的背后都是一次次人事危机或经营危机。朱小华出事时，香港媒体评论："光大系在 1997 年通过光大集团、光大金融、光大明辉和光大科技先后收购了 10 家上市公司和两家非上市公司的股份，业务遍及金融、银行、电讯、基建、零售等等，其'多元化'已到了令人目眩的地步，而朱小华留给投资市场的印象是一位炒家。"

炒家解决不了企业的发展问题。"领导人的不连续，导致领导层难以一种更连续的战略思考来解决问题，不管是对困难和挫折的应对能力，还是对机会的选择和把握能力，都缺少。"孔丹说。

反观中信 30 年，荣毅仁在位 14 年，经过两年的过渡，王军在位 11 年，然后交到孔丹手中。领导层的稳定、制度的健全、对本企业文化的高度认同，保障了中信企业战略的连贯性和稳健的发展节奏以及对风险的控制。这可能是中信与光大不同之所在。

其实还有一个不同，这几任中信最高决策者无一不是主动让贤。魏鸣一多次与中组部谈起，你们看王军同志是不是已经成熟了，是不是可以挑起中信这副担子了，如果可以了，请告诉我，我退，如果你们认为还不够，还需要我在这个位置上继续坚守，我还可以干下去。

多年后，年逾 60 的王军曾先后 8 次向中央表态，坚决要求退位，以保证中信整个班子的年轻化和知识化。此事甚至惊动了中央政治局常委黄菊，他亲自找王军谈话，令王军好好干，"打消退休的念头"。

2006 年，正当中信跨越一个接一个高峰快步前行的时候，王军终于宣布退休，由总经理孔丹接任中信集团董事长。如同一座恢弘的宫殿即将完工揭幕之前，它的总建筑师却悄然离去。所有的喝彩、所有的光环、所有的镜头都不再聚焦于他。

2009 年 10 月，刚刚任职满三年的孔丹对记者说："看来中信公司董事长的更替有这样一个规律，一长一短，再一长一短，荣毅仁同志长，魏鸣一同志短，王军同志长，我就算是那个短的，接下来更年轻的同志应该又是属于长的那一类。"

古人常说：海纳百川，有容乃大；壁立千仞，无欲则刚。

温晋平解释"凝聚"二字："凝聚是中信集团的力量源泉和整体竞争力的重要体现。全体中信人集合在中信这面旗帜下，在夹缝中求生存、求发展，团结一心，同舟共济，这是中信事业不断发展壮大的重要保证。中信人的自豪感、归属感和责任感，在员工中聚集成一种强大的团队力量。"

融合。什么是中信的融合？从 30 年前一群从前的资本家与共产党干部的融合，到后来中信公司不断发展，不断扩充地盘，不断与新组织、新公司、新人、新文化的融合，英雄不问出身，只要你的力量足够强大。

温晋平说："融合是中信集团的团队特色和建设和谐企业的基本内涵。中信集团是一个国际化程度比较高的企业，在经济全球化、一体化的形势下，中信要在许多国家和地区发展业务，开展国际交流与合作，就需要有一种开放的胸怀，做到兼收并蓄，学习一切先进的东西，积极融入世界经济发展的格局当中。"

这是外部的融合，还有内部的融合。

2009 年 1 月，春节前夕，国华公司法务部的工作人员告诉董事长洪波："经中信集团和国家工商总局核准，我们'国华国际工程承包公司'可以正式更名为'中信国华国际工程承包有限责任公司了'！"洪波说，那一刻她已期待许久。

为了"中信"这个字头，在过去数年中，洪波甚至杜撰自己公司的名称为"中信建设国华国际承包公司"，并将这一名称印在信笺信封上，刻在公司的标牌上，甚至在对外宣传的材料上也一直采用这一"非法"称谓。

让每一位员工为之自豪、为之津津乐道、为之心驰神往，这样的组织往往是最有效率的组织。

温晋平同样对此深感骄傲。"中信作为一个整体，虽然员工的专业背景、文化背景不尽相同，却能够融合在这样一个集体之中，在共同的发展目标下实现个体的价值。中信事业正是这样一个能使员工施展才能和抱负的广阔平台。"

奉献。 30 年，中信一直在全公司提倡奉献精神，从未羞羞答答。

"我一直在思索一个问题？荣毅仁究竟给我们留下了什么？"

这是荣毅仁 4 周年的忌辰，姚进荣在上海的家中提起了这个话题。北边是静静流淌的苏州河，从姚家的窗口望出去，可以看到昔日荣氏家族的申新九厂。秋风渐起，这勾起了他的无限怅惘，然后他接着自己的问题回答说："荣老首先是一个伟大的爱国主义者。"

几天后，庄寿仓专门从香港打来电话，反复强调："对荣老来说，国家、民族的利益从来都是放在第一位的。他常常说，国家让我干什么，死我都会干的。"

翻开中信的历史，谁都能从中感受到一种以天下为己任的骄傲。辛弃疾说："男儿到死心如铁，看试手，补天裂。""补天裂"是一种情怀，在市场经济高度发达的今天，如此情怀几乎无处觅踪。

2004 年，法国人撤离，中信公司对"鸟巢"的工程竞标进入最困难的时刻，进退是难？问题交到王军那里。王军只是淡淡地说了一句话·"奥运是国家的大事，民族的大事，我们中信，有责任。"

在中信集团历任董事长的那间办公室里，谈到中信的责任，孔丹直截了当地亮出了自己的态度："中信是国企，国企就是挑大梁的，承担的责任关系国家经济命脉。"

为国家"挑大梁"的正统思想从未在中信失传。

"在国家改革开放的历史进程中，中信是改革的试点，是对外开放的窗口，在很多方面成为国内行业的创建者和先行者、引领者，为国家的现代化建设积累了宝贵的经验。"

温晋平说："讲奉献，这是最大的奉献！"

奉献，还体现在一家国有企业的社会责任感。

杨林是《中信人报》的总编辑，在谈到一份企业报纸在社会上和同行中的影响时，他毫不掩饰自己的骄傲："《中信人报》得到了普遍的重视和相当积极的评价，这种评价大致集中在两个方面，一是认为中信坚持开拓创新，许多贴近市场、与国际接轨之举，对国企改革和发展具有积极意义，读来令人耳目一新；二是对中信这样的国际化企业，却能如此积极地倡导团队精神，并拥有一批甘于奉献、事迹感人的优秀典型感到惊奇。因为在许多人眼中，遵循市场规律与鼓励奉献，二者有时是难以兼济的。"

翻阅整整 20 年的《中信人报》，从来也不乏那些感人的优秀人物和典型事迹。在一个物欲横流的时代，在一个缺少英雄的时代，中信人每一次的挺身而出，每一次的奋不顾身，数十年如一日的恪尽职守、爱岗敬业、不计回报等等表现，犹如冬日的阳光，温暖着周围的世界。

汶川地震，中信海直是航空救援行动集结时间最快、投入飞机数量最大、人员最多的通用航空企业。对于中信海直来说，这样的冒死救援还有很多次。1991 年 8 月 15 日，一艘美国 ACT 石油公司（阿吉普、雪弗龙、德士古联合体）租用的大型工程船在中国南海遭台风袭击翻沉，船上 195 名人员全部落水。此刻，盘旋在中国南海的热带气旋已经发展为强台风。危急时刻，中信海直的 3 架超美洲豹直升机强行起飞，在狂风暴雨和大海的怒涛中，勇敢的飞行员和绞车员一次次探到海面，救起了 17 名落水者。荣立大功的绞车员唐惠良回答记者提问时说："每一个有良知的中国人，在这种情况下都会挺身而出，虽然落水者的国籍种族不同，但看到他们处于生死危急的关头，谁也不忍心让他们失去生命。此次行动，我最大的安慰就是，我们发现的落水者全部都被救起生还。"

古稀高龄的中信副总经理于晏，是第一任中信公司扶贫领导小组组长。他 15 次去云南红河，在村里一住就是数十天，从换良种、找猪饲料，到改灶、用竹篾编锅盖，从捐钱修村里上下坡的水泥路和厕所，到试验沼气池、铺架引水管道，还和村民一起扛木头建小学校舍。

从一开始，于晏就希望中信的扶贫不是简单的输血。有一笔 1 400 元的个人捐款，捐款人希望帮助贫困孩子上学，怎么用？于晏在元阳县的俫铺村找到一名失学小女孩，女孩的父亲已经去世，全家生活十分困难。然后他又找了一名在部队当过卫生员的复员军人。于晏与各方商量妥当，将 1 400 元交给复员军人，让他用这笔钱买药给村民看病，从看病所得中每月拿出 10 元给女孩交学杂费，一直供到她终止学业。几方签了协议，由村政府监督执行。看似一件不大的事情，却映射出中信的扶贫思路。

中信公司自 1992 年挂钩扶贫元阳、屏边以来，累计投入帮扶资金 3 000 万元，用于援助发展教育、农业、林业、水利、交通、文化、科技、劳务、环保等各项事业。

在总结了多年扶贫工作的实践和反复考察调研的基础上，中信与当地组建了"中信红河产业开发有限公司"，以开发促扶贫。中信还与河北宣化县合作，以治沙、生态开发、旅游经营等为内容全面治理开发风沙肆虐的黄羊滩。

特别值得一书的是，2002年，中信集团和另外16家中央大型国有骨干企业光荣受命，承担起对口支援西藏的任务。8年中，中信累计投入援藏资金达1.6亿元。2005年，王军亲赴西藏那曲检查指导援藏工作，并亲自确定了中信那曲大酒店项目。中信对申扎县的对口支援，始终把着力点放在改善农牧民生产生活条件上。在中信对口支援之前，牧区的老百姓生活条件非常落后，中信投入资金为家家户户装上太阳能灶和户用光伏电设备，这里的群众第一次用上电灯，结束了靠牛粪做饭取暖的历史。安居住房工程建设则是中信投入资金最多的援藏项目之一，使这里世代游牧的藏族同胞第一次有了固定住所。

一个有责任感的企业，一个敢于牺牲、勇于奉献的企业，终将赢得市场。这是企业发展的辩证法，这一逻辑一直不断地在中信演绎着。

卓越。许多对手在路上就消失了，中信还在不断前行。

卓越是中信集团的价值取向和目标追求，"建设一流的国际化企业"是中信几代领导人坚持不懈、孜孜以求的使命和目标。

"永远争第一"，这个口号早已深入人心。常振明谈起自己的企业如数家珍：中信证券、中信信托、中信银行、中信重工、中信出版、中信海直、中信建设、中信特钢……无疑都是细分领域当之无愧的排头兵。

还有"鸟巢"的建设，还有拯救中信泰富的果断之举，还有北非沙漠中狭路相逢勇者胜的意志，凡此种种，无不体现了中信志存高远、不甘平庸、追求卓越的精神。

"我们是世界最大的综合性公司之一，我们要做的一定是行业领先的。"常振明毫不谦让地说。

*　　*　　*

到了2009年夏天，关于整个中信企业文化的总结和提炼工作终于有了初步成果，温晋平制作完成了《中信集团企业文化手册》。这本薄薄的小册子立体地展示了中信企业文化体系的方方面面。

中信集团核心价值理念：诚信、创新、凝聚、融合、奉献、卓越。

中信风格：遵纪守法，作风正派；实事求是，开拓创新；谦虚谨慎，团结互助；勤勉奋发，雷厉风行。

中信集团发展使命：为客户提供最好的服务，为员工搭建施展才能的平台，为股东创造最大价值，为国家做出最大贡献。

中信集团目标愿景：成为综合优势明显、若干领域领先，具有核心竞争力的国际一流大型企业集团。

与中信企业文化的建设工作同步，还有一件事情也在进行之中。

30年，中信一直在快速前行，许许多多曾有幸与荣毅仁共同创业的老人们却常常担心今天的中信人无暇回头看一看自己走过的路。2005年10月26日，荣毅仁猝然离世。一种亲人离去的巨大悲伤突然袭来，老人们怀着种种复杂的感情走过荣老的遗体，向他做最后的告别。当天，原兴业公司离退休党支部致信机关党委，希望为荣毅仁同志塑像，以寄托哀思、缅怀先辈、激励后人。

这一建议迅速得到了中信集团党委的高度重视。机关党委立刻启动了一个从未经历过的程序：向中央打报告，要求在中信集团竖立起一尊荣毅仁同志的塑像，让中信集团的全体员工永远缅怀荣毅仁同志留下的不朽功勋。

温晋平说，企业文化建设是需要载体的。荣毅仁同志的塑像、荣毅仁同志生平暨中信公司发展陈列室都极好地承载了这一功能。

中共中央政治局常委曾庆红、李长春亲自圈阅批准了中信集团党委的报告。中宣部还专门向中信推荐了中国最好的雕塑大师、中国雕塑学会会长曾成钢为他们担纲这一工作。

2007年9月29日，荣毅仁塑像揭幕仪式在京城大厦隆重举行。中信集团的领导、子公司的代表，还有魏鸣一、王军、杨光启、魏富海、黄寄春、闵一民……这些曾经与荣毅仁共同经历了难忘岁月的中信领导者们无一缺席，荣智健和他的家人也专程从香港赶来。

王军致辞："饮水不忘掘井人，每当我们看到荣毅仁同志的塑像，就会启示我们弘扬他一贯倡导的中信风格，实践两代中央领导人对中信题词的要求，就会鼓舞我们勇敢地面对各种挑战，坚持开拓创新、积极进取、克服困难的精神，沿着荣毅仁同志开辟的道路不断前进。"

一尊青铜塑像矗立在了中信总部大楼的大堂中央。荣毅仁每天静静地坐在那里，一如他生前每天早上刚刚走进办公室。藤椅的条纹是那么清晰、富有质感，一旁的小几上放着一摞文件，仿佛荣老正在批阅文件。

每一天，每一个中信人从老董事长身边走过，就会不由自主地放慢脚步，与他的目光相对，心中定会漾起一股暖意。

中信文化将传承下去。

中信的基业也将因此常绿常青。

第二十八章　再出发

30 年，中信已经走得很远，走进了《财富》"世界 500 强"。

依然还要问一句：中信凭什么？

常振明在工作报告中给出了答案，相信这是代表整个中信集团的答案：

中信——勇于创新，成为一些行业的创建者和市场引领者；

综合优势明显，已经形成独特的综合优势；

在竞争中求发展；

诚实守信，形成了在国内外具有影响力的品牌；

国际化程度较高，善于利用两种资源和两个市场，建立了广泛的海外联系；

具有较强的融资和资本运作能力；

在发展中形成了雄厚的客户基础；

聚集培养了一批有丰富实践经验和创新精神的专业人才；

形成了以诚信、创新、凝聚、融合、奉献、卓越为核心价值观的企业文化。

站在 30 年的分界线上，回首往昔，那是无与伦比、艰难而辉煌的 30 年。

但如果向前看，向前看 1 年、2 年……5 年、10 年，中信又将进入一个怎样的明天？

　　一切都没有预兆，强风暴却突然逼近。2008 年 10 月 20 日，星期一，上午 9 时 08 分，香港联交所发布公告：香港恒生指数成分股中信泰富（00267.HK）今日停牌。

　　仅仅在 15 分钟后，香港联交所再报："应中信泰富有限公司（'本公司'）要求，本公司股票将于 2008 年 10 月 20 日上午 9 时 30 分起暂停买卖，以待本公司发出有关股价敏感之公告。"

　　中信泰富停牌前报 14.52 元。

　　并没有多少投资人注意到这条消息，不仅仅因为几天前中信泰富刚刚发布消息，称"自 2007 年 12 月 31 日以来的财务或交易状况，概无出现任何重大不利变动"，更因为这家香港恒生指数成分股早已被港人称为紫筹股，兼红蓝两种成分，自然是资本市场的最优股。

香港的天空明媚而亮丽，丝毫看不出风暴来袭的样子。不仅如此，当天收盘时恒生指数打破颓势，一举反弹768点。这简直是金融海啸中久违了的艳阳天。

但是，这一天晚些时候，风暴降临，泰坦尼克号终于撞上了冰山。

下午5时01分，中信泰富向香港联交所公告盈利预警。

半小时之后，公司紧急召集媒体举行新闻发布会。

公司董事局主席荣智健黯然宣布：泰富两名财务高管为对冲澳大利亚铁矿石项目的货币风险，在未获主席批准下，签订若干杠杆式外汇产品买卖合约。由于澳元大跌，目前已确认亏损8.07亿港元，而仍生效的杠杆式外汇合约，亏损更高达147亿港元，而且亏损有可能继续扩大。

中信泰富财务董事张立宪和财务总监周至贤即刻辞职。

消息传出，全港哗然。立刻就有财经评论家发表意见认为：明天中信泰富股价料跌20%！

然而，事实远比他们的预料更糟糕，一切都失去了控制。

第二天，2008年10月21日上午9时30分，香港股市刚刚开盘，中信泰富股价当即暴跌38%，盘中更一度跌至6.47港元，跌幅超过55.4%，当日报收于6.52港元，跌幅达55.1%！

当天，花旗银行发布研究报告称，如果澳元兑美元汇率下跌到2001年的1：0.5，那么中信泰富的亏损总额可能扩大到260亿港元！

10月22日，中信泰富主席荣智健及母公司中信香港集团宣布，分别增持中信泰富100万股及200万股，以维持股价稳定。同日，香港证监会对中信泰富展开调查。

但荣智健和中信香港集团的这些措施没有奏效，00267股票继续狂泻，再跌24.69%，当日恒生指数盘中最低跌至1 002.76点，跌幅6.67%。

* * *

冰山慢慢露出海面。在过去两年中，中信泰富分别与花旗银行香港分行、渣打银行、荷兰合作银行（Rabobank）、法国NATIXIS银行、瑞信国际、美国银行、巴克莱银行、法国巴黎银行香港分行、摩根士丹利资本服务、汇丰银行、东方汇理银行（Calyon）、德意志银行等 13 家银行共签下 24 款外汇期权合约。

中信泰富的外汇合约涉及美元、欧元、澳元和人民币 4 种货币，以合同价澳元兑美元 1∶0.87 为线，线上为泰富的正收益，线下则将亏损。在最理想的情况下，中信泰富最大盈利 5 150 万美元，约合 4.3 亿港元，但是需要接货的外币数量超过 500 亿港元。在合约开始执行的 7 月初，澳元兑美元汇价持续稳定在 0.90 以上，这似乎是个好兆头。但是自 2008 年 9 月中旬以来，国际资本市场哀鸿遍野，资源价格急转直下，拖累澳元兑美元汇价跌破 0.70，最低跌至 0.600 6。中信泰富的巨亏就此酿成。

中信泰富的突然变故，引起了香港资本市场的巨大震动和社会舆论的高度关注。事出紧急，10 月下旬，中信集团派出了以集团总经理助理张极井带队的工作组，赴香港重点调查了解中信泰富的核心业务经营、资产负债、资金安排、期货合约、债权银行和交易对手态度等情况，探讨并制订处理方案。

2008 年 10 月下旬，是中信集团高层最为紧张的时刻。总经理常振明"已经数日睡不好觉"，董事长孔丹每天都在问自己：怎么办？有没有更好的解决方案？

集团前董事长王军终于按捺不住焦灼的心情匆匆来到京城大厦 8 楼，与孔丹、常振明二人会晤。王军神色凝重，话语低沉："这是中信成立以来面临的最严重的危机。集团必须果断、快速、下狠心处理。"

王、孔、常三人关注的焦点有二：

第一，要不要出手相救？尽管中信集团只占中信泰富股权的 29%，但如果置之不理，中信泰富定将陷入破产境地，中信集团也定会受到极大的影响。这种影响将来自两个方面：一是财务损失，二是商誉损失，而后者的损失很可能大于前者。张极井已经发现，无论是香港还是内地，所有银行都收紧了对中信系企业的一切贷款。而此时，国务院也有指示：中信集团要对中信泰富负起责任。站在这样的高度，中信集团必须从维护香港金融市场稳定的大局出发，切实履行集团作为负责处置中信泰富风险第一责任主体的责任，采取果断措施有效化解风险，以集团的信誉重建市场对中信泰富的信心。所以，救，肯定要救！

第二，怎么救？中信集团将面临的损失究竟有多大？10 月 20 日中信泰富账面损失 147 亿港元，接下来的时间里，泰富几乎每天以 1.1 亿港元的规模继续扩大损失面。如此下去，何时是底？最严重的是杠杆式外汇产品合约，中信必须作最坏的打算，一旦澳元持续走低，走到 1 澳元兑 0.5 美元时怎么办？理论上不是没有这种可能。刚刚过去的 9 月，华尔街在一夜之间变成地狱。贝尔斯登、房地美、房利美、雷曼兄弟、美林、美国国际集团，金融巨头一个接一个倒下，曾经笑傲全球资本市场的美国五大投资银行，如今只剩高盛和摩根士丹利还在苦苦支撑。9月17日，3个月期美国国债收益率跌至0.03%的低点，上一次出现如此低位是在1941年1月伦敦遭大空袭的时候。9月30日，美国国会拒绝了财政部7 000亿美元的救市计划。全球资本市场正在进入最惨烈、最紧张的时刻，这个时候出手填补一个深不见底的黑窟窿，整个中信集团将要搭上怎样的家当？

10月30日，中信集团总经理常振明召集刚刚从香港返回的张极井、居伟民等人紧急磋商，初步形成了救援中信泰富的方案。

11月1日，星期六，整个中信集团最高决策层没有人休息。上午10点，中信集团党委会在京城大厦召开。常振明在会上详细介绍了解决中信泰富问题的方案：

1. 紧急向中信泰富提供15亿美元备用信贷，泰富以每股8港元的价格向中信集团定向增发14.5亿股股票，用以替换上述备用信贷。增发完成后，中信集团对中信泰富的持股比例由29.4%增加到57.6%，为控股股东。

2. 中信集团按照澳元兑美元汇率1：0.7的水平承接53亿澳元期货合约，中信泰富向中信集团支付约11.8亿美元对价。

常振明认为："这是平衡了债权人、交易对手、股东等各方面利益后，可达成的最优方案。"

中信集团党委会初步决定，由集团总经理常振明牵头，在中信泰富董事会授权的法律框架内紧急处理澳元期货合约及相关重组事宜，实施上述一揽子解决方案。

这个会整整开了9个小时。天黑时，绝大多数人散会走了。中信集团董事长孔丹留了下来，他必须迅速将今天会议形成的决议和方案向有关方面汇报。

* * *

中信集团正在走入它辉煌的第三十个年头，孔丹作为中信历史上第四任最高领导者，作为中信泰富事件解决方案的最高决策者，稍有不慎，不仅救不了泰富，不仅将搭上中信的半壁江山，甚至可能毁掉整个中信的信誉，而这一点，是从荣毅仁时代开始就被视为中信之本的原则。果真如此，他如何向前任交代，如何向奋斗了30年的中信员工们交代，如何向党中央、国务院交代？如此氛围令他焦灼不安。他不断地问着一个问题，最坏的结果是什么？

没有确定的答案。

孔丹，1947年5月生于东北解放区。1981年毕业于中国社会科学院研究生院，获得经济学硕士学位。1982—1984年在国务委员兼国家经济委员会主任办公室工作。1984年10月至2000年6月，孔丹就职于中国光大（集团）有限公司，历任常务董事兼副总经理、副董事长兼总经理等高级管理职务。2000年7月至2006年7月担任中信集团副董事长兼总经理。2006年7月起任中信集团董事长。

"文革"之前的1965年，北京四中高三党员学生孔丹已经是"接班人的榜样"。孔丹说："我受的教育也是要把我培养成一个为国家事业去献身的理想典型。"

1968年底，孔丹到陕北延长上山下乡。10年后，他直接考上了中国社会科学院经济所研究生，师从经济学家吴敬琏。一门心思做学问的孔丹却被国务委员、国家经委主任张劲夫选中担任了自己的秘书。但是很快，他就放弃仕途，进入了光大公司。有记者写道："这种有别于传统体制的、全新形式的企业唤起了孔丹的创新冲动。"

光大16年，孔丹眼瞅着他的搭档像走马灯似的从他身边走过。对此，他很不以为然。"（领导层）不连续对光大的影响很大，没有连续的思考、连续的战略谋划，怎么形成一个战略？"也因为如此，对于孔丹来说，光大之殇刻骨铭心，这为他今后选择自己的发展之路和企业的发展之路，都提供了一个负面样本。

2000年的一天，中组部部长、后来的中央政治局常委曾庆红亲自找他谈话，谈话的内容就是令他离开光大，到中信集团，接替原总经理秦晓的职务，辅佐"老大哥"王军。

2006年夏天，在担任了中信集团总经理一职6年后，孔丹接替功成身退的王军成为中信历史上第四任董事长。同为中组部部长、后来的中共中央政治局常委贺国强再次找他谈话，孔丹表态：要"谋划战略，推动重点，团结班子，改善管理"。

在孔丹任上，中信银行成功上市，中信地产全面整合，中信重工改制并一跃成为"最好的企业"，"鸟巢"顺利竣工，中信国金完成转型进程，中信进入《财富》"世界500强"……中信集团一连串漂亮的跳跃炫人眼目。中信集团净利润从2006

年的 60 亿元陡然增到 2007 年的 160 亿元，彻底摆脱了困顿数十年的现金流问题。正当孔丹看着中信业绩表上直线上升的红色箭头，信心大增的时候，中信泰富危机却突然爆发。孔丹的心情骤降至冰点，一如此时窗外的寒夜。

北京，华灯初上，北风卷着凋零的落叶在地上打着圈儿，月明星稀，寒风萧瑟。

中信，就在这样骤然降临的严冬中走入了而立之年。

* * *

其实，对于可能到来的风险，中信集团并非没有准备。

2008 年 1 月，中信召开工作会议。这本是一个令人兴奋不已的时刻，中信公司艰苦奋斗 28 年，终于越过了 100 亿元净利润的门槛，所有与会者的脸上一扫阴霾。但是，总经理常振明却在他的工作报告中特别强调："在外部环境发生较大变化的情况下要保持清醒头脑，必须提高全面风险管理能力，健全风险控制长效机制，严格控制风险，保证重点业务的稳定健康和重大项目的顺利实施。"

（单位：亿元）

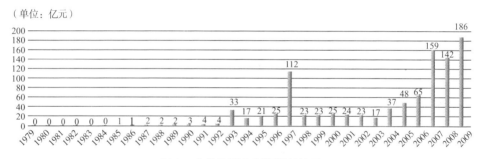

图 9　中信集团净利润增长情况

（单位：10 亿元）

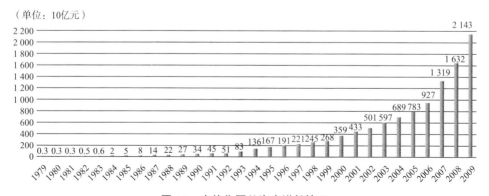

图 10　中信集团总资产增长情况

2008 年 2 月，高盛总裁来到北京，孔丹设宴接待。席间，客人问孔丹：你最近在忙什么？孔丹回答，我在做些流动性准备。什么样的流动性准备？孔丹直截了当地说：就是钱。有了钱，进可扩张，退可防守，进退有据，据是什么，就是钱。

孔丹之所以还能做出这样的准备，全部依据就在于中信有钱了。此前一年，中信集团所属中信银行、中信证券、中信资源、中信国金等各个板块在全球资本市场融资约 1 000 亿元人民币。孔丹说："2007 年对于我们是一个很特别的时期，我们打下了一个实实在在的基础……这对我们 2008 年能够抵抗金融风暴起了重大作用。"

中信在经过了 2007 年资本市场的高台跃进之后，孔、常二人竟不约而同地都有了一丝忐忑——"1997 年亚洲金融危机已经过去 10 年了，我不相信这样的高速度还能持续，我就觉得该出事了。"

但无论孔、常二人做了什么样的准备，2008 年的世界经济形势变化之诡异，依然让他们二人以及全球所有的经济学家和企业家们目瞪口呆。孔丹长叹："这样的经济形势，在我的职业生涯中从没有遇到过。"

"2008 年经济像过山车和'倒 V 字形'，急剧上升、急剧下降，各种资源产品的价格、各种生产性企业的原料在年初大幅上涨，后来由于市场萎缩，还要消化高成本的原料，产品价格又急剧下挫。北海布伦特原油价格 2008 年 1 月每桶是 91 美元，2 月是 95 美元，3 月是 103 美元，4 月是 108 美元，5 月是 122 美元，6 月是 132 美元，7 月到顶点 133 美元，8 月开始掉头朝下，是 113 美元，9 月是 98 美元，10 月是 71 美元，11 月是 52 美元，12 月是 36 美元，全年价差接近 90 美元。"

尽管次贷危机已经开始在西方市场急速蔓延，但是，有了上一年 1 000 亿元融资垫底，至少到 2008 年 9 月的时候，孔丹还依然能面带微笑、神态轻松地访问华尔街。

2008 年 9 月 22 日，从早到晚，孔丹在华尔街分别会见了高盛、美林、摩根士丹利的总裁们。5 天前，雷曼兄弟刚刚破产，华尔街上的人们面如死灰。与此形成鲜明对照，孔丹的脸上却露着掩饰不住的喜色。

"他们当时很沮丧、很郁闷。可我当时心情很好。8 月份我们的中报出来了，盈利水平又上新台阶，敲锣打鼓迎奥运，一个月接待了三个国家的总统，大家都说中信好啊，中信状态不错，别人都羡慕。"

在别人羡慕的眼神中，孔丹还是要自谦调侃几句："We are stronger than before,

but we are not so powerful enough to stand a loss as billions of US dollars."（虽然我们已经比过去强大了，但是还没有强大到足以应对几十亿美元的损失。）

但是，孔丹还未回到北京，一记闷棍迎头袭来——中信泰富的噩耗先期传到了北京，而且初步判定的损失就可能高达 30 亿美元。

"中信刚刚上台阶啊，刚刚跨过百亿，我还说我终于能给王老板有个交代了，给中信员工有个交代了，我们冲过这个坎儿了。2007 年底，总资产、净资产、净利润，我们提前两到三年完成了'十一五'规划，中信集团踏入 30 年庆典的大喜日子的前夕，这时候突然晴天霹雳，泰富出事了，我个人的压力得有多大！"

2008 年 12 月，中信集团拯救中信泰富的方案获得了香港政府、香港证监会、香港联交所和主要债权银行的支持。12 月 18 日，该方案获得中信泰富特别股东大会通过。中信拯救泰富的行动迅速展开，12 月 24 日，一揽子交易全部完成。投资者的信心一点一点回来了。

静观中信泰富，它的核心业务并没有受到损失，公司的核心资产依然品质优良，受到影响的只是现金流量以及债务增加的问题。但是，通览全球经济，如果认定美元强势必定难以持续，如果认为中国经济必定先于世界经济回暖，而人民币坚挺则澳元终会重拾升势，那么，只要注入资金，增加中信泰富的流动性，在处理仍生效的外汇合约上，坚持延长合约期限以等待翻盘机会，而不是匆忙平仓，就成为中信出手的充分依据。孔、常二人看到了这一点，中信泰富的债权银行看到了这一点，投资者也看到了这一点。

还有一点是中信人自己也没有想到的，当地有媒体写道：中信泰富危机爆发，香港市场"群情激奋"，但是"当听到接任者为当年挽救嘉华银行的常振明时，香港市场顿时平静下来"。

因此，中信集团出手相救的举动一旦开始，15 亿美元的现金一旦注入，所有的债权银行无一撤资，中信泰富的股票行情亦立刻回升。

* * *

2008 年 10 月 28 日，中信泰富的开盘价仅为 3.80 港元，到了 2009 年 1 月中旬，中信集团在"第一城"召开工作会议的时候，中信泰富的股价已经跃过 13 港元。此刻，常振明代表集团正在宣读他的工作报告，他说，集团对 2008 年突然出现的危机"沉着应对"。孔丹解释说,"沉着"这个词"一般在出了大事有风险时采用,我们一般不用"。

　　"沉着应对"的举动让中信集团演绎了一个财富神话。在此后的数月中,中信泰富发生了一个"V形"逆转。2009年中信泰富的中报称,公司实现盈利24.68亿港元;到2009年8月5日,中信泰富的股价摸高至24.05港元;澳元兑美元的汇率也早已升到0.9左右。这意味着中信集团在几个月的时间里至少已经赚了30多亿美元。这与一年前所有人预想的黯淡前景大相径庭。

＊　　＊　　＊

　　中信集团化险为夷,在悬崖边上阻止了急速下行的战车。孔丹擦了一把冷汗,终于把悬着的心放回原处。然后他问自己,中信今后怎么办?总是去堵枪眼?总是去当消防队员?不错,过去30年,中信一直"是宣传队,是播种机",中信"已经圆满地完成了经济改革试点和对外开放窗口的历史使命"。那么,今后30年,中信又应该扮演什么样的角色?

　　2006年夏天,贺国强代表中央找孔丹谈话的时候,孔丹说:"在中信六年,中信这个盘子到底怎么样,我是清楚的,我们的长处在哪里,短处在哪里,我也是清楚的。"孔丹表态:"既要稳定延续,又要开拓创新。"但是,延续好办,创新却难。在前任王军所创造的无与伦比的辉煌中谈创新,更是难上加难。平心而论,留给孔丹的时间其实并不多,更何况这期间还有金融海啸的幢幢魔影,至今尚未退去。

　　一转眼,三年过去了。三年中,中信银行在最好的时机上市,中信集团在最好的时机获得了充裕的流动性,并因此得以在全球经济最差的时候出手,攻城略地,重新规划布局,重又获得再次发展的大好机遇。

　　"泰富一下子就造出去小30亿美元,结果我们顶住了,但如果没有(2007年搭就的)这个平台,没有这个基础,肯定不行。我要没这个东西,就得国家出钱,又得掏多少钱?我借了15亿美元,不到半年全还了,还赚了几十亿美元。如果我中信银行上市没走过去,我们就是光大啊。"

　　所有这一切,给了集团当家人孔丹以重要的启示:"(一家企业的)战略和实施战略的能力非常重要,机会抓住和没抓住大不一样。这很关键。"

　　因此,分析中信现状,找到中信的问题,制定和实施企业新的发展战略,就成为这一任中信掌舵者再次面临的最大课题。

常振明说："作为目前国内最大的综合性企业集团，综合性这一显著特点本身给中信集团进行有效的经营管理带来了很大难度，目前国际上没有现成的模式和经验可供借鉴。"

什么是"最大"？

孔丹近些年要求他的下属做一个工作：对标。所谓"对标"就是将中信集团的各项财务数据与国资委下属的央企以及国有银行系统的工、农、中、建、交、开的财务数据进行对照。如此横向比较的目的是明确自己的真实位势，并以此作为制定集团战略的依据。以前中信不怎么敢跟人比数字，但是现在敢了。

孔丹的钱袋子已经前所未有地鼓胀起来，他现在非常乐意谈论自己的财务数据。一日，孔丹在某个公开场合遇见中信前总经理、招商局现任董事长秦晓。秦晓问孔丹，你们去年怎么样，多少个亿？孔丹反问一句，你们呢？

我们 150 多个亿。

我们 300 多亿吧。孔丹显得很不经意，但眼角的笑意还是掩饰不住。

嗯？秦晓愣了一下，然后恍然大悟，哦，你们在中信银行的权益比我们大得多。

……

如此"对标"的结果令人兴奋，但也令人不安。

2009 年，在中信之前，仅仅排列着国资委系统的中移动、中石油、中石化、中海油以及神华集团，若论中央金融系统，中信仅仅排在了工、农、中、建、交、开（国家开发银行）的后面，也就是说，中信的位置至少在前 12 位。而且，在中信之前的任何一家企业几乎都是用国家的巨额投资堆起来的。唯有中信，国家仅仅给了 2.4 亿元现金，30 年后，2.4 亿元滚到了 2 万亿元的资产。每每看到这些，孔丹在梦中都会笑出声来。

然而，令人不安的是，所有排在中信前面的公司几乎都为行业垄断者或行业寡头，且没有一家是综合性公司。如同一枚硬币都有两面，多元化既是中信的优势，也是中信的劣势。显然，条条型的管理模式对风险的管控具有先天的优势。

但是，中信集团从一开始就不具备这种优势。30 年中，尤其是最近十几年中，因为体制性矛盾，中信常常被逼到死角，常常存在着被瓜分、被肢解的可能性。中信"多级负债、多级经营"的模式，"使得集团的负债率居高不下，一旦外部信用环境恶化，不仅集团本身承担巨大的债务风险，而且对下属企业负债也将承担直接的信用风险或间接的道德风险"。此番中信泰富危机再次印证了现有模式的短板，这使得中信集团不得不"用高昂的成本"来维护其信誉。

它造成的直接后果就是，泰富再次授人以口实——中信的管控显然出了问题。如此庞大的综合性公司若按照现有的模式管理，到底能不能控制住风险，一旦控制不住，将造成什么样的后果？最好的解决方案是什么？监管者或许很容易再次举起分拆的利剑，这样一来，对于中信，无疑是致命的。

中信现有的经营模式还"导致了资源配置过于分散，资源配置效率不甚理想"。

孔丹认为，如此倒逼机制迫使中信集团必须调整其发展模式。

调整的依据是什么？孔丹还有另一项"对标"——行业的"对标"，这是有关竞争力的数据。比如在金融领域，在细分的金融领域，包括银行、证券、保险、信托等领域的"对标"：中信银行不是最大的，但确实是"最佳"的；中信证券和华夏基金是当之无愧的行业老大；中信信托同样是行业的排头兵；在汽车产业，中信并没有优势，但是在细分的轮毂产业，中信戴卡占据了全球高端市场的半壁江山。令孔丹骄傲的还有房地产、有线电视、有色金属、碳酸锂、特钢、国际工程承包等等领域。

如此"对标"的目的是为了找到中信集团未来企业战略倾斜的重点，是谓"有所为有所不为"。

马太效应说：要想在某一领域保持优势，就必须在此领域迅速做大。当你成为某个领域的领头羊的时候，即使投资回报率相同，你也能更轻易地获得比弱小的同行更大的收益。而若没有实力迅速在某个领域做大，就要不停地寻找新的发展领域，才能保证获得较好的回报。

那么，什么是该"为"的产业？

常振明非常明确地说："特别要重点培育和优先支持那些具有较高行业地位、较高技术含量、成长性良好、对集团收入和盈利贡献度较大的企业和业务。"

居伟民把上述一席话阐释得更加简洁：

1.必须是对集团公司资产损益表有贡献的企业；

2.行业本身是有发展潜力的、有可持续发展空间的；

3.行业对集团发展是有较大影响度的。

比如，中信海外工程承包。孔丹常对此津津乐道：

"为什么中信建设能成功啊，又没有几万人的队伍，又没有设计院。最近我去出访，人家说，你凭什么能拿到阿尔及利亚的项目？300多人的团队，你们何德何能？安哥拉项目40亿美元，阿根廷6亿美元，巴西电厂5亿美元，委内瑞拉35亿美元，再加上阿尔及利亚70多亿美元，一路走来，我们就超了100亿美元。"

其实，孔丹感兴趣的还不仅仅是上述100多亿美元，而是由此带来的"墨渍效应"，这将为中信集团带来更广阔的发展空间。所谓"墨渍效应"，就如同当年王军严令洪波不惜一切代价也要拿下阿尔及利亚东西高速公路项目、拿下安哥拉项目、拿下委内瑞拉项目一样，王军惦记着工程后面的东西，比如石油或铁矿。今天，当"走出去"已经成为中国国家发展战略重要的一环时，孔丹同样看到了国际工程承包将像宣纸上的墨渍一样，氤氲开来，迅速扩张，它将扩张到石油、锰、铅、锌、铜、铁矿或者其他资源。对于中国这个世界上最大的制造业大国来说，资源的短板亟待补缺。

正因为如此，中信集团才要下大力气重新整合中信国合、国华工程两个强势企业；出于同样的目的，中信集团还将中信华南集团与中信深圳集团这两家大型房地产公司进行整合。从保留山头到消灭山头，皆因上述行业如旭日东升，孔丹坚信它们的光与热将温暖中信的未来。

"若干领域领先"不仅仅是一句企业现状的描述，更是企业发展的战略目标，让领先者成为标杆，让追赶者尽快赶超，让潜力企业迅速现形，让式微者剥离出局……依然是有所为有所不为。而这一目标靠各个子公司各自为战，显然是低效的，是难以实现的，且潜在风险极大。

2008年，中信集团将"若干领域领先，综合优势明显"的企业发展战略的表述调了一个个儿，改为："综合优势明显，若干领域领先"。这绝非简单的文字游戏，而是出于对中信未来发展的深层忧虑——如何真正打造集团的综合优势？

孔丹说："中信各路诸侯都想发展，但是，作为集团的竞争力呢？风险都放在集团层面，我必须予以控制。作为综合性企业，如果各个业务板块之间不能协同，就谈不上综合优势，最多是今年你赔钱他赚钱，明年可能倒过来，仅仅起到一个对冲作用。所有的行业产业，需要再次评估、再次对标、分析、研判，制定出相应的举措，否则就谈不上中信的竞争优势，这是一方面。另一方面，中信目前所有的资源，应该如何配置，使之发生互动，把效应放大，这是我们现在要做的。如果这两件事能做到，中信集团的发展是可期的，否则就是不可期的。"

常振明在 2009 年的工作报告中说："去年国际上发生的一系列事件及围绕集团发生的事件，使我们对现代经济体系、市场运行机制和企业经营管理的认识更加深刻，迫使我们必须认真思考转变经营管理理念、探索建立集团新的经营管理模式这一课题。"

2010 年工作报告的调子更是提高了几分——"为适应内部和外部环境的变化，中信集团现有经营管理模式迫切需要再上一个新台阶。"

2009 年 12 月，中央工作会议明确提出，将加快大型国有企业母公司层面的股份制改革，实现产权多元化，完善法人治理结构及国有资本经营预算制度，强化国有资本在战略性领域的控制力、带动力和影响力，抑制在一般性领域的盲目扩张。

这一精神与孔丹坚持不懈的中信集团整体上市的战略目标不谋而合。

从 2008 年起，中信集团实施整体上市的战略被提上了日程。中信集团监事会给国务院的报告称："中信集团现在到了改革发展的关键阶段。"孔丹进一步说："推进集团改革、择机整体上市是中信集团在改革发展关键时期做出的历史性选择……集团要发挥综合优势，提升整体竞争力，由大变强，只能通过整体上市。"

2009 年，当中信的资产、品牌和盈利能力都达到一定规模，集团实现利润总额达到 350 亿元，并可能在 2010 年突破 400 亿元的时候，孔丹意识到：机会再次降临。

中信集团整体上市的工作节奏开始加速。

2009 年 10 月，中信集团向中信银行转让中信国金 70.32% 的股权，此前的 2008 年底，中信国金已经完成了转型进程。这一结果最终令中信集团商业银行业务形成了一个有机整体。

2009 年 10 月，国华国际工程承包公司与中信国际合作公司整合为中信建设有限责任公司。中信建设成为中信集团工程承包业务的实施主体，这一年中信建设新签合同额 320 亿元。

2009 年，中信地产的整合进一步深入，中信华南集团与中信深圳集团都整合到中信地产名下，撤销了华南集团和深圳集团的管理职能。如此举动使中信地产的资源配置能力大大增强，资金运作的灵活度大大提高。2009 年，中信地产跻身中国 200 亿元俱乐部。

2009 年 4 月起，为解决中信泰富危机，重新整合资产，履新数日的中信泰富董事局主席常振明出手将泰富部分非核心资产出售。4 月 18 日，中信泰富出售所持有的北方联合电力 20% 的权益，套现 19.8 亿元人民币；8 月，中信泰富分别向国航、太古集团出售国泰航空 12.5% 及 2% 的权益，套现 73.48 亿元人民币。

所有这一系列举动，都是中信集团转变经营方式的探索。孔丹说："我们希望把集团整体上市作为一个契机，把加强协同效应、风险管控、战略管理及相应的资源配置作为推动集团经营方式转变的抓手。"说白了，这都是在为集团整体上市铺路。

这一年中，孔丹常常在各种场合宣传他的战略构想：

"中信集团整体上市，借资本市场，再融资 600 亿到 700 亿，搞 100 亿美元回来，那时候我们就可以进行各种业务整合。有些股份低的好企业，我们可以加大股份，比如中信证券，有些行业我们也需要投入更多的资金。我现在不能仅仅想一个淮海战役，我得想整个解放战争呢！

"整体上市，肯定还存在问题，但是两利相权取其重。中信净利润过百亿大关是 2007 年，以后就没再下过这个台阶，今年在手里的净利润不会低过 250 亿，包括非经常性利润，利润总额破 400 亿。总资产 15 000 亿人民币的时候，我们进入了'世界 500 强'，现在突破了 20 000 亿人民币。'十一五'的第四年，我们就到了这一步。接下来怎么干啊？不在市场上争出个脸来，我们何以为人啊！"

2010 年 5 月，中信掌门人孔丹满 63 岁，显然，离交棒的日子越来越近了。这时候的孔丹，心绪十分不平静。

"我是掌门人，这四年我做了什么？我觉得基本不辱使命。有财务数据为证，有业务结构为证。我还想做什么？就是要创造一个更大的平台，让后面的人在这个平台上带领中信继续往前走。我不要中央注资，只要放我出海。我对一位主管领导说：'你只要放我们出去上市，我再拿 100 亿美元回来。'我们有一批有激情的员工，包括我本人，有激情啊，非要干好不可！"

在这个激情涌动的夏天，中信集团整体上市的构想终于正式启动。

* * *

当今中国，一位年逾六旬的国企领袖和他的十几万员工的澎湃激情意味着什么？

这是孔丹、常振明以及 12 万中信人未来将要书写的另一段历史。

在 2009 年那个浓墨重彩的秋天，中信集团迎来了自己 30 周年的庆典。回首往昔，中信的历史绝不是简简单单的一家企业的发展史，它是中国改革开放 30 年的缩影，它是一个古老民族为其伟大复兴而不懈奋斗的缩影，它是当今中国摆脱沉重的桎梏和枷锁、奋力走向现代化的一座群雕，荣毅仁、魏鸣一、王军、孔丹、常振明……还有更多更多的中信人，昨天的、今天的以及未来即将加入的中信人，他们创造了艰难而辉煌的历史，因而必将被历史铭记。

中信正在开始新的征程。

无论是过去 30 年，还是中信未来的历史发展都将证明，中信以其卓越的勇气和伟大的实践，必将融入一个更高的境界——"为天地立心，为生民立命，为往圣继绝学，为万世开太平"！

中信这个国企让我觉得与其他国企有太多太多的不同。

记得跟中信出版社签下《艰难的辉煌：中信 30 年之路》这本书的那天正好是 2009 年 4 月 1 日，西方的愚人节。

在愚人节签约，总觉得有点滑稽。中信出版社的肖梦大姐说："得，要不我们把日子提前一天。"后来落款就变成了 2009 年 3 月 31 日。

在接下来的一年里，这种滑稽的感觉还会时不时地冒出来，但更多的却是讶异，是一种被彻底放手的讶异。

因为偌大的中信，几乎没有人跟我逐条讨论究竟应该写什么，全凭我自己在屋子里阅读和冥想。

中信集团常务董事、纪委书记温晋平说："我们就是要找一个外面的人，来看中信，写中信。"

首先，看中信，看什么，怎么看？我忐忑不安，战战兢兢，完全陷入了盲人摸象的境地，其实我比那几个印度盲人还要尴尬。因为中信何止是一头大象？总资产超两万亿的企业在中国还有几家？产业横跨 50 个领域的企业在中国还有几家？邓小平钦定的公司在中国还有几家？公司创始人成为一个共产党国家的副主席的企业，在世界上还有先例吗？

与一头大象的体量相比，我只是一只蚂蚁。

至少在前三个月，我不敢约中信的人做采访，因为我对中信集团完全不了解，我完全不知道该问什么问题？记得第一次见王军老董事长，一个多小时，我只有傻坐的份儿，几乎一个问题也问不出来。

以前我写中国的类似大象，比如某个中央部委，比如某个体量巨大的央企，他们的宣传部门会给我一份详细的提纲，然后给我约一群人开座谈会，把提纲变得更加丰满，然后再进行单独采访。最多三个月，少的也就一个月，我就把活儿交了。

可这次，没有提纲，没有座谈会，连只言片语的指令性计划都没有，完全让我自由采访、自由写作，中信负责提供一切便利。一个人，当被赋予了太多自由的时候，常常会陷入迷茫。

用了很长时间，我这只蚂蚁把能找到的与"中信"这两个字相关的文字、网络和电视材料看了数遍之后，才终于开始搭起一个粗陋无比的架子。

这些文字材料，包括《中信人报》从 1989 年到 2008 年、一共 20 年的报纸合订本；包括 5 本《我与中信》的征文合集——这是横跨 30 年数百人的回忆文章；包括《邓小平年谱》等等几十本学术著述或历史著述，数千篇直接相关的、不直接相关的报刊资料；还包括中信能翻阅到的 30 年的档案材料……所有案头工作做到一定程度之后，我个人才看到了中信这头大象的影子，才大致认识了中信在中国的位置与势能，才勉强理出了一条历史的逻辑脉络。直到这时候，我才敢约采访，以求证和修正我的逻辑，填充和修改我的框架。

在给中信出版社的一封邮件中，我写了下面这段话，粗略地阐述了我对本书的构想。

中信的 30 年是一个传奇。一家不能走长安街，只允许走煤渣胡同的国企，在一群效率低下、机构庞杂的同类国企面前，总是扮演着首吃螃蟹的角色，扮演着抢跑的角色。它出身高贵、先知先觉，它志向高远、临危不乱，它高尚而自律，坚定却圆润。30 年的历史中，数十个共和国第一的纪录，恐无人能够打破。

我想，要描述中信，至少应该有两条线：

其一，大历史的线条。

与中国的改革开放同步，为共和国现代化的巨轮闯滩探路，栉风沐雨 30 载，在生命周期的每一个阶段，无论其出生、成长、成材，中信都与中国改革开放的节奏相和。更加难能可贵的是，在多个历史拐点，中信以其自身的能量，直接推动了中国社会经济的转轨，不仅在公司史上，在国家发展的史册上，也留下了这些经典而浓重的印记。

它的开篇——从人民大会堂的座谈会、荣毅仁出山，到一群前朝资本家与共产党的高级干部们共同组合创业；

仪征化纤融资模式的诞生，结束了"既无内债，又无外债"的时代；

首闯华尔街，在美国发行第一笔新中国成立后的公募债；

在1989年的风风雨雨中，中信高调亮相，在国际上展现出中国改革开放的窗口价值，更是担当了一个中国企业的历史使命；

……

这是中信值得骄傲的历史，也是应该由中信传达给世人的真实的信息。

但仅有这些还差得太远。

其二，公司史的线条。

中信的发展壮大，固然离不开中国改革开放的大环境，但同样环境下胜出的公司却寥若晨星。

无论中信的出身多么高贵，无论它诞生时的契机多么重要，体现了大势所趋，因缘际会，天时地利，但一个无法回避的事实是：中信脱胎于铁板一块的传统经济体制，在中信发展的每一个阶段，它所面临的环境并没有实质性的改变——纷繁多变的市场环境、复杂而深奥的政治环境、有着种种缺失的法律环境……这其实就是中信的宿命。

30年，与所有恐龙般的资源垄断型企业不同，中信在夹缝中成长起来，它不断地被怀疑、被争议，甚至被诅咒，但正是这样艰难的生存环境才造就了今天的中信。

面对如此环境，中信从第一天开始就强调与国际接轨，如果没有理性的、科学的、冷静而清醒的判断，坚定而执着的企业家精神，以及尽职尽责的职业操守、谦恭甚至谦卑的学习精神，很难想象中信能走到今天。这种学习能力和责任感，使得中信在发轫之初就着手解决其体制、机制及管理上的问题，并且在后续的发展中，审慎而又大刀阔斧地及时调整企业战略，建构有效的公司体制。

正因为如此，在30年中，中信始终在领跑，今天依然在领跑。如此生存状态强烈地映射出中信作为一家优秀公司所必须具备的远见卓识和非凡勇气。

因此，中信30年的第二条线应该是中信的"微观发展史"，虽然如此措辞未见得准确。把这部30年的微观史写清楚，将为林林总总的世界企业发展模式，提供一个极有价值的范例。

……

在此之后的工作，大致就是循着这样两条线展开的。

肖梦大姐给了我极大的帮助，她对中信的了解比一般人要深。我们其实并不很熟悉，很偶然的一个场合，因为我写的一篇有关中共十一届三中全会的长文，我们才以文会友。然后她就大胆地推荐我来写"中信30年"这部书。在一开始的几乎每次最重头的采访，她都一直陪着我。上面所提到的第一次采访王军老董事长，全是她在提问。每次我遇到难题，特别是政策、历史、政治等等交错在一起的难题的时候，我常常就将矛盾上交给她，每次她都不厌其烦地亲自动手修改。她的犀利、高屋建瓴和极为广阔的知识面让本书增色颇多。我的稿子改了不下五稿，她就一直盯了五稿。无论怎样，她都是应该在书稿上署名的，但是她拒绝了。

还有杨林，他是中信机关党委常务副书记，所有的琐碎事务，从找资料到找人，几十个人的反复的采访联络，上千万字资料档案的搜集，全是他在中间穿针引线，所有上情下情之间的沟通全部通过他。杨林还兼任《中信人报》的总编辑，文字功夫甚是了得，加上他在中信20多年的工作经历，成了我最为依赖的力量。甚至到最后，他也不得不当了一回校对和质检员，极仔细地校阅了全部文字。这一年里，给他增加的麻烦肯定是最多最多的。

还有温晋平书记，他是"中信30年"整个纪念活动的总负责人，这本书是这个系列活动中的一部分。其实我知道在这本书的写作过程中，他所承担的责任肯定最大。中信成立30年，低调而谦逊的领导者从未邀过外面的人来写中信。30年中，我差不多是第一个系统地、全面地写中信史的人，而温晋平是代表中信党委来与我这个陌生的外来人签订责任状的。写得好不好另说，能不能写出来还说不准呢。中信实在是太大而且结构复杂、历史厚重，要想把握中信的全貌、写出中信的魂魄，谈何容易！我知道在这一年里，温总常常会感到担心、焦虑，但他对我永远是那么平和。杨林转述温总最多的一句话就是：作者自己认可就行。

一年中，我数次采访了孔丹董事长、王军老董事长和常振明总经理，分管各个口的副总经理秘增信、窦建中、李士林、王炯、陈小宪、居伟民、张极井等，还有中信国安、中信建设、中信银行、中信证券、中信信托、中信地产等等公司的老总们，包括罗宁、洪波、蒲坚、李康、德地立人等。我有一个感觉，越是高层的管理者，越是直言不讳。

　　近一年的采访和写作，我领略了中信领导者的不同风采。

　　第一次见常振明总经理，他刚刚从香港回来，处理中信泰富危机占据了他几乎全部时间。时间很短，他只用了半个小时为我描绘了中信的历史进程，极其简练，但这几乎成了一个现成的中信30年的框架。第二次见他，他亲手画了一张联络图，把几十位中信大吏的姓名、职务、电话一一写下来，说"你尽可以去找他们"。

　　第一次送审稿给了王军老董事长之后，我和肖梦大姐去听他的意见，我们从上午十点钟开始谈起，一直谈到下午一点多。这期间，王军没有换过地方没有换过姿势，他一直翻着书稿不停地说话。我看到他的修改稿后傻了，几乎每一页上都留下了他改动的印记，从人物姓名到年代日期、到数据、到提法、到事实细节，甚至到错别字，令我好不惭愧。

　　庄寿仓老人从香港给我打来电话说，在北京见到王军了，王军的车开过去又倒了回来，车窗降下来，王军探出头问："老庄，你记不记得整咱们的那个报告是交到中纪委还是国务院的？"庄老后来在电话里说：显然王军同志对这部书稿非常认真。

　　最后一稿交到孔丹董事长处，临上飞机的孔丹在电话里足足说了一个多小时，甚至连语法修辞上都提出了极为中肯的意见。

　　为这部书稿，我还采访了中信公司最为年长、在公司供职时间最长的几位耄耋老人。徐昭隆和闵一民先生都已经90多岁了，去见他们之前，杨林叮嘱我，时间不要太长，照顾老人的身体。但每一次都超过了两个小时，他们细心地在脑海中搜索着已经埋藏得很深很深的历史，然后还为我在故纸堆里找寻过去的文字材料。

　　庄寿仓先生跟我交谈的时间更多一些，他是中信最老的员工之一，曾长期陪伴荣毅仁先生，对荣老的感情尤为深厚，为此他写下了十几万字回忆荣毅仁先生的文章。这些文字成了我最宝贵的素材之一。

　　我感谢中信人对我的信任和支持，特别是对我的极大耐心和包容，这不是每一家国企领导者都能做到的。

30年的中国改革开放史，充满了无数旋涡、屏障和险滩激流，大开大阖、大起大落，而中信作为一家极为特殊的国企，它的历史轨迹决定了中信30年的高度和复杂程度。30年的历史不算远，于是这常常限制了记录者的眼界，也常常限制了记录者的自由。我们民族有一个习惯——为尊者讳。但是，最令我诧异的是，中信从没有人告诉我什么是需要"讳"的，包括敏感的历史人物和敏感的历史事实，包括复杂的国际国内政治或者人事关系，从来没有人对我作哪怕一丁点儿的限制。倒是王军说了几次："这地方说得不够"、"给他们的笔墨太少"等等；倒是我自己常常会问自己：这么写行吗？能通过吗？

　　令我感动的是，在我看来最敏感的地方竟然没有一处被删去，书稿在中信最高领导层中顺利通过了。

　　感谢责编吴素萍和包敏丹对书稿进行了大量而细致的编辑工作，最麻烦的是核实所有人物的姓名和身份，这些30年中出现的人物，其复杂程度可想而知。

　　还要感谢中信机关党委的王芳，查阅档案这类最麻烦的事情大多是她帮我完成的。

　　感谢蒲明书先生，尤松地把他自己写的回忆文章提供给我。

　　还要特别感谢的是许多中信集团子公司的老总，我知道他们的时间多以分钟来计算，我的采访只能是钓鱼式的，说好半个小时，然后常常就拖到了一个小时、两个小时甚至三个小时。

　　中信的30年既是一部中国改革开放史，也是一个企业发展史的案例，我一直没敢忘记这两个目标，也时时要求自己更精准地逼近目标。但是，是否达标，唯读者有评判的权利。

王伟群

2010年5月于北京

图书

1.《中信人报》1989~2008 年合订本。

2.《我与中信：1979~1989》，北京：中信出版社，1989 年。

3.《我与中信：1979~1994》，北京：中信出版社，1994 年。

4.《我与中信：1979~1999》，北京：中信出版社，1999 年。

5.《我与中信：1979~2004》，北京：中信出版社，2004 年。

6.《我与中信：1979~2009》，北京：中信出版社，2009 年。

7.《叶剑英传》编写组，《叶剑英传》，北京：当代中国出版社，2006 年。

8. 陈洪博编著，《香港企业制度研究及借鉴》，深圳：海天出版社，2000 年。

9. 陈锦华著，《国事忆述》，北京：中共党史出版社，2005 年。

10. 陈文源、葛美荣著，《无锡荣氏家族事略》。

11. 崔新健主编，《中国利用外资三十年》，北京：中国财政经济出版社，2008 年。

12. 邓小平著，《邓小平文选》（第二卷），北京：人民出版社，1983 年。

13. 邓小平著，《邓小平文选》（第三卷），北京：人民出版社，1993 年。

14. 冯邦彦著，《香港企业购并经典》，北京：东方出版中心，2008 年。

15. 傅自应主编，《中国对外贸易三十年》，北京：中国财政经济出版社，2008 年。

16. 哈默著，周直等译，《哈默自传》，天津：天津人民出版社，1990年。

17. 计泓赓著，《荣毅仁》，北京：中央文献出版社，2006年。

18. 江小涓主编，《中国开放30年：增长、结构与体制变迁》，北京：人民出版社，2008年。

19. 康荣平著，《中国企业的跨国经营》，北京：经济科学出版社，1996年。

20. 李岚清著，《突围——国门初开的岁月》，北京：中央文献出版社，2008年。

21. 陆铭等著，《改革开放30年：中国的大国经济发展道路（经济卷）》，北京：中国大百科全书出版社，2008年。

22. 钱其琛著，《外交十记》，北京：世界知识出版社，2003年。

23. 上海社会科学院世界经济研究所编，《开放型经济的战略选择》，上海：上海社会科学院出版社，2008年。

24. 唐任伍、马骥著，《中国经济改革30年：对外开放卷》，重庆：重庆大学出版社，2008年。

25. 陶纯著，《猪鬃大王古耕虞》，北京：解放军出版社，1995年。

26. 陶文钊主编，《中美关系史》，上海：上海人民出版社，1999年。

27. 魏礼群主编，《中国经济体制改革30年回顾与展望》，北京：人民出版社，2008年。

28. 吴晓灵主编，《中国金融体制改革30年回顾与展望》，北京：人民出版社，2008年。

29. 杨林主编，《感悟中信》，北京：中信出版社，2004年。

30. 姚斌华、韩建清著，《见证广州汽车十年》，广州：广东人民出版社，2008年。

31. 张极井著，《项目融资》，北京：中信出版社，2003年。

32. 中共中央文献研究室编，《陈云传》，北京：中央文献出版社，2005年。

33. 中共中央文献研究室编，《邓小平年谱（1975~1997）》，北京：中央文献出版社，2004年。

34. 祝春亭著，《香港商战风云录》，广州：广州出版社，1996年。

文章

1. "广东国际信托投资公司破产案终结报告——广东省高级人民法院"，《中国民商审判》总第 5 卷，北京：法律出版社，2004 年。

2. "崛起在世界东方的重化工基地——宁波大榭开发区石油化工园巡礼"，大榭网。

3. "日本融资租赁业发展历程与现状"，《建筑机械（上半月刊）》，2006 年第 5 期。

4. "世纪大案——广东国际信托投资公司破产案审理纪实"，中国新闻网，2003 年 3 月 1 日，转引自：http://news.sina.com.cn/c/2003-03-01/113961916s.shtml。

5. "中美关系中的美国对华技术转让问题"，《战略与管理》，1999 年第 4 期。

6. "专访葛洪升：咬住发展目标不放松"，北仑新闻网，2008 年 10 月 21 日。

7. 柏亮，"中信银行 20 年扬帆再远航"，《第一财经日报》，2007 年 10 月 10 日。

8. 布仑旦·里德，"一家小钢厂的起死回生"，美国《新钢铁》（Iron Age / New Steel），1995 年 3 月号。

9. 蔡天新，"对陈云'鸟笼经济'说的再认识"，《中国石油大学学报》（社会科学版），2009 年第 1 期。

10. 蔡文杰、邝国良，"中国金融控股集团的模式及发展趋势研究——对中信集团财务报表的分析与思考"，《华南理工大学学报》（社会科学版），2005 年 4 月。

11. 蔡晓燕，"湖广铁路债券案的历史由来"，《社会科学研究》，2001 年第 4 期。

12. 蔡钰，"孔丹：红色贵族的市场路"，《中国企业家》，2009 年 9 月。

13. 曾浩，"日本金融大改革的背景、内容及其影响"，《中国证券报》，1998 年 3 月 24 日。

14. 陈东，"王军谢幕"，《南方人物周刊》，2006 年 8 月 14 日。

15. 陈东林，"20 世纪 50—70 年代中国的对外经济引进"，《上海行政学院学报》，2004 年第 6 期。

16. 陈二厚、刘诗平、白洁纯，"在改革中发展，在开放中成长——改革开放 30 年我国银行业发生历史巨变"，新华社 2008 年 11 月 2 日通稿。

17. 陈锦华、李百长、蒋一清、何兰英，"荣毅仁在纺织工业部的岁月：爱国报国敬业创业"，《人民日报》，2006 年 5 月 1 日，第 6 版。

18. 陈球，"电广传媒一统天下？小诸侯高调反弹"，《21 世纪经济报道》，2001 年 6 月 19 日。

19. 费强，"仪征工程——基建投资的新模式"，《瞭望》周刊，1985 年第 26 期。

20. 傅颐，"熊向晖和荣毅仁在中信的交往"，《21世纪经济报道》，2005年11月6日。

21. 韩钢，"还原华国锋——关于华国锋的若干史实"，《往事》，第74期。

22. 韩世同，"土地和住房制度变革的回顾与反思"，参见 http://shitonghan. blog.163.com/blog/static/815517682009070239208/。

23. 韩嫄，"关于组建金融控股公司的对策建议——基于成功案例的分析"，《中央财经大学学报》，2004年第4期。

24. 何旭艳，"'副业'为主——近代中国信托机构角色错变"，《当代金融家》，2007年9月。

25. 何仲山，"开放后的第一笔外债"，《瞭望新闻周刊》，2009年6月1日。

26. 洪波，"转变增长方式实现科学发展"，《国际经济合作》，2008年第3期。

27. 胡舒立、李树锋、于宁，"中信董事长王军谈中信重组及中信金融控股来龙去脉"，《财经》，2002年8月21日。

28. 黄汉民，"荣氏家族企业的公司制度变革"，载刘兰兮主编《中国现代化过程中的企业发展》，福州：福建人民出版社，2006年。

29. 黄河，"解剖华夏——'券商之殇'背后的体制阴影"，《南方周末》，2008年6月16日，也可参见：http://stock.jrj.com.cn/2008/06/161355889536.shtml。

30. 计泓赓，"半个世纪的深情——记荣毅仁与我党领导人的交往"，《人民日报》，1993年12月19日。

31. 金立新，"中信信托'中信锦绣1号股权投资基金信托计划'案例点评"，《金融时报》，2007年7月9日。

32. 李菁，"荣毅仁与中国市场经济发生史"，《三联生活周刊》，2005年11月3日。

33. 李利明，"混业到分业：金融业之变"，《商务周刊》，2003年第16期。

34. 李凌，"中信国金三年打造金融控股样板"，《新财富》，2005年第1期。

35. 李凌、孔鹏，"中信阳谋"，《新财富》，2005年第1期。

36. 李箐，"'随风飘来'的德地立人"，《财经》，2003年第10期。

37. 李箐、于宁，"华夏证券生死之间"，《财经》，2005年第4期。

38. 李彦春，"钢巢是这样铸成的——记中信建设国华公司国家体育场项目的建设者们"，《北京青年报》，2008年8月21日。

39. 林江，"对中信泰富全面收购恒昌企业的思考"，《港澳经济》，1994年第

7 期。

40. 凌华薇、吴小亮，"中信实业银行谋变财经"，《财经》，2005 年第 18 期。

41. 刘立新，"王东明：打破证券业'三年怪圈'诅咒"，《当代金融家》，2008 年 12 月。

42. 刘立新，"王东明：带领中信证券起飞"，《当代金融家》，2008 年 12 月 16 日，也可参见：http://www.p5w.net/news/gncj/200812/t2066760.htm。

43. 刘巍，《中国信托行业研究报告》（2001 年），中企东方资产管理有限责任公司行业研发中心。

44. 刘欣然，"华夏证券：一家'老字号'的陨落"，《21 世纪经济报道》，2005 年 7 月 27 日。

45. 刘宗伟，"利润 + 竞争力：中信万通缔造券业'神话'"，《青岛日报》，2005 年 11 月 29 日。

46. 陆媛，"中信集团总经理常振明、总经理助理张极井详解救助中信泰富"，《第一财经日报》，2008 年 12 月 24 日。

47. 罗绮萍，"中信董事长王军：从制度上将风险降到最低"，《21 世纪经济报道》，2005 年 4 月 27 日。

48. 宁南，"中信的'花旗'梦想"，《商务周刊》，2002 年 1 月 22 日。

49. 牛丽静，"三年成就世界第八大券商"，《董事会》，2007 年 11 月。

50. 荣毅仁，"勇于创新，多作贡献"，纪念邓小平逝世一周年的回忆文章。

51. 尚志新、王南、曲瑞雪，"中国信托业爆发和覆灭速度全球罕见"，《中国经济时报》，2008 年 3 月 27 日。

52. 石朝格，"王军：铁腕人物低调人生"，《中国证券报》，2006 年 8 月 7 日。

53. 寿乐英，"同心相知，同志相从"，《百年潮》，1999 年第 11 期。

54. 宋魁，"第 11 届亚运会通信系统概况"，《电信科学》，1990 年第 5 期。

55. 苏少之，"20 世纪 50—70 年代中国的对外经济引进"，《中南财经大学学报》，2001 年第 1 期。

56. 天意，"伦敦金融城的大爆炸改革"，《第一财经日报》，2007 年 8 月 10 日。

57. 王济武、周宏波、丁颖颖，"荣智健 MBO 中国首富模式"，《新财富》，2003 年 3 月号。

58. 王磊、谢光军，"五环旗下的承诺——中信集团支持奥运工程纪实"，《中国青年报》，2009 年 1 月 15 日。

59. 王耀成，"庄炎林与改革开放"，《人物》，2009 年第 2 期。

60. 魏加宁，"改革开放 30 年之宏观调控回顾与反思"，《百年潮》，2008 年第 5 期。

61. 吴先明，"看中信走出国门"，《企业活力》，2000 年第 9 期。

62. 吴祖尧，"中信公司海外发展之路"，《企业经济》，1994 年 11 月。

63. 肖冬连，"中国对外开放的决策过程"，《中共党史研究》，2007 年第 2 期。

64. 徐光东，"广信公司悲剧探源：基于治理结构的分析"，《中国软科学》，2004 年第 2 期。

65. 亚枫，"恢复'造血功能'中信证券王东明谈如何拯救券商"，《21 世纪经济报道》，2005 年 8 月 10 日。

66. 杨磊，"中信：替自己编织一个'花旗梦想'"，《中国经营报》，2002 年 12 月 12 日。

67. 于方，"美国现代融资租赁业的发展及其对我国的借鉴"，《重庆工商大学学报》（社会科学版），2004 年第 6 期。

68. 于江、王欢，"中信控股决胜于起点"，《数字财富》，2005 年第 1 期。

69. 于江、王欢，"中信控股之战步步为营——中信控股公司董事长王军：这场赌博只能赢"，《数字财富》，2005 年第 1 期。

70. 于力、夏斌，"关于分业经营与混业经营的对话"，国研网，2000 年 4 月 4 日，也可参见：http://finance.sina.com.cn/view/market/2000-04-04/26650.html。

71. 张后奇，"中农信破产事件的背后"，《经济与信息》，1997 年第 9 期。

72. 张燕，"伦敦金融城：一平方英里的神话"，《国际金融报》，2007 年 10 月 11 日。

73. 张志前，"中国火箭进入国际市场的前前后后——纪念中国对外商业卫星发射服务 10 周年"，《中国航天》，2000 年第 4 期。

74. 赵志伟，"从濒临破产到行业龙头——'中信重工现象'探秘"，洛阳新闻网，2009 年 5 月 25 日。

75. 郑淑君，"走过 26 年心态仍从零出发——专访君合律师事务所合伙人"，《当代金融家》，2007 年 10 月。

76. 中国企业联合会课题组，"中信集团发展的成功经验及启示"，《中国企业报》，

2007 年 11 月 27 日。

77. 中信银行上海课题组，"融资租赁：基于金融业交叉产品上的银行业务创新"，《上海金融》，2006 年第 9 期。

78. 周天勇，"30 年前为什么选择改革开放"，《学习时报》，2008 年 9 月 1 日。

79. 周小川，"按照巴塞尔协议来改革银行"，《信息时报》，2003 年 9 月 15 日。

80. 朱军，"华夏证券借中信涅槃重生，市场迎接超级券商"，《证券市场周刊》，2005 年 8 月 12 日。

81. 庄永廉，"3 个月，制定 7 部法律的前前后后"，《检察日报》，2009 年 7 月 6 日。

纪录片

1. "专访中信集团董事长王军"，中央电视台《证券时间》，2001 年 12 月 25 日。
2. 凤凰卫视，《大国风帆》，2009 年 10 月。
3. 中央电视台《对话》栏目，2003 年 10 月 24 日。
4. 中央电视台大型纪录片《跨国风云》，2006 年 12 月 11 日首播。
5. 中央电视台大型纪录片《鸟巢》，2008 年 7 月 21 日首播。
6. 中央电视台大型政论片《破冰》，2008 年 12 月 5 日首播。